2017

兰山年鉴

LANSHAN YEARBOOK

中共兰山区委
兰山区人民政府 主办
临沂市兰山区地方史志办公室 编

方志出版社
Publishing House of Local Records

图书在版编目（CIP）数据

兰山年鉴. 2017 / 临沂市兰山区地方史志办公室编
. --北京：方志出版社，2018.1
ISBN 978-7-5144-2931-2

Ⅰ. ①兰… Ⅱ. ①临… Ⅲ. ①区（城市）—临沂—2017—年鉴 Ⅳ. ①Z525.24

中国版本图书馆CIP数据核字（2018）第014792号

兰山年鉴（2017）

编　　者：临沂市兰山区地方史志办公室
责任编辑：王　品

出 版 人：冀祥德
出 版 者：方志出版社
地址　北京市朝阳区潘家园东里9号（国家方志馆4层）
邮编　100021
网址　http://www.fzph.org
发　　行：方志出版社图书经销中心
电话（010）67110500
经　　销：各地新华书店
印　　刷：济南黄氏印务有限公司

开　　本：889×1194　1/16
印　　张：27印张
字　　数：657千字
版　　次：2018年1月第1版　2018年1月第1次印刷
印　　数：0001～1000册

ISBN 978-7-5144-2931-2　定　价：280.00元

兰山区史志编纂委员会

《兰山年鉴》（第十七卷）编辑人员

兰山名片

- “书圣”王羲之故里
- 战争年代华东暨山东解放区首府
- 全国综合实力百强区
- 全国投资潜力百强区
- 全国新型城镇化质量百强区
- 全国创新创业百强区
- 全国双拥模范县区
- 全国“六五”普法中期先进区
- 全国科技进步先进区
- 全国文化信息资源共享工程示范区
- 全国国土资源节约集约模范区
- 全国义务教育发展基本均衡县区
- 全国农村社区建设试验区
- 全国法制县（市、区）创建活动先进单位
- 全国群众体育先进单位
- 中国市场名城
- 中国物流之都
- 中国板材之都
- 中国食品产业加工基地
- 国家级出口木制品质量安全示范区
- 省级生态区
- 省级文明区

数字兰山 2016

- 土地总面积 891 平方公里
- 年末户籍总人口 117 万人
- 全区生产总值 860.92 亿元
- 第一产业增加值 8.39 亿元
- 第二产业增加值 414.85 亿元
- 第三产业增加值 437.68 亿元
- 农作物播种面积 4.64 万公顷
- 粮食总产量 16.09 万吨
- 固定资产投资总额 638.2 亿元
- 社会消费品零售总额 566.5 亿元
- 金融机构存款余额 2016.32 亿元
- 金融机构贷款余额 1650.0 亿元
- 工业用电量 32.07 亿千瓦时
- 进出口总额 166.1 亿元
- 出口总额 87.6 亿元
- 进口总额 78.5 亿元
- 公共财政收入 72.6 亿元
- 公共财政支出 47.6 亿元
- 居民人均可支配收入 23989 元

美丽兰山

1月20日，市委书记、市人大常委会主任林峰海来兰山区走访慰问困难群众和抗战老兵

11月15日，市委副书记、市长张术平来兰山区督查鲁南高铁临沂段建设工作

9 月 28 日，市政协主席徐涛来兰山区督导环保治理工作

12 月 30 日，市委副书记张宏伟来兰山区调研违法建设情况

12 月 13 日，区委书记赵晓晖和区委副书记、代区长沈如茂调研全区城建工作

12 月 8 日，区委书记赵晓晖调研全区基层组织建设工作

6 月 15 日，区人大常委会主任谢华东等领导视察全区城乡建设管理工作

11 月 2 日，区委副书记、代区长沈如茂到商城就物流工作进行专题调研

10 月 31 日，区政协主席刘耀华等领导视察全区企业“二次创业”工作进展情况

12 月 23 日，区委副书记陈士贤到工业园区调研

1 月 19 日—20 日，中国共产党临沂市兰山区第十四次代表大会在蒙山沂水大剧院召开

1 月 23 日—25 日，兰山区第十九届人民代表大会第一次会议在兰田教育用品采购基地召开

1 月 22 日—25 日，中国人民政治协商会议第十五届兰山区委员会第一次会议在临沂宾馆召开

1 月 20 日，中共兰山区第十四届纪律检查委员会第一次全体会议召开

6 月 17 日，全区“两学一做”学习教育专题党课报告会召开

12 月 10 日，全区领导干部会议召开

编辑说明

一、《兰山年鉴》是中共兰山区委、兰山区人民政府主办的大型综合性政务工具书，编纂业务由区地方史志办公室承担。该书旨在全面反映兰山区情，具有很强的综合性、资料性、权威性、连续性和资政、宣传、教育、存史作用。是各级领导实施科学决策的重要依据，国内外了解兰山的信息窗口，对干部群众进行爱国主义、集体主义和社会主义思想教育的生动教材，为编修地方志积累资料的重要载体。从1996年起，连续编辑出版，此卷为总第十七卷。

二、编辑《兰山年鉴》，坚持以马列主义、毛泽东思想、邓小平理论、“三个代表”、科学发展观和习近平新时代中国特色社会主义思想为指导，实事求是地反映全区各行各业发展的历史进程。务求做到观点正确、内容翔实、分类科学、结构严谨、语言精练、图文并茂、实用性强，务求体现时代特征、地方特点、年度特色。

三、《兰山年鉴》第十七卷正文，主要记述2016年度全区自然、政治、经济、文化和社会生活等方面的内容。其中，在条目中插入了具有现实意义和存史价值的随文图片。

四、《兰山年鉴》正文采用分类编辑法，以条目为记述的基本单元。为查阅方便，条目标题采用蓝体字并加【 】表示。

五、《兰山年鉴》行文采用语体文记述体，语言力求准确、精练、朴实，做到文约事丰。使用规范化汉字、标点符号和标准计量单位。

六、《兰山年鉴》第十七卷“先进人物”，主要收录2016年获市级（含市级）以上劳动模范与先进个人称号的人物；正文中领导成员，专指2016年在职的区级及镇、街道、区直各部门领导，年内离职者在姓名后加“*”。

七、《兰山年鉴》第十七卷稿件由全区各部门、镇、街道专人撰写，并经撰稿单位领导审核，为示负责，文后署撰稿人、审稿人姓名。全区主要综合数据以区统计局公布的为准，但因个别供稿单位统计口径不同等原因，有的数据在不同条目中不尽一致，使用时请注意出处。

八、本卷年鉴的编纂出版凝聚着百余名编纂人员的辛勤劳动，并得到各级领导的大力支持，在此深表谢意。因水平所限，纰漏与不足在所难免，恳请广大读者批评指正，以使《兰山年鉴》的质量不断提高。

目　录

特　载

大 事 记

概　况

政党・政务

武装·政法

经济管理

农　业

工 业

交通·邮电

建设·环保

商业·旅游

财政·税务

金融·保险

科技·教育·广播电视

文化·卫生·体育

街道·镇概况

先进集体·先进人物

辑　录

索　引

CONTENTS

Special Record

Events

Overview

Political Parties · Government Affairs

Armed Forces · Politics and Law

Economic Management

Agriculture

Industry

Traffic · Post and Telecommunications

Construction · Environmental Protection

Business · Tourism

Government Finance · Taxation

Finance · Insurance

Science and Technology · Education · Radio and TV

Culture · Health · Sports

Overview of Streets and Towns

Advanced Collectives • Advanced Individuals

Collections

Index

特　载

全域发展　率先小康
奋力开创大美新临沂建设的兰山新篇章（摘要）

——2017年1月19日在中国共产党临沂市兰山区第十四次代表大会上

赵晓晖

一、回顾过去五年，科学发展迈出坚实步伐

五年来，区委团结带领全区广大干部群众，认真贯彻中央和省、市委决策部署，积极应对新旧动力转换带来的压力和发展转型带来的挑战，圆满完成了十三次党代会确定的目标任务。2016年实现生产总值856亿元，是2011年的1.5倍，年均增长9.8%，总量占全市1/5；公共财政预算收入72.6亿元，是2011年的2.4倍，年均增长12.3%，总量占全市1/4；居民人均可支配收入达到24050元。经济社会发展走在全市、全省前列，连续5年进入全国百强，位列科学发展百强区第51位、投资潜力百强区第10位、创新创业百强区第30位和新型城镇化质量百强区第29位。

五年来，发展质效显著提升。三次产业比例由2011年的1.2∶51.8∶47调整为1∶48.3∶50.7。工业经济做大做强。实施企业“二次创业”，规模工业企业达到539家，其中产值过50亿元、10亿元企业分别达到5家、17家。培育形成绿色食品、木业家具、医药、有色金属、装备制造五大主导产业。工业总产值突破2000亿元，比2011年翻一番，总量占全市1/5。争创中国驰名商标10个，山东著名商标49个，金锣价格指数在省级平台发布。服务业繁荣发展。中国体育用品城、顺和家居建材城等一批新建市场开业运营，临沂港建成使用，国际贸易中心、出口商品展示中心等配套设施不断完善，投资58亿元改造提升市场194万平方米。2016年实现市场交易额2160亿元，比2011年翻一番，年均增长20%；物流总额4920亿元，年均增长17%。“临e商城”总门户网站建成运营，商城价格指数在国家级平台发布，实现电商交易额580亿元，年均增长123%。发展金融机构39家、金融组织62家，银行业存款余额达1960亿元，总量占全市1/3，贷款余额达1669亿元，总量占全市40%。文化旅游、楼宇经济、健康养老等新兴服务业蓬勃发展。2016年完成服务业增加值434亿元，占比提高3.7个百分点。农业高效发展。优质农产品基地达17666.67公顷，发展农民专业合作社378家、达到669家，国家地理标志农产品2个，获批“省级农业科技园”；在全国农产品品牌价值评估中，金锣、三维2个品牌分别过100亿元、10亿元。

五年来，发展动力不断增强。始终把深化改革和创新驱动作为转型发展的主要动力。改革红利持续释放。深入推进农村产权制度改革、供销社综合改革，“三农”活力明显增强。稳步推进商事制度改革，市场主体达10.7万户，总量占全市1/5。“营改增”等财税体制改革、行政审批制度改革取得实效，一批国家级、省级改革试点先行先试，带动各项领域改革纵深推进。创新要素集聚融合。投入技改资金260亿元，45个项目列入省级技术创新计划，4项技术达到国际水平，39项技术国内领先；建成创新平台41家，省级以上17家；引进千人计划、泰山学者等创新创业人才121名，签订产学研合作协议195项，设立院士工作站5个。开放水平不断提高。积极对接“一带一路”战略，“海外商城”项目加快推进，工程物资市场获批全国市场采购贸易方式试点，外贸经营主体、外贸实绩企业分别达到1100家、537家。2016年完成进出口总额23.9亿美元，是2011年的1.5倍。项目建设增强后劲。大力实施“三引一促”，累计利用市外资金358亿元、外资5亿美元，新建过亿元项目385个，9个项目列入省重点，146个项目列入市重点，金锣文瑞食品、鲁南中药产业园、中阳生物等一批重点项目建成投产。

五年来，城乡一体协调发展。以人的城镇化为核心，推进新型城镇化和城市工作。中心城区扩容提质。启动南坛、西关五六居、东风东关、火车站、七里沟等片区征收，同步推进北城新区和西部新城开发建设，城市“北上西拓”发展格局不断优化。义堂镇成为全省唯一的国家新型城镇化综合试点镇，半程镇入围全省百强示范镇。五年累计完成征收1684万平方米、建设2568万平方米，改造老旧小区143个，建成新型农村社区60个，常住人口城镇化率达到80%。基础配套不断完善。三河口隧道、蒙山大道高架、双岭路高架和西安路桥、南京路桥、陶然路桥等一批“立体大交通”项目建成通车，在全市率先开通镇村公交。新建大学城、李官、柳青河等5座污水处理厂，新增污水管网175千米。管理服务创新提升。加强道路维护、园林养护、环卫保洁，城乡环卫一体化实现全覆盖。“大城管”模式探索推进，城市管理精细化水平不断提升，在创建全国文明城市、国家卫生城市中发挥了主战场、主力军作用。

五年来，民生事业共享发展。把保障和改善民生作为出发点和落脚点，加大民生支出，补齐民生短板。脱贫攻坚成效显著。实施精准扶贫，发展扶贫产业项目30个，成立“百企精准扶贫联盟”，援建扶贫蔬菜大棚86个，三年脱贫任务，一年基本完成。民生保障持续改善。累计投资30亿元，改扩建学校123处，中小学在校生达23万人，顺利通过国家义务教育发展均衡区验收。“先看病、后付费”诊疗模式和“一门受理、协同办理”社会救助机制成为省市典型。食品药品监管水平不断提高，成功创建省级食品安全先进区。生态环境有效改善。全面完成节能减排目标，整治燃煤锅炉2960台，重点河流断面水质稳定达标，大气和水环境逐步改善，柳青河小流域综合治理工程成为迎淮检查“八连冠”加分项。社会大局和谐稳定。以群众工作理念为统领，抓好矛盾纠纷排查化解、社会治安治理。扎实开展“大排查、快整治、严执法”行动，安全生产形势总体平稳。

五年来，党的建设全面加强。把抓好党建作为最大政绩，推动全面从严治党向基层延伸。工作作风进一步转变。扎实开展党的群众路线教育实践活动、“三严三实”专题教育、“两学一做”学习教育，深入开展“结亲连心”活动，以党员干部的“辛苦指数”提升了群众的“满意指数”。基层基础进一步夯实。开展基层组织“五年连建”，第一书记、“双强帮带”工作扎实推进，村干部经济责任审计在全市率先实现全覆盖。创新商城、商圈、商会“三商”党建，区域化党建模式在全市推广。选人用人导向进一步巩固。认真落实《干部任用条例》，以发展论英雄，凭实绩用干部，2012年以来调整县级领导干部56人，其中提拔重用32人；提拔科级干部346人，重用190人，交流306人。党风廉政建设进一步加强。认真落实党委主体责任、纪委监督责任，健全述廉述责、履责谈话、巡察等制度，省委巡视反馈问题全面整改完成。2012年以来，立查案件397件，查处违反八项规定精神案件76件、侵害群众利益的不正之风和腐败问题35件，给予党政纪处分426人，移送司法机关27人。

创业充满艰辛，奋斗铸就辉煌。成绩的取得，是市委、市政府正确领导的结果，是全区各级党组织和广大干部群众顾全大局、真抓实干的结果，是社会各界共同参与、鼎力相助的结果。在此，我代表十三届兰山区委，向所有关心、支持兰山发展的人们，表示衷心的感谢，并致以崇高的敬意！

五年的成就，来之不易；五年的启示，弥足珍贵。我们深刻体会到：思路关乎出路，必须“善学善思善谋划”。区委坚持一张蓝图绘到底，立足区情实际，在突出“四项重点”、实施“五化统筹”、加快“六区建设”总体思路的引领下，根据宏观形势变化和发展阶段性特点，及时完善思路和举措，牢牢把握兰山工作的正确方向。定位决定地位，必须“争先争优争前列”。按照省委、省政府“一个定位、三个提升”的要求，落实市委、市政府“一二三四”总体思路和“八大战略”“六场硬仗”部署，提出“全力建成大美新临沂核心区标志区”的目标定位，推动兰山走在省、市前列，在全国占有重要的一席之地。创新才能克难，必须“敢闯敢拼敢尝试”。注重把中央和省、市委决策部署与兰山实际结合，推动观念创新、管理创新、体制创新，一批经验做法成为全国和省、市典型，激活发展动力，增创发展优势。民生连着民心，必须“为民利民聚民力”。坚持共享发展理念，加大民生投入，办好民生实事，创业就业“富民”、完善保障“惠民”、扶贫帮困“济民”、维护稳定“安民”，发展过程与民共建，发展成果与民共享。团结就是力量，必须“实干苦干埋头干”。区委发挥总揽全局、协调各方的领导核心作用，几大班子心往一处想、劲往一处使，广大干部发扬“干拼抢”的精气神，齐心协力、攻坚克难，办成了一批实事，解决了一批难事。在传承和弘扬沂蒙精神的基础上，总结凝练形成“实干、包容、创新、奉献”的新时期兰山精神，成为兰山区事业发展的宝贵精神财富。

成绩令人振奋，事业任重道远。要清醒地看到前进道路上还有不少困难和问题：一是经济下行压力大，“营改增”后主体税种减收，“大班额”化解、医疗、养老等民生刚性支出增加，财政收支压力加大；二是产业结构还不尽合理，服务业占比不够高，工业经济大而不强，还需在深化供给侧结构性改革、落实“三去一降一补”措施上下功夫；三是大气和水污染防治、违法建设治理等任务艰巨，长效监管机制还需有效落实；四是社会矛盾纠纷易发多发，安全、稳定等工作仍需进一步加强；五是干部作风效能问题依然存在，部分党员干部的担当意识、创新精神和抓落实的力度还有待提升；六是个别基层党组织凝聚力、战斗力不强，软弱涣散整治仍需久久为功，等等。对此，一定要高度重视，采取有力措施加以解决。

二、高点进位，在新起点上谋划新发展、实现新跨越

今后五年，是兰山区转型发展的机遇期、大有作为的窗口期，机遇与挑战并存，机遇大于挑战。综观全国看兰山。随着“中国制造 2025”“互联网 +”行动计划、供给侧结构性改革、大众创业万众创新等一系列重大举措的出台，国家“一带一路”战略的实施，为我们发展新经济、培育新动能提供了良好机遇。放眼全省看兰山。全省县市区 20 强中，青岛、济南、烟台的市辖区占据绝对优势，引领“百亿”集团，历城、诸城、兰山、滕州、荣成、邹城、临淄等市区占据第二方阵，发展面临着“标兵渐远、追兵逼近”的局面，必须高标定位、高点进位。站在全市看兰山。兰山区已经进入由量的积累向质的跃升新阶段，一大批市级重大基础设施布局实施，城市空间进一步拉开，产业集聚效应开始显现，必须主动适应新常态、引领新常态，因势而谋、应势而动、顺势而为，开创兰山发展新局面。

今后五年的总体思路是：高举中国特色社会主义伟大旗帜，以邓小平理论、“三个代表”重要思想、科学发展观为指导，全面贯彻党的十八大和十八届三中、四中、五中、六中全会精神，深入贯彻习近平总书记系列重要讲话精神和治国理政新理念新思想新战略，全面落实“五位一体”总体布局、“四个全面”战略布局，积极践行“五大发展理念”，以建设大美新临沂政治经济文化中心功能区、鲁南苏北经济发展龙头区、全国革命老区率先发展标志区，打造商贸物流名城、历史文化名城为目标定位，全力推进现代服务业、中心城区扩容提质、新型工业化、都市现代农业、文化旅游、生态文明、民生事业等重点工作，全面深化改革，全面依法治区，全面从严治党，在大美新临沂建设中挑大梁，在全省全国争先进位，在全面建成小康社会进程中“走在前列”。

今后五年的奋斗目标是：率先全面建成小康社会。生产总值、居民人均可支配收入年均增长 8% 左右，在全面建成小康社会进程中“走在前列”，率先开启现代化建设新征程，综合实力在全省、全国市辖区中位次前移。到 2021 年，生产总值过 1200 亿元，公共财政预算收入力争突破 120 亿元，居民人均可支配收入达到35000元。发展质量效益显著提升。产业结构不断优化，形成以现代服务业为主体、新型工业为支柱、现代农业为基础、新兴产业为引擎的现代产业体系。到 2021 年，三次产业比例由 2016 年的 1 ：48.3 ：50.7 优化为 0.7 ：42.6 ：56.7。新型城镇化质量显著提升。统筹推进新型城镇化，公共服务及综合承载能力持续增强，城镇化发展蕴含的消费潜力和投资潜力有效释放。到 2021 年，常住人口城镇化率达 85%，户籍人口城镇化率提高 8 个百分点。开放程度显著提升。营商环境持续优化，成为政府有为、审批少、速度快、收费低、市场主体满意的创新创业城区，形成内外联动，全方位、多层次、宽领域的对外开放格局，进出口总额持续稳定增长。文化软实力显著提升。兰山优秀历史文化得到进一步挖掘和弘扬，“羲之故里、商城兰山”叫响全国。公共文化服务体系进一步完善，基本公共服务均等化水平稳步提升，城市文明程度进一步提高。人民群众幸福指数显著提升。脱贫任务全面完成，教育文化、医疗卫生、体育等社会事业全面发展，社会保障覆盖面进一步扩大，民主法制更加健全，社会治安和安全生产形势持续稳定。生态环境质量显著提升。全面完成节能减排约束性指标，资源利用效率大幅提高，大气和水域环境质量稳步改善，有效遏制重污染天气发生，实现经济效益和生态效益的协调统一。

今后五年的发展原则是：牢牢把握“依市兴区”这一中心。树立全市“一盘棋”思想，市区一体，借势发力，融合发展，坚决完成市委、市政府交办的各项任务，坚决实现市委、市政府的决策蓝图。

牢牢把握“走在前列”这一定位。跳出临沂看兰山，登高望远，提升标杆，加压奋进，一马当先，干在实处，走在前列，在各领域各方面创一流、争上游。牢牢把握“量质并进”这一主线。正确处理好规模和质效的关系，增加投量、优化投向，扩大有效投入，做强实体经济，稳增长、转方式、调结构，确保“调速不减势、量增质更优”。牢牢把握“创新驱动”这一关键。发挥科技创新引领作用，强化企业主体地位，增强自主创新能力，大力发展创新型经济，让创新贯穿经济社会发展各领域和全过程。

三、优化路径，激活动力，推动经济社会发展迈上新台阶

紧紧围绕科学发展这一主题，以供给侧结构性改革为动力，拓宽发展空间，挖掘增长潜力，培育发展动力，在鲁南苏北巩固优势，在全省全国争先进位。

（一）全力推进现代服务业发展，增创区域竞争新优势。顺应制造业与互联网融合、与服务业深度融合的趋势，促进生产性服务业发展。服务业增加值年均增长 10% 以上，到 2021 年达到 710 亿元，占比提高 6 个百分点。

打造商贸物流名城。围绕“三中心、两高地”目标，推动商城国际化、电商化、集约化发展。加快“商贸、物流”融合。实施“一品一市”集约发展，现有 83 处专业批发市场逐步整合为家具板材市场、小商品市场等 8 大市场集群。到 2021 年，培育过百亿市场 20 家，市场交易额翻一番、突破 5000 亿元。落实习近平总书记“向现代物流迈进”的指示要求，加快物流信息化、标准化建设，探索“智慧物流”模式，开展“互联网 + 物流”行动。推进铁路物流园建设，规划高端仓储快运园区、大型专线仓储配载园区等 5 大仓储物流基地，构建与市场紧密衔接的现代物流圈。到 2021 年，物流总额翻一番、突破万亿元。加快“内贸、外贸”融合。积极融入“一带一路”国家战略，抢抓国际贸易综合改革试点，以及工程物资市场采购贸易方式试点机遇，提升国际贸易配套设施和水平，培育引进一批国际贸易经营主体。加快推进 3.4 平方公里国际商贸城建设，加快“海外商城”项目布局，推动商城走出国门、走向世界。大力发展会展业，提升木业板材、汽车用品、家电厨卫等专业展会规模和质量，打造具有区域、国内和国际影响力的会展品牌。到 2021 年，实现会展交易额 600 亿元。加快“线上、线下”融合。实施千亿级电商产业培植计划，构建“垂直平台 + 内贸电商 + 跨境电商 + 服务商”的电子商务生态链。到 2021 年，实现批发市场电子商务交易全覆盖，培育年交易额过亿元电商业户 100 家、过 10 亿元电商平台 50 个、过 100 亿元电商产业园区 10 个、跨境电商 6000 户，电子商务交易额突破 2000 亿元，争创国家电子商务示范基地。

加速发展新兴服务业。着力发展银行、保险、证券等金融业，培育小额贷款、融资性担保、民间资本管理等新兴金融业态；优化金融产业布局，建设金融商圈、金融聚集区。发展壮大楼宇经济，以城市综合体为依托，引进城市高端商业品牌，发展总部经济，培育一批税收过亿元楼宇。着力发展科技服务业，培育创新创业孵化、知识产权代理机构，组建产业技术创新联盟、院士工作站、重点实验室等创新平台。到 2021 年，新增国家级、省级创新平台 2 家、10 家。着眼城区 300 万人口消费需求，优化服务业供给结构，加快发展养老家政、医疗保健、教育培训等生活性服务业。

（二）全力推进中心城区扩容提质，构建一体发展新格局。深入贯彻中央城市工作会议精神，适时召开全区城市工作会议，积极稳妥推进以人为核心的新型城镇化。加快老城更新、新城开发。按照临沂城“以河为轴、北上东进、南优西拓、中疏旧改”发展布局，加快老城“更新”，推进职业中专、梨杭、八里屯等片区改造；加快北城二期开发，发展现代金融、电子商务、总部经济、文化旅游等业态，争创省级绿色生态示范城区；启动高铁片区开发，以规划为引领，拉开城市北上发展框架；加快西部新

城居苏岛片区、中心镇区综合开发，打造环保板材产业之都、区域综合物流枢纽、临沂西部生态新城。到2021年，完成征收600万平方米，建设居民楼900万平方米，改造棚户区1.24万户、老旧小区269个。发展特色城镇、新型社区。坚持因地制宜、分类指导、错位发展，建设一批工业主导型、商贸带动型、现代农业型、生态旅游型镇村。加快新型农村社区建设，实施“气上楼”“水治污”“暖入户”、饮水达标和环卫保洁物业化，提高群众宜居宜业水平。探索农村宅基地有偿退出机制，激活农村闲置资源，促进城乡资源均衡配置、合理流动。完善基础配套、城市功能。全力服务市级重点项目，做好拆迁清障，保障鲁南高铁、新西外环、京沪高速扩容、火车站搬迁等工程建设，完善中心城区路网，打造立体大交通体系。新建农村公路400千米，建设方城、白沙埠等8处公交换乘中心。新建陷泥河污水处理厂，扩建南涑河污水处理厂，推进小型治污设备进社区，到2021年，城镇污水处理率达到90%以上。提升城镇管理、城乡环境。遵循城市发展规律，运用智慧城市管理理念，实施网格化、精细化管理，完善与城市发展相适应的城市管理体制。新建、提升公厕、垃圾收集站104座，硬化村内道路“户户通”300万平方米。深入开展“两违双控”，加大城市违法建设治理力度，拆除存量，控制增量，拓展发展空间，推动城市形象、内涵功能“双提升”。

（三）全力推进工业转型升级，引领现代产业新发展。全面落实“中国制造2025”战略，优化存量、引导增量。到2021年，工业总产值达到3300亿元。把突破点放在供给侧结构性改革上。运用环保、安全生产和节能减排倒逼，无效、低效产能倒逼，对长期亏损、资产闲置的“僵尸企业”，以市场思维和法治手段，主动退出一批，整合提升一批，加快资源盘活，为新产业腾出发展空间。发挥市场物流发达、产业配套扎实、基础设施完善、营商环境良好的优势，紧盯投资行为新变化，招引一批财税贡献大、科技含量高的大项目、好项目，扩大有效投入，优化供给结构。加快创新驱动，围绕产业链部署创新链，实施“百企百项百亿”工程，引导企业开展“挖潜、革新、节能、改造”，支持企业研发关键技术、提升关键工艺，提高产品附加值和竞争力，占领“微笑曲线”两端，增强供给能力。到2021年，全社会研发投入占生产总值的比重达到4%。把着力点放在培植骨干企业上。落实“双百”企业培植计划，推动企业“二次创业”，膨胀发展鲁南制药、金锣集团等一批骨干龙头企业，培育扶持一批经济效益好、创新能力强的中小微企业，构建梯次合理的企业结构。深化企业改革改制，推动“个转企、小升规、规改股、股上市”，5年内新增上市、挂牌企业5家以上。实施商标强区、商标兴企，提升商标注册总量和质量，新增一批具有国内、国际市场竞争力和影响力的驰名商标、著名商标。把主攻点放在产业转型升级上。改造提升传统产业，绿色食品产业，向精深加工、“大健康”产业转型；木业家具产业，按照“生产园区化、企业规模化、产品环保化”要求，提高产业附加值；医药产业，依托鲁南制药，招引新的医药龙头企业，发展化学制药、现代中药、生物制药、医疗器械产业；同步提升装备制造、有色金属、水表等产业，加快关键、共性技术研发，提高核心竞争力。培育发展新能源、新信息、新材料等新兴产业，在石墨烯、整车制造、特种装备等领域实现多点突破、引领带动。把支撑点放在园区平台建设上。依托临沂工业园、金锣科技园两大园区，对接国家产业政策，搭建“双创”平台，倾斜资金、土地、人才等要素，完善水、电、路、讯基础配套，提高园区承载力，吸引企业入园、项目落地，打造千亿级园区。

（四）全力推进都市现代农业发展，拓宽农村发展新模式。大力推进农业供给侧结构性改革，优基础、接二产、连三产，实现由传统农业向现代农业转变。注重基地品牌培育。提升一批优质农产品基地、现代农业产业园区和农产品加工园区，招引一批高效农业项目，促进农业基地向产业园区转型。提升优质农产品基地2万公顷，建设优质农产品标准园25

个、现代农业产业园25个，新增“三品一标”产品15个，争创国家现代农业示范区。发展适度规模经营。培育新型农业经营主体和服务主体，积极发展家庭农场、种养大户、合作社等多种经营模式，促进农业集约化、规模化发展。到2021年，新增示范家庭农场8家、市级示范社24家。改善农业生产条件。加强水利设施建设，完成沂河茶山拦河闸、河湾水源和4座病险水库除险加固工程建设，推进北涑河综合治理，提高农业综合生产能力。落实农机购置补贴政策，加大新技术、新机具推广力度，提高农业生产机械化水平。延伸农业产业链条。依托农业龙头企业，推动上下游产业、前后环节联动发展，促进种养加一体、一二三产业融合。到2021年，市级以上农业产业化龙头企业达到55家。加强农产品质量安全监管。健全农产品质量监管体系、农业生产标准体系，建立区级农产品市场准入准出制度、质量安全追溯制度，加快建设农产品质量监测中心，争创国家级农产品质量安全区。

（五）全力推进文化旅游融合发展，展现商都名城新内涵。深入挖掘历史文化资源，推动商文旅融合发展。提升全域旅游竞争力。按照“一心（主城区）、一轴（镇山—水乡—商都发展轴）、两带（沂河滨水休闲带、祊河滨水休闲带）、三区（沂州镇山、琅琊水乡、商都乡韵片区）”空间布局，加快推进镇山风景区、中华孝文化园、玫瑰湖度假区、沂蒙休闲垂钓基地、沂河生态文化旅游区等重点旅游片区，构建老城历史文化、商城购物休闲、水城观光娱乐、镇山生态养生、城郊乡村旅游五大板块。到2021年，接待游客突破2000万人次，消费总额达到200亿元。提升文化产业软实力。着力抓好文化产业项目引进和开发，加快培育一批核心竞争力强的骨干企业，建设文化产业基地，打造文创产业孵化园，培育新的消费增长点。以王羲之故居为中心，规划建设特色鲜明的历史文化街区。加快发展具有时代特征的动漫游戏、信息服务、广告会展等新兴文化业态。到2021年，文化产业增加值占比提高到6%。提升公共文化供给力。实施文化惠民工程，完善公共文化设施，丰富公共文化产品，新建区档案馆，抓好文化站、文化大院和文化中心建设，推动公共文化服务向基层倾斜、向公众开放。以巩固提升全国文明城市创建成果为抓手，深化群众性精神文明创建活动，扎实推进移风易俗，推动精神文明与物质文明协调发展。

（六）全力推进生态环境改善，探索绿色增长新路径。守住资源消耗的上限、环境质量的底线、生态保护的红线，实现生产发展、生活富裕、生态良好的统一。加大资源节约力度。坚持节约集约用地，加快批而未供、闲置低效用地清理处置，引导建设标准化厂房，推进建设用地多功能开发、地上地下综合利用。加大节能减排力度，淘汰落后产能，发展循环经济，严格控制污染物排放总量。加大环境治理力度。深入实施大气污染防治行动计划，加强工业废气、城市扬尘、机动车尾气、秸秆禁烧等综合治理，推行集中供热，巩固燃煤锅炉整治成效。加强镇（街道）空气监测站运行管理，发挥监控预警作用。扎实推进水污染防治、水生态保护和水资源管理，构建“治－用－保”流域治污体系，实现重点河流控制断面稳定达标。实施土壤污染防治行动计划，实现土壤环境质量总体稳定。加大环保执法力度，完善环境风险防控和应急机制，建立健全环境监测体系，确保全区环境安全。加大生态屏障建设力度。大力开展植树造林，抓好生态防护林、沿河沿路绿化等工程建设。加强水生态保护，实施河道综合治理、农村汪塘整治、人工湿地建设等工程，持续改善环境质量。

（七）全力推进保障改善民生，开创成果共享新局面。坚持发展为民、为民发展，让群众有更多获得感。强化公共服务体系建设。加快中小学校、幼儿园建设，新增学位2.4万个，着力解决“大班额”问题，全面完成改薄任务。加强教师队伍建设，建立城乡师资“双向流动”机制。大力发展民办教育、职业教育，加快区职业中专新校区建设。推进“健康兰山”，抓好全民健身，优化医疗卫生资源配置，改造提升区人民医院和妇幼保健院，提高基本医疗服务水平。深化“食安兰山”建设，加强食品药品监管，保障群众“舌尖上的安全”。以大众创业、万众创新拓展就业空间，城镇登记失业率控制在3.5%以内。完善社会养老服务体系，加强社会保险制度建设，做好困难群众救助工作，构建广覆盖、多层次、保基本的社会保障体系。协调推进人口和计划生育、妇女儿童等各项社会事业。巩固提升脱贫攻坚成效。建立完善脱贫攻坚长效机制，强化党建扶贫、产业扶贫、就业扶贫、金融扶贫、教育扶贫、政策兜底措施，构建扶贫开发大格局，增强贫困群众的内生动力和造血能力，确保贫困群众脱贫不返贫，持续巩固脱贫攻坚成果。全力维护社会和谐稳定。深化“平安兰山”建设，大力推进“雪亮工程”，完善立体化社会治安防控体系，严厉打击各类违法犯罪行为，提升群众安全感。深入开展反恐怖、反邪教斗争，维护国家安全和政治稳定。树立安全发展理念，坚持预防为主、综合治理，严格落实“党政同责、一岗双责、齐抓共管、失职追责”的安全生产责任制，加大监管执法力度，排查整治安全隐患，确保各领域安全形势稳定。

四、加强党的领导，筑牢全面建成小康社会的坚强保障

实现未来五年奋斗目标，核心在党，关键在人。要充分发挥党的领导核心作用，全面加强思想、组织、作风、党风廉政和制度建设，调动方方面面的积极性、创造性，为各项事业发展提供坚强保障。

（一）加强思想政治建设，筑牢全面建成小康社会的思想保障。深入学习贯彻习近平总书记系列重要讲话和治国理政新理念新思想新战略，用党的最新理论成果武装头脑，不断增强中国特色社会主义道路自信、理论自信、制度自信、文化自信。加强理想信念和党性教育，大力弘扬沂蒙精神和新时期兰山精神，引导党员干部树立政治意识、大局意识、核心意识、看齐意识。牢牢把握意识形态领导权和话语权，坚持正确舆论导向，加强主流思想宣传，增强宣传思想工作的吸引力、感染力，用中国梦和社会主义核心价值观凝聚共识，讲好兰山故事，传播兰山声音，巩固全区人民团结奋斗的共同思想基础。

（二）全面深化改革，筑牢全面建成小康社会的体制保障。按照中央和省、市委深化改革的部署要求，稳步推进经济体制、文化体制等各领域改革，有序推进改革试点先行先试，持续释放改革红利，加快形成有利于创新发展的体制机制。深化行政管理体制改革和行政审批制度改革，大力推进简政放权，用权力“减法”换来市场“加法”。深化商事制度改革，推行“五证合一”，“一照一码”，完善“先照后证”改革措施，营造创新创业的浓厚氛围。深化财税体制、金融体制改革，防范化解金融风险，增强金融服务实体经济的能力。加快推进供给侧结构性改革，抓好“三去一降一补”措施落实，推动资源要素、政策服务向实体经济集聚。

（三）坚持依法治区，筑牢全面建成小康社会的法治保障。扎实推进严格执法、公正司法、全民守法，加快法治化进程。把各项工作全面纳入法制轨道，依法履行职能，科学民主决策。做好“12345”服务热线，加大监察曝光和查处力度，维护群众利益。健全司法权力运行机制，完善依法独立公正行使审判权和检察权制度，打造阳光司法，努力让人民群众在每一个司法案件中感受到公平正义。加强改进信访和调解工作，引导群众依法行使权利、表达诉求，完善社会矛盾纠纷排查化解机制，有效预防和化解矛盾纠纷。全面推进法治宣传教育，开展“七五”普法，形成学法、尊法、守法、用法的法治环境。

（四）夯实基层基础，筑牢全面建成小康社会的组织保障。严格落实基层党建工作责任制，坚持党建工作和中心工作同谋划、同部署，树立大抓基层的鲜明导向。推进城市街道社区区域化党建，提升商城、商圈、商会“三商”党建，打造商城新时期

沂蒙党性教育基地，提高“党旗红、市场旺”党建品牌影响力。做好选派第一书记工作，持续推进软弱涣散村班子整治、村干部经济责任审计，按时完成村（社区）“两委”换届工作。健全基层党组织书记选拔任用、教育培训、激励保障和管理监督机制，完善党员活动日、党员积分管理等制度，提高发展党员质量，加强党员队伍建设，引导党员发挥先锋模范作用，提升基层党组织的凝聚力、战斗力。

（五）抓好党风廉政建设，筑牢全面建成小康社会的作风保障。深入推进全面从严治党，坚持纪在法前、纪严于法，始终保持反腐高压态势，严肃查处发生在群众身边的不正之风和腐败问题。严格执行中央八项规定和省市区委实施办法，认真学习贯彻《党内政治生活若干准则》《党内监督条例》《廉洁自律准则》等党内法规，要求党员干部严守纪律底线。把握运用监督执纪“四种形态”，纪律执行抓早抓小，纪律监督从严从实，执纪审查快查快办。持续巩固拓展党的群众路线教育实践活动、“三严三实”专题教育和“两学一做”学习教育成果，引导党员干部转作风、提效能、促发展。认真贯彻“20字”好干部标准，完善干部考核评价机制，建立健全容错纠错机制，为担当者担当、为干事者撑腰，引导广大干部把心思凝聚在谋发展上，把本领用到干事业上，打造一支忠诚干净担当的干部队伍。

（六）加强领导班子自身建设，筑牢全面建成小康社会的核心保障。认真贯彻《中国共产党地方委员会工作条例》，严格执行民主集中制，完善全委会、常委会议事规则和决策程序，提高党委把方向、谋全局的能力水平。发挥区委总揽全局、协调各方的领导核心作用，加强对人大、政府、政协工作的领导，支持人大依法行使议事、监督和审查职能，推动政府亲民为民、依法行政，促进政协发挥政治协商、民主监督、参政议政作用。充分发挥工会、共青团、妇联等组织和人民团体的优势，更好地联系群众、组织群众、服务群众。巩固和发展最广泛的爱国统一战线，充分发挥各民主党派、工商联、无党派人士作用，做好民族、宗教、侨务、对台等工作。坚持党管武装，加强国防后备力量建设和“双拥”工作，推动军民融合发展。做好人才、老干部、党校、党史等方面工作，把各界力量凝聚起来、创造活力激发出来。

兰山区人民代表大会常务委员会工作报告（摘要）

——2017年1月24日在临沂市兰山区第十九届人民代表大会第一次会议上

谢华东

过去五年工作回顾

过去的五年，是兰山区经济社会快速发展、城乡面貌巨大变化、民生福祉不断改善、民主法治建设和人大工作在实践中创新发展取得显著成绩的五年。五年来，在区委的坚强领导下，区人大常委会深入贯彻落实各级县乡人大工作会议精神，以改革精神和法治思维推进依法履职，为全区民主法治建设和经济社会发展做出了积极贡献。

一、坚持围绕中心，突出第一要务，促进改革发展富有成效

着眼于主动适应、把握、引领经济发展新常态的大逻辑，紧扣事关全区经济社会发展的全局性、根本性问题，精准发力，推动转型发展。

聚焦经济运行调节。依法加大对计划和财政经济的监督力度。定期听取审议区政府半年社会发展和经济运行报告，全面了解稳增长、调结构、促转型形势下的经济运行和社会发展状况。听取审议并依法通过“十三五”规划，成为凝聚全区人民智慧、体现全区人民意志的行动纲领。注重发挥公共财政

对经济社会发展的保障、支撑和杠杆作用。成立了常委会预算工作机构，出台了预算审查工作办法，认真审查批准年度财政预算调整方案、财政决算和审计工作报告，组织开展税源培植和税收征管调研视察，要求优化支出结构，提高资金使用效益，依法规范征管行为，防范债务风险，加大审计整改力度。对提出的意见建议，区政府认真加以落实，着力破解矛盾和问题，全区经济在新常态下增添新动能，量增质更优。兰山区连续5年跻身全国百强，公共财政预算收入达到72.6亿元，综合实力在全省排名进一步前移。

聚焦经济转型升级。突出转变经济发展方式主线，聚焦供给侧结构性改革。围绕推进工业经济提质增效，听取审议工业产业调整、“二次创业”等专项工作报告，深入到重点项目区、小微企业密集区开展调研，提出要大力实施工业强区战略，细化产业发展方向和重点，加快形成集聚效应，促进实体经济健康发展。着眼于服务业高端高质发展，结合商城“三化”并举、“五位”一体的工作布局，组织对商贸流通进行视察，连续听取和审议“商城国际化推进年”活动情况报告，就抓好商城改造提升提出针对性意见，推动了兰山作为国际化商贸名城核心圈层建设，加快全区发展深度融入国家“一带一路”战略。重农务本是安民之基。常委会通过听取审议全区农业经济发展情况报告，提出培育新型经营主体、构建现代农业产业体系、健全安全监管体系、引导规范土地经营权有序流转等建议意见，努力推动全区农业增效，农民增收。

聚焦创新统筹发展。秉持发展新理念，积极适应创新驱动态势，重视全区开放发展。常委会对科技创新情况、“三引一促”等工作进行了专题视察，督促政府及有关部门大力实施创新驱动战略，在全社会弘扬工匠精神，勇攀质量高峰，加快形成市场牵引、主体活跃、制度促进、环境优化的全面发展格局。围绕以人的城镇化为核心，听取审议了区政府关于新型城镇化建设的报告，组织对文明城市创建和迎评进行视察，助力全区发挥主战场、主力军作用，在“一创六建”中做出重大贡献。跟踪监督城市管理、老旧小区改造、物业管理提升等工作实施，不断实现中心城市内涵提升、聚集发展。立足加快城乡协调发展，关注城乡环卫一体化、国土资源集约化利用、美丽乡村建设等工作，推进城乡面貌持续改善，努力实现保护资源和保障发展共赢。

聚焦重点项目建设。重点工程和项目投资规模大，辐射和带动效应强，常委会重视大项目在全区经济发展中的引领、主导地位。通过组织对重点工程和重大基础设施进行视察，听取审议工作报告，依法行使重大决定权批准项目开工建设、片区开发建设融资等方式，全力助推项目建设，既满足了兰山发展的现实需要，也为长远发展打下了坚实基础。按照区委工作推进机制，常委会班子成员分工参与北城新区、西部新城、高铁片区、东风东关片区等重点工程项目建设，以强烈的担当意识和责任感较好地完成了各自担负的工作，推动了所在项目区的建设步伐。五年来，全区共完成征收面积近1700万平方米，一座新城拔地而起，兰山城市品牌效应更加突显。

二、坚持关注民生，着力维护民利，致力民生事业持续改善

常委会始终把人民群众对美好生活的向往作为目标追求，紧扣民生民意，持续开展监督工作，推动各项民生举措落到实处，让改革发展成果更多更公平惠及全体人民，厚植群众获得感。

促进生态文明建设。良好的生态环境是最公平的公共产品，最普惠的民生福祉。常委会抓住新环保法实施的有利契机，围绕“深呼吸、看绿化、见清水”三大目标，对全区生态文明建设情况进行专题调研，对大气污染防治工作进行专题询问，对全区迎淮核查工作进行定向视察，建议牢固树立绿色协调发展理念，积极构建新常态下生态文明建设新机制，打好生态保护攻坚战，打出了一套监督“组合拳”。全区空气质量、水域环境持续改善，绿地绿量逐年增加，实现了经济发展与环境改善的良性互动。

促进公共服务水平提升。公共服务供给和保障水平直接关系到群众对全面小康建设的认同感和获得感。着眼于让群众享受的服务更优，常委会紧盯为民办实事项目的落实，促进了群众普遍关注的一系列热点民生问题解决。教育是重大的民生事项，牵动千家万户。常委会组织视察学校素质教育实施，审议教育工作报告，促进普惠性教育资源优化配置，努力让所有孩子都能接受良好教育，站在公平的人生起跑线上。回应群众对于完善公共医疗卫生服务体系、食品和药品安全监管的呼声，听取和审议工作报告，开展工作专题询问，推进政府把好事办好、实事办实，落细落地、有力有效，不断提升群众获得感和幸福感。

促进社会事业发展。社会事业与群众生产生活密切相关。常委会紧紧围绕新增城镇就业、镇村公交建设、文化惠民工程、社保政策托底、两孩政策实施等群众关心的热点难点问题，依法开展监督，回应群众期盼，推动提高群众幸福指数。按照“小康路上一个都不能掉队”的要求,针对精准扶贫工作，采取听取审议工作报告、实地视察调研、强化定点扶贫力度等方式，强力助推扶贫开发，众志成城实现脱贫攻坚目标。平安是极重要的民生，也是最基本的发展环境。常委会听取审议全区公安工作情况报告，调研视察了全区治安防控体系建设和公安机关执法规范化建设等工作情况，对社区服务和管理工作进行视察，助推“平安兰山”建设，大力构建全民共建共享的社会治理格局。

三、着力深化监督，务求工作实效，切实加快依法治区进程

始终坚持把民主法治建设作为人大工作的主业，加强法律监督和工作监督，积极回应社会关切，维护社会公平正义，推动依法治国方略在兰山区深入落实。

突出重点，着力推进依法行政。围绕法治政府建设，听取审议区政府依法行政工作报告，专项视察政府服务体系建设，促进政府主动将行政行为纳入法治框架内考量，通过制度建设和考核导向强化依法行政的自觉性。听取和审议全区“六五”普法工作情况的报告，系统总结“六五”普法工作成效，依法做出“七五”普法决议，为提高全民法治意识，推进依法治理奠定了基础，兰山区被授予“全国普法先进县区”称号。组织对《安全生产法》《消费者权益保护法》等20多部法律法规实施情况开展执法检查，有力推进了法律实施。认真做好市级立法联系点工作，扎实推进规范性文件备案审查工作，促进依法行政，维护法制统一。

注重实效，切实加强司法监督。围绕司法为民理念，常委会还着重对区法院审判工作及信息化建设、区检察院规范司法行为及刑事检察等工作进行监督，视察了基层法庭和派驻检察室建设，连续组织代表开展庭审旁听活动，强调要牢固树立司法为民理念，注重制度建设，强化监督管理，促进司法公开公正，努力让人民群众在每一个司法案件中都感受到公平正义。区法院的以团队建设实现审判提质增效，区检察院的兰检卓越时空等多项工作成为亮点和品牌。区法院、区检察院分别被授予“全国优秀法院”和“全国模范检察院”称号，创造了历史佳绩。坚持把信访工作作为开展监督与密切联系群众的重要途径，及时受理批转，耐心解释疏导，依法督办落实，促进了社会和谐稳定，维护了群众合法权益。

严格规范，依法做好人事任免。常委会坚持党管干部和依法任免有机结合，依法行使任免职权，不断完善法律知识考试、任职资格审查、任前表态发言、民主投票表决、颁发任命书、报告履职情况等制度。五年来，共决定任命常委会机关、街道人大工委、“一府两院”工作人员和人民陪审员480名。制定出台并实施《兰山区宪法宣誓制度实施办法》，开展人大任命国家机关工作人员向宪法宣誓，彰显了宪法权威，激励和教育国家机关工作人员忠于宪法、遵守宪法、维护宪法。

四、发挥代表作用，强化服务保障，代表工作活力全面彰显

充分发挥代表作用，是人大及其常委会工作的

出发点和立足点。常委会积极推进代表活动主题化、履职工作常态化、建言成果实效化，使代表主体作用得到更好发挥。

构建代表履职平台。坚持以创建人大代表接待站、组织开展代表接待活动为核心内容，推动代表联系群众“常态化、制度化、网络化、规范化”，打通人大代表与选民群众联系的“最后一公里”。全区累计投资近460万元，建设代表活动室31个、代表接待站39个、接待点57个。自开展接待活动以来，共征集群众意见建议5847件，其中协调落实和解答4969件，架起民意沟通和对话协商的桥梁，化解一批社会矛盾，解决一批群众身边的难事、实事、具体事。创新代表联系群众方式，在建好实体性代表接待站的同时，全面铺开网上接待站建设。制定代表网上接待工作办法，各镇（街道）全部建立人大网站，开通代表网上接待模块，打造代表当面接待与网上接待相结合的新模式，工作走在全市全省前列。

增强代表履职活力。制订并实施代表履职考核管理办法，集中宣传报道代表履职先进事迹，开展代表“双优双先”评比表彰，提高代表履职的积极性和主动性。发挥“办实事、谋发展、促和谐”代表主题实践活动的统领作用，创新开展“六进六访、四带四联”活动，组织代表深入一线，为群众宣讲政策，汇集民意，帮办实事。五年来，全区各级人大代表固定联系选民群众万余人，在引领产业发展、助推脱贫攻坚、公益事业建设、化解社会矛盾方面发挥重要作用，代表在人民群众中的威信和形象不断提升。

完善代表服务机制。组织好代表闭会期间活动，协调保障省、市代表视察活动57次，指导区代表小组活动120余次，围绕全区重点工作和民生热点问题开展定向视察62次。扩大代表对常委会工作的参与度，坚持邀请人大代表列席常委会会议、参加分组审议和专题询问、调研视察、执法检查等活动。足额预算代表活动经费，举办区人大代表培训班，为代表更好履职夯实基础。精心组织区镇人大代表换届选举工作，严格遵守“九个严禁”“九个一律”，营造风清气正的选举环境，顺利选举产生新一届区、镇人大代表，圆满完成区镇两级人大代表换届选举任务。

提升建议办理实效。关注“办成率”，修订出台了办理代表建议、批评和意见办法，将代表接待选民反映问题纳入建议范围并随时交办，通过区人大常委会班子成员领衔督办、人大委室对口督办、镇（街道）人大延伸督办等方式，对建议办理全过程进行督促指导。改进代表满意度征求反馈方式，召开建议办理“面对面”座谈会，对每份答复件，向代表发出满意度问卷，测评承办单位办理效果，以此作为评选承办先进单位、优秀代表建议件的依据。新机制催生新变化，五年来常委会共交办代表意见、建议562件，重点督办175件，代表满意率逐年提升。一批涉及民生设施建设、投资环境优化、城市建设管理等事关人民群众切身利益的建议案，得到有效解决，代表的真知灼见越来越多地转化为加快发展的生动实践。

五、注重联系指导，夯实基层基础，镇（街道）人大履职出新出彩

发挥基层人大工作的基石作用，精力下沉，强化指导，探索整体化推进人大工作思路，力促镇（街道）人大规范化建设目标全面实现，开创镇（街道）人大工作的新模式。

重建制，推进镇（街道）人大规范化。大力开展镇（街道）人大规范化建设年活动。依据新修订的地方组织法，制订镇（街道）人大工作规范化建设意见，依法建立主席团议事制度、工作评议办法、代表接待选民、代表考核等16项制度，明确镇（街道）人大的职责和活动方式，镇（街道）人大基本实现人员、阵地、经费、制度、工作“五到位”。代表视察、执法检查、听取审议政府工作报告、评议驻地部门工作等普遍开展，基层“代表之家”建设、代表向选民述职和代表履职登记建档等工作不断深入。丰富活跃的基层人大工作和代表活动，让选民群众真正感受到人大的地位作用和人大代表的为民情怀。

重联动，带动镇（街道）人大工作整体推进。

积极探索镇（街道）人大参与常委会工作的新方法。从确定常委会议题，到年初定期召开全区镇（街道）人大工作会议，统筹区与镇（街道）人大工作全盘，不断加大镇（街道）人大参与常委会工作的频率。坚持“三会一调度”制度。通过年初全区人大工作会议、年中现场观摩推进会、年末镇（街道）人大工作考核会，以及每月镇（街道）人大工作调度会，加强交流指导，推动工作落实。大力开展镇（街道）人大工作品牌化建设，努力实现每个镇（街道）工作有看点，有特色。

重考评，激发镇（街道）人大争先进位。积极争取区委将镇（街道）人大工作纳入全区科学发展综合考核范围，为人大工作提供了强大导向引领。制订镇（街道）人大工作考核办法，对6大类工作职责中的23项具体内容进行分值量化，年底组织考核、排出位次，在区人代会期间进行表彰，激发镇（街道）人大工作争先进位的活力。基层人大组织建设全面加强。各镇（街道）均设立人大主席团或人大工委，人大主席、人大工委主任实现专职配备，提名为区人大代表人选。这次全区各镇新一届人大一次会议上，又全部配齐专职副主席。换届以来有13名镇人大主席、街道人大工委主任转任镇长或办事处主任，人大干部的主体责任和担当意识进一步增强。

六、主动适应形势，从高从严要求，机关自身建设持续加强

始终坚持以“五型”机关建设为目标，牢牢把握新形势下人大工作的政治方向和履职特点，全面加强自身建设，不断提高依法履职能力。

建设学习型机关。坚持机关每周集中学习制度，组织参加各级培训活动，人大干部的理论素养和业务素质显著提升。搭建学习平台，注重人大宣传，建设提升兰山人大网站，开通“兰山人大”微信群，指导各镇（街道）精心制作人大工作宣传片，举办人大书画摄影展，重视机关文化建设。多角度宣传和展示人大工作新面貌、新成果，先后有2000多篇稿件在市级以上主流报刊发表，全区人大宣传工作持续走在全市前列。

建设能力型机关。坚持把提升能力作为履职的重要前提。紧紧围绕区委的总体部署和要求，精选议题，抓实抓细调查研究工作，形成一批有深度、有分量的调研成果，先后有21篇调研报告被区委主要领导批转，为区委决策和政府推进相关工作提供有益参考。创新监督方式方法，实行跟踪审议，完善评议机制，推行专题询问，常委会依法履职的能力和实效得到提高。认真贯彻落实人大组织建设的要求，完善常委会内设机构编制，增设相关工作机构。本次会议还将产生区人民代表大会各专门委员会，这对于进一步完善人大机构设置，发挥职能作用将具有重要意义。

建设创新型机关。坚持新建与完善并重，先后制定并实施干部任内监督、审议意见督办、重大事项决定权行使、公开征集监督议题等多项办法和制度，创新体系建设的牵引作用不断显现。特别是本届常委会致力推进的代表联系接待选民和镇（街道）人大规范化建设工作在市内外赢得良好反响。全市人大代表主题实践活动现场推进会在兰山区召开。区人大常委会先后在省委、市委召开的人大工作会议上作典型发言。新华社、大众日报、山东电视台等主流媒体组团来兰山区采访报道。全区人大工作情况分别被全国人大两会特刊和全国人大常委会办公厅联络局刊发，五年来先后有全国各地180余批次人大考察团前来学习考察，人大工作的创新举措获得各方认可，有关做法得到推广。

建设务实型机关。把联系群众作为人大工作的主要方式，扎实做好精准扶贫和结亲连心活动，坚持主动联系和经常性走访代表和群众，对群众反映的问题跟踪督办，脚踏实地办了一些看得见、摸得着的实事好事，受到群众好评。真情帮扶促发展，架起人大连心桥。争取筹集帮扶资金近130万元，用于区人大机关“第一书记”帮扶村和定点扶贫村基础设施和公共服务项目建设，常委会机关“第一书记”帮扶工作被评为全市先进。人大工作的群众基础和社会基础得到夯实，机关干部甘于奉献、吃苦耐劳的作风得到锤炼。

建设清廉型机关。认真落实从严治党主体责任，坚持以上率下，强化刚性约束，严格执行八项规定和区委要求，驰而不息坚决反对“四风”，坚持问题导向，落实“严实”要求，改进作风实现制度化规范化常态化。扎实开展党的群众路线教育、“三严三实”和“两学一做”学习教育实践活动，以打造“精准高效、一流机关”为目标，持续正风肃纪，强化目标责任考核。五年来人大机关在全区年度考核中均取得优异成绩，树立起了为民、务实、清廉的良好形象。

过去五年常委会所做的工作和取得的成绩，是区委正确领导，各方鼎力支持的结果。区委常委会专题听取人大党组工作汇报，提出重要意见和工作要求。区委在届内两次召开全区人大工作会议，就深入贯彻中央18号文件和省委17号文件精神、切实加强县乡人大工作和建设，在人大职权履行、组织机构设置、干部队伍建设方面，进一步夯实中央和省市委要求，有力指导和推进全区人大工作。区政府和“两院”认真贯彻宪法法律，落实人大决议决定，自觉接受人大监督。全体代表、常委会组成人员和镇（街道）人大尽职尽责、担当作为，全区各级各部门、社会各界始终关注、积极支持人大工作。在此，我代表区人大常委会，向大家致以崇高的敬意和衷心的感谢！

成绩来之不易，经验弥足珍贵。回顾五年的实践，我们对坚持和完善人民代表大会制度，做好地方人大工作，有了更加深切的认识和体会：

第一，坚持党的领导，坚定政治方向，是做好人大工作的根本保证。必须坚持党的领导、人民当家做主和依法治国的有机统一，牢固树立大局意识、群众意识和法治意识，增强坚持党的领导的自觉性和坚定性，确保党的主张经过人大法定程序转变成为全区人民的共同意志，保证党委的战略部署顺利实施和贯彻落实。

第二，紧扣发展主题，增强监督实效，是做好人大工作的必然要求。必须把人大工作放在全区改革发展稳定大局中来谋划，认真行使宪法和法律赋予的各项职权，使人大工作同经济社会发展相协调、同人民群众的愿望要求相适应。

第三，坚持依法履职，推进民主法治，是做好人大工作的重要前提。必须牢固树立宪法观念和法律意识，找准基层民主法治建设的着力点并系统推进。必须严格依法办事，完善工作机制，坚持监督和支持并重，形成工作合力。

第四，密切联系群众，发挥代表作用，是做好人大工作的坚实基础。必须紧紧依靠人民群众和人大代表，把人大工作植根于人民的沃土，保持同人民群众的血肉联系，自觉接受代表和人民的监督，才能使人大工作保持旺盛的生命力。

第五，顺应形势变化，不断开拓创新，是做好人大工作的活力所在。必须与时俱进、改革创新，坚持解放思想、实事求是，正确处理依法办事与改革创新的关系，使人大工作在研究新情况、解决新问题、完善新举措中不断创新发展。

在肯定成绩、总结经验的同时，我们也清醒认识到，常委会工作与新形势新任务要求相比，与各位代表和人民群众期望相比，还存在着差距，主要是：综合运用法定职权发挥人大职能作用还需进一步探索；监督工作针对性、实效性还不强，跟踪监督力度还不够；代表工作还需改进，在增强代表履职意识、履职能力方面还需提高；常委会机关服务保障能力也有待进一步提高。我们将高度重视这些问题，虚心听取代表和各方面的意见建议，自觉接受监督，不断加强和改进工作。

今后五年工作建议

党的十八大以来，习近平总书记围绕人民代表大会制度和人大工作发表了一系列重要讲话，站在党和国家事业全局的高度，提出了一系列新观点、新论断、新要求，为做好地方人大工作提供了思想指导和行动指南。中央和省市委相继出台关于加强县乡人大工作和建设的若干意见和决定，这是新形势下推进社会主义民主法治建设的重要部署，人大工作赢来了前所未有的良好机遇和发展环境。我们建议，新一届人大常委会要在中共兰山区委的领导下，认真学习习近平总书记系列重要讲话精神，全面贯彻党的十八大和十八届三中、四中、五中、六中全会精神，深入贯彻落实区第十四次党代会总体部署，充分发挥地方权力机关职能作用，奋力开创人大工作新局面，为实现全区在大美新临沂建设中挑大梁，在全省全国争先进位，在全面建成小康社会进程中“走在前列”做出新贡献。为此，建议做好以下五方面工作：

一、全面贯彻区党代会精神，在加快跨越发展中创造新业绩。区第十四次党代表大会，是在全面建成小康社会进入决胜阶段召开的一次定方向、定基调、谋大局的重要会议，标志着兰山区改革发展开启新篇章，迈上新征程。区十九届人大及其常委会要不辱使命、不负重托，紧紧围绕这个中心和大局，切实担负起推动区委重大决策贯彻落实的责任，充分发挥人民代表大会制度广泛联系人民群众的优势，最大限度地调动全区人民的积极性、主动性和创造性，最大限度地凝聚全区人民团结奋进、推动发展的智慧和力量，为开创兰山区经济社会发展新局面做出积极贡献。

二、着力加强监督工作，在履行法定职责上体现新成效。围绕区委提出的工作部署和“十三五”规划，强化工作监督和法律监督，在产业转型升级、城乡一体推进、生态环境保护、优先保障民生、社会治理创新等方面综合运用法定职权进行重点监督，切实推进“三区两城”建设。健全邀请人大代表和人民群众参与监督机制，完善程序，加大力度，增强实效。行使好重大事项决定权，遵循法定性、全局性、民主性、可行性原则，适时作出决议决定。坚持区委推荐干部与人大常委会依法任免干部的有机统一，为经济社会发展提供组织保障。

三、切实改进代表工作，在发挥主体作用上实现新提升。进一步激发代表履职活力，提升代表履职能力，充分发挥其在密切联系群众、促进发展、维护稳定中的重要作用。按照“总结、继承、完善、提高”的原则，深化代表主题实践活动内容，激励和引导代表争做“加强学习、科学发展，依法履职、遵纪守法”的模范，守规矩、讲纪律，自觉维护人大权威和形象。探索代表履职目标管理机制，建立代表工作激励机制，促进代表更好地深入基层，了解民意、反映民情，履职为民。启动实施人大代表约见国家机关工作人员制度，提高代表监督的实效性，充分调动全体代表依法管理国家事务的积极性。

四、坚持夯实基层基础，在镇（街道）人大工作上迈出新步伐。加强对镇（街道）人大工作的具体指导，不断改革完善镇（街道）人大的工作和监督机制，全面履行法律规定的职权，增强人大监督工作的权威，使镇（街道）人大成为推进基层民主法治建设和改革发展的动员者、实践者和监督者。进一步建立和完善镇（街道）人大工作运行机制，规范监督程序，充实监督内容，拓展监督领域，切实提高监督的质量和水平，开创基层民主政治建设新局面。

五、以从严治党要求为准绳，在自身建设上展现新风貌。进一步加强思想建设，牢固树立政治意识、大局意识、核心意识、看齐意识，增强把握全局、依法办事、审议决策、服务保障能力。进一步加强制度建设，健全和完善适合地方国家权力机关特点的组织制度、工作制度和运行机制，提升人大工作科学化、制度化、规范化水平。进一步强化创新发展，不断探索人大工作的规律和特点，形成人大工作创新发展的整体合力，使创新成为兰山人大工作前进的不竭动力。进一步加强能力建设，强化对常委会组成人员、人大机关干部培训力度，加快推进人大机关信息化建设，加强宪法、法律和人民代表大会制度的宣传，唱响人大声音，讲好人大故事，把兰山区人大工作的好做法总结出来，宣传出去。

政 府 工 作 报 告（摘要）

——2017 年 1 月 23 日在临沂市兰山区第十九届人民代表大会第一次会议上

沈如茂

一、过去五年工作回顾

2012 年以来的五年，在市委、市政府和区委的坚强领导下，我们紧紧依靠全区人民，改革创新、真抓实干，各项工作取得长足进步，经济社会发展迈上新的台阶。全区生产总值从 630.6 亿元增加到 856 亿元，年均增长 9.8%，总量占全市 1/5。三次产业比 1 ∶ 48.3 ∶ 50.7。一般公共预算收入从 30.2 亿元增长到 72.6 亿元，年均增长 12.3%，总量占全市 1/4；固定资产投资、社会消费品零售总额、进出口总额分别达到 630 亿元、550 亿元、23.9 亿美元，年均增长 13.7%、12%、7.7%。居民人均可支配收入达到 24050 元，年均增长 10%。综合实力连续 5 年进入全国百强，位列全国科学发展百强区第 51 位、投资潜力百强区第 10 位、创新创业百强区第 30 位和新型城镇化质量百强区第 29 位。

五年来的主要工作及特点：

（一）加快转变增长方式，发展质量和效益明显提高。以习近平总书记视察临沂商贸物流为动力，兰山商城加快扩张提升。市场年交易额、物流总额翻了一番多，达到 2160 亿元、4920 亿元。累计投资 58 亿元，新建提升市场面积 194 万平方米，全区专业批发市场达到 83 个、物流园区 16 处，经营面积1100万平方米。商城国际化纵深推进，“临e商城”总门户网站建成运营，商城价格指数在国家级平台发布，金锣价格指数在省级平台稳定运行。新技术、新产业、新业态蓬勃发展，服务业成为吸引投资、吸纳就业的主体。全区用电量达到63.6亿千瓦时、增长21.6%。工业经济发展壮大，拥有规模企业1321家，居全市第一。规模以上工业企业539家，产值达到2150亿元，年均增长15.9%。五大主导产业产值占总量的78.9%。高新技术产业比重提高4.2个百分点，达到28.3%。金锣集团总产值突破500亿元，全区50亿级、10亿级以及过亿元企业发展到5家、17家、340家。争创中国驰名商标10个、中国地理标志证明商标2个、国际商标注册9件，山东著名商标49个、中国名牌和山东名牌26个。累计建设优质农产品基地17666.67公顷、现代农业产业园和标准园46处，农民合作社达到669家。

（二）协调推动城乡发展，新型城镇化步伐加快。深入贯彻市委、市政府城市发展布局，北城一期基本完成、二期加快推进，发展格局不断放大。积极承担中心城区功能，市区两级加大资金投入，三河口隧道、蒙山高架路、双岭高架路等60多项重大工程建成使用，西安路桥、南京路桥、陶然路桥等重要桥梁建成使用，“四供两排”、河道治理、滨河步道等一大批市政工程实施完成，公共自行车系统投入运行，新西外环工程扎实推进，综合交通体系建设全面展开。农村转移人口市民化进程加快，常住人口城镇化率达到80%。累计完成征收1684万平方米，建设居民楼2568万平方米。先后启动南坛、东风东关等老城区25个片区征收改造，优化存量土地800公顷。完成143个老旧小区改造，新建、提升道路面积858万平方米。小城镇建设取得新成效，义堂镇成为全省唯一国家级新型城镇化综合试点镇，半程镇列入全省“百镇建设示范行动”示范镇。实施《兰山区农村大社区建设规划》，已建成60个。推进“水治污”“气上楼”“暖入户”，加快“硬化+改厕”工程进度，农村基础设施建设不断加强。圆满完成国家卫生城复审、全国文明城市复查等各项城市创建任务，“两级政府、三级管理、网格覆盖”的城管体制发挥作用，城市宜居水平大幅提升。

（三）持续深化改革创新，发展后劲进一步增强。先后承担国家级基层卫生综合改革试点、国家级建制镇示范试点、省级服务业综合改革试点、临沂工程物资市场采购贸易方式试点，既解决了一些影响发展的难题，又总结了先进的试点经验。农村产权制度改革、商事制度改革、“营改增”财税体制改革和营商环境建设成效明显，市场主体达到10.7万户，翻了一番。企业家队伍建设不断加强，诚信经营、依法纳税，被评为全国百佳国地税合作县区示范区。小额贷款公司等地方金融组织蓬勃发展，运营资金56亿元。顺利完成兰山合行商业化银行改革，全区银行业存贷款余额分别达到1960亿元、1669亿元，均占全市40%左右。证券期货年交易额突破万亿大关。建设各类创新平台41家，获授权发明专利679件，居全市第一。鲁南制药集团荣获国家科技进步奖二等奖、省科技进步一等奖和省长质量奖，总量全省第一、行业领先。“三引一促”大见成效，累计引进高端人才90名，利用市外资金358亿元、外资5亿美元。9个项目列入省重点，146个项目列入市重点。林产科技园一期建成，鲁南铁路物流园开工建设，临沂应用科学城、临沂国际商贸城等一大批市级项目落户兰山区，增添了发展新动力。新增建设用地3333.33公顷，2个国家级土地综合整治项目落户兰山区，规模达7200公顷，占全市的2/5。实施9200公顷高标准基本农田建设，完成3333.33公顷土地整理工作。

（四）强力抓好环保治理，生态建设扎实推进。严格环保执法，推行清洁生产，主要污染物排放总量持续下降。开展大气污染防治攻坚行动，2960台10吨及以下工业燃煤锅炉全部整治到位，工业污染源、城市扬尘、垃圾秸秆禁烧、加油站、黄标车等综合整治取得显著成效，空气优良率达67.8%。建立健全“河长制”、保洁员制和水环境生态补偿等长效管理机制，对全区沟渠、汪塘、河道水面进行常态保洁，城乡水域环境明显改善。建成污水处理厂5座，配套污水管网175千米，城镇污水集中处理率达85%。深入开展生态强区行动计划，新增绿化面积420万平方米、新造林4000公顷。乡村文明行动扎实推进，移风易俗深入人心，城乡环卫一体化实现镇村全覆盖。积极开展“海绵城市”试点，建设、提升湿地2000多公顷。河湾水源地、茶山拦河闸等项目顺利实施。柳青河小流域整治、金锣万亩荷塘湿地等项目成为亮点工程，为全市代表山东省迎淮检查实现“八连冠”做出积极贡献。

（五）切实保障和改善民生，社会事业全面发展。累计投入民生资金约160亿元，年均增长20%。投资30亿元，改扩建学校123处，顺利通过国家级“县域义务教育发展基本均衡县区”验收，区职业中专通过首批省级规范化中等职业学校验收。规范化建设村级卫生室293处。城镇登记失业率控制在2%以内。连年上调居民基础养老金、城乡最低生活保障、居民医保和基本公共服务等标准，累计发放社会救助资金2.5亿元。面积6万平方米的区全民健身中心建成使用，镇（街道）社区行政村健身广场、镇（街道）文化站、村（社区）文化大院实现全覆盖。农民工“一元公寓”在全国推广。在全市率先完成农村饮用水安全工程建设，率先开通镇村公交。成功创建省级食品安全先进区、全省慢性病综合防控示范区。安全生产形势平稳向好，社会大局和谐稳定。

（六）坚持廉政勤政一起抓，政府效能大幅提升。认真落实中央“八项规定”，扎实开展党的群众路线教育实践活动、“三严三实”专题教育、“两学一做”学习教育，为民务实清廉形象进一步树立。全面落实依法治区实施意见，始终把政府工作置于人大及其常委会监督之下，依法行政、民主执政。在重大问题决策前、决策中，加强与政协的民主协商。办理人大代表建议620件、政协提案866件，答复率100%。扎实推进审计监督，完成88个审计项目，促进节支2.32亿元。带头学法尊法守法用法，建立健全“四张清单、一个平台”运行机制，梳理规范行政审批145项，22个部门进驻区政务服务中心，121个事项纳入便民服务。严肃政纪，纠治“四风”，廉洁政府建设深入推进。

成果丰硕的2016年刚刚过去。一年来，我们毫不放松抓安全，持之以恒抓环保，各项措施落到实处、见到实效。成功承办“中国创翼”文创大赛总决赛，启动规划建设文创产业孵化园，文化创意、现代金融等服务业加快发展。推进13个中小学校改扩建工程，城区教育“大班额”问题得到初步缓解。提前两年基本完成脱贫任务。抓好园区、商城、城镇等发展平台建设，结构调整和产业升级步伐加快。全区生产总值比上年增长7.2%，一般公共预算收入增长13.9%，居民人均可支配收入增长7.6%，较好地完成了年度任务目标，实现了“十三五”开门红。

成绩令人鼓舞，经验更加珍贵。作为全市中心城区、经济发展龙头区、改革创新先行区，“一马当先”是职责使命，“兰山精神”是不竭动力。五年的实践使我们深刻认识到，今后的工作中，必须勇于担当，深入贯彻市委、市政府决策部署，按照区委要求，积极承担中心城区发展重任，借势加快新型工业化、信息化、城镇化、农业现代化“新四化”建设。必须敢为人先，勇于突破，找准上级精神、最新理论、先进技术和兰山实际的结合点，积极投身创新实践。必须实事求是，遵循客观规律，在抓产业、强龙头，抓城乡、促协调，抓生态、优环境等各个方面，做好放大优势、突出特色、补齐短板的文章，着力提升发展层次。必须开放融合，坚持内源发展和开放发展相结合，本土经济和外资经济相补充，外向外拓和优进优出相促进，兼收并蓄，包容互鉴。必须依靠群众，调动起广大群众的积极性，汇聚形成推动改革发展的强大合力。必须勤政廉洁，运用法治思维和办法破解难题，自觉接受人大监督，加强政协民主协商，争取方方面面的支持。

五年的发展成效证明，今天的兰山是一个更具活力、更有底气、更加自信的兰山！成绩的取得，是市委、市政府正确领导的结果，是市级几大班子和市直部门关心厚爱的结果，是区委总揽全局、科学决策的结果；得益于区人大、区政协和社会各界的有效监督、大力支持；靠的是全区上下团结一致、拼搏进取。在此，我代表区人民政府，向所有关心支持兰山区发展的各级领导，向辛勤工作在各条战线上的广大干部群众，向各位人大代表、政协委员和社会各界，表示衷心的感谢并致以崇高的敬意！

我们清醒地认识到，兰山区商贸物流、城区经济等传统优势面临新的挑战，实现新旧动能转换仍需要付出艰苦努力。经济总体结构和层次水平还不够优化，龙头骨干企业的支撑带动作用不够明显。和先进地区相比，企业创新能力不强，大多处于产业价值链中低端。征收改造、城乡统筹、基础设施配套任务繁重，城乡发展还不平衡。财政收支矛盾仍很突出，教育、医疗、养老、就业、食品安全等民生工作还存在不少短板。安全生产任务面广量大，资源环境约束趋紧，需持续用力，牢牢守住发展底线。政府机关和工作人员作风不严不实问题仍然存在，法治素养有待强化。对此，我们一定高度重视，采取扎实有效的措施，努力加以解决。

二、今后五年的奋斗目标和主要任务

新一届政府履职的五年，将迎来党的十九大胜利召开，迎来建党100周年，实现第一个百年奋斗目标，发展任务艰巨，历史使命光荣。接下来的五年，也是兰山区由大到强、发力赶超、提质增效，实现战略性转变的关键时期。区第十四次党代会，擘画了今后五年全区经济社会发展的宏伟蓝图，明确了目标定位，部署了重点任务，这是政府施政的总遵循。

今后五年，政府工作的指导思想是：全面贯彻党的十八大和十八届历次全会精神，深入贯彻习总书记系列重要讲话精神，全面落实“五位一体”总体布局、“四个全面”战略布局，深入践行“五大发展理念”，坚持以提高发展质量和效益为中心，以建设大美新临沂政治经济文化中心功能区、鲁南苏北经济发展龙头区、全国革命老区率先发展标志区，打造商贸物流名城、历史文化名城为目标定位，始终聚焦产业、着力创新驱动、紧抓生态文明、深化改革开放、推进惠民共享，把“全域发展、率先小康”的各项任务落到实处，努力建设经济文化强、社会百姓富、生态环境美、文明程度高的新兰山。

超越是最好的传承。今后五年，要建设“两大中心、三个高地”，努力实现“双跨、双超、双进位”的奋斗目标。生产总值年均增长8%左右，跨越1000亿台阶、达到1200亿元；一般公共预算收入年均增长10%左右，跨越100亿台阶、力争达到120亿元。固定资产投资、社会消费品零售总额两项主要指标年均超过两位数增长；居民人均可支配收入超过3万元、达到3.5万元。综合实力在全省、全国市辖区排名争先进位。

——建设全国商贸物流集散中心。巩固临沂商贸物流优势，打造五大仓储物流基地、八大市场集群，物流总额突破万亿元，市场年交易额突破5000亿元，电商年交易额突破2000亿元，会展交易额达到600亿元。基本实现物流由中转型向生产、仓储、金融等多功能融合型转变，形成全国最具影响力的商品交易批发中心和物流分拨调运中心。

——建设特色产业集聚中心。服务业占比达到57%左右，产业迈上中高端水平。金锣集团新增产值500亿元，迈上千亿级台阶；围绕健康食品产业链延伸拉长，金锣科技园再新增产值500亿元；布局西外环木业产业园，木业产值新增500亿元；重点培育3—5条商城地产品产业链，新增产值500亿元。建设全国最大的木业家具生产基地、绿色食品加工基地，打造形成3个千亿级产业集群和20个百亿级骨干企业。新建市级以上研发平台50个，全社会研发经费占比提高到4%。

——建设新型城镇示范高地。常住人口城镇化率达到85%左右，户籍人口城镇化率提高8个百分点。完成征收600万平方米、新建居民楼910万平方米、改造棚户区1.24万户，建成75个新型农村社区。

全区绿化覆盖率达到45%。建成主城引领、镇村协同、产城融合、生态文明的现代城镇体系。

——建设双向开放活力高地。深入推进简政放权，优化营商环境，打造审批项目少、速度快、市场主体和人民群众满意的服务型政府。实现高层次、高水平的双向开放，外向型经济优势不断扩大、深化。力争到2021年实际年利用市外资金突破150亿元，对外贸易总额突破50亿美元。

——建设文明和谐幸福高地。居民人均可支配收入年均增长8%左右，脱贫任务全面完成。义务教育入学率保持在99%以上，登记失业率控制在3.5%以内，城乡居民养老保险适龄全覆盖。社会事业发展更加均衡，民主法制更加健全，社会治安和安全生产形势持续稳定，城市文明水平、市民文明素养、群众幸福指数不断提升。

实现上述目标，必须坚持以人民为中心的发展思想，积极适应和引领经济发展新常态，稳中求进、一马当先，推动发展理念、动力、平台、路径等各个方面向更高层次迈进。为此，要紧紧抓好以下七条主线。

（一）坚决守住发展底线。坚持将“底线思维”贯穿经济社会发展全过程，以“稳”为“基”，以“稳”促“进”，打基础、强保障，支撑率先发展。牢固树立安全发展观念，强化应急能力建设，编制实施《兰山区安全发展五年规划》，创新机制体制，做好制度安排，打造更加健全的公共安全体系。切实增强风险防范意识，建立完善环境安全隐患排查机制、环境污染事故预警体系，实施最严格的生态环境保护制度，形成政府、企业、公众共治的环境治理体系，确保辖区环境安全。始终廉政勤政，筑牢拒腐防变的思想道德防线，完善防止利益冲突和权力寻租的体制机制，构建“亲”“清”新型政商关系，着力解决群众身边的不正之风和腐败问题，营造良好的政治生态。

（二）做强商贸物流两大引擎。用好国际贸易综合改革等试点政策，推进国际商贸城建设，布局“海外商城”项目，打造“一带一路”国际贸易核心功能区。深化市场先发优势和物流成本洼地效应，推进商贸物流项目建设，整合改造提升传统市场，构建布局合理、功能联动的商城核心圈。大力发展多式联运，发挥鲁南铁路物流园带动效应，规划高端仓储快运园区。广泛运用现代物流技术，引进培育先进物流业态，鼓励发展物流金融、信息服务等供应链物流。重点培植3—5个地产品加工产业链，地产品占有率达50%，力争一半以上在兰山区。按照商流、物流、资金流、信息流“四流融合”的要求，打造现代物流体系、金融服务体系和经营管理体系。强化大数据、互联网等应用，整合信息平台，建设“智慧商城”，提升“中国市场名城”“中国物流之都”形象。

（三）强化创新第一动力作用。用好存量资源。加强公共创新平台建设，用好临沂大学、临沂科学技术合作应用研究院、临沂市农科院、临沂应用科学城等创新资源，建设临沂商学院、金锣健康研究院、木业产业研究院等研发平台。推进产学研合作。以园区为载体，以骨干企业和科技型中小企业为主体，加强与中国科学院、山东省科学院等高校科研院所的技术合作，新增国家级创新平台2家、省级10家，高新技术企业达到100家以上；拓展与俄罗斯、白俄罗斯等国家国际技术合作，突破与欧盟、东亚国家的科技合作，全面提升承接国际创新成果能力。促进产业升级。推动五大主导产业建链、补链、强链，加快“全程协同”，着力提升研发设计和营销服务的价值。培育发展新材料、节能环保、高端装备制造等新兴产业，占比达到15%以上；开展质量品牌提升行动，倡导“工匠精神”，叫响“兰山制造”；加快农业现代化发展，推动服务业扩大规模、拓展空间，推进“跨界融合”。

（四）积极培育新的经济增长板块。顺应产业结构演变规律，实施城市经济革新计划，着眼城区300万人口消费需求，加快向新型服务经济转变，引进总部经济和现代服务企业。实施全域旅游突破计划，建设与中心城区政治优势和经济发展相匹配的历史文化名城、旅游强区。下大力气招引高端旅游产业、落地文化创意项目，开启“文创+旅游”新模式。实施园区经济跃升计划，集中力量引进先进业态，支持优质企业发展，打造现代产业集聚区。临沂工业园区跻身全省先进行列，全力创建国家级经济开发区。发展壮大铁路物流园、文化创意产业孵化园、高铁片区等新的园区经济板块。积极争创国家级农业科技示范园、国家级农产品质量安全示范区。实施镇域经济倍增计划，五年内每个镇都要培育壮大一个主导产业，财政收入力争实现翻番。实施“新经济”成长计划，深入推进大众创业、万众创新，积极发展新的经济形态。

（五）打造更富魅力的新型城镇。更加注重以人为核心的城镇化，统筹好空间、规模、产业三大结构。继续推动城区北上、西拓。加快旧改步伐，抓好新市镇、重点镇、特色镇和新型大社区建设，纵深推进城乡一体发展。提升基础设施现代化水平，着力做好高铁征收建设、火车站改造、京沪高速扩容等工作，积极推进西外环立交桥、祊河桥、跨铁路桥等交通枢纽建设。完善城镇微循环立体交通网络，实施沂蒙路北延快速通道、祊河左岸等道路工程，加强城区主次干道修护，新建改建农村道路400千米。新建义堂、半程等8处公交换乘中心，实现镇村公交全覆盖。推行医疗、教育、社保等公共服务常住人口全覆盖，有序推进外来务工人员、农村转移就业人口市民化。建设智慧城市，提高城市管理规范化、精细化水平。完成固体废弃物处置中心建设。深入推进大气、水、土壤污染防治行动计划，高标准建设一批污染防治基础设施项目。强化李官、汪沟、方城等镇生态功能，加快环城生态林带建设，筑牢主城区生态屏障。

（六）推进更高水平的改革开放。坚持深化改革与扩大开放双轮驱动，用开放思维有效配置资源，提高全要素生产率。深化“放管服”改革，用行政权力减法换取市场活力加法。健全政府购买公共服务机制，积极推进公共服务职能向社会组织转移，引导社会资本参与公益性事业投资运营。深化金融改革创新，积极发展普惠金融，强化风险防控，提升地方金融服务实体经济的能力。大力推进企业上市工作，新增上市公司5家以上。毫不动摇鼓励、支持、发展混合制企业、中小微企业，进一步激发民营经济活力。全力引进大好项目、关键技术和高端人才，鼓励企业“走出去”，增创以技术、品牌、质量、服务为核心的外向型经济新优势。

（七）着力提升群众幸福指数。坚持发展为民，每年梳理实施10件民生实事，不断提高民生支出占比。持续巩固脱贫攻坚成果，增强群众致富能力。实施更加积极的就业政策，每年新增就业5000人以上。实施22个校建项目，基本解决中小学“大班额”问题，全面完成“薄弱学校改造”任务，加快区职业中专新校区建设。继续深化教育教学评价制度改革，积极推进名师名校建设。强化“食安兰山”“健康兰山”建设，深化医疗卫生体制改革，建立覆盖城乡的基本医疗卫生制度，完成兰山区人民医院新院和金锣医院建设。实施全民参保计划，健全完善更加公平、更加可持续的社会救助体系。做好计划生育服务，优化人口结构，提升人口质量。丰富文化产品和服务供给，加强民主法治建设，统筹发展妇女儿童、残疾人等其他民生事业。

三、2017年任务目标和重点工作

2017年是新一届政府履职尽责的第一年，也是实施“十三五”规划承前启后的关键一年。今年全区经济社会发展的主要预期目标是：地区生产总值增长8%左右，一般公共预算收入增长10%，固定资产投资增长11%以上，社会消费品零售总额增长11%以上，进出口总额增长9%以上，居民人均可支配收入增长8%左右，节能减排完成省市下达指标，以优异成绩迎接党的十九大胜利召开。

（一）大力发展先进功能业态，加快商城升级步伐。落实“三化并举、五位一体”的发展思路，整合资源、优化业态，复合功能、融合发展。推进市场和物流互促共进。重点推进国际商贸城、华强建材仓储物流园等项目建设，改造提升华丰国际鞋帽皮具城等市场，打好化工市场搬迁改造和转型升级攻坚战。实现市场年交易额2600亿元、增长18%。以信息化、标准化为方向，加快物流市场整合步伐，推进鲁南铁路物流园区项目建设，发展多方物流、联运物流，力争实现物流总额5600亿元、增长16%。推进虚拟和实体深度融合。以国科鲁班电商产业园等为带动，建设年交易额过亿元的电商平台和产业园15个。申报省级电商园2家，省级企业5家，国家级1家，培育市场电商经营户3万户，着力培植跨境电商。完成40个专业市场、2万家商户“临e商城”上线工作。力争实现电商交易额950亿元，增长50%，超过60%的业户开展网上经营。推进功能和业态优化拓展。举办展会80场次，国家级展会和高峰论坛30次，会展交易额达到400亿元、增长10%。重点加快体育用品等产业链建设，打造百亿级地产品加工基地，地产品占有率提升2个百分点。启动“智慧商城”“智慧物流”建设，探索商城信托金融、购物旅游等多功能复合。以绿爱4.0工厂、新明辉商城、伊亲购等新兴业态为带动，鼓励商户、企业探索新的发展模式。推进管理和服务同步提升。坚持诚信商城、品牌商城、安全商城一体建设，聘请专家排查安全隐患，坚决整改到位。完成1万人次的政策和业务培训。加大宣传力度，提升兰山商城品牌知名度。

（二）着力提高供给质量，拓宽服务业发展空间。创新推动服务业扩容优化、增量提质，占比提升1.2个百分点。整合文化创意资源，加快建设临沂文创产业孵化园。深入推进全域旅游，完善服务配套，提升旅游购物街区档次。优化旅游线路，推进镇山风景区、临沂海洋世界主题公园、金锣生态农庄等项目建设，加强生生园、园博园等保护利用，形成旅游新热点。抓好乡村旅游连片建设，全力打造一批旅游特色村镇，新增150家“沂蒙人家”农家乐。利用好棚改等现有政策，继续抓好优质地产项目，提升房地产业发展质量。依托商城物流和区位优势，加快发展楼宇经济，招引国内外大型企业集团、上市公司设立区域总部。建设完善现代金融服务体系，积极打造金融商圈，规范发展小额贷款、担保融资等新型业态。积极培育研发设计、软件开发、科技服务等高附加值生产性服务业，加快发展医疗养老、教育体育等生活性服务业，引导各类服务业改善供给结构。

（三）实施全域协调发展，加快城区更新、镇村突破。加强规划、建设和管理，年内完成征收100万平方米以上，建设居民楼300万平方米，完成棚户区改造2860户。优化城区空间布局。积极推进梨杭、职工中专等16个片区改造，加快商城片区旧村改造，完成78个老旧小区改造计划。完善北城新区城市功能，完成西安路绿化拓宽提升工程等项目建设，争创省级绿色生态示范城区。全力推进北城二期开发建设，启动高铁片区开发。加快城区西拓步伐，用好国家新型城镇化综合试点等政策，发挥木业产业优势，主动创新探索新城镇建设经验，打造产城融合现代新城区。推进镇村特色发展。加快农村新型大社区建设，落实危房改造政策，建设农房1.2万户。年内改造农村无害化厕所2万户，硬化村内道路81万平方米。加快推进城镇亮化和道路绿化工程，积极打造3—5个美丽乡村示范点，规划建设2—3条城郊优美路线。完善基础设施配套。积极承担市级重点设施建设任务，全力推进新西外环建设和设施配套，统筹布局产业发展。改造提升桃园路、育才路、工业园区聚财三路等10条道路，力争年内建成西安路和临西十一路综合管廊。实施第三批村级道路网化工程，新建、改建农村公路80千米。硬化道路面积120万平方米。提高城镇管理水平。强力推进违法建设治理行动，扎实开展“两违双控”，对新增违法建设“零容忍”。新建垃圾收集站20座、公厕15座，新建2条生活垃圾处置线。进一步提高城区小区物业覆盖率，探索农村社区安保、保洁等市场化运作。

（四）厚植工业发展根基，引领壮大实体经济。

落实“振兴实体经济”决策部署，围绕产业链部署创新链，做强工业经济。规模以上工业企业实现产值2250亿元，高新技术产业占比提高1个百分点。开展现代产业“对标提升”活动。落实一个部门、一个产业、一个标杆、一套方案“四个一”推进机制，五大主导产业和新兴产业都要制定详细的推进方案。创新财政、土地、人才等引导扶持方式，用好园区平台，强化安全、环保、节能、标准、质效等倒逼机制，推动落后、低效产能退出。推广军民融合、“双创＋互联网＋制造”等模式，提升兰山制造竞争力。开展骨干企业“清单服务”活动。筛选100家企业，深入了解发展中存在的困难和问题，列出清单，主动服务，跟踪问效，全力推动企业“二次创业”。鼓励企业引进先进管理模式，推进“百企百亿百项技改计划”，千方百计降本增效。实施企业家培训计划，聘请专业机构进行企业“诊断”，实行个性化帮扶。开展质量品牌“评先创优”活动。支持行业协会成立公共服务平台，开展行业质量评比，组织企业进行共性技术攻关。开展木业等区域性品牌培育，加快质量强区建设，新增中国驰名商标1家、山东省著名商标4家。

（五）坚持都市生态发展方向，推进农业现代化。着力培植农业产业化骨干企业，充分发挥龙头企业带动作用，重点抓好农产品标准化生产、品牌创建、质量安全监管，新扩建优质农产品基地1333.33公顷，提升3333.33公顷，新建5个优质农产品标准园，主要农产品安全监测合格率稳定在98%以上。用好农村产权制度改革成果，发展适度规模经营。大力发展设施农业、精细农业，推动全链条增值，提升做优农业经济。引导农民以土地要素参股经营，增加农民财产性收入。培育新型农业主体和服务主体，发展农业精深加工。推广循环农业，严控农药化肥使用，防治农业面源污染。重视农产品品牌推介，积极发展农业电商。落实惠农富农政策，广辟农民增收渠道。

（六）深化改革创新和开放，增强率先发展活力。坚持向创新要动力。支持企业重点研发引领产业变革的关键技术，力争全区高新技术企业突破30家。推动规模以上工业企业组建研发中心，支持龙头企业创建省级、国家级企业研发机构。力争新增市级以上研发平台5家。落实各项普惠性科技政策，建立产学研合作关系60家以上。提升引资引技和项目建设质量。谋划建设一批重点项目，优化投资结构。实施精准招商，力争年内利用市外资金120亿元、外资9000万美元，签约2个世界500强项目，引进过10亿元项目10个。引进科技成果60项、国内外有影响力的研发平台2家。持续释放改革红利。深化财税体制改革，提高财政资金使用效率。深化投融资体制改革，放宽放活社会投资。加强地方金融监管，研究用好政策，直接融资取得突破。深化商事制度改革，激发市场活力。扎实推进优进优出。加快商城国际化步伐，支持有实力企业布局跨境电商“边境仓”“海外仓”。年内新增50家进出口实绩企业，完成进出口26亿美元。落实财政补贴政策，鼓励企业参加国际性展会，支持先进技术、关键设备进口。

（七）健全完善长效机制，持续改善生态环境。着力推进大气污染和水污染综合治理。继续开展散煤清洁化治理，严格工业企业排放标准，巩固燃煤锅炉整治成果，持续加大城市扬尘污染整治力度，大力实施机动车尾气污染整治，全面淘汰黄标车。对全区各类水域及周边环境进行综合治理，大力整治城镇黑臭水体。建成启用柳青河第二污水处理厂。继续推广小型污水处理设备进社区，确保社区污水处理率达100%。着力推进资源集约节约利用。严把新上项目能耗和水资源消耗、建设用地总量和强度“双控”关口，加快实施一批重点行业节能改造项目。切实抓好土地综合整治，加大批而未供土地处置力度，稳妥推进土地增减挂钩工作。强化生态制度保障，严打各类环境违法行为。着力推进生态宜居城区建设。重点抓好柳青河省级湿地公园生态修复保护工程，加大园林绿化建设，全区新增绿化面积150万平方米。加快城郊绿地、防护林带建设，新造林

333.33 公顷。倡导生态文化，广泛开展生态文明宣传教育。

（八）加大财政保障力度，扎实办好惠民实事。对确定的民生实事，倒排计划，一件一件抓好落实。职能部门主动向上对接，争取项目和资金补助，做大财政支出盘子。提升社会保障水平。健全完善脱贫长效机制，提高就业服务精准度。完善社会救助体系和社会养老服务体系，筹建区养老服务中心。加强镇村社保服务体系建设，完善城乡居民基本医疗保险制度，强化城镇职工基本医疗、居民基本医疗和大病保险制度的衔接。大力发展社会事业。投资 4.8 亿元，实施 18 个学校建设项目，新增班级 420 个、学位 1.9 万个，同步深化教育教学评价制度改革。启动建设区档案馆，提升区政务大厅功能。年内新建改建 20 个农村社区服务中心。强化文化阵地建设，持续推进移风易俗。实施全民健身工程，办好兰山区第七届运动会。加强和创新社会治理。严格落实安全生产责任制，全面排查整改安全隐患。实施安全生命防护工程，提高公路交通安全防护水平。保障群众饮食用药安全，严厉打击各种违法犯罪行为，统筹做好统计、物价、民族宗教等各项工作，促进协调全面发展。

四、加强服务型政府建设

打铁还需自身硬。面对复杂繁重的改革发展稳定重任，政府系统必须从自身建设着手，认真践行全心全意为人民服务根本宗旨，深入学习贯彻党的理论，增强党性修养，强化政治意识、大局意识、核心意识、看齐意识，不断提高公信力、领导力和执行力。

坚持依法行政。严格按照法律规定的权限和程序行使权力、履行职责。完善重大事项决策制度，严格执行决策法定程序，健全完善公众参与、专家论证、风险评估、合法性审查制度。认真落实行政执法责任制，规范执法行为。自觉接受人大及其常委会的监督，主动加强同人民政协的民主协商。认真办理人大代表建议和政协委员提案。

提升服务效能。领导干部必须具备专业思维、专业素养和专业方法。积极适应新常态、学习新知识，在实践中开阔视野、增长才干，提高科学执政的能力和水平。强化政府系统各部门单位服务职能，实施清单服务制度。建立健全责任机制、激励机制和常态化的督查问责机制，大力倡导敢于担当、勇于负责，不断创新工作方式。

深化政务公开。完善社会监督和舆论监督机制，切实保障广大群众的知情权、参与权、表达权和监督权。政府预算和决算向社会公开，推进公共资源配置、重大建设项目批准和实施、社会公益事业建设等重点领域信息公开。推行“互联网＋政务服务”，建成一体化网上政务平台。启动政务大数据中心建设，扩大政府数据向社会开放。

抓硬廉洁勤政。坚持纪严于法、纪在法前。坚持“一岗双责”，落实从严治党主体责任，严格责任追究。加强对权力运行的制约监督，扎紧织密制度的笼子。强化重点领域制度建设，推进领导干部经济责任审计全覆盖。坚决查处违纪违法案件，严肃查处腐败问题，进一步营造风清气正、务实为民、干事创业的良好环境。

中国人民政治协商会议第十五届临沂市兰山区委员会常务委员会工作报告（摘要）

——2017年1月22日在政协第十五届临沂市兰山区委员会第一次会议上

刘耀华

十四届区政协工作回顾

十四届区政协任期的五年，是区委、区政府团结带领全区人民适应新常态、贯彻新理念、推动经济社会取得新成就的五年，是科学发展、跨越发展、“走在前列”迈出新步伐的五年，也是政协事业围绕中心、服务大局、同心同德开创新局面的五年。五年来，在中共兰山区委的正确领导下，区政协常委会紧紧依靠广大政协委员，牢牢把握团结和民主两大主题，认真履行政治协商、民主监督、参政议政职能，因势而谋、应势而动、顺势而为，为大美新临沂核心区标志区建设做出了积极贡献。

一、更加注重理论武装坚定信念，夯实团结奋斗的共同思想政治基础

十四届区政协常委会始终把筑牢思想根基摆在首要位置，通过政协例会专题学、委员活动同步学、

机关干部定期学、辅导培训及时学等方式，切实加强理论武装。一是深入学习党的十八大和十八届三中、四中、五中、六中全会精神，深入学习习近平总书记系列重要讲话精神和治国理政新理念新思路新战略，坚持“四个自信”、增强“四个意识”，强化大局观念，增进政治认同，确保绝对忠诚、坚决服从、始终看齐。二是深入学习中央和省、市、区委关于人民政协工作的新论断新要求，特别是中共中央庆祝人民政协成立65周年大会、全国地方政协工作经验交流会以及省、市、区委政协工作会议召开后，学深悟透、知行合一，确保党的决策部署不折不扣落地生根。三是扎实开展党的群众路线教育实践活动、“三严三实”专题教育、“两学一做”学习教育，严格落实中央八项规定精神，驰而不息纠正“四风”“不严不实”等突出问题，营造了风清气正的政治生态。本届政协召开有学习任务的常委会议11次，主席会议、党组会议、理论中心组学习34次，班子成员参加省政协培训3次，参与委员2200余人次，推动科学理论入心入脑，巩固了团结奋斗的共同思想政治基础。

二、更加注重紧扣中心履职尽责，积极为全区发展凝智聚力

十四届区政协常委会始终坚持把谋发展、议发展、促发展作为履职第一要务，在服务大局中充分体现政协作为。

（一）倾心倾力推动经济持续健康发展。坚持区委决策部署有何要求，政协工作就作何响应。区委每次全会召开后，区政协都及时跟进，亮明态度，步调一致抓落实。为积极应对发展转型带来的挑战，区政协组织40多名委员和区政府领导、部门负责人参加的经济发展座谈会，达成牢固树立“六个工作理念”、履行“三个职责”的共识；举办“新常态下的新机遇”“供给侧结构性改革”辅导报告会，引导各界人士准确把握经济发展新脉搏；对“二次创业”工作进行专题协商，用“发展是硬道理”团结鼓劲，用“信心比黄金更重要”凝聚力量，用“转型升级、提质增量”增强应对能力。围绕“财源培育建设年”活动开展，常委会议提出大力实施“工业强区”战略，稳固财源基础；加快现代服务业和文化旅游业发展，形成“城市经济”增长点；建立综合治税机制，实现应收尽收等措施，助力公共财政收入三年倍增计划顺利完成。五年来，区政协共提报《关于加快城中村改造的调研报告》《科学统筹，积极推进，全面加强以“人”为核心的城镇化建设的调研报告》《关于加快推进商城国际化的建议》等13个有分量的调研成果，区委、区政府主要领导都作出重要批示，许多意见建议得到采纳进入决策。

（二）坚持不懈服务全面深化改革。聚焦全面深化改革、科学跨越发展的重要问题，努力建真言、谋良策、出实招。围绕水污染防治，组织政协委员和环保、水务、畜牧等部门负责人一起调研论证，提出加快推进迎淮重点项目建设、加强水域环境综合整治、强化监管措施、抓好责任落实等14条建议，形成了《关于实施“碧水蓝天”工程、催生“绿色产业”崛起工作的调研报告》，有效推动迎淮攻坚战的深入开展。围绕又好又快地推进重点项目建设，提出强化“产业链”招商意识、优化产业布局、完善要素保障、提高行政效率等12条建议，9条建议纳入区委全面深化改革的实施意见。围绕“十三五”规划制定，组织政协委员参加专项规划论证，利用专题研讨、会议发言、网络议政等接续调研、接力建言，收集汇总意见建议147条。围绕农村产权制度改革、科技体系创新、金融改革创新等课题，加强深度研判，许多议政成果转化为具体工作措施。参与撰写的《关于加快临沂西部新城、汤泉旅游度假区和镇山景区开发建设的调研报告》，许多建议被市、区部门采用。同时，积极发动各民主党派围绕“加强新形势下基层统战工作”“做好非公经济人士思想政治工作”等课题形成了20多篇调研报告，有力促进了相关工作开展。

（三）多措并举助力民生社会建设。积极维护和实现群众利益，努力做到人民政协为人民。区委、区政府做出“铁腕治污”重大决策后，区政协持续

跟进，将大气污染防治作为年度协商第一课题、年度督办一号提案，召开专题会议广泛协商，支持委员多渠道建言献策，鼓实劲加油助力，为空气质量全面改善做出贡献。围绕社会关注的公共卫生服务均等化、教育信息化、解决城镇中小学“大班额”、城市小区物业管理和居民基本医疗保险体系建设等议题，及时开展调研视察，提出针对性意见建议，努力推动发展成果普惠共享。积极反映破产企业独生子女父母待遇问题，帮助1700多名离下岗职工解决了每人9000多元的养老补助。主动对接全区民生工作会议部署，持续推动20多项民生事项加快落实。为促进镇村公交建设，区政协专门成立调研组，形成《关于汪沟镇发展镇村公交的调研报告》，区委、区政府充分采纳，加快实现李官镇21千米新型社区公交和义堂镇公交环线建设，便利群众出行。

（四）尽心竭力完成区委交办的任务。近年来，主席和副主席充分发扬“实干、包容、创新、奉献”的新时期兰山精神，满腔热情地投入到全区中心工作中，任劳任怨，不遗余力。积极做好区级领导13条专线分工的工作，联系镇（街道），参与西关五六居、七里沟、西部新城、南坛、沂河滨河、北城新区二期、东风东关、火车站、油棉厂、小北屯等30多个指挥部或领导小组，在片区征收开发、“205070”项目建设、包信访积案化解等方面，自觉服从服务大局；在涉及全区重点性、攻坚性、应急性工作方面全力以赴，努力做到关键时刻顶得上去、帮得上忙、管得上用。全区脱贫攻坚战打响后，主席们积极参与“4+1”帮扶工程，争取资金270多万元用于8个贫困村的基础设施建设，协调企业援建蔬菜大棚21处，解决实际问题15个，资助1户患重病群众1万元；常委会议提出“六突出六结合”的精准扶贫建议，推动形成全民参与、共同帮扶的强大合力。坚决完成“三引一促”工作任务，领导干部带头引，机关干部靠上促，圆满完成各项指标。围绕创城工作，各位主席深入一线，倾力推动，较好地完成网格牵头、环境整治和宣传教育等工作。区政协机关深入开展“结亲连心”活动，定期走访慰问老党员、优抚对象和困难群众，支持做好“第一书记”到村任职工作，积极推进民主法治领域6项改革任务，取得了明显成效。

三、更加注重与时俱进开拓创新，着力增强协商议政实效

十四届区政协常委会始终坚持问题导向、久久为功，推动政协工作在传承中发展，在创新中前行。

（一）扎实推进政协协商民主。坚持把协商民主建设作为带动政协工作的重要抓手，连续制定实施年度协商工作计划，积极探索开展专题协商、对口协商、界别协商、提案办理协商的有效载体和实现形式。开展协商前注重与视察调研的连贯衔接，协商中注重会议发言、互动交流的综合运用，协商后注重成果的跟踪督办、转化落实。坚持平等探讨问题，坦率提出意见，沟通化解分歧，进一步形成宽领域、多层次的协商格局。五年来，区政协召开全体会议5次，常委会议24次，举办大会发言4次，组织各类协商活动180余次，参加的政协委员4300余人次，界别群众代表350余人次，切实提高了协商议政实效。

（二）突出强化团结统战功能。充分尊重和维护民主党派、工商联和无党派人士的民主权利，帮助健全7个民主党派。出台了《充分发挥民主党派、工商联和无党派人士在政协工作中作用的意见》，热情服务党外人士参加政协活动。积极协调民族宗教事务，重视发挥民族宗教界委员的号召力，更好地引导各族各界人士和广大信教群众。扎实开展社区统战，探索社会组织统战，推进非公经济统战工作，推动形成“大统战”的发展格局。五年来，政协委员开展了“郎助郎·上学堂”公益捐助、“惜慧”奖学金和爱心助学基金发放等活动40多次，民主党派组织“送医下乡”“爱心厨房”“爱心图书馆”“乐捐书屋”“中山书架”捐建等活动50多次，扩大了政协影响。

（三）充分发挥民主监督职能。突出视察、特邀监督和民主评议工作实效，监在点子上，督到关键处。制定《政协委员视察办法》，对依法行政、土地综合整治、农业基地品牌建设等工作开展视察70多次，

较好地发挥督促推动的作用。制定实施《关于选派政协委员担任民主监督员工作暂行办法》，50多名委员先后担任人民监督员、特约检察员、国土资源行风监督员等，推动民主监督工作更加规范有序。围绕"转作风、提效能、促发展"、提高群众满意度"1+6"措施和"庸懒散"专项整治等活动，加大工作评议力度，促进政风行风和发展软环境进一步改善。

四、更加注重发挥职能优势作用，富有成效地开展经常性工作

十四届区政协常委会始终坚持突出特色、主动作为，通过发挥优势更好地反映民意、服务群众、促进社会和谐。

（一）强化提案工作展示督办成果。立足提高提案质量，面向社会广泛征集提案线索，对接部门精准谋划提案选题，召集党派团体部署征集工作，均收到良好效果。围绕更好办理提案，区"两办"下发《关于加强人民政协提案办理工作的实施意见》，区政府高规格召开提案交办会议，区政协实施重点提案遴选办法，坚持做到重点提案重点协商，重点单位重点协商，重点领域重点协商。着眼提案落地见效，每年组织委员对部门提案办理情况进行专项督办，开展双向民主评议。五年来，区政协共立案提案866件，提案办复率和委员满意度逐年提高，常委会议对75件优秀提案和22个提案承办先进单位进行了表彰。

（二）扩大信息收集反映社情民意。坚持把反映社情民意作为了解民生诉求、扩大政治参与的重要渠道，通过加强组织领导凝聚合力、拓宽征集范围激发活力、健全激励机制增强动力，收集报送信息836篇，被全国和省、市政协采用125篇。《关于设立"临沂读书日"，建设书香临沂的建议》《关于企业参与城市道路文明建设的建议》和《关于建立临沂保卫战刘家湖纪念馆的建议》等11篇信息得到市委主要领导批示。《建议设立秸秆还田专项补贴》等20余篇信息，被省政协转报全国政协。区政协连续多年被评为反映社情民意信息工作先进集体，2016年在全市政协社情民意信息工作考核中排名县区第一。

（三）积极扶贫帮困拓展社会服务。坚持一年一个主题、年年有所侧重，在政协委员中开展了以"立足本职岗位、创造优异成绩"、"四要一不"、"争做实事好事、争当优秀委员"、"发挥三个作用、彰显委员风采"为主题的"岗位创优"活动，引导委员组织"三进五送三服务"、参与"百企精准扶贫联盟"等活动，捐款捐物近3000万元，受益群众25000多人次。在全市政协系统率先成立的企业家协会，开展了双拥共建、捐建希望小学、捐献爱心书包和学习电脑、捐赠健康饮水设备和餐厅桌椅等光彩事业活动；组织市、区委员50多人在李官镇召开资源对接会，为镇域发展献计献策；促成10.7万户市场主体融资31亿元；鼓励委员参与"大众创业、万众创新"实践，先后领办创办项目40多个，投资160多亿元，取得创新性成果50多项，为各项事业发展做出积极贡献。2013年，市委和市政协主要领导专门视察兰山区"岗位创优"活动，并在银雀山街道召开了现场会。

（四）活跃联谊交流增进团结和谐。加强宣传工作力度和政协网站建设，开辟"委员风采"专栏，推荐3名委员参加省政协"履职为民、奉献齐鲁—点赞感动你的政协委员故事"系列活动，推荐1名委员参加"不负重托、奉献齐鲁—政协委员履职为民故事展演"活动，区政协连续多年被省、市政协评为宣传工作先进集体。编辑出版《临沂城街巷春秋》中、下两卷和《琅琊拾遗》等文史精品，出版《临沂城街巷春秋》（修订本·三卷本），文史工作受到省政协表彰。成立政协书画室，多次举办大型书画展，出版《妙墨归心》和《飞韵流彩》书画集。接待各级政协开展的活动120余次，在密切交流方面发挥了积极作用。

五、更加注重不断加强自身建设，努力提高政协工作科学化水平

十四届区政协常委会始终坚持严字当头、实字托底，内强素质、外树形象，机关"三化"建设稳步推进。

（一）委员主体作用和界别渠道作用进一步彰显。认真落实懂政协、会协商、善议政要求，制定《委员履职工作规则》，加强对委员经常教育、专题培训和引导激励，强化委员的政协意识。严格按照《中共中央关于加强和改进人大代表、政协委员有关工作的通知》要求，管理好委员队伍，守纪律、讲规矩、重品行，树立维护政协良好形象。重视发挥界别作用，组织开展各具特色的履职活动，形成“政协抓界别、界别抓委员、层层抓履职”的工作格局，增强了委员的归属感。

（二）专委会和镇（街道）政协工作办公室的基础作用进一步牢固。积极完善开展政协工作的桥梁纽带，调整规范“五委二室”，拓展工作的广度深度。注重发挥专委会专业优势、渠道优势、整合资源的优势，配齐配强工作人员，扎实做好承上启下、综合协调的工作。2012 年在镇（街道）设立政协工作办公室，纳入全区科学发展考核，制定考核细则，按照“七有”标准，督促镇（街道）政协充分履行职责。2015 年全市政协工作经验交流会议上，银雀山街道政协工作办公室代表兰山区作了典型发言。

（三）机关服务保障作用进一步强化。坚持党建、业务工作一起抓，改进管理、服务不偏废，制定完善规章制度 34 项，激发干事创业的精气神，努力造就一支“开口能讲、提笔能写、遇事能干”的政协队伍。2016 年全省政协机关建设座谈会，对区政协《“四抓四解”建强机关、创新工作服务发展》的做法给予充分肯定。2015 年市委政协工作会议，区政协作了《凝心聚力、积极作为，创新提高政协工作科学化水平》的经验介绍。

五年来，区委两次召开政协工作会议，定期听取政协党组工作汇报，认真研究解决政协工作中的重大问题；区政府大力支持政协工作，认真听取来自政协的意见建议，为政协履行职能提供有力保障；各级各部门对政协工作给予热情的关心帮助，为政协工作开展创造良好环境；政协历届老领导始终关心关注着政协，热心支持政协事业的发展；政协各参加单位和广大政协委员，团结一心、众志成城，为政协事业发展做出积极贡献。在此，我代表十四届区政协常委会表示衷心的感谢！

总结五年的工作，我们深深体会到，做好新形势下的政协工作必须始终坚持中国共产党的领导，自觉把党的决策部署贯彻到政协工作中去；必须准确把握政协性质定位，坚持用民主的理念、协商的方法、真诚的态度凝聚力量，努力把政协的大团结大联合作用发挥好；必须按照“走在前列”的要求，自觉提升工作标准，努力以改革的精神、创新的思维、务实的举措提高政协工作水平；必须坚持求真务实，锐意进取，努力推动履职成果转化为实实在在的工作成效；必须紧紧依靠各方面共同推进政协事业，努力形成上下联动、齐心协力的良好局面。

我们清醒地看到，全区政协工作还存在一些差距和不足，主要是：协商议政的方式方法有待拓展深化，民主监督与党内监督的互动结合需要认真探讨，委员队伍管理和机关建设整体水平需要继续提高，等等。真诚地希望各位委员、社会各界对政协工作提出宝贵意见，我们将在今后的工作中不断改进提高。

十五届区政协工作建议

今后五年是实施“十三五”规划，全面建成小康社会的决定性阶段。刚刚闭幕的区第十四次党代会围绕全面落实“五位一体”总体布局、“四个全面”战略布局，积极践行“五大发展理念”，明确了“建设大美新临沂政治经济文化中心功能区、鲁南苏北经济发展龙头区、全国革命老区率先发展标志区，打造商贸物流名城、历史文化名城”的目标定位。贯彻落实好会议精神，实现既定任务，需要包括政协在内方方面面的共同努力和不懈奋斗。为此，向十五届区政协提出以下建议：

一、坚定方向，在协商民主上力求新进步

上下同欲者胜。政协组织要认真贯彻各级《关于加强社会主义协商民主建设的实施意见》和《关于加强人民政协协商民主建设的实施意见》要求，

带头把协商民主贯穿履行职能全过程，以广泛深入的协商，服务党政决策部署更加科学、促进群众利益问题更好解决、推动政协内部事务顺利开展，尽最大努力促进兰山区“全域发展、率先小康”的各项任务落到实处。要完善协商会议规程，鼓励大家坦诚坦率地讨论交流，形成既畅所欲言、各抒己见，又理性有度、合法依章的协商局面。要做好协同联动，加强同政党协商、人大协商、政府协商、人民团体协商的协调配合，不断构建系统规范、形式多样、频次合理的协商格局，努力推进协商民主广泛多层制度化发展。

二、砥砺奋进，在改革发展上实现新作为

新一届区委部署了“全力推进‘七项重点工作’，全面深化改革，全面依法治区，全面从严治党，在大美新临沂建设中挑大梁，在全省全国争先进位，在全面建成小康社会进程中‘走在前列’”的发展思路，这是全区工作的中心，也是政协组织一以贯之的着力点。要议党政所谋、帮党政所干、呼群众所盼，紧盯现代服务业、中心城区扩容提质、新型工业化、都市现代农业、文化旅游、生态文明等重点工作，宏观献策，微观出力，撸起袖子加油干，甩开臂膀奋力搏，积极为厚植发展优势添柴加薪。要紧密结合全区五年奋斗目标和发展原则，积极作为、奋发有为、善作善为，针对公共服务体系建设、全力维护社会和谐稳定、创新社会管理等民生事业，努力寻求全社会意愿和要求的最大公约数，画出民心民愿的最大同心圆。广大委员要多做建言献策、推动改革、协调关系的工作，为经济社会持续健康发展贡献智慧和力量。

三、勇于担当，在民主监督上取得新突破

党的十八届六中全会审议通过新修订的《中国共产党党内监督条例》强调，支持和保证人民政协依章程进行民主监督；支持民主党派履行监督职能，重视民主党派和无党派人士提出的意见、批评、建议。把“人民政协依章程进行民主监督”写入党内法规，在党的历史上是第一次。这是党赋予政协的重要使命，也是政治要求。下一步，政协组织和广大委员要围绕全面从严治党推进过程中出现的新情况新问题，围绕《准则》和《条例》等党内法规贯彻执行中存在的现实性问题，围绕上级党组织巡视巡察提出的针对性问题，立足政协职能，找准切入点，积极探索开展民主监督履职活动，通过调研、视察、提案、大会发言、反映社情民意等形式，反映实际情况，提出改进措施，更好地发挥政协民主监督在推进党的建设中的重要作用。

四、戮力同心，在团结协作上开创新局面

政协组织要牢固树立履职为民的工作理念，以民主广纳社会各界智慧，以行动协助党政做好各方工作。要进一步提高联系群众能力，增强面对面沟通、心贴心交流的本领，真正做到密切联系、让群众认，打成一片、让群众亲，做出实绩、让群众信，因势利导、让群众跟，协助党委政府做好暖人心、聚人心、稳人心的工作。要进一步发挥组织优势，开展形式多样的联络联谊，为经济转型升级引资造血，为深化改革开放招贤纳才，为生态文明建设献策出力，拓展让群众有更多获得感和幸福感的社会服务。广大委员要讲责任、有担当、重作为，主动协助党委政府做好春风化雨、疏导情绪的工作，做好雪中送炭、扶贫济困的工作，做好五湖四海、凝心聚力的工作，不断展现服务发展正能量，唱响促进和谐好声音。

五、守正出新，在履职服务上提升新境界

政协组织要切实增强政治意识、大局意识、核心意识和看齐意识，确保新形势下的政协工作始终与党委同心同向、合力合拍。要充分发挥政协党组的领导核心作用，聚焦“四个合格”要求，切实履行“一岗双责”，激发内生动力，推动全面从严治党向纵深发展。要加强机关服务保障能力建设，努力打造一支好共事、善谋事、能干事的政协队伍。要健全专委会和界别工作机制，加强对镇（街道）政协工作的指导，深化政协委员“岗位创优”活动。要尊重委员的首创精神，积极创新发挥作用的有效载体，不断增强开展政协工作的生机和活力。

大 事 记

2016 年

1 月

5日　市委书记、市人大常委会主任林峰海带领全市转方式调结构现场交流会与会领导到兰山区观摩。市政协主席徐涛，市人大常委会党组书记、第一副主任杜德昌，市委副书记张宏伟，区委书记耿学伟，区委副书记、区长张佃虎以及各县区(开发区)、市直有关部门单位主要负责人和纳税50强企业主要负责人参加观摩。

△　沂河河湾水源工程建设动员大会召开。沂河河湾水源工程是集防洪、灌溉、供水、生态保护等功能为一体的雨洪资源利用项目，对全市经济社会的发展具有重要的意义。

8日　由区工商联、民进兰山总支主办的华生电器“健康饮水设备”捐赠仪式在白沙埠镇中心小学举行。

△　国家科学技术奖励大会在北京举行，由鲁南制药集团、华东理工大学、郑州轻工业学院联合完成的“定向转化多元醇的生物催化剂创制及其应用关键技术”荣获国家技术发明二等奖。

21日　全区经济工作会议暨2015年度总结表彰大会召开。

24日　“作家进沂蒙书香伴成长”市民大讲堂曹文轩专场讲座在兰山区举行。

29日　“沂蒙关爱行动”全市特困学生家庭救助活动暨君发集团捐赠仪式在兰山区举行。君发集团捐资75万元用于救助全市700名贫困学生家庭。

△　市政协副主席钱迎伟到兰山区义堂镇走访慰问见义勇为英雄孙洪启，为他送上慰问品和慰问金，并致以节日的问候。

△　在第四届临沂市“沂蒙文艺奖”颁奖仪式暨全市文联工作座谈会上，区新闻中心主任张正直荣获摄影类一等奖，这是“沂蒙文艺奖”评选以来兰山区第一次获此殊荣。另有两人获书法类三等奖。市政协副主席王晓嫚出席会议并为获奖作者颁奖。

△　大气污染防治攻坚战取得重大战果，2960台燃煤锅炉全部提前完成整治任务，辖区内80条、97千米供热支管网建设任务全面完成。

△　山东润泓物流管理服务有限公司筹备组正式成立并举行第一次工作会议。这是全省首家专业化物流管理服务公司，为全市乃至全国物流行业提供安全高效的物流服务，开创物流业管理的先河。

2 月

2日　全区民生暨扶贫开发工作会议召开。

3日　全区安全生产“大排查、快整治、严执法”行动动员会召开。

16日　市委书记、市人大常委会主任林峰海带领相关县区、部门主要负责人到鲁南制药集团现场办公，帮助企业解决“二次创业”过程中面临的困难和问题。

21日　枣庄市政府考察团在副市长赵联冠的带领下到兰山区考察“创卫”工作。

24日　河南省沁阳市党政考察团在市委书记薛勇的带领下，到兰山区考察城建工作。

△　省第十次党代会基层一线代表到兰山区调研，区委书记耿学伟带队参加。调研组一行先后到齐鲁园广场、李官镇沂河苑社区、金升金属回收产

业园、半程镇沙汀社区、金锣集团全程产品质量安全可追溯肉制品生产线、金兰物流、华强家居广场、鲁南现代中药产业园、鲁商金悦城等地进行实地调研，对兰山区抓发展、促改革、保稳定、惠民生，推动经济社会发展等方面工作给予肯定。

25日　国家能源局副局长刘琦带领调研组一行到兰山区调研能源工作。调研组一行先后到国能临沂生物发电项目、天源物流、金兰物流等地进行实地调研，与企业负责人亲切交谈，详细了解项目运营情况，对全区近年来在新能源利用工作上取得的成绩给予充分肯定。

26日　河南省临颍县考察团在副县长刘学勤带领下，到兰山区考察花卉基地建设情况。考察团一行先后参观大陆花卉、天璟源苗木花卉基地、万亩荷塘基地。

△　新疆塔城地区额敏县考察团到兰山区考察。考察团一行先后到兰山商城市场发展史展馆、华强灯具城、中国教育用品采购基地、金兰物流、金锣集团等地进行现场考察，并听取有关情况介绍。

29日　兰山区对全区322个行政村（社区）党组织书记开展培训。

△　区委书记耿学伟主持召开区委常委会议。会议听取全市第一书记、扶贫攻坚、“三引一促”、环保工作等会议精神的汇报，听取兰山区第十八届人大五次会议、兰山区政协十四届五次会议筹备工作及《政府工作报告》等会议材料的汇报。

△　国家科技部公布2015国家级星火计划立项项目，兰山区申报的“生物垫料环保养鸭技术推广”项目获得科技部立项支持。该项目采用微生物发酵床技术，不用冲洗圈舍，较传统集约化养殖模式可节省用水85%—90%；并利用鸭的刨食习性，即采食发酵床内益生菌和垫料中的菌体蛋白，进一步节省饲料，增强抗病能力，达到无公害标准，增加养殖效益，降低饲养成本，真正做到零排放、无污染，有助于打造兰山区无公害畜禽产品品牌，具有十分显著的社会效益。

△　枣园镇联合区残联为该镇1014名残疾人购买意外保险，以切实减轻残疾人意外伤害负担。

△　“传递正能量，网络更清朗”。由区人民法院出品的公益普法动漫片《我的人品您放心》入围2015年度“百部网络正能量动漫音视频”评选。

3月

1日　市派区第三批第一书记报到对接工作会召开。

5日　全区环保工作大会召开。

6—8日　中国人民政治协商会议第十四届兰山区委员会第五次会议在临沂宾馆召开。区政协领导刘耀华、王观利、孙汉富、张豪轩、强军、朱海燕、赵国芳、房士栋、马永攀等在主席台前排就座。兰山区政协十四届五次会议应出席委员305人，实到292人，符合规定人数。会议开幕后首先审议通过政协第十四届兰山区委员会第五次会议议程和日程。刘耀华受政协第十四届兰山区委员会常务委员会的委托向大会作工作报告。王观利向大会做政协第十四届兰山区委员会常务委员会关于兰山区政协十四届四次会议以来提案工作情况的报告。会议审议通过政协第十四届兰山区委员会2016年协商工作计划(草案)；审议通过兰山区政协十四届五次会议提案审查情况的报告(草案)；审议通过兰山区政协十四届五次会议决议(草案)。

7日　全区选派第三批第一书记工作动员会议召开。

7—9日　兰山区第十八届人民代表大会第五次会议在兰山教育用品采购基地召开。耿学伟、张佃虎、刘耀华、谢华东、王爱君、徐宝平、王振国、徐金民、马学印等领导参会，谢华东主持会议。大会应到代表336名，实到325名，符合法定人数。区长张佃虎代表兰山区人民政府向大会作《政府工作报告》，书面提交兰山区国民经济和社会发展第十三个五年规划纲要(草案)。书面提交兰山区2015年国民经济和社会发展计划执行情况与2016年国民经济和社会发展计划(草案)的报告；兰山区2015年财政预算执行情况和2016年财政预算(草案)的报告；兰山区十八届人大四次会议代表建议办理情况的报告。大会还表决通过大会选举办法(草案)。

8日 省委统战部常务副部长赵强到兰山区考察基层统战工作。市委副书记张宏伟，区委常委、常务副区长季维良陪同。赵强一行先后到商会大厦、三禾律师事务所、东苗庄社区、凯歌文化城等地考察。

△ 宁夏石嘴山市党政考察团在市委书记彭友东的带领下到兰山区考察。市委副书记张宏伟，区委书记耿学伟陪同。考察团一行到金兰物流进行实地查看。

9日 中国林科院木材工业研究所考察团在木材工业研究所所长、研究员叶克林的带领下到兰山区考察。叶克林一行先后到福达木业、新天力机械、凯源木业、林产工业科技示范园、富友木业、久典家居进行考察，详细了解兰山区木业产业的发展情况。

10日 老城区重点片区征收改造协调推进会召开。会议听取老城区重点片区征收改造工作推进情况汇报。

11日 省食品药品监督管理局副巡视员朱增法带队到兰山区就食品安全地方立法工作进行实地调研。调研组一行先后深入奥斯卡小吃街、汇源农贸市场、颐高上海街等地，与食品生产加工人员深入交流，详细了解食品卫生情况，听取相关工作汇报。

△ 省委常委、组织部部长杨东奇到兰山区调研。市委副书记张宏伟，市委常委、组织部部长姜仕礼，区委书记耿学伟，区委常委、组织部部长、统战部部长陈士贤陪同。杨东奇先后到中国教育用品采购基地、金兰物流、柳青街道大官苑社区等地，深入调研基层党建工作。

14日 义堂镇召开新型城镇化建设试点工作誓师大会。

△ “诚信3·15——我们在行动”市工商联日化商会行业自律大会举行。日化商会自2012年成立以来，已发展副会长单位19家、理事单位68家、会员单位160余家，会员单位遍布全市5区9县，其中以兰田集团下属的临沂小商品城较多。会员单位年交易额超过100亿元。

15日 全区优秀基层党组织书记和优秀党员示范培训班开课。区委常委、组织部部长、统战部部长陈士贤出席开班典礼并作党课辅导报告。

△ 区委副书记、区长张佃虎到柳青街道、兰山街道、银雀山街道、金雀山街道及部分环境空气自动监测站点，就大气污染防治工作进行实地督导检查。

△ 全市省级社区青少年社会工作示范工程座谈会在银雀山街道东苗庄社区召开。

16日 市关工委青年人才创业基地在兰山区举行揭牌仪式。

17日 全区宣传思想文化工作会议召开。

△ 全区农村工作暨脱贫攻坚工作会议召开。

18日 全区推进商城国际化强化法制服务工作会议召开。

20—21日 区委书记耿学伟先后到李官镇、柳青街道、汪沟镇就重点项目推进工作进行实地调研，并通过召开座谈会听取相关情况汇报。

22日 区委常委、组织部部长、统战部部长陈士贤，到汪沟镇调研第一书记工作。

△ 市人大常委会党组书记、第一副主任杜德昌，市人大常委会副主任冯安、孙丰刚一行到兰山区视察指导工作。

△ 市委副书记、市长张术平到兰山区调研商贸物流项目时强调，要深度融入“一带一路”战略，全力抓好重点工程、重点项目建设运营，加快培育新业态、推广新模式、拓展新空间，推动商贸物流产业转型升级，加速临沂商城国际化进程。

23日 济南市平阴县人大考察团到兰山区考察加强预算决算审查监督办法和专题询问等方面的经验做法。区人大常委会主任谢华东陪同。

△ 蓬莱市委书记杨原田，市委副书记、市长杨升岩率考察团到兰山区考察。

△ 省妇女儿童发展“十二五”规划终期评估督导组到兰山区对北城小学进行现场评估。

△ 省海洋与渔业厅厅长王守信带领调研组到兰山区就渔业重点工作进行对接，并对渔业行业精准扶贫工作开展调研。

24日 副市长赵爱华到兰山区督导国家卫生城市长效管理工作。

25日 青海省海晏县委副书记郇恒赛率考察团到兰山区考察。

26日 全区召开政法综治暨“雪亮工程”建设工作会议，研究部署区社会治安综合治理工作和“雪亮工程”建设工作。区委常委、政法委书记王永哲主持会议。会议传达《关于在全区推进综治“雪亮工程”建设的实施方案》《兰山区综治委成员单位联系镇（街道）帮扶社会治安基础薄弱村社兰山区工作方案》。

28日 区委副书记、区长张佃虎在全区安全生产“大快严”行动第一次调度会上要求，全区上下进一步认清形势，凝聚共识，任务再明确、措施再强化、责任再落实，坚决抓实抓好安全生产的各项任务措施，确保全区安全生产形势持续稳定。会议通报全区安全生产“大快严”行动开展情况和全区消防安全工作开展情况；部分相关镇（街道）、兰山区直部门负责人在会上作典型发言、表态发言。

29日 全区统战工作会议召开。

△ 全区审计工作暨村（社区）干部经济责任审计工作推进会召开。会议通报2015年全区村（社区）干部经济责任审计工作情况，并对先进单位和个人进行表彰。

△ 江苏省淮安市清河区委副书记关晓卫带领考察团到兰山区考察学习文明城市创建工作。考察团一行先后到汇丰农贸市场、后园社区、规划展览馆、大官苑社区等地，重点考察学习老旧小区改造、集贸市场整治、背街小巷清理、诚信体系构建等文明创建的经验、做法。

30日 区人大常委会主任谢华东到方程镇调研精准扶贫工作。

△ 山东人大工作杂志社调研组在山东人大工作杂志社副总编辑王超带领下到兰山区调研。

△ 兰旗花卉专业合作社与荷兰LG兰斯尔根花卉公司就非洲菊新品种引进事宜，在荷兰阿姆斯特丹签订订购合同。合同的签订，为兰旗花卉专业合作社做大做强花卉产业创造条件，更为规范兰山区非洲菊种苗的生产繁殖，保证非洲菊生产健康有序发展，进一步提升其市场竞争力，做大做优兰山非洲菊产业提供有力支撑。

是月 兰山区2016年城乡居民养老保险集中征缴工作启动。

4月

1日 全区综治委规范烟草市场秩序联席会议召开。

△ 兰山区召开关心下一代工作会议。

△ 区人大常委会主任谢华东带队到临沭县考察学习借鉴人大代表工作以及文化旅游工作。

6日 省政协副主席翟鲁宁率领调研组到兰山区调研。翟鲁宁一行到龙盛农牧集团进行实地考察，先后查看养殖场和视频监控室等，和企业负责人交流企业的生产经营和发展情况，对龙盛农牧集团在发展现代农业循环经济方面的探索给予充分肯定。

7日 全区国土资源管理工作会议召开。会议分析当前国土工作的新形势、新任务，安排部署下一步工作。会议通报全区国土资源管理工作情况；区政府与各镇（街道）、工业园区签订国土资源目标管理责任状；义堂镇、方城镇、工业园区负责人作典型发言。

△ 区人大常委会主任谢华东带领考察团到沂水县考察经济社会发展情况。在沂水县人大常委会党组书记、第一副主任徐养民的陪同下，区考察团

先后到鼎邦健康食品有限公司、四十里堡镇前广场、泓达生物科技有限公司、河东岸旧城改造开发工程、月澜弯新区建设工程等地进行实地考察。

8日　全区消防工作会议召开。

△　区委常委、政法委书记王永哲到第一书记帮扶村现场办公，了解第一书记驻村任职情况。

△　澳大利亚索尔斯伯里市市长吉兰·阿尔德里奇带领考察团到兰山区考察。考察团一行先后到金锣文瑞肉制品生产项目、金锣健康展馆进行实地参观考察，听取项目介绍，并就两地的经济项目发展情况与区相关负责人进行详细交流。

△　临沂商城第一首原创作品《临沂商城之歌》音乐电视开机。歌曲反映的是来自五湖四海的临沂商城创业者们，几经艰辛，最终过上安居乐业的生活。《临沂商城之歌》音乐电视将临沂风景名胜、商城特色市场、诚信包容的商城精神，艺术唯美地展现出来，达到提升商城知名度、美誉度和核心竞争力的目的。

12日　市委书记、市人大常委会主任林峰海到兰山区义堂镇、半程镇东哨村，对农村基层工作开展综合调研，与基层党员干部共同探讨如何解决农村基层工作中遇到的问题。

13日　区政府党组副书记、兰山商城党委书记顾文明带领相关部门主要负责人到方城镇王家唐庄调研精准扶贫工作。

△　河南省卫辉市政协考察团在政协主席张秀印的带领下到兰山区考察。考察团一行先后到临沂市规划展览馆、沂河橡胶坝、书法广场、临沂国际雕塑园等地进行实地考察。

15日　区委常委、组织部部长、统战部部长陈士贤到白沙埠镇调研第一书记工作。陈士贤先后到白沙埠社区、义和官庄村、大墩村、东安静村4个派驻第一书记任职村走访调研，分别听取村(社区)主要负责人和第一书记工作汇报，详细了解村情民情，了解村(社区)班子建设情况。

△　《兰山大众》报道，商贸物流是兰山区最大的优势。全区拥有各类专业批发市场81处，市场经营户4万多家，物流配送覆盖全国。2015年，兰山商城市场交易额达1800亿元，物流总额4329亿元，电商交易额386亿元，有力拉动就业。据统计，批发城内的从业人员达30多万人，其中妇女占到一半以上，带动商城发展作用非常明显。

20日　“共铸中国心·脑心同治走基层”公益活动走进兰山，在半程镇卫生院举行启动仪式。

△　省加快民营经济发展专项督查组在省人大常委、省工商联主席刘冠凤的带领下到兰山区调研。

△　国家土地督察济南局督察组在国家土地督察济南局局长张璞的带领下到兰山区对土地管理工作进行督察。督察组一行先后实地查看兰山区部分闲置项目动工建设情况、永久基本农田划定情况等，听取土地管理工作情况汇报，并对全区土地管理工作给予肯定。

21日　市委副书记、市长张术平到兰山区考察中心城区基础设施及重点项目时强调，要以高度负责的精神，坚持目标导向，倒算投资账、倒排时间表，协调解决困难问题，高标准、高效能推进项目建设。

22日　全区宗教工作培训班开班。全区宗教团体、重点宗教活动场所、各寺(庙)管委会主要负责人、会计、出纳及民宗局全体工作人员共计50余人参加培训。

27日　兰山区纪念“五四”运动97周年表彰大会召开。会议主要是表彰全区各条战线、各个行业在共青团系统涌现出来的先进集体和先进个人。

28日　兰山区庆“五一”暨“振兴兰山”劳动奖章获得者表彰会召开。会议主要表彰各条战线上“振兴兰山”劳动奖章获得者。

是月　全区开展校园安全“大快严”专项行动，以进一步加强学校安全管理，严防各类学校安全责任事故发生，全力维护学校及周边安全稳定。在临沂第九中学，专项行动检查组重点检查学校的食堂食品安全、消防安全、校园治安防范等工作，对检查中发现的问题及时向学校进行反馈，重大问题下发整改通知书，跟踪督促落实。

5 月

5日　全市造血干细胞捐献血样采集活动在兰山区举行，近百名志愿者现场捐献。

6日　市人大常委会视察组在市人大常委会党组书记、第一副主任杜德昌的带领下到兰山区视察青少年社工示范点工作。

9日　全区召开2016年义务教育阶段学校招生入学工作会议，传达《2016年兰山区义务教育阶段学校招生入学工作实施方案》，就2017年的招生情况进行安排部署。

10日　区纪委、监察局派驻纪检监察机构第四轮巡察工作会议召开。各巡察组全体成员和12个被巡察单位的负责人参加。区委常委、区纪委书记宋福亭出席并讲话。

△　区委书记耿学伟到银雀山街道、兰山街道、义堂镇调研重点项目推进情况。

△　国家教育部基础教育课程教材发展中心调研组，到兰山区白沙埠镇中心小学调研指导“新孝道”教育课程的开发与实施工作。

11日　全区大气污染防治攻坚工作调度会召开。

16日　全区创建“全国青少年普法教育示范区”动员大会召开。会议传达《创建“全国青少年普法教育示范区”实施方案》和《“全国青少年普法教育示范区”评选标准》　。

17日　青岛市黄岛区委统战部考察团到兰山区考察学习社会组织统战工作。考察团一行听取区委统战部开展社会组织统战工作经验情况介绍。随后，到兰山区社组联法律服务分会和“双社共建”示范点实地考察，并观看《兰山区社会组织统战工作巡礼》纪录片。

18日　鲁南制药集团贝特公司扩建项目开工奠基仪式举行。

△　赵志全先进事迹巡回报告会在兰山区举行。

21日　区委统战部组织民主党派负责人开展木板材行业发展调研活动。

23日　西外环建设前期工作推进会召开。

24日　兰山商城召开全区加强市场规范管理工作第一次联席会议。

27日　区人大常委会主任、北城二期总指挥长谢华东到柳青街道现场调度二期征收还建工作。谢华东一行先后到洪店村、小里庄村、重点项目清障现场等地进行现场调度。

△　市委常委、宣传部部长林国华带队到兰山区现场调度创城工作。

△　在山东省新闻工作者协会、山东省县市报纸研究会联合举办的“山东新闻奖县市报纸评选”中，中共兰山区委机关报《兰山大众》在全省参会的县市党报中，被评为2015年度山东省优秀县市报、山东省“十强”县市报(居全省第六名)，这是《兰山大众》创刊20年来获得的最高荣誉，也是全省县市报之最高奖，其中“数说兰山”“图说兰山”等栏目成为本次评选活动的品牌栏目和热门话题。

△　省政府安委会联合执法组第四组到兰山区检查企业安全生产主体责任落实情况。

△　省分析测试中心专家组到兰山区考察。专家组一行先后考察金锣集团、大洋通用、方城现代农业科技服务中心。围绕荷叶加工、食品检测和分析测试等问题与技术人员进行沟通对接。并与金锣绿园、澳蒙养殖、亚姆巴养殖、华颐养殖、彦春养殖和蓝澄湖农场等企业负责人进行座谈。

6 月

2日　省委统战工作督导组到兰山区督导贯彻落实《中国共产党统一战线工作条例(试行)》和《山东省委推进〈中国共产党统一战线工作条例(试行)〉实施工作方案》开展情况。

10日　区委书记耿学伟到兰山街道、枣园镇、半程镇、白沙埠镇调研重点项目建设工作。耿学伟一行先后到砚台岭社区、临沂市国际电子商务产业园、山东慧迪自动化设备有限公司、小北屯村、金露维饮品、兴华包装、沂河片区等征收现场和企业实地查看，听取各相关责任人的汇报，了解项目进展情况。

△ 区委书记耿学伟到枣园镇、白沙埠镇督导秸秆禁烧工作。

14日 区委书记耿学伟接受市电视台采访时说，兰山区充分发挥中心城区市场众多、物流发达的优势，鼓励批发市场及有条件的商户到贫困村建立加工点，帮销贫困户生产的优质工艺品、农产品；鼓励物流企业、电商企业免费为贫困村、贫困户发布农产品物流信息。结合现代农业规划，大力发展特色观光农业和乡村旅游产业，通过“企业+贫困户”“农村合作组织+贫困户”的方式，积极吸纳贫困群众就业，实现生态旅游促农增收。依托白沙埠镇王祥、王览等历史人文资源，弘扬孝悌文化，凝聚以“孝文化”助脱贫的正能量。

15日 省人大法制委员会副主任委员吕明辰带领省人大立法调研组到兰山区就《山东省循环经济条例(草案修改稿)》开展立法调研。

16日 兰山区举行“君发杯‘树立良好家风，建设廉洁家庭’”演讲比赛。

17日 全区城乡环卫一体化工作推进会议召开。会议传达《兰山区城乡环境卫生集中清理整治月活动实施方案》，明确任务目标、推进措施和具体责任。

△ 全区第二批第一书记工作总结暨第三批第一书记工作推进会议召开。会上观看全区第二批第一书记工作纪实片——《征程》；宣读《中共兰山区委兰山区人民政府关于表扬优秀任职第一书记、先进挂职第一书记和表现突出的派出单位、强企强村的通报》；部分第一书记、派出单位、强企强村优秀代表分别作典型发言。

20日 区委书记耿学伟带领全区副县级以上领导干部，集体赴刘少奇在山东纪念馆接受党性教育。

25日 全区农业农村工作暨扶贫工作现场推进会召开。

△ 汪沟镇(柴胡山村)精准扶贫项目建设启动仪式举行。华苑集团向汪沟镇柴胡山村捐赠扶贫资金60万元。

27日 全区公务用车制度改革工作会议召开。

△ 副市长赵爱华到兰山区督导解决中小学大班额问题工作。赵爱华一行到临沂第三实验小学金盾校区进行现场督导检查，在随后的座谈会上，听取兰山区解决大班额问题工作情况的汇报。

28日 中国共产党山东顺和商贸集团有限公司委员会、中国共产党临沂市汇源企业总公司委员会揭牌仪式分别在兰山街道后园社区、李庄社区举行。

29日 全区老干部工作会议召开。

△ 省人大代表、潍坊市人大常委会副主任毛秀凤带领驻潍坊市全国和省人大代表到兰山区调研经济社会发展和人大工作。

是月 全区共建设全民健身工程420余处，投放健身器械6150余件。

7 月

5日 省人大视察组到兰山区视察保障性安居工程建设工作。

6日 大连市甘井子区政协主席王鹏率领考察团，到兰山区考察物流产业发展及政协工作。

7日 区级党政班子成员向区纪委全委会述廉述责会议召开。

△ 中央综治办综治三室副主任李炜带领调研组到兰山区调研政法综治维稳工作。李炜一行先后到市公安局兰山分局指挥中心、义堂镇派出所、义堂镇综治中心等地实地调研，听取兰山区视频监控平台服务治安防控和警务实战情况的汇报，对区政法综治维稳工作给予高度评价。

16日 省委统战部副部长、省工商联党组书记李法信一行到兰山区调研工商联工作。

20日 全区科级干部集体赴刘少奇在山东纪念

馆接受党性教育，以切实发挥全区领导干部在开展“两学一做”学习教育活动中的示范带动作用。

22日　全区木材工业科技创新发展规划评审会议召开。会议邀请南京林业大学、中国林产工业协会、国家林业局林产工业规划设计院、省林科院等单位有关专家组成评审委员会，就《兰山区木材工业科技创新发展规划(2016—2020年)》(论证稿)现场评审。

△　兰山大讲堂“木材工业科技创新发展”专题报告会举行。

△　兰山区在汪沟镇举行精准扶贫企业援建项目捐献仪式。金锣集团、兰田集团、华强集团、君发礼品、亿辰集团、兰山合行、沂河新能源7家企业进行现场捐赠。活动现场共募集扶贫资金540万元。全区捐助扶贫资金已达到1500多万元。

27日　副省长、省公安厅厅长孙立成到兰山区调研公安工作。

是月　在方城镇大官庄村的农业高产创建示范片区内，市农委组成的测产验收组对该片区进行测产验收。结论为该片区亩产550公斤以上，这比2013年的亩产量400公斤，提高3成以上。兰山区承担省高产创建万亩方2处，面积1354.67公顷；5个超吨粮高产创建示范方，总面积389.4公顷。

8 月

4日　全市城市街道、社区区域化党建工作现场会在兰山区召开。

5日　省高级人民法院院长白泉民带队到兰山区调研法院工作。

7日　中共兰山区委十三届十二次全体(扩大)会议举行。会议传达贯彻市委十二届十一次全体会议精神，审议通过《中国共产党兰山区委员会工作规则》和《中国共产党临沂市兰山区第十三届委员会第十二次全体(扩大)会议公报》，要求各级、各部门坚定信心、转型发展，加快建设“大美新”临沂核心区、标志区，努力在全面建成小康社会进程中“走在前列”。

8日　临沂市市民活动中心试营业。该中心位于兰山区启阳路与新华路交会处，建筑面积6万平方米，共设置64个场馆，可同时接待市民5000余人，项目集市民健身、青少年校外文化教育和科普教育于一体，功能定位为区域性市民活动中心。试营业期间，游泳馆、篮球馆、网球馆、综合力量训练馆、乒乓球馆、羽毛球馆、台球馆7个设施已经完善的体育活动馆接受市民免费体验。

9日　广西壮族自治区柳州市委政法委考察团在市委常委、政法委书记陈鸿宁的带领下到兰山区考察公共安全视频监控建设应用工作。

10日　全市供销社综合改革观摩会议与会人员到兰山区现场观摩。

△　山东农业大学园艺科学与工程学院科研基地揭牌仪式在汪沟镇小杏花村山东大地现代农业有限公司举行。该基地本着产学科研、创新试验、守望乡情、带动发展的原则，加强沟通交流，发挥协作优势，共同推动生态高效农业发展，逐步将小杏花村创意农业科技示范园建设成为高端、高质、高效、绿色、富硒农产品生产基地。

13日　区委书记耿学伟到李官镇、半程镇、汪沟镇调研重点农业项目建设和扶贫工作。

15日　中国人民大学公共管理学院城市规划与管理系教授、博士生导师刘云华一行到兰山区考察。刘云华一行先后到市规划展览馆、广播电视塔、金锣集团万亩荷塘观光湿地项目、李官镇玫瑰湖汽车公园等地进行考察。在听取相关工作情况介绍后，刘云华对兰山区在经济社会发展以及城市规划建设上所取得的成绩给予高度评价。

16日　全市妇女创业就业暨巾帼脱贫行动现场推进会与会人员在市妇联主席相启容的带领下到兰山区参观。与会人员先后到兰山区山东伊亲电子商务有限公司、临沂利方塑胶制品有限公司参观，听取兰山区以电子商务带动妇女就业创业，实现巾帼

脱贫的工作介绍。

19日 全市地税系统基层建设工作会议在兰山区召开。省地税局基层处副调研员李成洲，区委常委、副区长刘爱友出席会议。

22日 省委统战部副部长李法信到兰山区就全区统战工作进行实地调研。

△ 市国税局局长程林一行到汪沟镇杏花社区看望第一书记。区委常委、市选派第一书记工作区大组长赵洁陪同。程林一行先后到中杨庄蔬菜生活基地项目、杏花社区新办公场所实地查看。在座谈会上，程林听取第一书记工作情况汇报，仔细了解村级班子建设、项目规划以及现在面临的问题等情况，并对第一书记到村以来开展的工作给予高度评价。

23日 全区“两违双控”工作动员会议召开，动员全区上下统一思想，迅速行动，加大对违法用地和违法建设的查处、管控力度，齐心协力打好“两违”整治攻坚战。

24日 区委书记耿学伟主持召开区委常委会议。会议传达全市创建国家全域旅游示范市工作动员大会精神、全市县乡领导班子换届工作会议和换届工作业务培训会议精神，并研究贯彻落实意见。

9 月

1日 兰山区十八届人大常委会第四十次会议举行。沈如茂任兰山区人民政府代区长。

3日 副省长张务锋到兰山区调研企业创新发展技术改造工作。

5日 在兰山区政务服务中心不动产登记窗口前，副区长纪丙坤向市民颁发兰山区首张不动产权证书，标志着兰山区不动产统一登记工作正式启动。

12日 国家卫计委新农合研究中心研究员汪早立带领调研组到兰山区调研基层卫生综合改革工作。

21日 兰山区召开《临沂市兰山区志》编修工作动员会议，全面启动兰山区志编修工作。

23日 白沙埠镇与“好品山东”签订战略合作协议。

25日 第七届中国(临沂)国际商贸物流博览会“三引一促”项目对接会召开。

28日 市委常委、宣传部部长任刚到兰山区调研文化产业发展情况。

是月 《兰山大众》报道，2015年兰山区实现文化产业增加值17.37亿元，占GDP的比重为2.32%，新增文化产业固定资产投资项目61个，投资总额38亿元。其中投资1亿元以上的项目7个，5000万元以上的项目24个，3000万元以上的项目15个，1000万元以上的项目12个。

10 月

5日 区委副书记、代区长沈如茂带队调研农业基地品牌项目建设工作。

8日 市委常委、副市长尹长友到兰山区考察清洁煤推广工作。

12日 省体育局局长张松林带队到兰山区调研体育工作。

△ 省人大常委会委员、省人大农委主任委员战树毅带领调研组到兰山区调研。

13日 临沂市纪念少先队建队67周年暨少先队工作表彰大会在临沂第一实验小学举行。

15日 区委书记耿学伟带队调研全区农业基地品牌建设工作。

16日 区委书记耿学伟调研全区城建重点项目建设工作。

△ 青海省体育局副局长杨海宁带队到兰山区考察体育事业发展情况。

17日 省住房和城乡建设厅党组副书记、副厅长李兴军带队到兰山区督导城乡规划改革工作。

△ 市委副书记张宏伟率领全市优质农产品基地品牌现场观摩交流会与会人员到兰山区观摩指导。

18日 河南省西平县党政考察团在县委副书记

陈黎的带领下到兰山区参观考察。

△ 全市养老机构公办民营医养结合工作现场会在白沙埠镇凯旋老年养护院召开。

20日 河北至高点农业科技有限公司考察组到兰山区就对接扶贫项目进行实地考察。

21日 临沂商城价格指数正式在国家发改委价格监测中心平台发布，这是全国第13个，山东省首个纳入该平台的价格指数。

24日 全区乡村文明行动移风易俗工作推进会召开，研究部署深入推进农村移风易俗工作，动员全区上下进一步弘扬新风正气，革除陈规陋习，为经济社会发展营造良好环境。

△ 全市造林绿化观摩会与会人员在市林业局局长赵森的带领下到兰山区绿化造林工作进行现场观摩。

是月 省城镇化工作调研组到兰山区调研新型城镇化综合试点工作。

是月 《2016中国中小城市发展报告·绿皮书》正式发布，公布2016年度中国中小城市综合实力百强区(全国科学发展百强区)排名。兰山区名列“2016中国中小城市综合实力百强区”第51名，兰山区第5次上榜，比去年上升2个位次，是全市唯一上榜县区。“2016中国最具投资潜力中小城市百强区”第10名、“2016中国中小城市创新创业(双创)百强区”第30名、“2016年度中国中小城市新型城镇化质量百强区”第29名。义堂镇入选2016年度全国科学发展千强镇。

11月

5—6日 第二届“中国创翼”文创大赛全国总决赛在兰山区文创产业孵化园举办。“仙综飞行”勇夺桂冠,成百万元大奖赢家;二等奖为“薯小帅”“潇洒佰年文化”；三等奖三名，同时还评选出3个优胜奖和部分优秀奖。此次大赛，兰山区被授予“优质双创城区”称号。9个项目现场与当地企业签订合作意向书。

△ 临e商城电商平台上线运营。

24日 沂蒙干部大学堂暨“大数据与智慧城市”专题报告会举行。浪潮集团执行总裁王柏华作专题报告。

25日 省人民检察院党组副书记、副检察长吕盛昌到兰山区调研基层检察院建设工作。吕盛昌一行先后实地察看区人民检察院卓越时空工作室，红嫂检察官工作室，刑检委工作室等现场，听取区人民检察院工作情况汇报。

28日 副市长马昆带领督导组到兰山区督导安全生产工作。

△ 省考核组在省减灾委办公室主任、省民政厅救灾处处长牛学宝的带领下到兰山区考核全省综合减灾示范区创建工作。

29日 中国共产党兰山区第十三届委员会第十三次全体会议召开。出席这次会议的区委委员28人，候补委员6人。全会学习贯彻党的十八届六中全会和省委十届十五次全会、市委十二届十三次全会精神，听取耿学伟受区委常委会委托作的工作报告，审议通过《中共兰山区委关于深入学习贯彻党的十八届六中全会精神的意见》和《关于召开中国共产党兰山区第十四次代表大会的决议》。决定中国共产党兰山区第十四次代表大会于2017年1月召开。

△ 山东省千佛山医院与山东金锣集团建立“山东临沂金锣医院”合作协议签字仪式在山东省千佛山医院举行。山东省千佛山医院院长孙洪军，市卫计委主任吕富，区委书记耿学伟，区政协副主席张豪轩参加。

12月

2日 河南省台前县党政考察团在县委常委、常务副县长李志华的带领下到兰山区考察。考察团一行先后到齐鲁园广场、国际雕塑公园、书法广场、中国教育用品采购基地、金兰物流等地实地考察，听取相关情况介绍。

△ 省委组织部研究室主任庞建栋带领调研组到兰山区就城市社区党建工作情况进行调研。

△ 全省工商系统非公经济党建工作现场会与会人员在省工商局副局长田治颖的带领下到兰山区观摩。与会人员先后到中国教育用品采购基地、中国体育用品城等地进行现场观摩，对兰山区非公经济党建工作给予高度评价。

6日 山东有线社区志愿服务工作站揭牌仪式在东苗庄社区金阳花园举行。

7日 区委副书记、代区长沈如茂带领相关部门负责人对鲁南高铁兰山段及新西外环等重点项目建设情况进行现场督导。沈如茂一行先后到枣园镇高铁建设先期开工点，汪沟镇许家寨村新西外环建设拆迁现场，方城镇西大埠村西外环与高铁交会处现场、前店子村西外环建设拆迁现场，义堂镇铁路物流园区建设现场，工业园区大山路与戈九路交会处西外环建设拆迁现场等地现场察看，听取项目相关情况汇报，详细了解各项目进展情况及存在困难、问题。

△ 副市长边峰到兰山区督导中心城区基础设施建设进展情况。

△ 全省检察机关会议与会人员在省人民检察院副检察长王效彤，省人民检察院党组成员、反渎局局长杨增胜带领下，到兰山区考察基层人民检察院建设工作。

8日 省委组织部“两学一做”督导调研组到兰山区调研。调研组一行先后到华强集团党建示范点、兰田集团党建示范点、金玉山大厦区域党群服务中心、体育用品城·天汇商贸实地察看兰山区市场党建和“两学一做”学习教育活动开展情况，听取相关汇报。

12日 区委书记赵晓晖先后到区人大、区政协、区纪委、区委政法委、区委组织部、区委宣传部等单位开展调研。

△ 区委书记赵晓晖主持召开党政联席会。会议传达林峰海书记谈话指示和姜仕礼部长在全区领导干部会议上的讲话精神及贯彻落实意见，听取兰山区关于全市科学发展综合考核，全市转方式调结构现场交流会筹备，脱贫攻坚、土地卫片执法和土地指标使用、违法建设治理、安全生产、环保等工作情况汇报。

13日 区委书记赵晓晖就全区城建工作进行实地调研。先后到国际商贸城，临西十一路综合管廊清障，义堂镇新西外环征收，林产科技园，铁路物流园，鲁商金悦城，火车站片区建设，黑臭水体整治清障，西安路绿化清障，柳青河第二污水处理厂，枣园镇高铁片区征收，BRT首末站清障等市级重点项目进行实地调研，听取相关工作情况，详细了解项目建设进展及以后运营情况。

△ 临沂市第六届全民健身运动会闭幕式暨首届乡村广场舞大赛在兰山区举行。

△ 区委副书记、代区长沈如茂到区广播电视台调研。

△ 安徽省滁州市人大常委会到兰山区考察人大工作和全区经济社会发展工作。

14日 区委书记赵晓晖调研区重点项目建设工作。赵晓晖一行先后到银河机械、绿爱食品、国际商贸城、富尔玛家具建材城、海洋世界主题公园等地进行调研，并听取重点项目建设情况汇报。

16日 区委副书记陈士贤调研全区基层党建工作。陈士贤一行先后到汪沟镇竹园村、同富社区，金雀山街道东北园社区、临沂金玉山集团等地，实地了解基层党建工作开展情况并提出具体要求。

△ 全区妇女儿童工作委员会全体成员扩大会议召开。

17日 鲁南高铁临沂至曲阜段将全面开工。鲁南高铁位于山东省南部，东起日照市，向西经临沂、曲阜、济宁、菏泽，与河南省郑徐客专兰考南站接轨，正线全长507.03千米，线路分为日照至临沂段、临沂至曲阜段、曲阜至菏泽段、菏泽至兰考段4段，是山东省“三横五纵”高铁网络的重要组成部分，是国家“八纵八横”高速铁路网的重要连接通道。鲁南高铁临沂境内厉家寨、莒南北、临沂北、费县北、蒙山5个高铁站位置已确定。鲁南高铁临沂至曲阜段临沂境内设临沂北、费县北、蒙山站，在兰山区白沙埠镇大墩村东南侧设临沂北站，出站向西跨沂蒙路、G205国道、京沪高速公路，经枣园镇、汪沟镇、方城镇、胡阳镇，于费县县城北侧设费县北站，出站经平邑县地方镇北侧、铜石镇，跨G327国道、菏兖日铁路，经小官路村北侧，跨日兰高速，于大井一村西侧设蒙山站。

△ 区人大常委会主任谢华东带领区人大视察组，视察北城新区二期建设工作。先后到郑城子拆迁现场、古城社区、金属城拆迁现场、万城花开等项目现场，听取相关责任人的情况汇报。

△ 省关工委常务副主任、省政府原副省长郭兆信带领调研组到兰山区就关心下一代工作进行调研。在金阳花园社区综合服务中心，调研组听取相关工作介绍后，先后参观少儿文体活动室、少儿图书室、少儿电子阅览室、少儿心理活动室等，并与正在开展活动的志愿者和小朋友们进行交流。

18日 区委书记赵晓晖调研全区基层组织建设工作。赵晓晖一行先后到汪沟镇竹园村、同富社区，金雀山街道东北园社区、金玉山集团等地进行实地查看，详细了解基层党组织建设、精准扶贫、集体经济发展等情况，并听取相关工作情况汇报。

19日 全市基层组织建设年度观摩会与会人员在市委组织部常务副部长刘宗海的带领下到兰山区考察。

20日 省政府参事、省外事工作办公室原主任、张伟龄带领调研组，到兰山区调研文化产业园区发展工作。先后到书圣文化城、鸿儒文化集团等地实地调研，听取相关工作情况介绍，对兰山区文化产业发展取得的显著成效给予充分肯定。

21日 齐商银行临沂分行开业仪式举行。

22日 区委书记赵晓晖会见泰国国家石油股份有限公司国际市场部总经理唐慧珠一行。

28日 浙江聚邦科技有限公司董事长叶敏一行到兰山区，就特色产业集群情况进行实地考察。

30日 市委副书记张宏伟带队到兰山区督导城市违法建设治理工作。

31日 区委书记赵晓晖调研全区重点项目建设工作。赵晓晖一行先后到海洋世界主题公园、银河机械、绿爱4.0工厂等地进行调研，并听取重点项目建设情况汇报。

概　况

建置区划

【位置面积】 临沂市兰山区位于山东省东南部，临沂市境中部，是中共临沂市委、临沂市人民政府驻地。地处东经 118° 06′—118° 20′，北纬 35° 03′—35° 23′。周围与 5 个县、区相邻。东隔沂河与河东区相望，西邻费县，南接临沂高新产业开发区、罗庄区，北连沂南县。总面积 891 平方公里。

兰山区区位优势优越，是鲁南、苏北的交通枢纽，也是联结长三角、环渤海经济圈的新欧亚大陆桥东桥头堡枢纽，自古就有“齐鲁噤喉”的称号。327 国道、205 国道、206 国道和数条省际干道纵横交织。京沪高速公路、日东高速公路、兖石铁路纵横穿越。建有临沂长途汽车站、临沂火车站、京沪高速公路义堂和汪沟出入口等大型交通枢纽设施。距临沂飞机场 3 千米，距日照港 150 千米、岚山港 110 千米，距济南市 280 千米、北京市 723 千米。区委、区政府驻地——素有“书圣故里”之称的临沂城位于区境东南部，因东临沂河而得名，距今已有 2500 余年的历史，是临沂市的政治、经济、文化、商贸、交通中心和省级历史文化名城。市委、市政府驻北城新区。

【建置沿革】 兰山区历史悠久。早在 1—2 万年前，先民就已在这里辛勤劳作，创造了细石器文化。西周，境内有鄅国，其都城在今柳青街道鄅古城村。春秋末期属鲁国，有中邱、启阳等城邑。其中，中邱于鲁隐公七年（公元前 716 年）建，城址在今白沙埠镇诸葛城村；启阳于鲁哀公三年（公元前 492 年）建，城址在今临沂城，“启阳”为今临沂城最早的名称。西汉初期置启阳县，县治在前启阳邑，后避景帝刘启讳，改启阳称开阳，“开阳”为今临沂城第二个名称；元封五年（公元前 106 年）置临沂县，县治在前中邱邑，时南境属开阳县，北境属临沂县。东汉，建初五年（公元 80 年）琅琊国迁都开阳，临沂自此有“琅琊”之称，区境仍分属开阳、临沂二县。南朝刘宋，属即丘县，县治在今兰山街道古城。北魏设北徐州，州治在今临沂城。北周改北徐州为沂州，“以州城东临沂水（河）以名之”，“沂州”之称自此始。隋开皇十六年（596 年），分即丘县置临沂县，属临沂县，县治在今临沂城，临沂城地名与地域始相符合；大业二年（606 年）省即丘入临沂，临沂为沂州（琅琊郡）治所。明洪武元年（1368 年）将州治临沂县省入沂州。清雍正二年（1724 年）沂州升为直隶州，十二年（1734 年）升为沂州府，同时以州衙所在地置兰山县，以为府治。1913 年废沂州府，同时改兰山县为临沂县。1936 年临沂为国民党山东省第三行政督察区专署驻地。

抗日战争时期，临沂沦陷，中国共产党在县西北境及邻县边区成立沂临边县抗日民主政府。抗战胜利后，成立临沂县。1947 年 10 月，适应战时需要，析临沂县沂河以西、祊河以南区域置临西县，1948 年 10 月并临西县入临沂县。新中国成立后，临沂县于 1958 年 12 月至 1963 年 3 月改为市，后又复为县。1983 年 9 月，恢复临沂市，为山东省辖县级市。1994 年 12 月，国务院批准撤销临沂地区和县级临沂市，设立地级临沂市，原县级临沂市区域分设为兰山、罗庄、河东 3 个县级行政区，均属地级临沂市。兰山区为临沂市人民政府驻地，辖区包括临沂城在内的原县级临沂市西北部。

【行政区划】 2016年，全区有兰山、银雀山、金雀山、柳青4个街道，白沙埠、枣园、半程、李官、义堂、汪沟、方城7个镇，以及1个临沂工业园区，共有行政村（社区）322个，其中城市社区38个、农村社区92个、行政村192个。区人民政府驻金雀山街道。

2016年兰山区行政区划一览表

序号	镇　街道	城市社区	农村社区	行政村	小计
1	兰山街道	15	12	20	47
2	银雀山街道	8	5	—	13
3	金雀山街道	13	—	—	13
4	柳青街道	2	8	20	30
5	白沙埠镇	—	10	23	33
6	枣园镇	—	19	17	36
7	半程镇	—	12	20	32
8	李官镇	—	10	—	10
9	义堂镇	—	13	—	13
10	工业园	—	—	12	12
11	方城镇	—	—	53	53
12	汪沟镇	—	3	27	30
合计		38	92	192	322

环境资源

【地质·地貌】 地处鲁中南山地的南缘和临郯苍冲积平原上，地貌以平原为主，丘陵次之。北部、西部为丘陵，海拔80—250米。中部及东南部为山前冲洪积平原，海拔80—150米。整个地势西北高、东南低，倾斜度3—5°。

地质构造复杂，北部和西部山前地带均为第四系沉积物覆盖，地层发育包括层的前震旦系，主要分布于半程镇的北部；震旦系，主要分布于李官镇的西北部；寒武系，在西部边缘地带及李官镇的西部有出露；奥陶系，主要分布于李官镇的东部和中部。新生代第三系亦有零星分布。新生代第四系地层境内出露较齐全，广泛分布于丘陵谷地、沂河沿岸的平原地带。

【山脉·河流】 境内大小山峰10余座，均为沂蒙山脉余脉。其中，西部艾山为全区最高峰，海拔254.6米；北部镇山海拔227.1米，为区内第二高峰，素有“临沂镇山”之称；东南部的金雀山与银雀山，东濒沂河，东西对峙，海拔88米，20世纪70年代曾出土《孙子兵法》《孙膑兵法》、汉武帝元光元年历谱等竹简和汉代帛画。

域内水网密布，水量充足，拥有水面36平方公里，有沂河、祊河、涑河、柳青河、孝河、陷泥河等大小河流10余条，均属淮河流域沂沭泗水系，流向自北向南或自西向东。沂河，主源发源于沂源、蒙阴、新泰交界处的老松山北麓，经沂南县入境为兰山、河东两区界河，境内流长34.9千米，流域面积64.93平方公里，河口最宽处1540米，最大流量为15400立方米/秒（1957年）。祊河，是沂河最大的支流，其上游的浚河和温凉河流经平邑县至费县城东万松山下汇流后称祊河，于义堂镇华夏村西北流入境内，在城区东北角入沂河，境内流长26.7千米，流域面积32.3平方公里，最大流量6600立方米/秒。柳青河，位于沂、祊两河之间的三角地带，源于汪沟镇双山子一带，在枣园镇陶家庄东北汇东支之水南下，在柳青街道东南入沂河，境内河道长20.75千米，流域面积218.4平方公里，最大流量531立方米/秒。北涑河，又名小涑河或新涑河，古称涑水，源于费县天井汪，流至义堂镇葛疃村西入境，在城区东北部入沂河，境内河道长30千米，流域面积126.77平方公里，洪峰流量529立方米/秒。北涑河南郭庄村以下河段系明嘉靖年间开凿的人工河道，在水田社区北引部分河水入护城河（又名青龙河）。孝河，又称孝感河、王祥河，因晋朝王祥事继母孝而得名，源于白沙埠镇，至柳青街道朱高村入沂河，河道全长10.5千米，流域面积15.5平方公里。

【气候·土壤】 属暖温带季风区半湿润大陆性气候。光照充足，雨量充沛，气候适宜，四季分明。年均降水量790—920毫米。历年平均气温13.3℃。日照时数为2357.5小时。无霜期平均202天。

土壤以潮土类为主，分为潮土、水稻土、褐土、砂姜土、棕壤土等5个土类11个亚类。潮土类，主要分布在沂河、祊河沿岸的柳青、枣园、义堂等镇、街道和城区。水稻土类，主要分布在白沙埠镇。褐土类，主要分布在李官、兰山等镇、街道。棕壤土类，主要分布在李官、半程等镇。

【土地资源】 截至2016年年底，全区土地总面积89100.75公顷，其中耕地总面积33118.03公顷，园地4061.75公顷，林地7294.89公顷，草地302.79公顷，城镇村及工矿用地29789.15公顷，交通运输用地5112.24公顷，水域及水利设施用地6446.58公顷，其他土地2975.32公顷。

【水资源】 地表水年径流量近20亿立方米，多年平均利用2.3亿立方米。地下水年均总储量6.2亿立方米，可采量1.7亿立方米，水质较好，是工农业和生活用水的主要水源。

【矿产资源】 矿产资源种类较为丰富。全区共发现14种（含亚矿种）矿产资源。金属矿产有金、铁、铜、铅锌，矿体规模较小。非金属矿产有石灰岩、白云岩、陶瓷土、砖瓦黏土、石英砂岩、煤、河沙等，探明储量有煤、石英砂岩、陶瓷土，其中煤为小型矿床，石英砂岩、陶瓷土为大型矿床，石灰岩、砖瓦黏土、河沙等储量丰富。

【旅游资源】 兰山区历史悠久，是“书圣”王羲之、“至孝”王祥的故里，文化底蕴深厚，旅游资源丰富。驻地临沂城建于鲁哀公三年（公元前492年），至今已有2500余年的历史，素有“鲁南古城秀，琅琊名士多”的美誉。1972年在银雀山汉墓出土的《孙子兵法》《孙膑兵法》竹简为新中国成立以来全国十大考古发现之一。名胜古迹有华东革命烈士陵园、金雀山银雀山汉墓群、王羲之故居、洗砚池晋代墓群、孔子庙、天主教堂、笃圣闵子骞故里、颜真卿祖籍孝悌里、临沂滨河景区、孝河风景区、临沂人民广场、临沂人民公园、东方红游园、临沂批发城、镇山风景区等。

【生物资源】 境内有种子植物600多种。粮食作物主要有小麦、水稻、玉米、谷子、地瓜及豆类等10多种。经济作物有花生、棉花、蚕桑、烤烟、油料、蔬菜等。主要树种有杨、柳、榆、泡桐、椿、松、柏、楸、刺槐等。经济林木有核桃、板栗、苹果、山楂、银杏、葡萄、桃、杏、梨、柿等。药材有柏子、枣仁、半夏、益母草、薄荷等102种。

养殖动物有牛、羊、猪、驴、骡、鸡、鸭、鱼等。野生动物中，兽类有狐、狸、黄鼬、刺猬、獾、野兔、野鸡等;鸟类有猫头鹰、啄木鸟、喜鹊、山雀、燕子等50多种；鱼类有53科148种。淡水鱼有63种，主要有鲤鱼、鲢鱼、鲶鱼等。此外，还有头足纲2目5种；甲壳纲11种；两栖纲5种；爬行纲10种，昆旱纲12目541种；蜘蛛纲2目117种。

人口·民族

【人口】 2016年年末，全区常住（户籍）总人口117.34万人。

【民族】 2016年，全区除汉族外，有回、满、朝鲜、蒙古、维吾尔、苗、壮、布依、土家、彝、傣、黎等共33个少数民族。少数民族总人口9170人，其中回族6508人。

经济和社会发展

2016年，以提高发展质量和效益为中心，以推进供给侧结构性改革为主线，全面深化改革扩大开放，积极实施创新驱动发展战略，全区经济呈现总体平稳、稳中有进、进中向好的运行态势，民生保障巩固提升，社会事业加快发展，生态环境继续改善，经济文化强区建设成效显著，实现了“十三五”良好开局。

【综合】 全区实现生产总值860.92亿元，增长7.3%，其中第一产业增加值8.39亿元，增长4.2%；第二产业增加值414.85亿元，增长6.1%；第三产业增加值437.68亿元，增长8.6%。宏观经济运行呈现出三个特点：一是产业结构不断优化，由上年的1.0 ：48.7 ：50.3优化为1.0 ：48.2 ：50.8，第三产业占比同比提升0.5个百分点。二是全年经济稳中有升，一季度、上半年、前三季度及全年的GDP增幅分别为7.0%、6.4%、7.1%和7.3%，增幅波动保持在1个百分点以内。三是运行质量不断提升，国、地税收入占GDP比重由上年的11.2%提升到12.6%，提高1.4个百分点。

【农业】 农业生产形势良好。全区粮食总产量达16.09万吨。水果总产3.44万吨，增长4.9%；蔬菜总产11.55万吨，增长25.9%；肉类总产量33886吨，增长55%。其中：猪肉16559吨，增长28.3%；牛肉1433吨，下降8.1%；羊肉227吨，增长42.1%；禽肉15490吨，增长115.1%；禽蛋12844吨，增长61.7%。

现代都市高效农业成效显著。新发展优质农产品基地1333.33公顷，改造提升2666.67公顷，新建优质农产品标准园13处、现代农业示范园2处，新增农业“三品”4个。

【工业】 工业生产增长稳定提升。521家规模以上工业企业完成工业总产值2151.4亿元，增长9.5%，其中，轻工业完成产值882.0亿元，增长10.2%；重工业完成产值1269.4亿元，增长9.0%。

重点行业发展良好。全区规模以上工业30个行业大类中有20个行业总产值实现增长，增长面为66.7%，其中15个行业产值增幅高于全区平均水平。化学纤维制造业、石油加工、炼焦和核燃料加工业生产明显较快，分别增长105.4%、75.8%；酒、饮料和精制茶制造业增长平稳，增长29.4%；家具制造业生产增速缓慢，增长4.1%。

骨干企业提升工业经济总量。全区产值50亿元以上企业5家，完成产值717.1亿元，对全区工业总产值的贡献率为44.7%，拉动全区工业增长4.2个百分点；产值10—50亿元企业有17家，完成工业产值378.7亿元，对全区工业总产值的贡献率为14.2%，拉动全区工业增长1.4个百分点；产值5—10亿元企业有30家，完成工业产值200.6亿元，对全区工业总产值的贡献率为17.1%，拉动全区工业增长1.6个百分点。

五大主导产业生产稳定。全区五大主导产业涉及规模以上企业357家，完成工业产值1697.5亿元，占规模以上工业总产值的78.9%，增长9.7%。其中，43家农副食品及食品加工企业完成产值594.6亿元，占全部规模以上工业企业的27.6%，增长18.6%；239家木业企业完成产值605.2亿元，占全部规模以上工业企业的28.1%，增长8.5%；22家冶金企业完成产值137.2亿元，占全部规模以上工业企业的6.4%，下降3.1%；44家机械企业完成产值173.2亿元，占全部规模以上工业企业的8.1%，增长14.5%；9家医药企业完成产值187.3亿元，占全部规模以上工业企业的8.7%，下降4.5%。

【建筑业】 全区建筑业总产值完成405.1亿元，增长12.9%。全区建筑企业累计签订合同额578亿元，增长24.1%，其中上年结转合同额196.6亿元，增长19.4%；当年新签合同额381.4亿元，增长26.7%。

【贸易业】 市场消费保持平稳。全区实现社会消费品零售总额566.5亿元，增长10.7%，增速较上年提高0.3个百分点。292家限额以上法人企业（含11家已停业的企业）实现销售额535.9亿元，增长5.4%。其中，销售额过亿元的企业71家，实现销售额473.5亿元，增长8.8%，占全部销售额的88.4%；过10亿元的企业有7家，实现销售额314.4亿元，增长12%，占全部销售额的58.7%；过50亿的企业有远通和烟草2家，实现销售额221.5亿元，增长12.5%，占全部销售额的41.3%。

四大行业一升三降。全区限额以上批发企业实现销售额186.1亿元，下降4.5%。其中，烟草公司的销售额占批发业销售总额的比例高达46.6%，增速下降8.1%，对全区批发业影响显著。限额以上零售企业实现销售额343.1亿元，增长11.9%。其中，限上贸易企业中汽车销售企业达到37家，汽车行业销售额增长20.7%，是近几年全区零售行业平稳发展的重要因素。医药行业销售额增长4.6%。烟酒类销售额增速下降7.9%；家电销售额增速下降6.6%；服装销售额增速下降3.3%。限额以上住宿业企业实现营业额2.3亿元，下降7.1%。其中，营业额最大的两家住宿企业临沂宾馆和沂州宾馆，分别下降5%

和24.2%。限额以上餐饮业企业实现营业额4.37亿元，下降1.8%。其中，对全区餐饮业支撑力度较大的是柳青街道的临沂蓝海饭店有限公司营业额占全区限上餐饮业的比例近三成，增幅为17.3%。

对外贸易小幅回调。全区实现进出口总额166.1亿元，增长4.2%。其中，出口87.6亿元，下降10.1%；进口78.5亿元，增长26.6%。

【固定资产投资】 投资增速有所好转。全区完成固定资产投资638.2亿元，下降1.1%。

服务业投资占比下降。全区第一产业完成投资5.2亿元，第二产业完成投资262.7亿元，第三产业完成投资370.3亿元，三次产业投资占比为0.8 ∶ 41.2 ∶ 58.0，服务业投资占比较上年减少4个百分点。

大项目个数及投资总量双双下滑。5000万元以上投资项目（不包括房地产开发项目，下同）大幅减少。全区共有130个5000万元以上投资项目开工建设，比上年减少224个，完成投资228.8亿元，比上年减少118.1亿元。

【房地产】 房地产投资增速回落。全区房地产企业共完成投资152.8亿元，下降11.6%，增速较上年回落23个百分点。其中，商品住宅完成投资108.4亿元，下降9.0%。

商品房销售增势良好。全区商品房销售面积338.6万平方米，增长14.6%，增幅较上年下降0.5个百分点；销售额为186.6亿元，增长25.2%，其中住宅销售额167.8亿元，增长30.5%。

【财政·税收·金融】 财政收入增速回升。全区实现地方财政收入72.6亿元，增长13.9%，增速较上年提高1.7个百分点。其中，税收收入占地方财政收入的比重为92.6%，较上年提高3.9个百分点。

税收收入较快增长。国、地税收入108.1亿元（不含市属），增长36.5%，增速较上年提高26.3个百分点。其中，国税收入67.2亿元，增长38.5%；地税收入40.9亿元，增长33.3%。

金融业健康发展。2016年，全区存款余额2016.32亿元，增长12.3%；贷款余额1650亿元，增长11.1%。

【邮政·电信·通讯】 2016年，邮政业务总量实现11097万元，增长29.8%。电信业务收入16.92亿元，增长2.2%；固定电话用户25.59万户，较上年减少3.3万户；移动电话仍占据主导地位，移动电话用户现已发展到255.64万户，比上年同期增加15.71万户。互联网获得高速发展，年末互联网用户达49.65万户，比上年增加14.1万户。

【科技·文化·教体·卫计】 科技创新不断发展。2016年，全区专利申请数743件，下降18.3%，在全省居第28位。其中，有效件数677件，增长11.0%，全省第20位。发明专利授权162件，下降12.0%，全省第27位。从分类上看，发明类占比48.38%，较全市高出13.14个百分点；实用新型占比35.1%，较全市低10.54个百分点；外观设计类占比16.52%。全区23家中小微企业获批进入省科技型中小微企业信息系统，并已完成登记备案。

文化事业健康发展。文化阵地建设不断加强，全区共建成综合性文化服务中心276处、镇级历史文化展示室8处，文化小广场实现行政村全覆盖。现有群众文化辅导基地9处、乡村文化博物馆8处、历史纪念室5处。组织开展送戏下乡活动586场次，播放公益电影5600余场，观众人数达百万人次。全区拥有区级公共图书馆1个，档案馆1个，群众艺术团1个，文化馆1处，文物所1个，文化艺术研究室1个。公共图书总藏书量33.2万册。

教体水平不断提高。全区辖区内各类学校校区168处（含市管学校，不含大学，因有的学校中小学在一起，在计算校区总数时要减去重叠个数），其中普通中学42处，中等专业学校2处，小学129处，

全部在校学生共有268254人，学前一年受教育率、义务教育普及率均为100%，高中段升学率为100%。全年新建录播教室64间、视频会议点70个。全区市级数字化校园33所、市数字化校园示范校4所、省信息化试点学校2所均达标，实现信息化与教学融合应用的常态化。义堂中学的机器人项目获得国际大赛一等奖，十三中等学校的3D创新教育、沂河实验学校的航模教育成效显著。

卫生与计划生育工作逐步加强。完成城市公立医院改革任务，2016年7月1日，全面启动城市公立医院改革，区人民医院、区妇幼保健院实施药品零差价销售，取消药品加成。全区辖区内拥有医院53家，卫生院9家，服务中心5处，共拥有病床床位13546张，卫生技术人员14464人。实施国家基本药物制度，药品价格下降14.96%，人均门急诊药费下降了24.7%，人均住院药费减少了23.5%。推进公共卫生服务均等化，为全区常住居民提供预防接种、儿童保健、孕产妇保健等12大类43项基本公共卫生服务，建立城乡居民健康档案104.3万份，建档率达91.2%。规范健康查体率达85.2%，超出全市考核指标10.5个百分点。落实"全面两孩"政策，自4月开始，一孩、二孩生育服务登记和再生育审批全部实行网上办理，全年网上办理一、二孩《生育服务手册》26730例、审批生育证441例。

【居民生活·社会劳动保障·生态建设】 城乡居民收入同步增长。全区居民人均可支配收入为23989元，增长7.4%。其中，城镇、乡村居民人均可支配收入分别为32487元和12365元，分别增长6.7%和6.4%。全区财政用于民生的支出41.36亿元，占一般公共预算支出的比重达86.95%，提高2.09个百分点。

社会保障日益完善。就业和社会保障工作取得新进展。城镇新增就业再就业11321人，转移农村劳动力5715人次。全区企业基本养老保险、机关事业单位养老保险、城镇职工基本医疗保险分别达到10.16万、1.78万、13.51万人。失业保险、工伤保险、生育保险和城乡居民养老保险参保人数分别达到4.1万、11.2万、4.1万、43.32万人，共征缴各项社会保险费（含城乡居民）19.28亿元。城乡居民基本医疗保险人数达84.52万人，参保率100%。

社会更加和谐稳定。严格安全生产许可，全区完成557余家烟花爆竹零售经营许可证办证和68家危险化学品经营许可证换发证工作，易制毒备案6家。抓好企业安全标准化创建，有189家规模以上企业通过三级安全标准化验收。坚持以群众工作理念统揽信访工作，全区信访总量不断下降。依法依规，民主选举，村委换届工作稳妥推进。办好12345市民服务热线，加强食品药品安全监管，群众安全感、社会和谐度不断提高。

生态文明度不断提升。完成全国文明城市测评迎查工作，综合提高群众宜居宜业水平。抓好环保突出问题治理和大气污染防治攻坚，严厉打击环境违法行为，环境质量得到持续改善。全区空气质量优良天数248天，优良率达67.8%，改善24.6%；36个重点河流控断面综合达标率90%以上。

兰山区经济社会发展走在全市、全省前列，连续5年进入全国百强，位列科学发展百强区第51位、投资潜力百强区第10位、创新创业百强区第30位和新型城镇化质量百强区第29位。

2016年兰山区主要经济指标完成情况一览表

指标名称	计量单位	实际完成	比上年同期 ±%
一、全区生产总值（初步核算）	亿元	860.92	7.3
其中：第一产业	亿元	8.39	4.2
第二产业	亿元	414.85	6.1
第三产业	亿元	437.68	8.6
二、规模以上工业总产值	亿元	2151.4	9.5
规模以上工业主营业务收入	亿元	1930.9	5.8
工业利税合计	亿元	155.3	5.0
其中：利润总额	亿元	113.5	7.0
三、资质内建筑业产值	亿元	405.1	12.9
四、社会消费品零售总额	亿元	566.5	10.7
限额以上销售额	亿元	535.9	5.4
其中：限额以上批发业	亿元	186.1	-4.5
限额以上零售业	亿元	343.1	11.9
限额以上住宿业	亿元	2.3	-7.1
限额以上餐饮业	亿元	4.4	-1.8
五、进出口总额	亿元	166.1	4.2
其中：出口	亿元	87.6	-10.1
进口	亿元	78.5	26.6
六、固定资产投资	亿元	638.2	-1.1
其中：房地产	亿元	152.8	-11.6
七、地方财政收入	亿元	72.6	13.9
其中：税收收入	亿元	67.3	占财政收入的92.6%
财政支出	亿元	47.6	-2.8
八、国税收入（含海关代征）	亿元	67.2	38.5
国税收入（不含海关代征）	亿元	61.7	43.5
地税收入	亿元	40.9	33.3

政党·政务

临沂市兰山区人民政府
中国人民政治协商会议临沂市兰山区委员会
中国共产党临沂市兰山区纪律检查委员会
临沂市兰山区人民代表大会常务委员会
中国共产党临沂市兰山区委员会

中国共产党兰山区委员会

区委领导成员

书　记　耿学伟＊　赵晓晖

副书记　张佃虎＊　沈如茂　陈士贤

常　委　耿学伟＊　赵晓晖　张佃虎＊　沈如茂　陈士贤　季维良＊　宋福亭＊　张红卫（女）＊　王永哲　李玉华　徐立娟（女）　曹　勇　田　海　王康亮　赵　洁（女，挂职）＊　陈建宏（挂职）　刘爱友　李建成　张飞虎

区委工作综述

2016年，兰山区深入贯彻落实市委、市政府决策部署，承担全市中心城区发展任务，借势借力、依市兴区、市区融合，开拓新空间、取得新发展。全年实现生产总值860.92亿元、总量约占全市1/5；公共财政预算收入72.6亿元、增长13.9%，约占全市1/4，居全省第16位，税收占比达到92.6%；固定资产投资、社会消费品零售总额、进出口总额分别达到638.2亿元、566.5亿元、166.1亿元。全区用电量达到63.6亿千瓦时、增长21.6%，工业用电量占了一半，第三产业用电占比约35%。在全市半年、全年转方式调结构现场交流会评议中，取得第一名、第二名的好成绩，荣获全市科学发展综合考核二等奖。在山东省扶贫支援重庆市工作中，兰山区被列为全省14个经济强区之一并对口协作城口县。连续5年进入全国市辖区百强，位居全国科学发展百强区第51位、全省第5位；全国投资潜力百强区第10位、全省第1位；全国创新创业百强区第30位、全省第4位；全国新型城镇化质量百强区第29位、全省第2位。

坚持以“质量效益”为中心，产业升级更具活力。把供给侧结构性改革贯穿产业发展全过程，以现实和潜在需求引领供给创新，结构调整和产业升级步伐加快，三次产业结构比优化为1.0 ∶ 48.2 ∶ 50.8。推进企业“二次创业”，规模以上工业企业达521家，总产值2151.4亿元，产值过10亿元、50亿元企业分别达22家、5家。改造提升传统产业，培育发展新兴产业、绿色食品、木业家具等五大主导产业实现产值1697.5亿元、占工业总产值78.9%，新信息、新材料等高新产业产值510亿元，占比提高1个百分点。绿爱4.0工厂项目在全市45个观摩项目中综合评分排名第一。以主城区为载体，聚焦产业链条的拓展、延伸和融合，坚持传统、新兴服务业并重，

生产性、生活性服务业并举，实施两端占领。全年完成服务业增加值437.68亿元，增长8.6%。用好中央、省、市去库存政策工具，房地产业健康发展，支撑能力持续稳定。全年接待游客1000万人次，旅游消费总额达到120亿元。齐鲁园广场、鲁商中心等一批综合体加快推进，新技术、新产业、新业态、新模式蓬勃发展。多种土地流转方式和新型农业经济组织健康成长，已建成优质农产品基地17666.67公顷、现代农业产业园和标准园46处、注册农民合作社288家，获批“省级农业科技园”，成功创建省级食品安全先进区。

坚持以“内强外拓”为方向，商城转型更具潜力。开展“商城国际化推进年”活动，三化并举、五位一体，推动商城提档升级。强化市场繁荣物流、物流支撑市场，投资28亿元、改造提升市场140万平方米，实现市场交易额2160亿元、增长20%。探索建设“智慧物流”，发展第三方、第四方和专业特色物流，加快信息化、标准化建设，积极向现代物流迈进，完成物流总额4920亿元、增长17%。融入“一带一路”，抢抓商城工程物资市场采购贸易方式等试点机遇，建设“海外商城”。加快铁路物流园、国际商贸城建设，提升国际贸易配套设施。新增实绩进出口企业51家，全区实现进出口13.5亿美元，跨境电商交易额2亿美元。实施“互联网+商城”计划，“临e商城”门户网站规范运营，发展电商园区4个、交易平台26个，实现电商交易额580亿元、增长50%。发展会展经济，举办各类展会75个，实现会展交易额330亿元。发挥市场和商户的首创精神，支持线上线下、生产销售融合发展，“万商创新”的局面更加生动。坚持诚信商城、品牌商城、文化商城、安全商城一体建设，聘请专家拉网式排查消防隐患，全面落实整改措施。引进知名品牌，强化商户诚信经营，市场文明水平不断提高。做好市场综合数据统计和检测，临沂商城价格指数在国家级平台发布。

坚持以“全域统筹”为路径，城镇协调更具魅力。以人的城镇化为核心，开展“新型城镇化建设年”活动，产城融合、内涵发展，常住人口城镇化率达80%以上。积极融入全市发展布局，提升老城，做靓新城，实施“精明增长”。七里沟、火车站、东风东关片区等棚户区改造加快推进，北城二期、西部新城开发有序推进，完成征收200万平方米、建设360万平方米、改造农房1.6万户。义堂镇国家新型城镇化综合试点通过国家中期验收。因地制宜、特色发展一批工业主导型、商贸带动型、现代农业型、生态旅游型镇村，全区新型农村大社区达60个，就近、就地城镇化步伐加快。承担鲁南高铁、双岭路高架、新西外环等工程任务，西安路祊河桥、南京路沂河桥建成通车，改造提升城市道路11条，新增硬化面积190万平方米。城乡环卫一体化全覆盖，城镇管理精细化、秩序明显好转。开展“两违双控”，取得初步成效。打好大气污染防治硬仗，坚持工业污染、城市扬尘等重点领域常态治理，抓好秸秆禁烧与综合利用，巩固燃煤锅炉整治成果，空气优良率提高24.3%，达70.4%。推进水域环境综合整治，4个市控断面、36个区控断面水质达标率不断提升。启动新一轮乡村文明行动，改厕1.4万户，新造林280公顷。

坚持以“改革创新”为突破，率先发展更具动力。把握“重点项目”这一核心，优化存量、引导增量、提升质量，努力向上“争”项目、大力招商“引”项目、启动内力“上”项目。签约备案项目53个、总投资540亿元，招引过10亿元项目9个、过亿元项目45个，到位市外资金116亿元、境外资金1亿美元。41个市级重点项目全部开工，新建过亿元项目63个，完成投资115.7亿元、增长45.2%。把握“科技创新”这一动力，实施“百企技改、百项百亿”工程，投资86亿元完成技改项目303个，20个项目列入省级技术创新计划，获市级科技进步奖17项。建立产学研合作关系企业55家，引进科技成果78项。培养引进各类人才313名，入选泰山产业领军人才1名。把握“深化改革”这一方向，稳步推进商事制度改革，各类市场主体达10.7万户，市场活力明显增强。发展金融机构39家、金融组织62家，数量和资本规模居全市首位，银行业存、贷款余额分别达2016.32亿元、1650.0亿元，总量占全市37.1%、43.1%，金融支持实体经济的能力明显增强。把握“安全集约”这一标准，用好环境保护、安全生产和节能减排3个倒逼工具，持续淘汰落后产能、低效产能，提高全要素生产率。完成200个项目能评审查，工业“绿动力”计划扎实推进，万元GDP能耗持续下降。争取各类新增计划指标260公顷，挖潜存量建设用地106.67公顷，全部用于大好项目，扩大有效投资。

坚持以“群众幸福”为目标,稳定和谐更具合力。民生优先、共建共享，群众获得感持续提升，凝聚起支持发展、参与发展、推动发展的强大合力。综合实施党建扶贫、志愿扶贫、金融扶贫等措施，成立“百企精准扶贫联盟”，118家企业帮扶118个贫困村。全区10个省定贫困村基本达到“五通十有”目标，建档立卡贫困户全部达到脱贫标准，3年脱贫任务，1年基本完成。投资6.7亿元实施中小学校改扩建工程13个，医养结合模式成为全省典型亮点。深入推进基本公共卫生服务均等化，居民健康档案建档率达92%。发放各类救助、补助、优抚资金8200多万元，新增就业、农村劳动力转移就业1.2万人。深入推进文化惠民、移风易俗等工作，全国文明城市年度测评居全省第二名。抓好矛盾纠纷、信访积案化解，非访同比下降56%。牢树底线思维，扎实开展“大快严”集中行动，安全生产形势总体平稳。推进“雪亮工程”建设，刑事警情同比下降51.6%，兰山区荣获“全国法治县区创建活动先进单位”称号。

坚持以“党的建设”为引领，干事创业更具能力。深入贯彻党的十八届六中全会精神，坚持把抓好党建作为最大政绩，推动全面从严治党向基层延伸。推进“两学一做”学习教育，区级领导带头讲党课，党员挂牌亮身份。在全省“两学一做”学习教育座谈会上，兰山区作为全省唯一县区进行典型发言。开展基层组织“五年连建”，集中整治64个后进村班子，在全市率先完成村（社区）干部第一轮经济责任审计。持续推进“第一书记”等工作，城市、街道、社区区域化党建模式在全市推广。改造提升商城党性教育基地，兰田集团党委被评为全国先进基层党组织，省委常委、组织部部长杨东奇对市场党建和党性教育工作给予充分肯定。学习贯彻《准则》《条例》，强化换届风气监督，严守中央八项规定精神和省、市委实施办法，把纪律和规矩挺在前面；即知即改、建章立制，抓好省委巡视反馈问题整改。全区立查案件138件，给予党政纪处分151人，查处违反八项规定精神问题15起23人。

2016年是实施“十三五”规划的重要一年，是供给侧结构性改革的深化之年。兰山区正深入学习贯彻党的十八大和十八届三中、四中、五中、六中全会，习近平总书记系列重要讲话，以及市委十三届党代会精神，发扬“实干、包容、创新、奉献”的新时期兰山精神，以“建设大美新临沂政治经济文化中心功能区、鲁南苏北经济发展龙头区、全国革命老区率先发展标志区，打造商贸物流名城、历史文化名城”为目标定位，全力推进现代服务业、中心城区扩容提质、新型工业化、都市现代农业、文化旅游、生态文明、民生事业等重点工作，全面深化改革，全面依法治区，全面从严治党，撸起袖子，甩开膀子，不忘初心，继续前进，在执行上比速度、在发展上见成效、在实绩上显高低，推动经济社会发展在高起点上实现新跨越、迈上新台阶，以跨越发展的坚定步伐、科学发展的崭新姿态、率先发展的昂扬斗志，全域发展，一马当先，奋力开创大美新临沂建设的兰山新篇章，以更加优异的成绩迎接党的十九大胜利召开。

撰稿：李娉婷

审稿：孙向前

重要会议

【"三严三实"专题民主生活会】 1月2日，兰山区召开区委班子"三严三实"专题民主生活会。会议学习习近平总书记在中央政治局专题民主生活会上的重要讲话精神，区委常委率先垂范、以上率下，带领各级党组织和党员领导干部以中央政治局专题民主生活会为标杆，主动向中央看齐。深入查摆自身存在的问题，剖析问题根源，明确整改措施，开展批评与自我批评，真正碰撞思想、触及灵魂。

大会由区委书记耿学伟主持。区委常委班子和各位常委分别就自身存在的"不严不实"，遵守党的政治纪律、政治规矩和组织纪律，落实党风廉政建设主体责任和监督责任等方面的问题作深刻的对照检查，开展严肃认真的批评和自我批评。通过这次民主生活会，每人都受到一次深刻的党性教育和锻炼，思想认识上有较大的提高。

区委书记耿学伟在讲话中指出，要按照习近平总书记提出的"自觉把三严三实要求体现到坚持坚定正确的政治方向上，自觉把三严三实要求体现到落实党中央重大决策部署上，自觉把三严三实要求体现到对分管方面的管理上，自觉把三严三实要求体现到严格要求自己上"的要求，把思想认识上的提高转变为行动上的自觉，确保专题教育取得预期成效。

耿学伟要求，要动真格、见行动，抓好整改落实。对前段边学边改、边查边改中初步解决的问题，要抓好巩固提高，防止反弹。要立规执纪、固化制度，建立长效机制。针对干部作风建设管理、经济发展环境、村级治理等方面的突出问题，及时制定出台相关制度规定，让密切联系群众、改进工作作风有更严格、更有效的制度约束，推进党员干部改作风、抓落实成为新习惯、新常态。要以严的标准、实的作风，抓好各项工作。推进专题教育、落实"三严三实"要求，要同贯彻党的十八届五中全会精神紧密结合起来，同树立和贯彻五大发展理念紧密结合起来，以"严"的精神改进工作作风，以"实"的干劲落实发展任务，切实把新的发展理念转化为谋划发展的具体思路，转化为落实发展任务的工作举措，转化为推动科学跨越发展的实际成效。

【全区经济工作会议暨2015年度总结表彰大会】 1月21日，全区经济工作会议暨2015年度总结表彰大会召开。会议总结一年来的工作，部署2016年任务，表彰先进，动员全区各级各部门践行新理念、展现新作为、实现新发展，为加快建成大美新临沂核心区标志区、而努力奋斗。

大会由区委书记耿学伟主持，会议传达全市经济工作会议精神，宣读区委、区政府《关于兰发〔2015〕2号文件镇（街道）、工业园区科学发展综合考核情况的通报》和《关于表彰二〇一五年度工作先进集体和先进个人的决定》。有关镇（街道）、区直部门、社区和企业代表作典型发言。

区委书记耿学伟在讲话中指出，2015年成绩斐然，为"十三五"开局奠定坚实基础。成绩的取得，得益于围绕"转方式、调结构"这一主线，经济发展保持中高速增长；得益于围绕"三引一促""二次创业"这一抓手，骨干企业、主导产业支撑力明显增强；得益于围绕"商城国际化"这一方向，消费、出口稳步增长；得益于围绕"人的城镇化"这一核心，新型农村社区加快建设；得益于围绕“民生优先”这一导向，大力发展都市型现代农业，开工加固水利工程，民生支出逐年增加；得益于围绕“从严治党”这一要求，深化“三严三实”专题教育和“结亲连心”活动，解决群众诉求，进一步巩固风清气正的政治生态。

耿学伟要求，要科学研判形势，坚定发展的信心决心，做好2016年工作，实现“十三五”良好开局，因势而谋、应势而动、顺势而为。要适应“大逻辑”，准确把握战略机遇期内涵的深刻变化，认清新形势、新任务、新要求，谋划好科学发展。要找准着力点，正确处理好政府和市场的关系，解决好制约发展的瓶颈问题，切实用好环保倒逼、安全生产倒逼、节能减排倒逼“三个工具”，真正以科技创新引领转型，加快打造经济升级版。要把握发展布局优化、商城转型突围、改革红利释放、上级政策叠加的新机遇。

耿学伟强调，要突出工作重点，做好2016年工作。一要稳增长，以“三引一促”扩增量，以“二次创业”优存量，以扶贫开发补短板。二要转调创，推动工业向“中高端”迈进，商城向“新业态”转型，农业向“全链条”提升。三要城镇化，积极争取利用棚户区改造政策，配合参与基础设施工程，全面提升城镇综合承载能力，加大城镇管理力度，打造一批美丽乡村。四要优环境，要有一个天蓝水清的生态环境，一个安全稳定的社会环境，一个共建共享的民生环境，一个创业创新的营商环境。五要强党建，加强党风廉政建设、基层组织建设、群团等组织建设。党员干部要胸怀事业，做信念坚定的干部，心系群众，做为民服务的干部，扑下身子，做勤政务实的干部，扛起责任，做敢于担当的干部，一身正气，做清正廉洁的干部。

区委副书记、区长张佃虎在讲话中指出，上年以来，全区上下贯彻落实区委、区政府决策部署，主动适应经济发展“新常态”，统筹做好稳增长、调结构、促改革、惠民生等各项工作，经济发展稳中有进、稳中向好，质量效益、后劲潜力不断增强，总体实力再上新台阶，产业升级取得新成效，商城转型迈出新步伐，转型发展呈现新活力，城乡统筹开创新局面，生态建设又上新水平，民生事业取得新成果。成绩的取得，得益于区委的科学决策、正确领导，是全区上下团结一致、拼搏进取、共同努力的结果。

张佃虎要求，全区上下要切实把思想统一到区委、区政府的决策部署上来，按照既定的思路要求，扎实推进各项工作，努力实现“十三五”良好开局。要以“三引一促”为带动，着力提升供给体系效率；以产业升级为支撑，着力提升发展的质量和效益；以转型升级为突破，着力提升兰山商城综合实力；以人的城镇化为核心，着力提升城乡统筹水平；以创新驱动为先导，着力提升转调发展的能力；以改革开放为动力，着力提升内外统筹发展的层次；以扶贫攻坚为重点，着力提升群众生活质量。

【纪委十三届七次全体会议】 2月2日，纪委十三届七次全体会议召开，会议学习贯彻中央和省、市纪委全会精神，总结上年全区党风廉政建设和反腐败工作，安排部署工作任务。

区委书记耿学伟强调，要牢牢把握中央、省、市纪委全会精神，增强全面从严治党的责任感和使命感，深入推进党风廉政建设和反腐败斗争，加强党的纪律建设，强化党内监督，增强管党治党的思想自觉和行动自觉。要认真贯彻落实中央和省、市委的决策部署，勇于担当，真抓实干，不断开创党风廉政建设和反腐败斗争新局面。

纪委书记宋福亭指出，2015年党风廉政建设和反腐败工作取得新成效，全面从严治党，夯实“两个责任”；强化纪律教育，增强廉政意识；持续纠正“四风”，促进作风转变；坚决惩治腐败，保持高压态势；坚持严管厚爱，加强队伍建设。

宋福亭强调，党风廉政建设和反腐败斗争永远在路上，必须坚持党的领导，把握正确方向，强化主体责任，增强管党治党自觉，把纪律挺在前面，严明党的纪律，保持坚强政治定力，持续加压用力，依靠群众支持参与，凝聚正能量。

宋福亭要求，从严治党，认真履职，深入推进2016年党风廉政建设和反腐败工作，要严明党的纪律，强化党内监督，加大执纪审查力度，持续保持遏制腐败高压态势，驰而不息纠治“四风”，让中央八项规定精神落地生根，加强基层党风廉政建设，着力查处侵害群众利益的不正之风和腐败问题，坚持全面从严治党，认真落实“两个责任”，明确岗位职责，提升业务技能，严格内部监管，推动党风廉政建设和反腐败工作再上新台阶，为建设大美新临沂核心区、标志区提供坚强纪律保障。

【全区“三引一促”工作会议】 3月5日，全区“三引一促”工作会议召开。会议主要是贯彻落实全市“三引一促”工作会议精神，安排部署2016年“三引一促”工作任务。会议宣读《中共兰山区委、兰山区人民政府关于表彰二○一五年度“三引一促”工作先进集体和先进个人的决定》，有关镇（街道）、区直部门作表态发言，区委书记耿学伟作重要讲话。

耿学伟强调，要认清形势，坚定做好“三引一促”工作的信心决心，明确任务，突出重点，推动“三引一促”取得新突破，强化保障，抓好落实，确保高质量完成“三引一促”任务。做好“三引一促”工作，事关全局、意义重大，全区上下要进一步振奋精神，立即行动，精心谋划，持续发力，确保完成任务，为加快建设大美新临沂核心区、标志区做出新的更大贡献。

【全区环保工作会议】 3月5日，全区环保工作大会召开，会议对上年以来全区各级各部门在环保方面付出的艰苦努力、取得的优异成绩进行梳理总结；对当前环保存在的一些薄弱环节和问题进行分析，并对下一步工作进行安排部署。会议对迎淮和大气污染防治先进集体和个人进行表彰，有关镇（街道）、部门作表态发言。区委书记耿学伟等领导出席会议。

耿学伟强调，在思想上，必须坚定不移、毫不动摇，各级各部门一定要充分认识到环保治理的长期性、反复性，把思想和行动统一到区委、区政府的部署要求上来，始终保持执法监管的高压态势，坚决打击环境违法行为，勇于担当、主动作为，坚定不移、毫不动摇地抓好环境保护，不断扩大环保治理成果。在措施上，必须突出重点、强力攻坚，要在大气污染防治上持续用力，在水域环境综合整治上持续用力，在主要污染物总量减排上持续用力。在落实上，必须形成合力、务求实效，要强化责任担当，督查考核，严格执法监管，强化舆论引导，全区上下要坚定信心，齐心协力，众志成城，攻坚克难，以过硬作风、扎实工作，持续改善环境质量。

【全区农村工作暨脱贫攻坚工作会议】 3月17日，全区农村工作暨脱贫攻坚工作会议召开，会议主要是贯彻落实中央和省、市会议精神，安排部署全区农业农村、脱贫攻坚工作。区委书记耿学伟等领导出席会议。

耿学伟指出，全区农业农村工作取得显著成效。但农业农村发展面临粮食稳定增产和农民持续增收难度加大、农业发展瓶颈和农村治理难题亟待破解等一系列严峻挑战。要树立强烈的短板意识，提升质量效益，发展现代农业，激发农村发展活力，全面深化农业农村改革，夯实农业设施条件，着力提高农业综合生产能力，城乡一体化发展，不断改善农村人居环境，增进人民群众福祉，加快农村社会事业发展，巩固全区农业农村工作的发展成果，确保全区农业农村工作继续走在前列，在全市率先实现全面小康。关于脱贫攻坚工作，要提高认识，切实增强脱贫攻坚的紧迫感，突出重点，坚决打好脱贫攻坚主动仗，落实责任，着力夯实脱贫攻坚保障。全区各级各部门要带着对农村群众和贫困群众的深厚感情，迅速行动起来，以更大的决心、更实的举措，推进农业农村发展，全力打赢脱贫攻坚战，确保在全面建成小康社会进程中走在前列。

【全区党建工作会议】 3月26日，全区召开党建工作会议，会议主要是贯彻落实全国和省、市基层党建工作会议和组织部长会议精神，研究部署全区党的建设和组织工作。区委书记耿学伟等领导出席会议。

耿学伟指出，2015年区委和各级各部门党委（党组）围绕落实管党治党责任，聚焦主责主业，抓基层打基础，抓班子带队伍，抓亮点求突破，全区党建工作取得新成效。思想政治建设持续加强，选人用人更加规范，基层基础有力夯实，招才引智成效明显。省委、市委相继召开基层党建工作会议，明确提出基层党建工作必须按照走在前列来定位、来对标、来推进，切实增强基层党组织创造力、凝聚力、战斗力。对标这些要求，全区党建工作还存在薄弱环节，一些党组织和党员在服务意识、服务作风、服务能力等方面仍有不少差距。

耿学伟要求，要突出重点，紧扣党建工作关键环节，坚持思想建党，开展好“两学一做”学习教育，实施典型引路，做好建党95周年先进表彰工作，加强党的领导，统筹抓好班子换届工作，坚持问题导向，抓好软弱涣散党组织整顿。要分类推进，夯实基层党建基础，农村党建要抓好村级事务规范运行，社区党建要强化保障服务创新，“两新”组织党建要构建区域化管理新格局。要严格管理，提升党员干部素质，精准培训基层党员干部，关心关爱基层党员干部。要重点联系，深化结亲连心活动，结合精准扶贫，做好重点群体联系，坚持上下统筹，做好诉求办理，突出作风建设，做好明察暗访。要多措并举，积极推进招才引智，拓宽招才引智渠道，激发企业用人主体作用，加快人才引进步伐。要统筹资源，强化党建工作保障，加大财力投入，建好服务阵地，做好督导考核。

【全区政法综治暨“雪亮工程”建设会议】 3月26日，全区政法综治暨“雪亮工程”建设工作会议召开，会议主要是贯彻落实各级政法综治工作会议及平安建设会议精神，研究部署全区社会治安综合治理工作和“雪亮工程”建设工作。会议传达《关于在全区推进综治“雪亮工程”建设的实施方案》《区综治委成员单位联系帮扶社会治安基础薄弱村社区工作方案》。区委书记耿学伟等领导出席会议。

耿学伟强调，要把不发生有影响的重大问题作为底线，全力维护社会和谐稳定；把“雪亮工程”建设作为抓手，全面提升防控水平；把护航经济发展作为目标，营造法治环境；把矛盾纠纷化解作为重点，提升群众满意度；把补齐工作短板作为着力点，持续夯实基层基础。各级各部门要按照中央和省、市部署要求，坚定信心、担当履责，攻坚克难、扎实工作，努力开创全区政法综治工作新局面。

【全区“两学一做”学习教育工作】 4月28日，全区“两学一做”学习教育工作座谈会召开，会议的主要任务是，深入学习贯彻习近平总书记系列重要讲话和关于开展“两学一做”学习教育的重要指示精神，认真贯彻落实中央、省、市委部署要求，对全区“两学一做”学习教育进行部署安排。耿学伟、张佃虎等领导出席会议。

耿学伟强调，要深刻认识“两学一做”的重大意义，切实增强思想自觉和行动自觉，准确把握“两学一做”的总体要求，抓实关键环节和规定动作，切实做好“两学一做”的结合文章，做到两手抓、两促进，强化“两学一做”成果运用，集中整治和查处侵害群众利益的不正之风和腐败问题，切实加强“两学一做”的组织领导，确保学习教育取得实实在在效果。抓好“两学一做”学习教育，任务艰巨、责任重大。各级党组织和广大党员要以严的精神和实的作风，高标准高质量推进，确保取得实实在在的成效。

【新西外环工程征地征收工作动员会议】 7月15日，新西外环工程征地征收工作动员会议召开，会议主要是贯彻落实市委、市政府关于新西外环建设的有关要求，动员大家统一思想，提高认识，强化措施，全力以赴，集中做好新西外环工程用地的征收拆迁工作。

会议强调，要明确工作任务和时间要求，倒排工作计划，采取有力措施，确保按时完成任务。要吃透政策、用好政策，区住建局已经牵头制定《新西外环建设工程征地拆迁补偿指导意见》，各有关镇、工业园区根据指导意见，结合自身实际，再制定具体实施细则，确保辖区范围内征收政策的连续性。广泛深入地进行宣传发动，要注重宣传的深度，把让利于民的各项优惠政策讲准讲透，取得被征收群众的理解与支持，调动社会各方面的积极因素，保证征地征收工作按期完成。做好群众工作，凡因工作不深入、不细致，不认真执行政策法规，致使矛盾激化，造成不良影响的，要严肃追究相关人员的责任。强化组织保障、配齐配强力量，沿线各镇和工业园要重点抽调懂政策、有经验、能吃苦的工作人员，加强政策、业务和群众工作等方面的培训，完善相关工作制度和纪律，制定考核措施，打造一支懂政策、熟业务、作风好的征地拆迁队伍。

【结对帮扶城口县座谈会】 8月31日，结对帮扶城口县座谈会召开，区委书记耿学伟出席会议。

耿学伟指出，扶贫协作是党中央推动区域协调发展、加强区域合作，全面打赢脱贫攻坚战的重要战略举措。根据省委、省政府的安排，临沂市兰山区结对帮扶重庆市城口县，这是省委省政府、市委市政府交给兰山区的光荣任务，更是兰山区义不容辞的政治责任。

耿学伟强调，要强化使命担当，把对口帮扶工作作为一项政治任务来对待，增强责任意识和使命担当，认真贯彻习近平总书记在银川东西部扶贫协作座谈会上的重要讲话精神。要加强产业帮扶，充分发挥产业扶贫在精准扶贫中的重要作用，借助全区民营经济活跃、商贸物流繁荣的优势，引导和支持辖区内有实力的企业，到城口县考察投资，在当地建设一批项目，扶持一批企业，培育一批产业，既带动贫困人口脱贫，又拓展两地产业发展空间。

要密切交流合作，坚持“输血式”与“造血式”结对帮扶措施相结合，加强双方干部、技术人才、非公经济等人员之间的交流学习，发挥兰山区民营经济活跃、商贸物流发达这一优势，加强两地之间的劳务合作，挖掘提供适合贫困对象的就业岗位，搭建贫困对象与用工企业供需平台。在巩固和扩大帮扶协作成果的基础上，每年安排一定人力、物力、财力，不断扩大两地在经济、教育、卫生、文化等领域的交流合作，推动结对帮扶迈上新台阶，促进兰山与城口互促共进、共同发展。

【全区深化企业改革工作动员大会】 9月23日，全区深化企业改革工作动员大会召开，会议主要是贯彻落实全市深化企业改革工作动员大会精神，按照区委常委会研究的意见，动员全区上下统一思想、凝聚共识，锐意改革、创新发展。耿学伟、沈如茂等领导出席会议。

区委副书记、代区长沈如茂指出，这项工作是顺应市场经济发展规律的迫切需要，是全区经济做大做强的关键举措，也是破解当前企业发展难题的重要途径。全区各级各部门和广大企业家们，要充分认清深化企业改革的重大意义，把思想和行动切实统一到区委、区政府的决策部署上来，抓住当前有利时机，全面深化企业改革，尽快建立和完善现代企业制度，为全区企业发展、产业转型提供坚强的体制保障。要根据需要承担的任务，实施规模以上企业规范化公司制改制“两年行动计划”，要切实本着“实事求是、统筹协调、积极稳健、创新发展”的思路，重点把握好遵循市场规律、强化企业主体、坚持依法依规、确保和谐稳定等几个原则。要按照“属地管理、分级负责”的要求，突出重点，有的放矢地开展工作。聚焦国有企业改革、集体企业改革、民营企业改革。对股改企业，要积极鼓励对接资本市场，引导企业根据自身发展阶段，积极推进挂牌上市工作。

沈如茂强调，要立足实际，进行充分调查研究，全面摸清企业“家底”，掌握具体情况。在此基础上，统筹兼顾、综合施策、重点突破，做到“整体有安排、行业有规划、企业有方案”，分门别类地组织推进。各级要做好制度安排，行业要强化规划引领，企业要坚持一企一策。要确保稳妥有序，对暂不具备改革改制条件的企业，尽快了解情况，加紧靠上服务，做到成熟一个推进一个，坚决杜绝一刀切、大呼隆。要在实现资产保值增值的同时，更加注重企业发展的质量和效益，要优化股权结构，完善法人治理结构，规范经营管理，激发创新活力，增强企业的社会责任感。深化企业改革是一项系统工程，必须调动方方面面的积极性，各司其职、各尽其责，密切协作、合力攻坚，以强有力的工作保障，确保各项措施执行落实到位。

【全区环保问题治理攻坚动员会议】 9月27日，全区环保突出问题治理攻坚动员大会召开，大会主要是贯彻全市环保突出问题治理攻坚动员大会精神，安排部署全区环保突出问题治理攻坚任务，动员全区上下统一思想、真抓实干，集中力量，攻坚克难，全力以赴抓好整改工作。区委书记耿学伟等领导参加会议。

耿学伟指出，要站在讲政治的高度，认清形势，深化认识，环保突出问题治理，既是工作任务，更是政治任务；既是对环保工作的考验，也是对干部的考验。成绩值得肯定，但也不能盲目乐观。必须清醒地看到，环保政策法规要求越来越严，群众对环保的需求越来越高，污染治理的任务依然繁重。要拿出敢担当的力度，精准发力，集中攻坚，环保问题只能正视、不能掩盖，工作标准只能提高、不能降低，推进力度只能加大、不能减弱，治理步伐只能前进、不能停止。要在大气污染防治上发力攻坚，在水域环境综合整治上发力攻坚，要在夯实环保基础上发力攻坚，要在做好迎察工作上全力以赴。要强化讲责任的意识，常抓不懈，持之以恒。明确任务、夯实责任、强化引导、严督实导。全区各级各部门要认清形势、迅速行动，以更实的举措、更大的力度、更严的手段，全力以赴抓好环保突出问题治理攻坚。

【党政联席会议】 12月12日，在区委四楼会议室，区委书记赵晓晖主持召开区党政联席会议。会议传达市委书记林峰海谈话指示和组织部部长姜仕礼在全区领导干部会议上的讲话精神，听取关于全市科学发展综合考核、全市转方式调结构现场交流会筹备情况，以及脱贫攻坚、土地卫片执法和土地指标使用、违法建设治理、安全生产、环保等工作情况，并对下一步工作进行安排部署。

撰稿：李娉婷

审稿：孙向前

兰发〔2016〕文件（目录）

兰发〔2016〕1号	关于印发《2016年全区经济社会发展要点》的通知
兰发〔2016〕2号	2016年度科学发展综合考核办法
兰发〔2016〕3号	关于印发《区级领导专线分工、联系镇（街道）工业园区学校和包重点项目安排表》的通知
兰发〔2016〕4号	区政府办印发《关于加快推进重点民生事项的实施方案》的通知
兰发〔2016〕5号	区政府办关于打好扶贫开发攻坚战的意见

续表

兰发〔2016〕6号	关于印发《省委第十巡视组关于对临沂市兰山区巡视情况的反馈意见》《市委常委、纪委书记刘兴明同志、区委书记耿学伟同志在省委第十巡视组专项巡视兰山区情况反馈会上的讲话》的通知
兰发〔2016〕7号	印发《关于落实省委第十巡视组反馈意见的整改方案》的通知
兰发〔2016〕8号	中共兰山区委关于加强社会主义协商民主建设的实施意见
兰发〔2016〕9号	中共兰山区委关于选派第三批机关干部到村任职第一书记的意见
兰发〔2016〕10号	中共兰山区委　兰山区人民政府关于深化全区供销合作社综合改革的实施意见
兰发〔2016〕11号	中共兰山区委　兰山区人民政府关于做好2016年全区农村工作的意见
兰发〔2016〕12号	关于印发《2016年度区委党风廉政建设主体责任重点任务分工意见》的通知
兰发〔2016〕13号	关于印发《创建“全国青少年普法教育示范区”实施方案》的通知
兰发〔2016〕14号	关于印发《兰山区推进中国共产党统一战线工作条例（试行）实施意见》的通知
兰发〔2016〕15号	关于调整《区级领导专线分工、联系镇（街道）学校和包重点项目安排表》的通知
兰发〔2016〕16号	中共兰山区委关于印发《中国共产党兰山区委员会工作规则》的通知
兰发〔2016〕18号	关于在企业二次创业中进一步深化改革完善现代企业制度的实施方案
兰发〔2016〕19号	关于转发《中共兰山区人大常委会党组关于做好全区区镇两级人民代表大会换届选举工作的意见》的通知
兰发〔2016〕20号	中共兰山区委　兰山区人民政府关于实行分线分类管理　促进文明城市创建常态化的实施意见
兰发〔2016〕21号	关于贯彻落实全市创建国家全域旅游示范市工作的实施意见
兰发〔2016〕22号	中共兰山区委关于加强和改进区直机关党建工作的意见
兰发〔2016〕23号	区委区政府转发“七五”普法规划通知
兰发〔2016〕24号	关于印发《中共兰山区委巡察工作实施办法》的通知

撰稿：李娉婷

审稿：孙向前

区委办公室工作

区委办公室领导成员

主　任　尤元勋

副主任　赵复志　姜修伟　蔡如波

区委机要局

局　长　樊金亮

副局长　刘　虎

区委保密办

主　任　尤元勋

副主任　曹　宁

区委维稳办

主　任　赵复志

区委政研室

副主任 刘太力

区委农工办

主　任 李加利

副主任 李修余　刘海波

【概述】2016年，区委办公室围绕中心、服务大局，干在实处、走在前列，优质高效地"办文、办会、办事"，不断提升"三服务"水平，在全市党委办公系统考核中始终位居前列。

【文字服务】提高文稿质量。吃透上情、把握下情、了解外情，强化精品意识，打造精品材料，提高以文辅政的水平。2016年，共起草、撰写综合性文稿200余篇，在《山东通讯》《临沂工作》《动态与资料》等市级以上刊物，发表领导署名文章10余篇。规范公文处理，强化审核把关，提高文件的权威性和严肃性，审核印发文件253份、会议通知152份。

【信息工作】主动向上对接、外延拓展，及时准确全面地收集、选编各类信息，当好"智囊团""参谋部"。编发《资政选编》3期，印发《兰山信息》35期，上报信息783条，其中典型经验类被《山东信息》《临沂信息》采用34篇，问题反映类被省级、市级采用76篇，荣获2016年度"山东省党委系统信息工作先进单位"称号。

【行政服务】加大综合协调力度，强化细节工作意识，做好各级各类会议、活动等服务工作。筹备全市观摩会、区党代会等会议活动120余次，接待参观学习团体1800余人次。加强车辆管理和调度，严格值班制度，深化公车制度改革，取消公务用车8辆。

【督查落实】坚持决策必有督查、督查必有结果、结果必有排名，以"督查有力"倒逼"落实到位"。牵头迎接市专项督查组21次，办理领导批示、上级来文297件，下发督查通报38期，对贯彻落实中央八项规定精神、省委巡视反馈问题整改等情况开展专项督查。

【机要保密】做好密码通讯工作，规范电报办理流程，保证上下联络畅通。完成全区各级各部门的保密建档工作，以及年度保密普查、办公信息化情况调查摸底工作。对全区96个单位、27个互联网门户网站进行信息公开保密审查工作，均未发现涉密隐患。

【信访维稳】加强对面上维稳工作的调度和协调，重大活动和敏感时期，实行24小时值班和"零报告"制度。会同有关部门加强对骨干人员的稳控工作，把问题解决在基层。落地查控网上舆情176起，处置敏感涉稳舆情案件16起，开展社会稳定风险评估项目51个。

【深化改革】发挥区委全面深化改革领导小组办公室职能，统筹协调、监督指导，推进重点领域和试点改革工作。出台改革方案10个，开展季度、专项督察5次；报送典型案例11篇，市委改革办采用5篇，1篇纳入全市改革宣传典型案例，1篇作为地方改革案例报送省委改革办，全面深化改革工作连续2年位居全市第一。

【三农工作】助推新农村建设，督促指导6个沂蒙美丽乡村创建和3个市级示范汪塘生态治理。半程镇、汪沟镇完成9个村"硬化+改厕"市级奖补片区的打造，全区88个美丽乡村完成省级达标验收。全面推进城乡环卫一体化，提升城乡环境面貌，牵头完成全区村内道路硬化139.5万平方米、改厕1.38万户。

【自身建设】加强思想政治建设，深入学习党的十八大、十八届历次全会精神，以及习近平总书记

系列重要讲话精神，坚定理想信念，常补精神之“钙”。开展“两学一做”学习教育活动，提升党性修养，争做“合格党员”，树立“四个意识”，始终同党中央、省市区委保持高度一致。定期开展“美文鉴赏”活动，每月编发党建学习材料，营造浓厚的学习氛围。健全完善制度体系，用制度管人管事。认真执行干部选拔任用工作条例，坚持“20字”好干部标准，推荐调整科级干部6人。坚持主任办公会制度，大事集体讨论决定，小事加强沟通，凝聚干事创业合力。坚持集体学习制度，每周四组织学习活动，办公室中层以上干部逐一上党课，全年集中学习时间达150小时以上。修订完善《区委办公室工作规程》，严格按规矩办事、按流程操作、按规范管理。开展“转作风、提效能、促发展”活动，强化责任、细节、效率、创新等意识，引导党员干部爱岗敬业、争上争先。严格执行中央八项规定精神和省市区委实施办法，紧盯新形势、新动向，驰而不息纠“四风”。发扬艰苦奋斗精神，坚持勤俭办事业。深化“结亲连心”活动，用服务拉近群众的距离、取得群众的信任，收集解决诉求160余条。坚持把抓好党建作为最大政绩，抓实抓牢“主体责任”，严格落实“一岗双责”，做到党建与日常工作“两手抓、两手硬”。落实党风廉政建设责任，学习贯彻《准则》《条例》，组织观看《镜鉴》等廉政教育专题片，引导党员干部知边界、明底线，守纪律、讲规矩，坚持挺纪在前，源头预防、抓早抓小，维护风清气正的政治生态。

撰稿：李娉婷

审稿：孙向前

组织工作

组织部领导成员

部　长　陈士贤＊　张飞虎

常务副部长　赵德胜＊　胡梁勋

副部长　胡梁勋＊　季　楠（女）　丰丙雨

吉　祥＊　刘恩龙

组织员办公室

主　任　胡梁勋＊

副主任　刘恩龙＊　韩贵峰

党员教育中心

副主任　王永华　赵民庆

区人才工作领导小组办公室

主　任　丰丙雨

省党员领导干部党性教育基地兰山教学点管理办公室

副主任　韩贵峰 *

【机构设置】 2016年，区委组织部下设办公室、研究室、干部科、组织一科、组织二科、干部监督科、干部教育科、人才科8个职能科室，辖3个正科级事业单位：区委组织部党员教育中心、区人才工作领导小组办公室、山东省党员领导干部党性教育基地兰山教学点管理办公室。年底，部机关共有干部职工23人。

【概述】 2016年，围绕区委中心工作，坚持抓提升、抓创新、抓基层、抓落实，强基层固根本，选干部配班子，引人才聚贤能，从严从实做好领导班子和干部队伍建设、基层组织建设、人才队伍建设以及组织部门自身建设。

【"两学一做"学习教育】 开展"两学一做"学习教育，针对市场、企业、村（社区）、商圈等7类党员群体制定"1+7"工作方案，开展"千场党课下基层"活动，区委常委带头到联系点讲党课。建立"党员活动日"制度、"挂牌亮承诺"制度和党员手册管理制度，2万余个"共产党员户"全部挂牌。"七一"期间对村（社区）红旗书记、模范党员示范户、流动先锋等7类优秀群体进行评选，激励党员学先进、做贡献、树形象，山东兰田集团党委被评为全国先进基层党组织。在全省"两学一做"学习教育座谈会上，兰山区作为全省唯一县区作典型发言。

【干部工作】 围绕实干实绩，把握人岗相适原则，对部分镇（街道）、区直部门进行调整理顺，年中调整干部170人，其中提拔48人，重用17人，调任20人，平职交流或转任85人。稳妥推进县乡领导班子换届工作。配合市委组织部对区、镇两级领导班子情况进行调研，组织换届考察，以换届为契机，盘活乡镇干部资源，激发干事创业活力，共调整干部124人，其中提拔64人，重用15人，调任6人，平职交流或转任39人。发挥党委及组织部门主导作用，全程指导把关镇党代会、人代会筹备、组织和选举，做好各级人大代表、政协委员推荐提名和考察工作，全面筹备组织区党代会、人代会、政协会，完成换届选举各项工作任务。

【干部监督】 强化干部日常管理监督，严格清理规范党政领导干部在企业兼职（任职）问题，通过离任审计、任中审计、任前经济责任告知等强化经济预警机制，共有86名领导干部接受审计及任前经济责任告知。畅通"12380""五位一体"综合举报受理渠道，加大群众举报案件查处力度，直查群众举报9件。严格执行干部任前档案审核制度，对干部调整、换届提名以及新进干部档案进行任前审核，认定"三龄两历一身份"，防止带病提拔、带病提名、带病进人。深入开展换届纪律宣传教育，确保全覆盖。畅通监督渠道，实行快速查核和立项专办，坚持对违规违纪问题"零容忍"。省、市巡回督查组3次到兰山区督查换届风气监督工作，对全区换届风气监督工作给予肯定。

【干部党员教育培训】 开展干部教育培训，举办全区村（社区）党组织书记培训班、全区组织人事干部培训班、兰山区战略强企总裁高级研修班等8个主体班次，培训学员1300余人次。围绕区委中心工作，邀请中国人民大学、中国林科院等领导专家举办兰山大讲堂等4场报告会。抓实基层党员经常性教育，落实"民情日""党员活动日"制度，抓牢村（社区）党员每月集中学习，开展村（社区）党员集中轮训，培训学员26980人次。

【基层党建】 集中整治后进村班子，整治转化存在"两委"班子缺职、信访矛盾突出、村务财务管理混乱等问题村（社区）64个，其中省级备案的2个未

完成换届村于 10 月完成村委会换届任务，实现 322 个村（社区）“两委” 100% 换届。协调推进村级督查工作，完成第一批 64 个行政村党务巡查、46 个行政村村级审计，发现问题 239 个，完成整改 187 个。严格党员队伍管理，组织开展党员组织关系集中排查工作，排查登记党员 46151 名，全年转接组织关系 2200 名。从严开展党费收缴集中整治工作，对党代表和党员违法违纪情况进行集中排查处理。为每个镇（街道）划拨 10 万元设立党员关爱基金，做好新中国成立前老党员补贴发放和困难党员救助工作。做好第一书记工作，落实“区级领导 + 派出单位 + 第一书记 + 强村强企”帮扶 1 个经济薄弱村的“4+1”工作机制，第一书记联系强村强企累计投入帮扶资金 2700 余万元。全区 10 个省定贫困村、省定 2464 户贫困户、4241 名贫困人口达到脱贫标准，“三年任务、一年基本完成”目标得以实现。深化结亲连心工作，坚持“干部全参与、群众全覆盖”工作机制，全区 6008 名机关干部完成与 19.8 万户群众的联系对接，并对全区所有贫困户、贫困群众实现结对帮扶。全区 322 名村（社区）党组织书记全面完成“户户到”入户走访。创新推进城市街道、社区区域化党建工作，新建 20 个城市社区，打造 7 个区域化党建观摩点，全市街道、社区区域化党建工作现场会在兰山区召开。4 个街道全部成立街道“大工委”“两新”组织综合党委，39 个城市社区成立“大党委”。建立区域化党建工作联席会议制度，明确责任落实，工作合力增强。

【人才队伍建设】 开展人才调研，以食品、板材、医药、机械制造、电子商务等支柱产业为重点，摸底调研企业 160 余家，对接人才信息 100 余条。全年共引进“千人计划”“泰山学者”等高端专家人才 14 名，引进带资金、带技术的创新创业人才 172 名，引进硕士以上研究生 127 名。“万名人才回乡行动”上报审核通过 10981 人，全年引智申报分值超过年度目标值 6 倍以上。注重与本地企业、高校和科研院所的对接，先后组织区属企业走出去 40 余次，对接高层次人才 160 余人，与山东大学、山东农大、山东省科学院等联系建立产学研基地。开展全区各类人才业务培训活动 20 余次，先后培养省、市级以上本土人才 20 余名，争创国家级、省、市级科研平台 16 家，人才经费投入达 4600 余万元。鲁南集团董事长张贵民成功评选泰山产业领军人才，实现划区以来高层次人才培养新突破。

【自身建设】 开展“两学一做”学习教育，抓好学习研讨、问题剖析整改落实。开展“组工干部上讲台”活动，每周五组织集体学习，推进学习型机关建设。落实文明办公制度，践行服务承诺、限时办结制度，转变机关作风、提高工作效能。做好结亲连心、精准扶贫等工作，22 名干部联系 513 户群众，其中 12 户贫困户，共收集办理群众诉求 137 件。严格规范“三会一课”等党内生活制度，严格落实组工干部“十严禁”“十不准”要求，抓好个人有关事项报告和谈心谈话，推动机关党风廉政建设深入开展。

撰稿：殷晓亮

审稿：韩贵峰

宣传思想工作

宣传部领导成员

部　长　张红卫(女)*　徐立娟(女)
常务副部长　臧艳丽(女)
副部长　袁春蕾(女)　潘月胜
梁丰彩(女)　王玉坤
文化产业发展办公室
主　任　李文杰
副主任　颜　超　王玉坤*
新闻中心
主　任　张正直
网络管理办公室
主　任　任珊珊(女)

【机构设置】 区委宣传部内设办公室、理论科、新闻科、宣教科、外宣办、舆情科6个科室，辖区精神文明建设委员会办公室、区文化产业发展办公室2个正科级事业单位和区新闻中心、区网络办2个副科级事业单位。年底，共有干部职工35人。

【概述】 2016年，全区宣传思想文化战线以宣传贯彻党的十八大及十八届历次全会精神和习近平总书记系列重要讲话精神为重点，围绕全区中心工作，以建设社会主义核心价值体系为主线，牢牢掌握意识形态主动权、话语权，深入开展理论宣传教育、新闻舆论引导、精神文明创建、道德模范培树、文化事业繁荣、文化产业发展等各项工作，取得显著成果。

【理论教育】 把学习贯彻党的十八届六中全会精神及习近平总书记系列重要讲话精神结合起来，推动理论学习教育制度化、常态化。印发《全区党委(党组)中心组2016年理论学习安排意见》，区委中心组全年集中学习26次，带动全区领导机关、领导班子、领导干部理论学习。成立区委宣讲团，赴各镇(街道)、临沂工业园区开展“两学一做”、十八届五中、六中全会精神集中宣讲36场。推进理论宣讲大众化，深入社区、机关、企业、学校宣讲140余场，受众达1万余人。5人入选市“草根宣讲”人才库。5月14日，承办省第十三届社科普及周启动仪式。

【新闻宣传】 全年在中央、省、市党报党刊发稿1600余篇，头条、倒头条等重点报道170余篇。在

全国各级各类网站发表新闻稿件1100余篇，其中市级820余篇，省级80余篇，国家级200余篇。是年，《兰山大众》被评为山东省优秀县市报“十强”。兰山电视台全年共制作兰山新闻271期，播发稿件1397条，高质量完成70余次重大活动直播导播任务，连续11年获全省电视新闻宣传一等奖，全区新闻宣传工作持续位居全市领先、全省前列。探索新旧媒体融合发展，采用报纸、电视、网站、微信、手机客户端等媒体同步报道、同频共振，首次实现区“两会”网上直播。“七一”期间，与新媒体求是网合作推出“两学一做”典型人物报道“一份延续了68年的忠诚”，在国内各大主流媒体同时发布。邀请全国40多家新旧媒体，集中采访报道第二届“中国创翼”文创大赛全国总决赛。

【精神文明建设】 全区城乡文明程度同步提升，省级、市级文明单位（村镇、社区）分别增加8个、17个，总数达到124个。在城区，创新实行分线分类管理，完善马路市场、占道经营、早市夜市、环卫保洁、园林绿化等日常管理办法；整治小区“六乱”1000余处，改造老旧小区143个，清除小广告6万余处、20余万条；坚持一周一督导，利用新闻媒体和“文明兰山在行动”“文明啄木鸟”两个微信群揭短亮丑，抓好问题整改，全面推动创城常态化。在乡村，以移风易俗为重点推进乡村文明行动，全区569个村（社区）实现村规民约全上墙、红白理事会全覆盖。设立千万元专项资金，对厚养薄葬、丧事简办进行奖补。汪沟镇“双公”建设、义堂镇地下骨灰堂建设打造移风易俗新亮点。

【道德建设】 组织开展全区第三届道德模范表彰活动，评出第三届全区道德模范28名，推出“山东好人”7名。推进志愿服务，承办“山东有线社区志愿服务工作站”揭牌仪式，在全省“四个100”活动中推出最美志愿者1名、最美志愿服务组织1个、最美志愿服务社区2个、最美志愿服务项目3个，柳青街道大官苑社区入选“全面最美志愿服务社区”。全区累计争取扶持资金440万元，建成乡村学校少年宫77所，乡村少年宫建设工作走在全市前列。深化提升“四德工程”建设，全区村（社区）、学校四德榜覆盖率达100%。

【文化事业】 以基层设施建设为着力点，推动公共文化服务建设标准化。全区共建成综合性文化服务中心276处，其中改造提升村居综合文化服务中心60个，文化小广场基本实现行政村全覆盖，达标率100%。区文化馆通过第四次全国文化馆一级馆评估。推动公共文化服务建设，选拔20个庄户剧团，组建12支电影放映队。闵子骞的传说、沂蒙面塑等6个项目成功申报第五批市级非物质文化遗产名录。制定印发《2016年兰山区“文化惠民、服务群众”12件实事工作方案》。

【文化产业】 深化文化体制改革，健全完善公共文化服务体系和现代文化市场体系，文化产业总体呈现良好发展态势，文化软实力明显提升。全区共有专业文化市场7家，文化企业经营单位843家，规

模以上文化企业41家。按最新的统计口径核算，全年全区实现文化产业增加值18.4亿元。组织30余家文化企业参加临沂市影视产业联盟，多次参与市“一圈一带”文化产业发展规划前期调研工作，为鸿儒文化集团争取市文化产业专项扶持资金280万元，为化绍新钓鱼文化公司争取省文化产业扶持资金30万元。会同区财政局组织全区文化企业申报录入全省重点文化企业项目库。支持文化企业走出去，组织带领部分文化企业参加深圳文博会和省文博会；促成文化项目引进来，成功举办第二届“中国创翼”文创大赛全国总决赛，“凡米小豆”“薯小帅”等9个项目落户临沂。

撰稿：胡建欣　李绍威

审稿：臧艳丽

精神文明建设

精神文明建设委员会办公室领导成员

主　任　张作伸

副主任　刘光霞（女）*

【机构设置】 2016年，区精神文明建设委员会办公室设综合科、创建科、志愿服务工作科和未成年人思想道德建设工作科4个科室。年底，共有在职干部职工5人。

【概述】 2016年是新一轮文明城市创建承上启下的关键之年，全区精神文明建设工作围绕中央文明办年初确定的十项重点工作，培育和践行社会主义核心价值观，深化群众性精神文明创建活动，完善创建工作长效机制，在2016年度全市文明城市测评中位列各县区第一名，为临沂市获得全省文明城市测评第二名的优异成绩做出贡献。

【文明城市创建】 组织召开8次创城推进会、调度会，分析研究创城形势，明确任务，压实责任，全力推进各项创城迎评工作。创新实施分线分类管理。制定下发《关于实行分线分类管理　促进文明城市创建常态化的实施意见（试行）》，针对早市夜市、早餐点、占道经营、店外经营、违法小广告、环卫保洁、园林绿化等城市管理的重点难点工作，完善日常管理办法，在保持已有的创城网格化、工作组机制不变的基础上，实行分线分类管理，明确部门和街道的创建责任。夯实职能部门责任。各专线牵头部门分成9条专线，围绕道路设施、环卫保洁、园林绿化、马路市场、农贸市场等，集中力量，履职尽责，开展综合整治活动。投资2260万元对青杨路、桃园路等5条路段进行大修改造。投入1200余万元，对处于城乡接合部的启阳路、宏大路等6条道路进行绿化提升，绿化总面积约6.5万平方米。夯实属地管理责任。各街道、社区投入大量人力物力，对全区1000多个小区“六乱”现象进行全面整治提升，硬化背街小巷30余条，完成143个老旧小区改造任务，改造建筑面积222万平方米，惠及2.2万户居民。一些多年没解决的问题，比如老旧无人管理小区、火车站广场秩序、部分重点路段的马路市场、店外经营、早餐点问题等都得到整治。召开两次现场推进会，重点推广金雀山街道城管网格化管理和创城先进经验。集中开展小广告专项整治。印发《关于开展城区小广告专项整治活动的通告》2万份，组织宣传车4台，抽调城管、公安、工商等部门骨干力量20余人，坚持以宣传教育为先导，集中清理与严厉打击相结合，强化街道社区“门前五包”责任制落实，做到“发现一起，清除一起”，累计清除小广告6万余处、20余万条，新建便民广告栏600余个，疏导各类家政服务广告5000余条，有效破解小广告这一城市管理顽疾。成立创城综合督导组，包括4个督导组和1个效能督查组，4个督导组对应4个街道办事处，全面督导街道辖区内创建工作开展情况。效能督查组由组织部、纪委等职能部门组成，重点对市区督导反馈的问题进行效能督查，限期整改、追责问效，确保各项工作快见成效。建立创城工作微信群。所有参与创城的区领导、主要职能部门负责人、各创城工作网格长、各街道书记、分管书记、宣传委员均加入微信群。以创城工作随身拍的形式，及时发现问题，及时发到群里，及时督导落实，提高创城工作时效。建立“文明啄木鸟”市民创城微信群。邀请广大市民直面城市管理中的薄弱环节和市民中的不文明行为，为文明城市创建建言献策，调动广大市民在创建工作中的主体作用。建立创城办日常督查制度。区创城办联合城管、电视台、新闻中心，围绕马路市场、农贸市场、社区小区、学校周边等重点区域，对各街道创建工作实行一周一督查，通过新闻媒体和创城微信群及时通报发现的突出问题，落实职能部门和属地管理责任。兰山电视台、《兰山大众》都开辟创城专题专栏，印发《致广大市民的一封信》《致沿街单位和广大经营业主的一封信》20余万份，加大正面宣传和负面曝光力度。开展“讲文明树新风”公益广告宣传活动，电视、报纸和网络媒体定期进行刊播；街道、社区在显要位置设置公益广告牌、遵德守礼提示牌；各窗口单位、沿街门店利用电子显示屏等滚动播放公益广告，营造文明有礼的浓厚氛围。对各级文明单位实行动态管理，严格实行优胜劣汰。新增省级文明单位4个、省级文明村镇3个、省级文明社区1个，新增市级文明单位12个、市级文明村镇3个、市级文明社区2个。

【公民思想道德建设】 开展道德模范和身边好人评选活动。组织开展全区第三届道德模范评选表彰活动，经层层推荐、严格审核、社会公示等评选程序，评出第三届全区道德模范28名。组织各级各部门每月定期推荐身边好人和好人线索，推出山东好人7名。完善道德模范关爱帮扶机制，组织开展道德模范上春晚、健康查体和走访慰问活动，树立好人好报、德者有得的价值导向。深化“我们的节日”主题活动。利用春节、清明节、端午节、中秋节等重要时间节点，组织开展群众喜闻乐见的经典诵读、节日民俗、文体娱乐等活动，打造“兰山之春”秧歌汇演、中国沂河龙舟争霸赛等活动品牌，引导人们弘扬优秀传统文化和传统美德。推进志愿服务制度化。加强与民间公益组织的联系，以“3·5学雷锋日”、国际志愿者日为契机，组织开展“黄手环”公益发放、跳蚤市场、健康义诊、捐资助学、环保进校园、“爱在兰山·志愿同行”公益快闪等志愿服务活动，承

中国沂河龙舟争霸赛

办“山东有线社区志愿服务工作站”揭牌仪式，宣传志愿服务理念，提高群众的知晓率、支持率。推出全省“四个100” 最美志愿者1名、最美志愿服务组织1个、最美志愿服务社区2个、最美志愿服务项目3个，柳青街道大官苑社区入选全国最美志愿服务社区。

【未成年人思想道德建设】 开展“做一个有道德的人”主题教育实践活动。利用“清明”“六一”“十一”等重要时间节点，组织未成年人参与“网上祭英烈”“学习和争做美德少年”、优秀童谣征集传唱、“我的中国梦·我的沂蒙梦”“向国旗敬礼”等系列活动。征集的优秀童谣作品有3首获得全市一等奖，位列全市各县区之首。组织半程镇东哨小学、枣园镇庙后小学申报市级财政专项彩票公益金支持乡村学校少年宫项目，争取项目资金20万元。全区已建成乡村学校少年宫77所，其中获得中央、省、市专项彩票公益金支持的项目分别有8、6、10所，累计争取项目扶持资金440万元。全区乡村学校少年宫建设工作走在全市前列，承办全市乡村学校少年宫建设骨干人员培训班。开展社会文化环境净化行动。协调综治、教体、公安、工商、城管、文化执法等部门，对学校周边环境秩序整治保持高压态势，为未成人健康成长营造良好的社会文化环境。

【乡村文明行动】 以“生态文明乡村建设提档升级”为目标，推进农村道路硬化和厕所改造，实施农村汪塘生态治理，拓展延伸城乡环卫一体化成果。以“新农村新生活”培训为载体，全区开展新农村新生活培训119场次，培训妇女近3万余人次。以“四德工程”为平台，开展乡村道德建设，实现全区行政村（社区）善行义举四德榜全覆盖，全区上榜人数近70万。以移风易俗为重点，推进乡风民俗建设。通过建班子强队伍、重宣传造声势、设资金激活力、重督导传压力等举措，有效解决人员问题、认识问题、资金问题、奖惩问题，红白理事会实现自然村全覆盖，村规民约等全部完善到位；公益性公墓建设稳步开展，在义堂镇重点打造地下骨灰堂，一并解决节约土地、文明祭扫、减化流程、办事场所等问题。同时，全区4例生态葬，开全市先河。

撰稿：盛万莹　刘媛媛

审稿：张作伸

统战工作

统战部领导成员

部　长　陈士贤*　张飞虎*　李建成
副部长　密宗方　李文乾　郁　晓（女）
　　　　　李公学　齐宝进

【机构设置】 2016年，区委统战部内设办公室、党派科、经济联络科3个科室和社会组织联合会1个下属事业单位，与民族宗教事务管理局合署办公。年底，部机关共有干部职工7人。

【概述】 2016年，区委统战部以开展"抓基层打基础"活动为抓手，扎实推进民主党派、新社会阶层领域统战、非公经济领域统战、民族宗教、党外代表人士队伍建设、统战干部队伍建设等各项工作。是年，荣获"全国统战宣传工作先进单位""全省统战宣传工作先进单位""2016年度全市统战调研宣传工作先进单位""2016年度县区统战品牌建设工作优秀成果一等奖""2016年度全市统战信息工作先进单位"等称号。

【民主党派工作】 坚持"同心"思想引领，开展"坚持和发展中国特色社会主义教育"主题实践活动，组织开展3次民主党派成员到红色教育基地接受革命传统教育，增强民主党派成员对中国特色社会主义的道路自信、制度自信、理论自信和文化自信。引导各民主党派基层组织开展送教育、送科技、送法律下乡、免费义诊、捐资助学、捐建书屋等活动20次，捐款捐物折合人民币80余万元；配合区残联、区扶贫办等单位开展"白内障脱盲精准扶贫手术"活动。组织开展各民主党派主委参加民主协商座谈会5次，深入基层开展调研活动3次，上报社情民意信息40余篇，撰写调研文章5篇，其中1篇受到区委领导批示。

【新社会阶层人士统战工作】 8月底，迎接中央统战工作督导组来兰山视察"双社共建"工作，经验做法受到中央统战部领导的肯定，并在《中央统一战线》杂志上发表；召开1次社组联新媒体网络分会暨网络人士工作座谈会，探索开展"互联网+统战"工作模式，引导网络人士在净化网络空间、弘扬社会主旋律等方面发挥作用。

3月8日，省委统战部常务副部长赵强来兰山调研基层统战工作

【非公经济领域统战工作】 深化非公人士理想信念教育实践活动，将年轻一代纳入培训范围，举办1期宏观经济形势报告会，引导非公经济人士自觉践行五大发展理念，找准发展方向；开展光彩事业和社会公益事业，组织非公经济人士捐资助学活动2次，走访慰问4次，捐赠210多万元现金和物品；服务精准扶贫工作，成立"百企精准扶贫联盟"，动员118家强居强企结对帮扶118个经济薄弱村，金锣集团、兰田集团等企业扶贫捐款1600余万元。

【民族宗教工作】 加强宗教干部、教职人员、信教群众法制教育，开展培训班2期，专题学习活动4次，法制宣讲会1次，增强他们法制观念；会同有关单位开展宗教事务联合执法行动，取缔非法聚集会点1处。维护民族团结，组织开展全区"民族团结进步宣传月"活动，加大宣传力度，营造浓厚氛围；增强为少数民族群众服务意识，为80多位少数民族考生办理加分登记，建设兰山区外来穆斯林服务站2处，不断巩固全区和谐稳定局面。

【党外代表人士工作】 在全区党外知识分子中开展"两学一促"学习教育活动，各联谊分会通过举办论坛、交流会、培训班等形式多样的活动，引导党外知识分子在各自工作岗位上有所作为，建功立业；组织开展1期党外代表人士理论工作培训班，增强党外人士对中国特色社会主义的认识；打造1处党外人士实践锻炼基地，在李官镇青春有机蔬菜园，建立农业科技为民的服务平台；加强党外干部使用，提拔正科级2名，提高政府组成部门党外领导干部配备比例。

【基层工作】 按照省、市委统战部要求，抓好"抓基层打基础"活动，区委统战部下基层、走村居（社区），打造具有特色的统战示范点，开展社区统战工作，全区80个社区配齐兼职统战工作人员，成立统战工作队伍，解决统战工作场所问题，实现社区统战工作的常态化。同时，打造半程镇金锣集团党外知识分子基地建设、枣园镇社会组织文化统战阵地建设等示范点，以点带面，有力推动面上工作。

【统战干部队伍建设】 区委调整统一战线工作领导小组，研究制定《兰山区推进〈中国共产党统一战线工作条例（试行）〉实施意见》《关于加强政党协商的实施方案》等文件，构建大统战工作格局；参加统战干部培训3次，其中在中央第三期统战部长培训班上兰山区作为全省唯一一个县级单位作典型发言；组织开展全区统战知识竞赛活动。做好统战理论宣传信息工作，编发《兰山统战信息》10期，在省级杂志刊登文章3篇，市级刊登文章信息10余篇，有效宣传兰山统战工作经验做法。

【政协换届工作】 根据省、市有关文件精神，制定区委组织部、统战部《关于政协换届工作的意见》，召开动员会议，做好宣传发动工作，推荐政协委员严格按照程序进行，同时推动设立社会科学界别，有10名社会组织代表人士担任区政协委员。

撰稿：刘　跃

审稿：密宗方

民族宗教工作

民宗局领导成员

局　长　巩世昌＊　岳洪波
副局长　林　虎（回族）　徐立志
主任科员　季朝友

【概述】 2016年，区民族宗教系统围绕全区工作大局，按照市民宗局的统一部署，全面贯彻落实中央和省、市民族宗教工作会议精神，宣传党和国家的民族宗教政策，以党的十八大及十八届四中、五中、六中全会精神为指导，牢牢把握“两个共同”主题，深化服务，提升能力，严格执法，规范管理，依法推进民族宗教重点难点问题的解决，确保全区民族领域繁荣发展、宗教领域和睦和顺。

【民族工作】 推进“民族团结进步示范社区”创建活动。制订下发《在全区开展民族团结进步示范社区创建活动的通知》和《兰山区城市民族工作方案》，召开有关镇（街道）、工业园区分管负责人参加的动员会议，明确责任人。组织各民族社区干部到附近县区及泰安、淄博等地学习民族社区网格化管理工作先进经验。在两个城市民族社区南关社区、御碑街社区开展丰富多彩的示范社区创建活动，南关社区在“最美民族村居”评选活动中取得较好成绩。

推动少数民族经济社会事业繁荣发展。加大相关扶持资金和优惠政策的争取力度，分别争取南道回民小学建设、南关清真寺修缮改造、南北道清真寺爱国主义教育基地建设等扶持资金，争取街道和有关部门在安排建设、交通、教育卫生等方面资金时向民族村居适当倾斜，用好、用足各项扶持政策规定。促进少数民族村居的文化教育事业发展。全区投资1100万元，完成南道回民小学重建工作。南道、北道、南关、御碑街4个少数民族社区相继建设完善少数民族文化体育活动中心，提高少数民族群众的身体素质和生活质量。先后成立外来穆斯林联谊会、伊斯兰商会和民族文化促进会等群团组织，在提高少数民族群众生活水平、促进少数民族经济发展方面做了大量工作。

【宗教工作】 组织全区宗教团体、重点宗教活动场所、各寺（庙）管委会成员及宗教界代表人士共计

市民宗局领导来兰山区调研

60余人参加全区宗教工作培训班，学习全国宗教工作会议精神，邀请市民宗局、公安国保部门领导从依法管理宗教事务、查处宗教违法事例等两方面做专题辅导，并参加全国、全市的宗教工作培训。

规范管理，不断提升宗教法治化水平。规范推进宗教团体的成立和换届工作。加强财务监督管理。学习外地先进经验，所有场所均办理集体账户，明确财务人员，建立财务制度，定期盘点固定资产，每月公布财务状况，奉献箱的管理严格落实“三把锁”制度。开展宗教界“两规范、两提高”活动。先后召开动员部署、整改落实两次专题会议，在宗教团体、宗教活动场所和教职人员中普遍开展“五查五看”活动，指导各宗教团体和重点宗教场所普遍建立“十项”管理制度和“五档六簿”，做到“三个不放过”，在全市的“双随机”检查中取得较好成绩。

深入开展宗教领域重点治理活动。贯彻落实国家、省、市等10部门文件精神，坚持分类指导，对信教群众需求迫切、符合开放条件的2处佛教场所和13处基督教场所逐一进行实地考察，依法按程序进行申报。

撰稿：徐立志　马庆庆

审稿：岳洪波

对台工作

台湾工作办公室领导成员

主　任　冯才彬

副主任　林祥栋

【概述】 全区有定居台胞1人，常年居住台商20多人，台属1300多户3000多人；有台资企业9家，涉及宾馆、超市、板材、餐饮服务等行业。是年3月，在省委对台工作会议上被表彰为全省台办系统先进集体；被市台办评为全市台办系统先进集体、全市对台经济工作先进单位和全市对台信息专报工作先进单位。

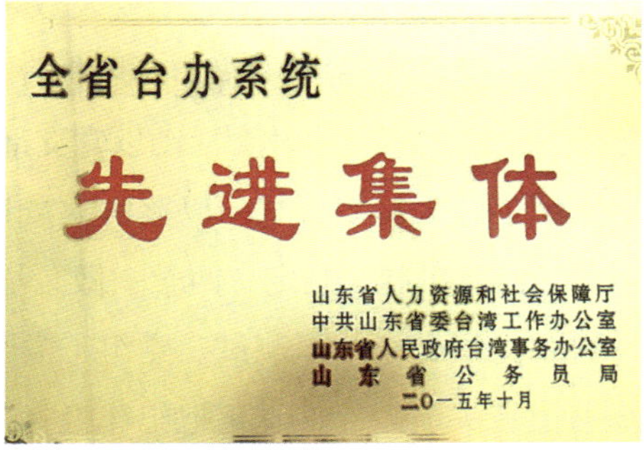

【对台宣传】 加强涉台宣传教育，在推介上下功夫。准确把握台湾民情，加强对涉台宣传教育的引导，保持对台工作的正确舆论导向。以兰台合作成果、营商投资环境及涉台政策信息宣传为重点，广泛开展涉台宣传推介工作。订阅涉台刊物，加强学习培训，提高对台工作的理论水平和政策水平。定期浏览涉台网站，加强台办基层基础建设和信息化建设，提升对台工作的效率和质量。向《两岸关系》《台湾工作通讯》《海峡时空》《临台讯息》和各大涉台网站投稿，全年登载文章20余篇，各大涉台网站采用信息200余篇。

【涉台经贸】 按照“提高开放水平，实现外向发展”的工作要求，加强对台经济工作的组织领导，提升对台服务水平，加大招商引资力度。开展产业链上下游配套项目的招商引资、招才引智。采用“以商招商”“亲情招商”的方式，通过台商协会和台属联谊会向岛内宣传兰山区良好的投资环境和优惠的投资政策。年内，大润发超市红旗店开业运营，大润发超市蒙山店试营业。先后和台湾中华两岸连锁经营协会、台湾区电机电子工业同业公会等建立联系。鲁南制药集团、金锣集团、大金豆农贸公司、大爱养老服务中心等先后赴台考察，和台湾相关企业、协会达成多项合作意向。

【交往交流】 组织人员参加两岸现代服务业合作对接会、台湾健康养老论坛等活动。银雀山街道东苗庄社区成功获批“山东省海峡两岸交流示范点”。做好赴台手续办理等工作，全年共完成9批30余人的赴台手续。热情服务台湾中视“大陆寻奇”摄制组的采访活动，促进兰台旅游文化交流。全年共接待来访台胞10余批次70余人次。

【联络联谊】 利用中秋、春节等重要节日举办座谈会，邀请区内台商欢聚一堂，庆佳节、叙友情、话和谐。加强与台湾重点人士的联络联谊。利用传统节日，向岛内兰山籍重要台胞寄发慰问信，致电表示节日的问候。

【投诉调处与服务】 发挥区委对台工作领导小组和区台商投诉协调处理工作领导小组作用，开展“台资企业走访季”“重点活动推进月”“‘进台企、话亲情、助发展’与台资企业联谊”等活动，深入走访调研，及时掌握信息、了解实情，听取台胞台企的意见和建议，帮助解决在兰山工作生活的台胞台商遇到的各种困难和问题。

撰稿：林祥栋

审稿：冯才彬

区直机关党建工作

区直机关工作委员会领导成员

书　记　陈卫中

副书记　魏晓静（女）　钱仲江　吉云涛

纪工委书记　钱仲江

副主任科员　陈维国

【概述】 2016年，区直机关工委围绕“服务中心、建设队伍”两大核心任务，全面落实从严治党要求，狠抓工作作风落实，强化党建责任制，推进基层组织规范化建设，开展“两学一做”学习教育，“结亲连心”联系服务群众，发挥机关党组织战斗堡垒作用和党员先锋模范作用，机关党建工作科学化水平进一步提高，为全区实现“十三五”良好开局提供坚强的组织保证。

【思想政治建设】 按照上级部署，在全体党员中开展“学党章党规、学系列讲话，做合格党员”（简称“两学一做”）学习教育活动。工委发放习近平总书记系列重要讲话、“两学一做”学习教育读本、党章党纪等有关读本。学习教育活动以党支部为基本单位、以组织生活为基本形式、以落实党员日常教育管理制度为运行机制，制定“两学一做”学习教育方案，并组织党章党纪知识测试。党组（党委）书记和支部书记带头上党课，真正把纪律挺在前面，提高党员干部的政治意识、大局意识、核心意识、看齐意识、纪律意识。“七一”期间，组织召开党建工作理论研讨经验交流会，同时在《兰山大众》开辟“机关党建”专栏，宣传报道基层党组织好的工作经验做法和党员先进事迹。

【基层组织建设】 加强基层组织“八有”阵地和“六类台账”建设。5月，在区检察院组织区直机关党组织规范化建设观摩现场会，参观检察院的党组织建设情况，交流党建工作经验，促进机关党建整体水平提高。11月，召开区直部门单位党组（党委）书记工作会议 下发区委《关于加强和改进区直机关党建工作的意见》和《区直部门单位党组工作规则》。坚持党组织书记述职评议制度，年底各支部书记向全体党员进行党建工作述职，党员对班子及成员进行评议。年内成立党组织换届60个，新设立党支部3个，合并成立党支部2个，撤销党支部6个。鲁班集团党委由银雀山街道办事处党委转入区直机关工委管理。

【党员干部队伍建设】 按照上级部署和要求，对区直机关党员党组织关系进行集中排查，健全党员信息，每个基层党组织都建立党员台账，列出党员失联清单，防止出现“口袋”党员。各党组织对2008年以来的党费缴纳差额，按照标准进行补缴，增强党员党性意识。工委制定下发党员日常管理量化考核标准，各基层组织对党员进行强化管理；组织开展“亮身份、亮承诺、见行动”主题活动；建立“党员学习日”。按照党员发展程序内容，做好党员发展工作，全年区直机关直属党组织发展党员93名，转正31名。下半年举办1期党员发展对象培训班，组织新党员到沂蒙精神展览馆进行宣誓。

【机关党风廉政建设】 牢固树立反腐倡廉意识，贯彻落实中央“八项规定”精神和《建立健全惩治和预防腐败体系2013—2017年工作规划》，落实述职述廉、个人重大事项报告、民主生活会等制度。严格落实主体责任和领导干部廉政建设责任制，始终把廉政建设和日常工作同部署同安排同检查。根据中央和省市区委统一部署安排，各级党组织学习十八届六中全会文件《关于新形势下党内政治生活的若干准则》和《中国共产党党内监督条例》，以及《中国共产党廉洁自律准则》和《中国共产党纪律处分条例》，强化纪律规矩意识。严肃党的纪律，按照《纪律处分条例》处理工委直属党组织中的9名违法违纪党员，保持机关党员队伍的纯洁性。

撰稿：王 静

审稿：钱仲江

党校工作

党校领导成员

校　长　耿学伟＊　赵晓晖（区委书记兼）

党委书记　肖立军

党委委员　岳庆金　祝远洪　林凡杰　高辉良　杨玉明

副校长　岳庆金　祝远洪　高辉良

行政学校副校长　林凡杰　杨玉明

党校工作机构领导成员

办公室主任 尤洪军
组织处主任 曹兵强
理论教研室主任 张 玲（女）
培训中心主任 王临霞（女）
继续教育科主任 周洪达
公务员培训科主任 李筱旭

【机构设置】 2016年，区委党校下设办公室、组织处、教务处、政治理论教研室、业余教育办公室、培训中心6个中层科室。区行政学校下设公务员培训科和继续教育科2个科室。年底，全校共有在职人员43人，其中专业技术人员27人，按照或参照公务员管理人员13人，工勤人员3人。

【概述】 2016年，区委党校全面贯彻落实党的十八大和十八届三中、四中、五中、六中全会精神，严格按照《中国共产党党校工作条例》《2010—2020年干部教育培训改革纲要》要求，深入学习全国和省市党校工作座谈会精神，围绕区委区政府的中心工作，不断提高科学办校水平，顺利完成全年的工作任务，继续被山东省文明委评为省级文明单位。

【主体培训】 按照2016年干部培训计划，先后举办兰山区村（社区）党组织书记培训班、兰山区村（社区）“两委”成员培训班、区派第三批第一书记岗前培训班、全区优秀基层党组织书记和优秀党员示范培训班、区直机关2016年度党员发展对象培训班、全区组织干部素质能力提升培训班、审计干部培训班、工会干部培训班、党外代表人士理论培训班等9个主体班次，培训干部1500余人次。

【送教下乡·部门培训】 结合“两学一做”专题教育，开展党的十八届五中、六中全会精神宣讲，到区直部门、镇（街道）、工业园和部分村居进行36场宣讲，培训基层党员干部1.09万余人次。同时，利用党校现有场地设备等资源，承接安监局、卫生局等部门举办培训活动，培训人员2000余人次。

【兰山大讲堂】 配合组织部，结合兰山实际，邀请山东省家具协会会长牛广霞、中国人民大学公共管理学院城市规划与管理系刘云华教授，以“木材工业科技创新发展”和“产业重组和城市发展策略”为专题，开设2期“兰山大讲堂”，培训干部680余人。

【科研工作】 坚持以服务兰山经济社会发展为重点，共完成科研课题8项，其中省委党校项目4项，市社科联项目3项，市委党校项目1项。组织参加省委党校主办的“新常态下的中国经济发展问题”研讨会和“中国特色哲学社会科学学科、学术体系建设”研讨会，提交论文3篇，2篇获优秀奖，1篇获一等奖。在市级以上刊物发表论文9篇，其中1篇为中文核心期刊，并被CSSCI收录。有8篇调研报告获区领导签批。

【异地培训】 利用临沂市党性教育教学资源，开展外来培训。独立承办南京市委党校第29期中青班、龙口市委党校中青班、内蒙古鄂尔多斯市东胜区青年干部培训班、安徽省无为县委党校青干班、灌南党校基层干部轮训班、青岛黄岛党校党性教育培训班等37个外来班次，培训1500余人次。配合市委党校承接中央党校、中直机关党校、中央党校国家分校、国家行政学院、部分省市委党校培训班22个班次，培训异地干部1000余人次。

【队伍建设】 开展“两学一做”学习教育，加强班子和党员队伍建设。按照中央和省市区要求，配合全区开展“学党章党规、学系列讲话，做合格党员”学习教育。组织全校教职工采取个人自学、集中培训、专题辅导、集体研讨等形式学习党纪党规、习近平总书记系列重要讲话精神，增强班子和党员队伍的战斗力。推进学习教育成果进课堂，加强教师队伍建设。按照区委部署，组织全体教师围绕“两学一做”学习教育宣讲要求进行系统备课，同时通过青年教师优秀课堂教学观摩竞赛对宣讲课题进行选拔，推进优秀教学成果进课堂。巩固学习教育成果，增强“党校姓党”意识。结合党校工作，把学习教育融入党校主体工作任务，通过组织开展集体理论学习、集中研讨交流、收看专题教育影片、“受教育、亮承诺、见行动”等形式，强化“党校姓党”意识，让“理论研究无禁区、党校讲坛有纪律、公开言论守规矩”成为每一名党校人必须恪守的高压线。

撰稿：马学永

审稿：肖立军

群众（信访）工作

群众工作部领导成员

部　长　赵复志＊　姜开昌

副部长　徐孟军＊　李　伟　闫佳中　全志方

信访局领导成员

局　长　赵复志＊　姜开昌

副局长　徐孟军＊　李　伟　闫佳中＊　全志方

区复查复核办公室

主　任　徐孟军＊　李　伟

副主任　李　生

主任科员　李　伟＊　高本海　闫佳中

副主任科员　孙延照

【机构设置】 区委群众工作部、区信访局合署办公，下设办公室、接访科、办信科、督查科、网信科、复查复核办公室、人民建议征集办公室7个职能科室；区政府信访事项复查复核办公室为正科级事业单位，编制5人。2016年，部（局）机关共有干部职工19人，其中具有大专以上学历的17人，高中（中专）学历的2人，其中具有中级技术职称的1人，高级工4人。

【概述】 2016年，全区信访工作围绕区委区政府制定的任务目标，畅通和拓宽群众诉求表达渠道，及时、有效、妥善处理群众反映的问题，全力解决重点信访积案；促进诉访分离，不断规范信访秩序；

实行领导公开接访、领导包案，使一批难案、积案得以妥善解决，大量社会矛盾得到及时化解，信访总量有所下降，越级访尤其是进京上访量大幅下降。全年，全区社会大局持续和谐稳定，特别是全国两会、十八届六中全会等重要敏感时期，没有发生有影响的信访案件和重大群体性事件，维护了兰山区的外部形象。2016 年，共发生上访 1662 起 5609 人次，较上年同期相比上升 18.3%，其中集体访 221 起 3347 人次，同比下降 13.7%。去省访 71 起 188 人次，同比下降 7.8%，其中集体访 3 起 40 人次，同比下降 50%。被登记通报进京非访 4 起 5 人次，同比分别下降 20%、44.4%。

【接访包案制度】 深入开展领导大接访活动，制定区镇两级领导接访计划表，确保每天都有一名区级领导到区信访局接访大厅现场接访，镇级主要领导每周一次接待群众来访。自 7 月开始实行周一常委接访制，接访领导面对面倾听群众诉求，当场解决群众信访问题，暂时不能解决的，与相关单位一起研究制定解决方案，限期办理，并由接访区级领导负责调度、督导案件处理进程，直至问题解决。通过抓实领导接访，群众的诉求及时得到解决，提高了群众满意度。

【矛盾纠纷排查】 各镇（街道）（工业园区）及有关部门把进京非访集中整治工作摆在重要位置，区委、区政府强化督查措施，加大接回劝返、教育疏导、问题化解力度。贯彻落实上级关于依法处置非正常上访的决策部署，发挥镇（街道）、工业园区、区直部门在维护群众合法权益、化解各类矛盾纠纷、促进社会和谐稳定中的基础性作用，坚持依法治理、综合治理、源头治理、系统治理，将矛盾纠纷化解在基层，将人员稳定在当地。

撰稿：盛月京

审稿：姜开昌

老干部工作

老干部局领导成员

局　长　季　楠（女）

副局长　单福昌　孙建如（女）

老年体协办公室主任　师立军

老年大学办公室主任　杨化芬（女）

【机构设置】 2016 年，区委老干部局下辖 3 个副科级事业单位：区老年体协办公室、区老年大学办公室、区干休所；3 个股级事业单位：区老干部活动中心、区离退休干部服务中心、区关心下一代工作委员会办公室；局机关下设 1 个职能科室：办公室。年底，局机关有干部职工 6 人，全部具有大专以上学历。

【概述】 2016 年，全区有离休干部 285 人，其中：抗战时期参加工作的 52 人，解放战争时期参加工作的 184 人，享受地专级待遇的 4 人，县处级待遇的 48 人。区委老干部局在区委、区政府的正确领导和上级业务部门的指导帮助下，坚持以邓小平理论和“三个代表”重要思想为指导，以科学发展观为统领，以学习贯彻十八届六中全会精神为切入点，全面落

实老干部政治、生活待遇，加强离退休干部党支部建设和思想政治建设，探索创新老干部服务管理机制，发挥离退休干部作用，开创老干部工作新局面。

【政治待遇】 春节期间，召开老干部新春情况通报会。同时，对部分困难离休干部党员进行走访慰问，送去慰问品及慰问金。6月，组织副县级以上离退休干部参观视察大项目推进、城市建设等工作。“七一”期间，召开老干部通报会。

【生活待遇】 健全完善离休干部“三个机制”，重点抓好离休干部医药费保障机制、财政支持机制的有效运行。会同区财政、医保等部门对困难破产企业困难程度进行认证，争取上级转移支付80万元，用于弥补区困难企业离休干部医疗统筹金不足。会同区卫生局、区人民医院为全区300多名离休干部进行健康体检。

【管理服务】 围绕市网格化服务管理离退休干部现场会准备工作，探索加强离退休干部服务管理新模式，对老干部活动中心、老年大学进行升级改造，完善硬件设施。做好老干部来信来访工作。坚持和完善老干部信访首问责任制、工作人员联系老干部、局长接待日制度，为老干部排忧解难。注意通过老干部信访，及时发现研究解决新情况新问题，加强和改进老干部服务管理工作。

【党组织建设】 发挥离退休干部党工委职能作用，抓好全区离退休干部党建工作，指导和组织离退休干部党组织开展各项活动。加强离退休干部思想政治建设，根据老干部的特点，依托离退休干部党支部，发挥老年大学（学校）、老干部党校、活动中心（室）等主阵地作用，加强离退休干部思想政治建设。十八届六中全会召开后，立即组织广大离退休干部开展学习十八届六中全会活动。做好网上离退休干部党支部平台建设工作，下发《关于进一步加强网上离退休干部党建平台建设的通知》，引导鼓励老干部积极发言发帖。

【文化生活】 “七一”期间，举办全区“庆祝建党95周年暨红军长征胜利80周年”老干部门球比赛及

老年人运动会

老干部书画展，并结集出版老干部书画集。选派人员参加全市门球竞赛规则与裁判法培训、全市普及简化24式太极拳培训、全市老年人多功能健身球操教练员培训、全市中老年人气排球教练员培训等项目。开展老年文体娱乐活动，丰富老年人精神文化生活。先后举办春季老年人门球热身赛、门球选拔赛。4月，组队参加2016年全市老年人门球比赛。10月，成功举办全区第十八届老年人运动会。

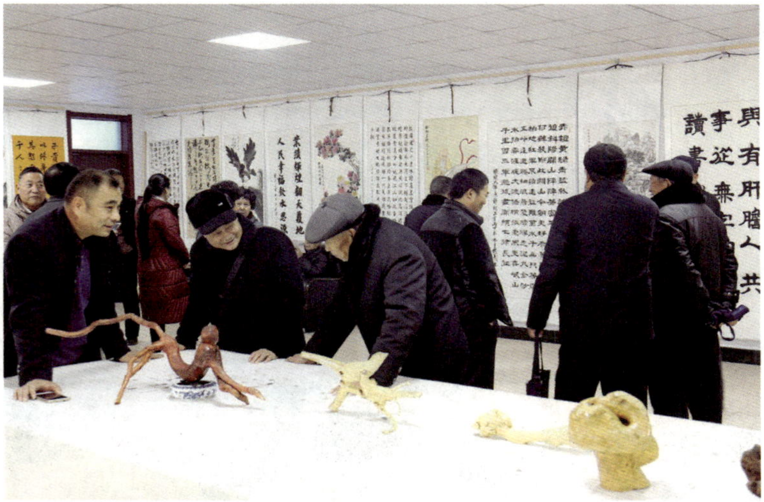

老干部书画展

【干休所工作】 做好老干部服务工作。所里共有老干部4名和遗属6名，年龄都在85岁以上。为做到更好地为老干部服务，所里每名工作人员联系一名老干部，通过与老干部面对面的交流、谈心等方式，对老干部工作生活经历、目前家庭情况、身体情况、子女情况做到及时了解，及时服务。节假日、生日走访到门，祝福到门，并为有困难的老干部提供力所能及的帮助。加强安全管理工作。通过完善保安管理制度、外来车辆人员出入登记制度，对监控系统进行改造提升，建立小型消防站、对腐烂的栅栏进行更新等措施，加强干休所安全系数，使老干部有一个安全、舒心的居住环境。加大对基础设施维修维护工作。对老旧的供热、自来水管网进行升级改造，进行楼顶防水层处理、楼沿加固、自备井维修等工作。做好创城工作。干休所作为创城社区必查点，严格按照创城要求，开展了楼道清理、园林整修、环境卫生清扫等工作，确保不丢分。

【关心下一代工作】 筹备召开全区关心下一代工作会议，对涌现出来的先进集体、先进个人进行表彰通报，并对全年工作进行部署安排。加强基层关工委组织建设。及时对基层关工委班子进行调整充实健全明确责任，按照“九有”标准，加强规范化建设。围绕培养践行社会主义核心价值观，开展“党史、国史”教育活动，围绕“四个讲清楚”，着重发挥“三方”作用，增强“两史”教育的生命力。以争创“全国青少年普法教育示范区”为载体，开展青少年普法教育。召开兰山区创建“全国青少年普法教育示范区”动员大会，以区委、区政府名义印发《创建实施方案》。教育系统召开创建“零犯罪学校”动员大会，对创建“全国青少年普法教育示范区”和“零犯罪学校”进行具体部署安排。为青少年健康成长办实事好事。在开展“沂蒙关爱行动”的同时，全面建设“四点半”学校，为放学后无人看管的孩子提供学习、活动场所，解决家长们的后顾之忧。同时，发挥“五老”作用，帮助孩子过一个安全假期。

撰稿：王善勇

审稿：季　楠

老龄工作

老龄工作委员会办公室领导成员

主　任　尤其臣
主任科员　袁春晓（女）
副主任　王明启　徐　杰
　　　　韩庆乐（女）　曲宝立

【机构设置】 2016年，区老龄工作委员会办公室下设行政科、综合科2个股级科室，共有干部职工8人，其中干部7人，具有大学以上学历的7人。

【概述】 2016年，全区有老年人15余万人，占全区总人口的14.6%，已进入人口老龄化县区行列。全区老龄工作按照“党政主导、社会参与、全民行动”的工作方针，以实现“六个老有”为目标，老龄事业健康协调可持续发展。

【老龄宣传】 完善《兰山区老龄工作宣传考核方案》，调动大家对老龄宣传工作的积极性。分别于4月、9月联合宣传部组织2次老龄新闻宣传座谈会，会议在交流工作经验的同时，对基层老龄干部及通讯报道员进行通讯、信息及新闻摄影等方面的专题培训。通过培训使大家认识到老龄宣传工作的必要性、重要性和紧迫性，同时提高了通讯员的业务能力，取得良好成效。全年在国家、省、市新闻媒体及各级网站发布新闻及信息320多条，其中市级以上媒体发稿200余篇，国家级媒体发稿11篇，银雀山街道的《九九重阳节　浓浓敬老情》在新华社发表，并被《科技日报》、新华网、中央政府网、人民网、中国文明网等多家国家级纸质媒体和网络媒体转载。

【老年权益】 加快老年人维权示范站建设，全区有市级维权站4家，省级维权站5家，兰山区是全省省级老年维权站最多的县区。依托法律维权站开展老年维权服务活动，全年办理涉老法律援助案件3件，涉老公正事项2件，服务涉老案件20件。深入宣传“一法一条例”。以社区、村为主体，借助社区道德讲堂、市民学校等载体，聘请法律工作者结合《中华人民共和国老年人权益保障法》《山东省老年人权益保障条例》开展老年法律法规知识讲座，用身边的案例教会老年人用法律武器维护自己的合法权利；结合“敬老月”重点开展“老年人防诈骗”宣传活动。利

6月13日，省委老龄办主任丁希滨来兰山区走访慰问

用市老龄委开展的“老年人防诈骗专题月”活动机会，联合区司法局、区公证处和驻城街道办事处在人民广场设立宣传站，现场为老年人提供咨询，免费向老年人发放《老年人防诈骗指南》和《老年人普法维权典型案例》500余册；同时，组织召开街道老龄办主任专题会议，对老年人防诈骗工作进行重点安排，要求街道、社区进行广泛宣传，密切关注，提升老年人的防范意识，全力预防老年人受到各类非法行为的诈骗，保障老年人的权益免受侵害。

【老年活动】 各镇（街道）、各有关部门广泛开展《中华人民共和国老年人权益保障法》宣传教育进机关、进乡村、进社区、进学校、进企业、进单位活动。倡导“感恩父母、孝敬老人、共创和谐”新理念，引导全社会把关爱老年人作为义不容辞的责任，形成家庭和睦、代际和顺、社会和谐的新风尚。增强全社会维护老年人合法权益和敬老爱老的自觉意识。广泛开展“送温暖、献爱心”活动。重阳节期间，区领导亲自走访慰问部分百岁老人及困难老年人，送去区委、区政府的关怀。同时，区老龄办走访全区12所敬老院，送去慰问金、慰问品共计20万元。广大志愿者和社会爱心人士在“敬老月”期间走进养老机构和老年人家庭，为老年人提供家政、照料、护理、信息咨询、心理疏导等多种形式的服务，并送去价值近30万元的慰问金和慰问品；义工联盟、沂蒙义工等志愿服务组织和社会爱心人士开展为老年人办实事、献爱心活动，共有3000多名志愿者和社会爱心人士参与敬老助老志愿服务活动。各镇（街道）开展敬老先进典型评比表彰活动，表彰一大批“孝亲敬老之星”“健康快乐老人”“敬老模范先进个人”等，传递道德风尚正能量，弘扬敬老传统美德。广泛普及老年保健知识。聘请市中医院、区医院和社区卫生服务中心医务工作者，不定期举办老年人健康知识讲座和老年心理健康讲座，全年共开展各类讲座110余场次，全区受益老年人达1万余人次。

【银龄安康工程】 发挥商业保险的保障辅助作用，全年全区12.4万名适龄老年人投保“银龄安康工程”，区级财政给予每人5元的财政补贴，共计62万元，部分村（社区）集体出资为约2.3万人购买意外保险，购买金额70万元，有效缓解老年人的经济负担；全年共理赔案件883件，赔付金额677万元。

【老年人保障】 实施赡养保障，解决老有所依问题。全区所有贫困老年人签订6892份《家庭赡养协议书》。针对特困老人强化救济保障，区老龄办春节和重阳节期间走访贫困老人500人次，每人发放300—500元不等的慰问金和生活用品，共计20余万元。联合区卫计局组织基层卫生院和社区卫生服务站为全区85783名贫困老年人进行免费查体，查体率100%。创新精准扶贫模式，为全区800名贫困老年人免费购买银龄安康保险；同时，财政出资近23万元为全区4423名贫困老年人购买贫困老年人意外伤害险。会同民政部门为辖区内5154名贫困老年人办理低保，每年享受3100—5400元的低保费；对五保老人实行供

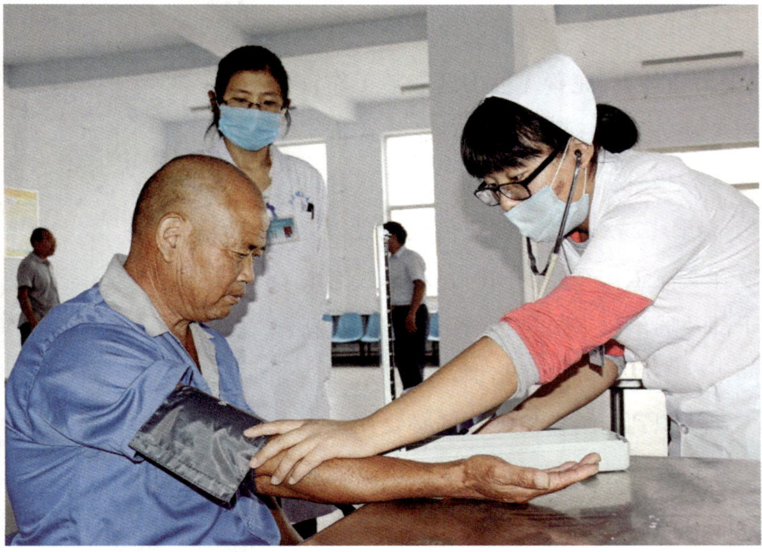

敬老院老人体检

养制，分散供养和集中供养的五保老人分别享受每年3200元、4500元的供养标准。

【高龄津贴】 严格执行区委、区政府继续扩大高龄老年人的优待范围、提高发放标准的要求。为全区7118名85—89岁健康老人每人每年发放200元健康津贴；2980名90—99岁的健康老人每人每年发放360元长寿津贴；55名百岁老人每人每年发放7200元长寿津贴。柳青街道对长寿津贴进行补贴，使该街道的百岁老人长寿津贴达到每人每年1万元；兰山街道、银雀山街道的部分社区根据社区实际制定金额不等的老龄津贴标准和补助办法，保证“老有所依、老有所养”。2016年，全区共发放高龄补贴近300万元。

【民办养老服务中心建设】 2016年，加大对凯旋养老服务中心的扶持、帮助力度。协调省、市资金支持，争取到省、市老龄委扶持资金18万元，用于养老服务中心的基础设施建设和老年人生活服务设施的改善提升。老龄办协调上海、无锡等地并组织参观学习其先进经验，使该中心的服务理念和服务水平得到明显提升。投资1.2亿元的凯旋养老服务中心于10月投入使用,可接纳1000余名老人入住。同时，为推广凯旋养老服务中心的医养结合养老服务模式，联合区民政局在白沙埠镇敬老院试点实行委托凯旋养老服务中心管理，探索社会养老新模式，实现医疗与养老服务的深度融合，提升养老服务能力，收到较好的效果，并在李官镇、半程镇、汪沟镇、枣园镇等敬老院进行推广。

撰稿：褚洪美

审稿：尤其臣

档案工作

档案局（馆）领导成员

局（馆）长 王洪学 * 王建华

副局（馆）长 李建国 张开银 顾玉妮（女）

【机构设置】 2016年，区档案局（馆）下设办公室、征集管理科、法规业务科、教育培训科和政府信息公开中心，共有干部职工15人。

【概述】 2016年，区档案局（馆）加强档案资源建设、档案信息化建设、档案基础业务建设，推进档案工作科学化管理，着力提升档案工作服务水平，被省档案局评为全省档案宣传工作先进集体。

【档案资源建设】 开展档案定期移交工作，制定并印发《全区2016年档案定期移交工作实施方案》，用3个月时间完成25个部门档案接收及电子目录著录工作，累计接收文书类7164件，接收农机补贴、高龄补贴档案等民生档案9476卷件。制定下发档案资料征集通知，同时转发市局民俗资料征集通知，做好“三记忆一专题”和口述档案资料的征集工作。全年征集《王小古传》《县委书记牟步善》等口述档案类书籍和《中国兰陵萧氏》等寻根文化类族谱及《梨园春秋—临沂京剧百年纪念》《琅琊拾遗》《心声—郭士勋诗词集》《足音》《情韵》等图书资料共34册（卷

/本）。征集城市记忆工程资料图片金雀山街道小埠东社区老照片10余张。完成兰山电视台2015年11月—2016年10月兰山新闻约215G视频资料的征集、整理和存档工作及兰山报社2015年11月—2016年10月新闻照片的征集进馆工作。

【信息化建设】 对馆藏档案资料情况、数字化情况及档案分类情况进行4次全面托底核查统计，在此基础上同时编制出后续档案数字化工作计划。实行质量保障和安全保密逐级承诺制度，全员签订承诺书。完成年度电子文件离线备份数据接收、村史民俗资料征集、国家重点档案数据储备库上报等工作。

【档案业务指导】 3月，集中利用2个月的时间，指导帮助86个单位完成文书档案归档3万余件。选择30家基础条件好的单位作为培育重点开展指导，重点跟进指导区统计局、区法院创建“示范单位”工作。2016年创建“示范单位”1家、“先进单位”5家、“合格单位”30家。组成3个指导小组对全区农村产权制度档案进行全面检查指导，督促各镇（街道）农村产权档案整理规范达标。与发改局联合先后对全区15个重点建设项目档案业务指导，做好登记及验收工作。按照《城市社区档案管理办法》要求，开展全区38个城市社区档案的建档监督指导工作，建立两个试点社区，为“以点带面”开展城市社区档案工作打下基础。配合推动企业在“二次创业”中深化改革完善现代企业制度工作，计划用3—5年时间实现507家规模以上工业企业档案科学化管理。2016年，先后指导临沂绿爱糖果股份有限公司、临沂金锣集团、临沂盖氏机械有限公司、临沂高翔水表有限公司、临沂冠翔水表有限公司等企业开展档案科学化管理建设，整理档案5000余件（卷）。

【依法治档】 在山东事项梳理平台上完成行政许可事项录入工作，制定《临沂市兰山区档案局推广随机抽查工作实施方案》及临沂市兰山区档案局随机抽查事项清单，对区档案局《行政审批事项业务手册》和《行政审批事项服务指南》进行备案。

【档案业务培训】 9月下旬，举办全区机关、镇（街道）档案业务培训班，全区86个单位，152名专（兼）职档案人员参加培训。通过培训提高档案业务水平，强化持证上岗。

【宣传教育工作】 2016年，在《山东档案》等刊物发表论文9篇，在各级新闻媒体上发表新闻宣传报道24篇，其中省级以上6篇。

在“6·9”国际档案日期间，重点组织主题征文、民俗资料捐赠仪式、档案史料展览等活动，与市档案局等6家单位在市人民广场开展宣传咨询活动。做好中小学档案教育社会实践基地的建设工作，接待中小学生800余人次。

【档案开放利用】 依法对馆藏1984年124个全宗500余卷文书档案进行鉴定、划控，对符合到期开放的150余卷、近2000余件档案进行开放。开展“最佳服务窗口”“最佳服务明星”创建活动，

省督导组来兰山区检查档案馆建设

优化服务流程，增加网上查询、电话查询、来函查询、假日预约查询等服务方式，提升查档窗口服务质量和水平。全年接待档案服务利用4170人次，调阅卷宗11126卷（件）次。完成全区环保督查档案、党代会资料查阅工作。

【安全保障】 2016年，对馆库供暖、供水、供电及楼顶防水进行检修，接通暖气管道，为两个楼层安装自来水管，对全馆电路及照明设备进行更新，并对楼顶进行排水、防水改造。全年完成日常馆库检查187人次，温湿度控制调控10次，记录温湿度记录187次，档案交接和进出库房记录561人次。

撰稿：孙　抗

审稿：王建华　张开银

党史工作

党史研究室领导成员

主　任　冯华伟*　陈宏图

主任科员　苏振全

副主任　梁红星

【机构设置】 2016年，区委党史研究室设办公室、宣教科、编审科、综合科4个科室，在职人员10人。

【概述】 2016年，区委党史研究室出版发行《中国共产党临沂市兰山区组织史资料（2010.7—2015.6）》和4期《党史博览》，启动《中国共产党临沂市兰山区政法系统基层组织史资料》《中国共产党山东省临沂市兰山区历次代表大会文件汇编》《改革开放实录》的征编工作，完成党史宣传教育，党史资料征研工作。

【党史资料编纂和发行】 完成《中国共产党临沂市兰山区组织史资料（2010.7—2015.6）》的编纂发行工作。该书主要收录2010年7月1日—2015年6月30日期间，全区党、政、军、政协、群众团体系统副科级以上的组织机构沿革和副科级以上任职人员名录；全区市属单位驻兰山区分支机构的组织史资料。该书于2016年7月完成刊印并发行。

启动《中国共产党临沂市兰山区政法系统基层组织史资料》的征编工作。征编工作于5月正式启动，主要收录1994年12月17日—2015年12月31日期间，区直政法各部门及下属机构（科、室、庭、队、所）沿革，以及任职干部名录；全区市属政法单位驻兰山区分支机构的组织史资料。

启动《中国共产党山东省临沂市兰山区历次代表大会文件汇编》的征编工作。该书主要收录撤市划区后兰山区第九次至第十三次党代会的会议概况，工作报告及开幕词、闭幕词，历届一次会议上的讲话及历届大会选举产生的区委和区纪委书记、副书记、常委、委员及候补委员名单等。

启动《改革开放实录（临沂卷）》（兰山专题）的征编工作。《改革开放实录》是在全国启动的一项重大课题，为做好这一重大课题的征编工作，经区委研究决定，在全区组织开展《改革开放实录（临沂卷）》（兰山专题）征编工作，全区共确定8个单位撰写7个专题，由党史研究室负责具体组织协调工作。

【党史宣传教育】 做好《党史博览》杂志的出版发行工作。《党史博览》杂志是全市第一份党史刊物，深受社会各界的赞许与好评。党史研究室精心组编刊登形式多样、生动活泼的党史文章，促进党史知识的普及，增强吸引力、说服力和感染力，帮助广大干部群众特别是青少年加深对党的认识，牢固树立跟党走建设中国特色社会主义道路的信念。全年共出版发行4期，选编兰山区大事记6万余字。

【党史资料征集和管理】 根据市委党史研究室要求，初步整理汇编部分1949年前后兰山区范围内南下干部在新解放区建立巩固政权、稳定社会等方面的资料，充实沂蒙党史资料。

为研究总结兰山区党组织带领全区人民进行社会主义建设所取得的伟大成就和经验教训，抢救整理一批全区重大历史事件亲历者的口述资料，启动社会主义建设时期区（县）委书记口述史采编工作。通过查阅组织史确定历任区（县）委书记名单，结合地方史、编年史等党史资料记载的重大历史事件对照梳理，初步确定采访对象及选题，为下一步开展采访、编写等具体征编工作做好基础。

撰稿：李春笋

审稿：陈宏图

机构编制工作

机构编制委员会办公室领导成员

主　任　刘相星

副主任　陆洪强

事业单位登记管理局局长　刘玉存

【机构设置】 2016年，区编办内设综合科、机构编制科、监督检查科、区政府行政审批制度改革办公室（副科级）；下设1个副科级事业单位：事业单位登记管理局。

【概述】 2016年，区编办贯彻落实中央和省、市机构编制部门及区委、区政府工作部署，发挥职能作用，深化行政管理体制改革，推进行政审批制度改革，创新体制机制，优化编制资源配置，严控机构编制和财政供养人员，全面提升机构编制工作水平，为全区经济、文化和社会发展提供强有力的体制机制保障。

【机构编制管理】 严控机构编制。执行“四个严禁”“五不准”规定，从紧从严规范机构编制管理，确保行政编制不突破中央下达的总额，事业编制不突破2012年底总量基数，各级机关事业单位财政供养人员总量只减不增。盘活用好编制资源。按照“控制总量、盘活存量、优化结构、增减平衡”的要求，对编制资源进行动态调整，对涉及民生的单位、新形势下需要加强的单位编制进行核增，对由于时代发展职能弱化的单位编制进行核减，发挥机构编制的“生产力”作用。完善实名制数据库建设工作。及时更新机构编制信息，严格新进人员入库手续，完善编制实名制数据库建设，维护数据库的准确性和时效性。

【中小学核编工作】 依据《山东省人民政府办公厅

关于进一步加强中小学教师队伍建设有关问题的意见》（鲁政办字〔2016〕56 号）和《临沂市编办、临沂市教育局、临沂市财政局关于核定全市中小学教职工编制的通知》（临编办〔2016〕38 号）等文件规定，结合兰山区实际，会同财政、教育等部门，按照责任分工，加强协作、密切配合，形成工作合力，对中小学教职工编制做了准确核定。全区中小学教职工编制共计核定 12833 名，比上次多核定 2885 名，报批请示已经报市政府。7 月，市编委下发《关于下达兰山区中小学教师临时周转编制的通知》，为兰山区下达 577 名中小学教师临时周转编制。

【调整优化取消行政权力】 全面取消非行政许可审批事项类别，调整区级行政权力事项 40 项，其中取消 17 项，调整为政府内部审批 2 项，列入区级行政许可事项目录 8 项，调整规范区级行政许可事项 2 项，调整为其他行政权力 10 项，不再作为区级行政许可事项 1 项。同时，清理规范部分区直部门（单位）行政审批中介服务收费项目，9 项行政审批中介服务收费项目不再纳入《清单》管理，1 项中介服务收费项目纳入管理，调整后行政审批中介服务收费项目由原来的 22 项精简为 14 项。

【做好上级下放事项承接工作】 承接落实省市下放的行政许可事项 6 项，及时督促各部门与上级业务部门进行沟通衔接，并结合本部门实际工作情况，及时制定具体承接方案，逐项提出具体落实意见建议，避免事项承接走空。

【事中事后监管工作】 推进“双随机”机制有效落实。2016 年 1 月，制定并下发《关于大力推广随机抽查有关事项的函》，将大力推广随机抽查工作作为强化事中事后监管工作的有力抓手，推进部门单位工作重心由事前审批为主向事中事后监管为主转变。强化取消事项的事中事后监管。为避免出现管理真空和服务缺位，对 2016 年以来取消的“户外广告登记、改建”等许可事项要求部门及时制定事中事后监管方案，落实监管责任。编制全区事中事后监管典型案例。及时对全区加强事中事后监管工作经验进行总结，组织整理典型案例，将区水务局等 8 个部门 9 篇监管案例纳入全区政府部门加强监管案例集，发挥以点带面的示范辐射作用，为统筹推进全区其他部门事中事后监管工作提供借鉴意义。

【优化和规范审批流程】 以“减环节、优服务、提效率”为原则，对全区 29 个部门 142 项行政许可事项业务手册和服务指南进行更新、完善，重点对办理条件、申请材料、办理流程、承诺时限、法律依据、外部流程图等要素进行流程再造，全力提升审核速度，提高办事效率，打造高效政府。

【政务服务平台建设】 根据省、市政务服务平台互联互通工作有关要求，完成行政许可事项有关数据的梳理录入工作。同时，比对《需市县审核的省级行政许可事项（225 项）》，梳理出全区行政许可事项目录中与省级行政许可事项有对应关系的事项，并按照省级办理指南要求相应进行调整，为做好省级行政许可事项市县审核网上服务工作，实现全省政务服务平台互联互通打下坚实基础。其中，涉及 10 个单位 24 项县区初审事项，其中 6 项是完全报省审批的初审事项；15 项符合县区办结，只有部分情况需要上报省，添加子项共 17 项；3 项符合县区办结，单独列出子项作为初审事项。

【事业单位年度公开】 严格审核各法人单位提报的年度公开材料，严格按照事业单位申报、举办单位初审、事业单位登记管理局终审、打印证书等程序进行，对申报材料和数据填写不准确、不规范、不合逻辑以及漏填等问题，及时退回要求更改。3 月 31 日，完成全区 171 个事业单位的年度报告公开工作。

【事业单位绩效考核】 做好事业单位绩效考核试点工

作，按时完成259个单位的2015年度事业单位绩效考核工作，经综合考核确定区委农工办等30个单位为A级。

兰山区人民代表大会常务委员会

人大常委会领导成员

主　任　谢华东

副主任　王爱君（女）　徐宝平　王振国　徐金民　马学印　全志刚*

人大常委会工作机构领导成员

办公室

主　任　韩庆明

主任科员　曹德胜　陈　彬　郑月彩（女）

副主任　刘锦红（女）　葛秀梅（女）

副主任科员　钱　英（女）

研究室

主　任　任俊杰

人事代表工作委员会

主　任　陈　彬*

副主任　王志新　于松峰

法制工作委员会

主　任　李玉然*　李　鸣

财政经济工作委员会

主　任　曹雪莲（女）

预算工作委员会

主　任　王洪学

副主任　郑月彩（女）*

农村经济工作委员会

主　任　张明霞（女）

城乡建设环境保护工作委员会

主　任　胡怀广

教育科学文化卫生工作委员会

主　任　田　慧（女）

工作综述

2016年，区人大常委会深入学习贯彻党的十八大和十八届四中、五中、六中全会精神，自觉践行党的群众路线，围绕改革发展稳定大局，突出重点，讲求实效，行使宪法和法律赋予的职权，为推动兰山区经济社会持续健康发展做出贡献。全年共举行9次常委会会议，组织33次视察和调研活动，撰写专题调研报告14篇，听取审议“一府两院”22项工作报告，依法作出50项决议、决定和审议意见。全区人大围绕“抓常规、夯基础，抓重点、求突破，抓亮点、树品牌”的工作主线，立足实际，锐意创新，各项工作得到提升和发展。

重要会议

【兰山区第十八届人民代表大会第五次会议】 3月7—9日召开。会议听取并审议兰山区人民政府工作报告，审查、批准兰山区国民经济和社会发展第十三个五年规划纲要（草案）；审议兰山区人民政府关于兰山区2015年国民经济和社会发展计划执行情况与2016年国民经济和社会发展计划（草案）的报告，审查、批准兰山区2015年国民经济和社会发展计划执行情况的报告与2016年国民经济和社会发展计划；审议兰山区人民政府关于兰山区2015年财政预算执行情况和2016年财政预算（草案）的报告，审查、批准兰山区2015年区级财政预算执行情况的报告和2016年区级财政预算；听取并审议兰山区人民代表大会常务委员会工作报告、兰山区人民法院工作报告、兰山区人民检察院工作报告；区人民政府书面提交关于办理区第十八届人民代表大会第四次会议代表建议、批评和意见的情况报告。

【第十八届人民代表大会常务委员会会议】 2016年，区第十八届人大常委会共举行9次会议。

第三十六次会议于3月1日召开。会议听取审议《兰山区第十八届人民代表大会第五次会议筹备工作情况报告》《关于区第十八届人大第五次会议代表资格审查情况的报告》；审议《兰山区人大常委会关于召开第十八届人民代表大会第五次会议的决定（草案）》《区第十八届人大第五次会议议程（草案）》《区第十八届人大第五次会议日程（草案）》《兰山区人大常委会工作报告（审议稿）》《兰山区人大常委会关于接受全志刚等两名代表辞去兰山区第十八届人大代表职务的决定（草案）》《区第十八届人大第五次会议主席团成员、秘书长名单（草案）》《区第十八届人大第五次会议主席团常务主席名单（草案）》《区第十八届人大第五次会议议案审查委员会组成人员名单（草案）》《区第十八届人大第五次会议财政预算审查委员会组成人员名单（草案）》《关于区第十八届人大第五次会议列席人员范围　（草案）》《区第十八届人大第五次会议副秘书长名单（草案）》。会议进行分组审议。会议表决通过以上报告的相关决定及名单（草案）。

第三十七次会议于3月31日召开。会议听取审议区政府关于全区历史文化传承工作情况的报告、关于全区交通运输工作情况的报告、关于全区贯彻实施《中华人民共和国烟草专卖法》情况的报告；审议《兰山区实施宪法宣誓制度暂行办法》（草案）；书面印发常委会关于上述报告所涉及工作的会前调研报告。会议进行分组审议。会议表决通过以上报告的相关审议意见办法。会议还通过有关人事任免事项。任命庄红、王志华、邓梦娇、王春霞、杨敬银、姜文臣、何余清、陈杰、吕志杰、刑开连、王福义、桑林、刘卫国、杨庆芳、蒋英姿、陈建营、廖丽、杨静、张绍林、高鹏、姬宁、胡伟伟、林鹏、张恒志、张克华、李梅、霍聪聪、杜逍遥、王公霞、刘继海、王玉龙、胡法堂32人为兰山区人民法院人民陪审员。免去张婷婷、傅晓敏、崔磊、刘杰善等人兰山区人民法院人民陪审员职务。

第三十八次会议于5月31日召开。会议听取审议区政府关于推进全区商贸物流工作加快商城国际化的报告、关于全区公路建设和管理工作情况的报告、关于全区提升群众安全感满意度工作情况的

任，杜清为兰山区人大常委会柳青街道工作委员会主任，郑远献为兰山区人大常委会银雀山街道工作委员会副主任，王永哲为兰山区人民政府副区长，刘金波为兰山区人民政府副区长，程明珣为兰山区财政局局长，赵德胜为兰山区人力资源和社会保障局局长，王力为兰山区商务局局长，王思华为兰山区统计局局长，管桂旭为兰山区安全生产监督管理局局长，闫德龙为兰山区质量技术监督局局长。会议决定免去李玉然兰山区人大常委会法制工作委员会主任职务，石增辉兰山区人大常委会兰山街道工作委员会主任职务，朱兴顺兰山区人大常委会金雀山街道工作委员会主任职务，刘存才兰山区人大常委会柳青街道工作委员会主任职务，季维良兰山区人民政府副区长职务，李玉华兰山区人民政府副区长职务，刘士礼兰山区财政局局长职务，肖立军兰山区人力资源和社会保障局局长职务，季楠兰山区商务局局长职务，杨耀寰兰山区统计局局长职务，闫德龙兰山区安全生产监督管理局局长职务，赵锡山兰山区质量技术监督局局长职务。

报告、关于全区教育资源均衡发展工作情况的报告、《关于采取“政府购买服务”方式推进李官镇农村土地综合整治项目及南坛片区城中村棚户区改造项目的报告》等5个报告；审议《兰山区人大常委会办理代表建议、批评和意见的办法（草案）》。书面印发常委会关于上述报告所涉及工作的会前调研报告。会议进行分组审议。会议表决通过以上报告的相关审议意见。会议还通过有关人事任免事项。免去丁瑞祥临沂市兰山区人民法院半程法庭副庭长、审判员职务。

第三十九次会议于7月29日召开。会议听取审议区政府关于兰山区2016年上半年国民经济和社会发展计划的报告、关于兰山区2016年上半年财政预算执行情况的报告、关于兰山区2015年财政决算的报告、关于2015年度区级预算执行和其他财政收支情况的审计报告。书面印发常委会关于上述报告所涉及工作的会前调研报告。会议进行分组审议。会议表决通过以上报告的相关决议。会议决定接受李玉然等两位代表辞去兰山区第十八届人大代表职务。会议还通过有关人事任免事项。会议决定任命李鸣为兰山区人大常委会法制工作委员会主任，王洪学为兰山区人大常委会预算工作委员会主任，梁振勇为兰山区人大常委会兰山街道工作委员会主任，孙星梅为兰山区人大常委会金雀山街道工作委员会主

第四十次会议于9月1日召开。会议表决区人民政府区长张佃虎关于提请任命兰山区人民政府副区长的报告；审议区人民政府区长张佃虎关于辞去区长职务的报告；审议通过兰山区人大常委会关于接受张佃虎辞去区人民政府区长职务请求的决定（草案）；审议表决区人大常委会主任会议关于提请任命兰山区人民政府代区长的议案。会议决定任命沈如茂为兰山区人民政府副区长、代区长。

第四十一次会议于9月29日召开。会议听取审议区政府关于兰山区“六五”普法、依法治区情况和“七五”普法规划的报告，并对“七五”普法作出决议；审议《兰山区2016—2020年依法治区规划（草案）》并作出决议；听取审议区政府关于全区新型工业化发展工作情况的报告、区人民法院关于全区法

院行政审判工作情况的报告、区政府关于全区扶贫开发工作情况的报告、关于全区食品安全工作情况的报告、关于将华丰鞋帽市场提升改造项目纳入兰山区2016年国民经济和社会发展计划的报告、关于将沂蒙小区项目纳入兰山区2016年国民经济和社会发展计划的报告。会议决定接受陈彬辞去兰山区第十八届人大代表职务和王磊辞去兰山区第十八届人大代表职务的决定；书面印发常委会关于上述报告所涉及工作的会前调研报告。会议进行分组审议。会议表决通过区人大常委会对以上报告的审议意见和决议，会议对全区食品安全工作情况进行专题询问。会议通过有关人事任免事项。决定任命王志新为兰山区人大常委会人事代表委副主任（主持工作）。免去陈彬的兰山区人大常委会人事代表委主任职务，郑月彩的兰山区人大常委会预算工委副主任职务。

第四十二次会议于11月8日召开。会议听取审议区政府关于采取“政府购买服务”方式推进义堂镇新型城镇化建设项目的报告并作出相关决议；听取兰山区第十九届人民代表大会代表选举问题的有关说明；审议通过《区人大常委会关于区、镇两级人民代表大会代表选举问题的决定（草案）》《区人大常委会关于2016—2017年区、镇人大换届选举工作安排意见（草案）》《区人大常委会关于成立兰山区选举委员会的决定（草案）》《区人大常委会关于任命各镇选举委员会组成人员的决定（草案）》。

第四十三次会议于11月30日召开。会议听取审议区政府关于全区粮食工作情况的报告；关于全区农业机械化发展情况的报告；区人民检察院关于刑事执行检察工作情况的报告；区政府关于2015年度本级预算执行和其他财政收支审计查出问题整改情况的报告；关于政府债务融资管理使用情况的报告。书面印发常委会关于上述报告所涉及工作的会前调研报告。会议进行分组审议。会议表决通过区人大常委会对以上报告的相关审议意见和决议。会议通过有关人事任免事项。会议决定任命朱崇普为兰山区人民法院速裁庭庭长，高雪梅为兰山区人民法院民事审判第一庭庭长，姚俊鹏为兰山区人民法院民事审判第四庭庭长，冯俊玲为兰山区人民法院执行局执行四庭庭长，李建光为兰山区人民法院半程法庭庭长，胡乃江为兰山区人民法院义堂法庭庭长，刘本和为兰山区人民法院方城法庭庭长，刘方为兰山区人民法院刑事审判第二庭副庭长，王琴为兰山区人民法院少年审判庭副庭长，刘连瑞为兰山区人民法院民事审判第一庭副庭长，王效贤为兰山区人民法院民事审判第三庭副庭长，肖寒为兰山区人民法院执行局执行二庭副庭长，邹新华为兰山区人民法院立案庭副庭长，王孝振为兰山区人民法院立案庭副庭长，石小梅为兰山区人民法院立案庭副庭长，孙晓梅为兰山区人民法院立案庭副庭长，葛沂红为兰山区人民法院速裁庭副庭长，张水红为兰山区人民法院刑事审判第一庭副庭长，刘洪展为兰山区人民法院民事审判第二庭副庭长，韩庆林为兰山区人民法院民事审判第二庭副庭长，王荣华为兰山区人民法院民事审判第二庭副庭长，郭超燕为兰山区人民法院民事审判第三庭副庭长，韩敬华为兰山区人民法院民事审判第三庭副庭长，刘瑞娟为兰山区人民法院民事审判第四庭副庭长，张培亮为兰山区人民法院行政审判庭副庭长，曹瑞琪为兰山区人民法院行政审判庭副庭长，李艾忠为兰山区人民法院执行局执行一庭副庭长，葛志刚为兰山区人民法院执行局执行一庭副庭长，刘世进为兰山区人民法院执行局执行二庭副庭长，路东昌为兰山区人民法院执行局执行二庭副庭长，胡晓东为兰山区人民法院执行局执行二庭副庭长，董国飞为兰山区人民法院兰山法庭副庭长，孙晓为兰山区人民法院南坊法庭副庭长，陈勤早为兰山区人民法院义堂法庭副庭长。

会议决定免去姜友银兰山区人民法院民事审判第四庭庭长职务，朱崇普兰山区人民法院执行局执行四庭庭长职务，刘方兰山区人民法院少年审判庭副庭长职务，王琴兰山区人民法院立案庭副庭长职务，高雪梅兰山区人民法院速裁庭庭长职务，刘连瑞兰山区人民法院民事审判第四庭副庭长职务，姚俊鹏兰山区人民法院民事审判第一庭庭长职务，李建光兰山区人民法院义堂法庭庭长职务，胡乃江兰山区人民法院半程法庭庭长职务，陈建章兰山区人民法院速裁庭副庭长职务，徐进岭兰山区人民法院速裁庭副庭长职务，王发江兰山区人民法院民事审判第二庭副庭长职务，邹新华兰山区人民法院刑事审判第二庭副庭长职务，王孝振兰山区人民法院民事审判第一庭副庭长职务，孙晓梅兰山区人民法院民事审判第一庭副庭长职务，葛沂红兰山区人民法院刑事审判第一庭副庭长职务，刘洪展兰山区人民法院立案庭副庭长职务，韩庆林兰山区人民法院民事审判第三庭副庭长职务，王荣华兰山区人民法院行政审判庭副庭长职务，郭超燕兰山区人民法院刑事审判第二庭副庭长职务，韩敬华兰山区人民法院民事审判第四庭副庭长职务，张培亮兰山区人民法院民事审判第二庭副庭长职务，李艾忠为兰山区人民法院义堂法庭副庭长职务，葛志刚兰山区人民法院民事审判第三庭副庭长职务，董爱萍兰山区人民法院民事审判第四庭副庭长职务，刘世进兰山区人民法院民事审判第四庭副庭长职务，路东昌兰山区人民法院南坊法庭副庭长职务，胡晓东兰山区人民法院半程法庭副庭长职务，孟伟兰山区人民法院行政审判庭副庭长职务，董国飞兰山区人民法院执行局执行三庭副庭长职务，孙晓兰山区人民法院民事审判第三庭副庭长职务，陈勤早兰山区人民法院方城法庭副庭长职务，马文娟兰山区人民法院审判员职务，张玉玺兰山区人民法院审判员职务，张洪斌兰山区人民法院审判员职务，陈连航兰山区人民法院审判员职务，孙运佃兰山区人民法院审判员职务，刘宝田兰山区人民法院审判员职务，王瑞新兰山区人民法院审判员职务。决定免去邓文进，咸玉福兰山区人民法院人民陪审员职务。

第四十四次会议于 12 月 19 日召开。会议听取审议区政府关于 2016 年兰山区地方政府债务限额调整及区本级预算调整方案的报告；会议决定接受谢华东等 12 人辞去区选举委员会组成人员职务；接受王金生等 72 人辞去有关镇选举委员会组成人员职务；会议决定任命丰丙雨为兰山区选举委员会副主任，不再担任区选举委员会委员职务；会议决定任命丁元进为白沙埠镇选举委员会副主任，不再担任镇选举委员会委员职务；张永龙、张慧、姜良柱、阚光强、郑方伟、蒋延祺、张梅、姜良本为白沙埠选举委员会委员；王远东为枣园镇选举委员会副主任，不再担任镇选举委员会委员职务；齐加元为半程镇选举委员会副主任；杜庆涛、杜家明、谢宗利、孙自华、孟凡义、周茂军、公绪安为半程镇选举委员会委员；杨宁为李官镇选举委员会副主任，不再担任镇选举委员会委员职务；高彬为义堂镇选举委员会副主任，成敦华、马晓杰、祝京常、季宝渠、张馨月、苏正启、卢永生、何俊伟、魏斌、王学娟为义堂镇选举委员委员；李晓娟为方城镇选举委员会副主任，不再担任镇选举委员会委员职务；杜家田、吕来涛、王庆义为方城镇选举委员委员；咸庆丽为汪沟镇选举委员会副主任；孙春启为马厂湖镇选举委员会副主任，不再担任镇选举委员会委员职务；陈晓丽、姜艳洁、魏荣登、姜良娜、符光宗、杨光宇、杨德帅、魏青、陈士超为马厂湖镇选举委员会委员；会议决定任命田慧、任俊杰、张明霞、张晓静、赵童、胡怀广、曹雪莲、曹德胜为区第十八届人大常委会代表资格审查委员会组成人员；会议决定任命杨新宇为兰山区人大常委会银雀山街道工作委员会主任。免去王忠臣兰山区人大常委会银雀山街道工作委员会主任职务，郑远献兰山区人大常委会银雀山街道工作委员会副主任职务。会议决定任命雷贵松为兰山区发改局局长，程万里为兰山区住建局局长，魏云广为兰山区水务局局长，王金生为兰山区农业局局长，贾瑞德为兰山区工商局局长。会议决定免去魏云广兰山区发改局局长职务，贾瑞德兰山区监察局局长职务，洪剑兰山区住建局局长职务，路步强兰山区水务局局长职务，王安申兰山区农业局局长职务，程万里兰山区工商局局长职务。

【重要工作会议】 1月11日，区十八届人大四次会议代表建议办理“面对面”座谈会召开。区人大常委会主任谢华东，副主任王爱君、徐宝平、王振国、徐金民、马学印、全志刚出席会议。区委常委、区政府常务副区长季维良参加会议并代表区政府作建议办理情况报告。与会人大代表对区十八届人大四次会议期间及闭会后形成的86件代表建议办理情况进行评议，并对优秀代表建议和承办先进单位进行评选。

4月29日，全区人大工作会议召开。会前，与会人员集体观摩柳青街道大官苑社区、半程镇沙汀社区、李官镇云泊湖社区的人大工作站室建设，观看代表网上接待选民，代表履职量化考核等工作演示。会议由区人大常委会副主任王爱君主持。会上，区人大常委会党组副书记、副主任徐宝平传达中央关于做好县乡人大换届选举工作的文件，宣读2015年度全区人大宣传工作表彰决定。部分镇（街道）作工作发言。区人大常委会、主任谢华东做重要讲话。区人大常委会副主任王振国、马学印参加会议。

5月19日，区人大常委会主任谢华东带领区人大常委会视察组对全区大气污染防治攻坚工作进行视察。区人大常委会副主任王爱君、徐宝平、王振国、马学印和部分区人大常委会委员参加。区委常委、副区长李玉华陪同。

6月15日，省人大法制委员会副主任委员吕明辰带领省人大立法调研组来兰山区，就《山东省循环经济条例（草案修改稿）》开展立法调研。市、区领导杜德昌、刘淑秀、耿学伟、谢华东、马学印、桑立杰陪同。在中节能（临沂）环保能源，调研组通过实地调研，听取兰山区有关《山东省循环经济条例（草案修改稿）》修改的意见建议。

7月20日，区人大常委会主任谢华东带队到临沂华东有色金属城，就市场发展情况进行调研。区政府党组副书记、兰山商城党委书记顾文明参加并主持调研座谈会。谢华东一行深入到金属城市场经营区，察看市场经营和管理情况，并同部分经营业户进行交流，了解经营情况，征询对市场管理经营的意见建议，并对市场的运营和管理提出建议和要求。

8月12日，全区人大代表主题实践活动总结暨优秀区人大代表表彰会议召开。区人大常委会主任谢华东，区委副书记陈士贤，区委常委、副区长刘爱友，区人大常委会副主任王爱君、徐宝平、王振国、徐金民、马学印，区人民法院院长王胜，区人民检察院检察长苏波出席会议。会议传达全市人大“双优双先”表彰会议精神，对优秀区人大代表进行表彰。会上，王士岭、张淑琴、王景连、段友清、李文刚等5位人大代表分别作典型发言，部分镇（街道）作人大工作情况交流。区人大常委会主任谢华东作讲话。

9月28日，区人大常委会会同区委组织部、区委宣传部联合举办全区县乡两级人民代表大会换届选举工作学习班，深入学习中央、省、市、区委关于县乡人大换届选举工作的部署要求，对全区县乡人大换届选举工作进行思想动员和安排部署。区人大常委会主任谢华东，区委常委、宣传部部长徐立娟出席会议并讲话。

9月29日上午，区十八届人大常委会第四十一次会议举行联组会议，就全区食品安全工作情况进行专题询问。区人大常委会主任谢华东，副主任王爱君、徐宝平、王振国、徐金民、马学印参加。专题询问由区人大常委会副主任徐宝平主持。区政府副区长宋敬华列席会议听取意见并代表区政府作表态发言。会议要求，区政府及相关部门要认真抓好应询问题的解决落实，区人大要做好跟踪监督，确保专题询问工作实效。

10月10—13日，区人大常委会主任谢华东到部分镇（街道）和工业园区进行调研，听取基层人大工作和建设情况及全区县乡两级人大换届选举学习班贯彻落实情况，并对做好当前和今后人大工作提出指导意见。谢华东重点强调要做好以下四个方面工作：一是传达贯彻落实好县乡人大换届学习班会议精神；二是精心做好县乡人大换届选举前的各项准备工作；三是严肃换届纪律确保换届风清气正；四是抓好代表履职平台建设。

11月3日，省人大常委会研究室，人代工委组织由大众日报、山东广播电视台、山东画报、齐鲁晚报、大众网、齐鲁网、山东人大杂志、人民权利报等省级媒体记者组成的采访团，来兰山区集中采访县乡人大工作和建设情况。区人大常委会主任谢华东，副主任王爱君、马学印陪同。

11月9日，全区人大换届选举工作会议召开。区委书记耿学伟、区人大常委会主任谢华东出席会议并讲话。区委副书记陈士贤主持会议。区委常委、组织部部长、统战部部长张飞虎，区人大常委会副主任马学印，区人民武装部部长周永前出席会议。会议要求，各级选举工作机构要站在全局和战略的高度，把思想和行动统一到中央、省、市委的要求上来，把换届选举的各项工作落实好，把全区广大群众的真实意愿体现好，选出能力强、素质高、作风正、有威望的人大代表，配齐配强人大和“一府两院”各级领导干部，带领全区广大群众在实现“两个率先”的实践中不断取得新成绩。

11月29日，市人大常委会党组书记、第一副主任杜德昌来兰山区督导县乡人大换届选举工作。市人大常委会秘书长丁善余及常委会机关有关委室负责人参加督导。区人大常委会主任谢华东、副主任王爱君、马学印陪同。杜德昌一行先后来到大官苑社区、沙汀社区、闫家屯村、后十社区，听取兰山区人大换届选举的选区划分，选民登记以及联名推荐，公布初步代表候选人名单工作情况的汇报。

12月12日下午，区委书记赵晓晖到人大常委会机关，看望区人大领导班子成员，并与他们亲切座谈交流，了解有关工作情况。区委副书记陈士贤陪同。区人大常委会主任谢华东，副主任王爱君、徐宝平、王振国、徐金民、马学印参加有关活动。座谈会上，赵晓晖希望大家继续保持奋发有为的精神状态，更好地发挥人大的独特优势，继续支持区委、区政府的中心工作，形成一心一意谋发展，聚精会神抓建设的强大动力。

12月17日，区人大常委会主任谢华东带领区人大常委会视察组视察北城新区二期建设工作。谢华东一行先后到郑城子拆迁现场、古城社区、金属城拆迁现场、万城花开等项目现场察看，听取相关责任人的情况汇报，对整体推进工作给予充分肯定。

12月26日，全区区、镇两级人大代表选举开始，全区约计80万选民分别在165个选区直接或委托投票，选举产生新一届区，镇人大代表，依法行使当家作主的政治权利。

重要工作

【视察调研】 区人大常委会围绕全区整体工作思路和目标任务，在服务改革发展大局，推进民主法治进程，助力民生福祉提升，发挥代表主体作用等方面取得新的进展，实现人大工作新的提升。着眼于全区适应经济发展新常态，坚持稳中求进的工作总基调，围绕全区推进现代产业体系培植，新型城镇化建设，“三引一促”，国际化商贸名城建设，现代高效农业等重大事项，听取审议专项工作报告，开展重点视察和调研，持续监督问效，确保各项工作顺利推进。全年共组织33次视察和调研活动，撰写专题调研报告27篇。其中，加大对事关人民群众切身利益问题的监督，确定的重点监督的25项议题中，涉及民生问题的就占到16个。

【代表工作】 发挥代表作用，是人大及其常委会工作的出发点和立足点。常委会推进代表活动主题化，履职工作常态化，建言成果实效化，使代表主体作用得到更好发挥。

区人大常委会主任会议成员视察区人民检察院

构建代表履职平台。坚持以创建人大代表接待站，组织开展代表接待活动为核心内容，推动代表联系群众“常态化、制度化、网络化、规范化”，打通人大代表与选民群众联系的“最后一公里”。全区累计投资近460万元，建设代表活动室31个，代表接待站39个，接待点57个。自开展接待活动以来，共征集群众意见建议5847件，其中协调落实和解答4969件。创新代表联系群众方式，在建好实体性代表接待站的同时，全面铺开网上接待站建设。制定代表网上接待工作办法，各镇（街道）全部建立人大网站，开通代表网上接待模块，打造代表当面接待与网上接待相结合的新模式，工作走在全市全省前列。

增强代表履职活力。制订并实施代表履职考核管理办法，集中宣传报道代表履职先进事迹，开展代表“双优双先”评比表彰，提高代表履职的积极性和主动性。发挥“办实事、谋发展、促和谐”代表主题实践活动的统领作用，创新开展“六进六访、四带四联”活动，组织代表深入一线，为群众宣讲政策，汇集民意，帮办实事。全区各级人大代表固定联系选民群众万余人，在引领产业发展，助推脱贫攻坚，公益事业建设，化解社会矛盾方面发挥重要作用，代表在人民群众中的威信和形象不断提升。

完善代表服务机制。组织好代表闭

会期间活动，协调保障省、市代表视察活动57次，指导区代表小组活动120余次，围绕全区重点工作和民生热点问题开展定向视察62次。扩大代表对常委会工作的参与度，坚持邀请人大代表列席常委会会议，参加分组审议和专题询问，调研视察，执法检查等活动。足额预算代表活动经费，举办区人大代表培训班，为代表更好履职夯实基础。

提升建议办理实效。修订出台办理代表建议、批评和意见办法，通过常委会班子成员集中督办，人大委室对口督办，镇（街道）人大延伸督办等多种方式督促指导。首次召开代表建议办理“面对面”座谈会，对办理情况进行满意度“票决”，评选建议办理先进单位和优秀人大代表建议并进行表彰，代表建议办理质量提高。

换届选举圆满完成。为完成区、镇两级人大代表换届选举工作，兰山区把党的领导发扬民主依法办事的原则贯穿换届选举全过程，周密部署，扎实推进。坚持党的领导。及时成立区委换届选举领导小组，区委常委会先后两次研究换届选举工作，区委主要领导亲自动员部署，强化对代表人选的综合考察，分层次组织相关负责人观看《镜鉴》《警钟》警示片和“九严禁”，强化换届纪律，营造风清气正的换届环境。依法组织实施。区人大常委会依法任命区、镇选委会，通过换届实施意见；深入镇（街道）选区检查指导，辅导培训，座谈调研18次，推动工作实施。区选委会召开全体会、动员会、选举办会、转段会共13次，安排部署各项工作，解决存在问题；对选民登记工作开展“回头望”，做到不错登、不漏登、不重登；严格把握时间节点，依法公布选民榜，初步候选人和正式候选人名单，公告选举时间、地点；组织正式候选人与选民见面，依法组织选举。全区选民参选率达90%，发扬民主，保证人民当家做主。强化措施保障。区、镇两级选举机构共抽调工作人员170余人，区财政及时拨付换届选举经费，做到人力和经费保障；加强宣传培训，为基层配发《换届选举工作手册》《宪法法律汇编》及相关文件资料10余种2000余份；各镇（街道）制作宣传横幅，电子屏1184条，为村（社区）、企业、单位印发法律政策解答等学习宣传材料15900余份，提升换届选举工作的知晓率，营造良好的舆论氛围；以会代训，集中培训6次；安排镇（街道）分层次动员培训工作人员395次，1700余人次，有效保障各项工作任务的完成。

【加强基层联系指导】 搭建对基层人大联系指导平台。坚持“三会一调度”制度，通过年初全区人大工作会议，年中现场观摩推进会，年末镇（街道）人大工作考核会，以及每月镇（街道）人大工作调度会，加强交流指导，推动工作落实。争取区委将镇（街道）人大工作纳入全区科学发展综合考核，制订具体考核细则，对6大类工作职责中的23项具体内容进行分值量化，年底组织考核，排出位次，进行表彰，激发镇（街道）人大工作的活力。各镇（街道）组织代表视察，执法检查，听取审议政府工作报告，评议驻地部门工作等日常监督工作普遍开展，丰富活跃的基层人大工作和代表活动，让选民群众真正感受到人大的地位作用和人大代表的为民情怀。

【人事任免工作】 坚持拟任人员任前法律知识考试，与常委会组成人员见面和作供职报告，会议表决后颁发任命书等制度。制订《兰山区实施宪法宣誓制度暂行办法》，实行被任命人员宪法宣誓仪式。全年共决定任命常委会机关、街道人大工委、“一府两院”工作人员和人民陪审员106名，为地方国家机关健康，高效运转提供坚强的组织保障。

【自身建设】 严格落实党风廉政建设责任制，开展“两学一做”学习教育活动，以创建“学习型、服务型、廉洁型、创新型、法治型”机关为载体，做好精准扶贫、结亲连心、重大项目、文明城市创建等各项工作，持续推进人大机关作风建设。筹集帮扶资金近130万元，用于区人大机关“第一书记”帮扶村和定点扶贫村基础设施和公共服务项目建设，常委会机关“第一书记”帮扶工作被评为全市先进。重视人大宣传工作，全年共有600多篇稿件在市级以上主流报刊发表，2016年宣传工作成绩在全市各县区再次名列第一。

【信访工作】 区人大常委会十分重视信访工作，坚持把信访工作作为开展监督与密切联系群众的重要途径，及时受理批转，耐心解释疏导，依法督办落实，促进社会和谐稳定，维护群众合法权益。全年共受理群众来信156件次，所有来信来访均按照规定程序进行办理，做到件件有登记，件件有分析，件件有落实，有效地化解矛盾，促进社会和谐稳定。

撰稿：任俊杰　葛秀梅

审稿：韩庆明

兰山区人民政府

区政府领导成员

区　长　张佃虎＊

代区长　沈如茂

党组副书记　顾文明

常务副区长　季维良＊　王永哲＊

副区长　李玉华＊　陈建宏（挂职）＊　刘爱友　纪丙坤＊　桑立杰＊　刘金波　宋敬华（女）＊　王　辉（女）　周兴金　王翠宝　袭著燕（女，挂职）＊　李向东

政府工作综述

2016年，区政府牢固树立并积极践行新发展理念，以提高发展质量和效益为中心，以推进供给侧结构性改革为主线，全面深化改革扩大开放，实施创新驱动发展战略，全区经济呈现总体平稳、稳中有进、进中向好的运行态势，民生保障巩固提升，社会事业加快发展，生态环境继续改善，经济文化强区建设成效显著，实现了“十三五”良好开局。

产业转型升级迈出新步伐。开展“现代产业提升年”活动，推进企业“二次创业”。全年实现生产总值860.92亿元，增长7.3%，规模以上工业企业完成总产值2151.4亿元，增长9.5%。50亿级、10亿级、亿元以上企业分别达到5家、17家、340家。市级创新型企业、高新技术企业、省科技型中小微企业分别达到14家、15家和23家。坚持传统、新兴服务业一起抓，加快发展文化创意产业，成功承办“中

国创翼”文创大赛总决赛，文化旅游、休闲娱乐、养老保健等产业加快发展。新发展优质农产品基地近2000公顷，累计达到17666.67公顷，新注册农产品商标2个，开展“三品”认证基地5处，申报省级标准化基地1处。

商贸物流业呈现新气象。推动商城提档升级，全年实现市场交易额2160亿元，物流总额4920亿元，分别增长20%、17%。累计投资4.2亿元，提升改造市场14.3万平方米，电商产业园征收工作全部完成，中国体育用品采购基地开业运营。加快商城业态提升，建设电商产业园3个，电商专营区2个，电商服务中心3个，实现电商交易额580亿元，增长50%。推动商城国际化发展，商城范围内各类外贸经营主体已超过1100家，实现市场进出口总额9.93亿美元，增长6.3%。

城镇建设展现新面貌。以人的城镇化为核心，抢抓义堂镇国家新型城镇化综合试点机遇，老城区、北城新区二期等征收建设快速推进。全年完成征收200万平方米，建设居民楼360万平方米，建设农房1.6万户。完善基础设施建设，全区新增道路硬化139万平方米，完善污水管网规划，加快第二污水处理厂建设，配套敷设污水管网15千米。开展“两违双控”工作，完善发现、制止、报告、查处、问责“五位一体”的长效土地执法管理机制，全区共拆除违法用地78宗、面积33.53公顷，卫星遥感监测图斑卫片198个。

“三引一促”取得新进展。2016年，全区实际利用市外资金110亿元，共引进过亿元项目45个，其中新引进过10亿元项目9个，世界500强项目4个。上报引进科技成果90项，新建产学研关系企业达到80家，新增创新平台8家。引进高端人才和创新团队，共引进A类人才10名、B类人才75名、C类人才25名，扎实开展万名人才回乡行动，审核通过人数居全市首位。引进上报“千人计划”“泰山学者”等国家级A类创新人才14名，含创业2名，上报带资金、带技术B类创新人才172名，含创业49名；上报C类人才127名，含博士7名；共上报分值4770分，完成年度任务目标值760.77%。

生态环境建设取得新成效。全面开展环保突出问题治理攻坚活动，严厉打击环境违法行为，列入全市攻坚整改的78项治理任务中，除去18家重点企业是长期监管之外，其他需要整改落实的28项重点任务已经整改完毕；32个重点信访解决完毕。加快推进工业污染治理，6家工业污染治理再提高企业完成提标改造，超低排放改造企业工程稳步推进。深化水域环境综合整治，对已建成的5个污水处理厂和30座小型污水处理设施加强运行管理，进一步提升全区污水收集处理能力。开展美丽乡村建设，6个市级示范村的道路硬化和厕所改造工作基本完成。

民生保障工作取得新成果。投资6.7亿元、实施13个中小学校改扩建工程，新增校舍37.6万平方米、学位2.2万个；新注册市场主体2.7万户，总量达到10.7万户，带动城镇新增就业、农村劳动力转移就业1.2万人；启动城市公立医院改革，全面实行药品零差价销售制度，逐步完善分级诊疗服务体系，成立区级远程会诊中心和分级诊疗中心；成功承办“中国创翼”文创大赛全国总决赛；安全生产形势稳定，空气质量、水域环境持续改善，社会大局保持和谐，群众有了更多的获得感。

撰稿：王亚东

审稿：孙钦仕　刘海波

区政府常务会议

1月29日，十八届兰山区人民政府召开第五十七次常务会议，研究2015年度2号文考核、区直有关部门考核及表彰奖励记功工作。

2月14日，十八届兰山区人民政府召开第六十次常务会议，听取全市安全生产大排查快整治严执法行动动员大会贯彻落实意见的汇报。会议要求，各级各部门要增强安全意识和忧患意识，切实转变工作作风，树立抓安全就是抓发展的理念，勇于担当，主动作为，牢牢把安全生产各项工作抓在手上。

2月29日，十八届兰山区人民政府召开第六十二次常务会议，听取并原则同意关于《政府工作报告（征求意见稿）》起草工作的汇报。

3月16日，十八届兰山区人民政府召开第六十三次常务会议，审议《关于打好全区脱贫攻坚战的实施方案》，听取全市农村工作会议贯彻落实意见的汇报，研究农村土地经营权证书办理工作。会议要求，区扶贫办及各有关部门，要充分结合兰山实际，创新思路，强化措施，确保2016年基本完成脱贫攻坚任务。

4月6日，十八届兰山区人民政府召开第六十四次常务会议，研究全区安全生产暨消防工作、全区大气污染防治工作。会议要求，全区各级各有关部门要切实增强工作责任感，不断强化安全生产工作敏锐性，全面分析查找工作中存在的突出问题和薄弱环节，对安全隐患保持“零容忍”，切实防范各类事故的发生。

4月29日，十八届兰山区人民政府召开第六十五次常务会议，研究2016年全区中小学生招生工作。会议要求，中小学招生工作要适当借鉴高中招生政策，继续按照义务教育划片招生的原则，完善流程，保障全区义务教育资源合理分配，招生工作规范运行。

6月20日，十八届兰山区人民政府召开第六十七次常务会议，研究区政府领导成员的工作分工和全区公务用车制度改革工作。

9月5日，十八届兰山区人民政府召开第六十八次常务会议，研究被征地农民养老保险政府补贴资金落实个人账户工作。会议要求，各有关部门要认真研究，正确把握上级要求，按照最新政策精神，结合全区实际，科学制定相关工作方案，对历年征地产生的政府补贴资金要不折不扣地分配到被征地农民个人账户。

11月1日，十八届兰山区人民政府召开第六十九次常务会议，研究全区食品安全区创建验收工作。会议要求，要重点抓好猪肉、蔬菜等初级农产品的源头监管，切实规范食品生产加工，不断加大食品市场的巡查执法力度，从严从重打击食品安全犯罪行为，确保全区食品安全。

11月25日，十八届兰山区人民政府召开第七十次常务会议，听取关于全市“先照后证”改革后加强事中事后监管工作会议精神贯彻落实意见的汇报。会议要求，要最大限度简化办事流程，实行服务清单管理，加快构建线上线下虚实一体的登记服务平台，切实提升照证办理窗口服务质量和人民群众满意度。

12月23日，十八届兰山区人民政府召开第七十一次常务会议，研究《兰山区妇女发展“十三五规划”》《兰山区儿童发展“十三五”规划》编制情况。

会议要求，各级各有关单位要认真分析现状，把握趋势，立足当前，着眼长远，提早谋划工作措施，着力通过各种手段，整合各类资源，探索有效的解决办法，加快问题的解决，不断提高妇女儿童工作的科学化、制度化、人性化水平。

撰稿：王亚东

审稿：孙钦仕　刘海波

政府工作会议

1月21日，召开全区经济工作会议暨2015年度总结表彰大会。

2月18日，召开全区脱贫攻坚推进会议。

是日，召开兰山区商城国际化推进工作会议。

2月21日，召开平安兰山建设总结表彰大会。

是日，召开全区安全生产工作会议。

3月1日，召开兰山商城消防安全工作联席会议暨消防安全培训会议。

3月10日，召开老城区重点片区征收改造协调推进会。

3月17日，召开全区农村工作暨脱贫攻坚工作会议。

3月18日，召开兰山区推进商城国际化强化法制服务工作会议。

4月7日，召开全区国土资源管理工作会议。

是日，召开兰山区政府第四次廉政工作会议。

4月8日，召开全区统计工作会议。

是日，召开全区消防工作会议。

4月15日，召开全区税收保障工作会议。

4月22日，召开全区城镇建设管理工作会议。

4月27日，召开全区“银龄安康工程”工作会议。

5月31日，召开全区防汛工作会议。

6月8日，召开全区夏季消防工作会议。

6月16日，召开全区城市防汛工作会议。

7月26日，召开全区征兵工作会议。

9月21日，召开全区质量工作会议。

9月27日，召开兰山区环保突出问题治理攻坚动员大会。

10月14日，召开全区财税工作分析会议。

11月14日，召开鲁南高铁兰山段征地拆迁工作动员会议。

11月23日，召开全区学校安全工作会议。

12月5日，召开全区“先照后证”改革后加强事中事后监管工作会议。

12月17日，召开全区安全生产工作调度会。

撰稿：王亚东

审稿：孙钦仕　刘海波

重要活动

1月1日，区委书记耿学伟调研兰山区重点项目建设情况。区领导张佃虎、谢华东、刘耀华、季维良、张红卫、王永哲、李玉华、王康亮、桑立杰、冯学敏参加。

1月4日，副市长边峰来兰山区夜查消防安全工作。区委常委、副区长李玉华，兰山商城管委会副主任李顺峰陪同。

1月5日，市委书记、市人大常委会主任林峰海带领全市转方式调结构现场交流会与会领导来兰山区观摩。市、区领导徐涛、杜德昌、张宏伟、左沛廷、尹长友、张广敬、闫建波、李沂明、王行华、姜仕礼、耿学伟、张佃虎以及各县区（开发区）、市直有关部门单位主要负责人和纳税50强企业主要负责人参加。区领导谢华东、刘耀华、顾文明、季维良、宋福亭、张红卫、陈士贤、李玉华、田海、桑立杰、王行军、韩庆典陪同。

1月8日，区委副书记、区长张佃虎到兰山商城就国际商贸城的建设工作进行现场办公。听取前期相关工作进展情况，深入分析存在的主要问题和面临的严峻形势，协调解决相关瓶颈制约，安排部署下一步工作。

1月20日，市委书记、市人大常委会主任林峰海来兰山区柳青街道走访慰问老党员和低保户、残疾人等困难群众，向他们送去新春祝福和党委、政府的温暖。市委常委、秘书长李沂明，区委书记耿学伟陪同。

1月27号，市委常委、副市长尹长友来兰山区视察水利工程项目建设。区委书记耿学伟，副区长纪丙坤陪同。

2月3日，区领导耿学伟、张佃虎、刘耀华、季维良、王康亮先后到华东有色金属城、金锣集团、三维集团等重点企业走访慰问，感谢他们对兰山区经济建设和社会发展所做出的贡献，并送上新春祝福和节日祝愿。

2月16日，市委书记、市人大常委会主任林峰海带领相关县区、部门主要负责人到他所帮扶的鲁南制药集团现场办公，帮助企业解决“二次创业”过程中面临的困难和问题。市、区领导李沂明、马崑、耿学伟、季维良陪同。

3月11日，省食品药品监督管理局副巡视员朱增法带队来兰山区，调研食品安全地方立法工作。副市长、市公安局局长张春义，区委副书记、区长张佃虎，副区长宋敬华陪同。

3月15日，区委副书记、区长张佃虎到柳青街道、兰山街道、银雀山街道、金雀山街道及部分环境空气自动监测站点，就大气污染防治工作进行实地督导检查。区委常委、常务副区长季维良，区政府党组成员冯学敏陪同。

3月22日，市委副书记、市长张术平来兰山区调研商贸物流项目建设情况。市、区领导谭庆功、耿学伟、张佃虎、顾文明、季维良、韩庆典、王辉陪同。

4月20日，省加快民营经济发展专项督查组在省人大常委、省工商联副主席刘冠风的带领下来兰山区督查民营经济发展工作情况。区领导张佃虎、季维良陪同。

4月21日，市委副书记、市长张术平来兰山区视察中心城区基础设施及重点项目建设情况。市、区领导谭庆功、耿学伟、张佃虎陪同。

5月19日，区委副书记、区长张佃虎到白沙埠镇调研重点项目建设工作。区委常委、政法委书记王永哲，区政协副主席张豪轩参加。

6月13日，市委副书记、市长张术平来兰山区调研历史文化古迹保护工作和文化旅游重点项目建设，市政协副主席张少波，区领导耿学伟、张佃虎、宋敬华陪同。

6月14日，副市长边峰来兰山区第十六网格督导创城工作。区领导张佃虎、李玉华陪同。

6月23日，市委常委、市纪委书记刘兴明来兰山区调研党风廉政建设工作。区领导耿学伟、张佃虎、顾文明、曹勇陪同。

6月27日，副市长赵爱华来兰山区督导解决中小学大班额问题。区委副书记、区长张佃虎陪同。

7月1日，区委副书记、区长张佃虎到兰山街道走访慰问部分老党员。

7月8日，区委副书记、区长张佃虎调研全区重点项目建设工作。谢华东、刘耀华、陈士贤、顾文明、王永哲、徐立娟、王康亮、桑立杰、张豪轩、李顺峰陪同调研。

7月30日，市委书记、市人大常委会主任林峰海，市委副书记、市长张术平带领全市转方式调结构现场观摩会与会领导来兰山区观摩。市领导徐涛、杜德昌、张宏伟、左沛廷、尹长友、张广敬、李沂明、王行华、姜仕礼、刘兴明、任刚、高波及各县区、市直有关部门单位主要负责人和纳税50强企业主要负责人参加。区委书记耿学伟，区委副书记、区长张佃虎一同参加，区领导谢华东、陈士贤、徐立娟、桑立杰、张豪轩陪同。

9月3日，副省长张务锋来兰山区调研企业创新发展技术改造工作，市、区领导林峰海、李沂明、马崑、耿学伟、沈如茂陪同。

9月4日，区委书记耿学伟到兰山街道调研重点项目建设工作。区委副书记、代区长沈如茂参加，区领导顾文明、刘爱友、纪丙坤陪同。

9月5—6日，市委副书记张宏伟带领全市政法综治工作会议与会人员来兰山区观摩。市委常委、政法委书记王行华参加，区领导耿学伟、沈如茂、陈士贤、李玉华、苏波、王胜陪同。

9月9日，在第32个教师节来临之际，区委副书记、代区长沈如茂先后来到临沂三小、金雀山小学、临沂九中走访慰问教师，向他们送去节日问候。区委常委、副区长刘爱友参加。

9月17日，区委书记耿学伟，区委副书记、代区长沈如茂带队督导扶贫产业项目建设情况，主要查看汪沟镇兴旺村扶贫蔬菜产业园建设现场。区领导田海、张飞虎、宋敬华陪同督导。

9月20日，区委书记耿学伟调研全区重点项目建设情况。区领导沈如茂、谢华东、刘耀华、顾文明、刘爱友、张飞虎、纪丙坤、桑立杰、朱海燕、苏波、冯学敏参加。

9月23日，全区深化企业改革工作推进会议召开。区领导耿学伟、沈如茂、桑立杰参加。

10月12日，区委副书记、代区长沈如茂到白沙埠镇、枣园镇督导秸秆禁烧工作。区人大常委会副主任徐金民，副区长刘金波参加。

10月19日，区委副书记、代区长沈如茂到商城调研商贸、物流市场发展。区政府党组副书记、兰山商城党委书记顾文明，兰山商城管委会副主任李顺峰参加调研。

11月5日，“中国创翼”文创大赛全国总决赛在兰山区文创产业孵化园举行。

11月15日，市委副书记、市长张术平到兰山区督查鲁南高铁临沂段建设工作并主持召开座谈会。

11月28日，省考核组在省减灾委办公室主任、省民政厅救灾处处长牛学宝的带领下来兰山区考核全省综合减灾示范区创建工作。区委副书记、代区长沈如茂，区委常委、常务副区长王永哲陪同。

12月7日，区委副书记、代区长沈如茂带领相关部门负责人对鲁南高铁兰山段及新西外环等重点项目建设情况进行现场督导。

12 月 14 日，区委书记赵晓晖调研兰山区重点项目建设工作。区领导沈如茂、陈士贤、顾文明、王永哲、徐立娟、秦立杰参加。

12 月 13 日，区委副书记、代区长沈如茂到区广播电视台调研。区委常委、宣传部部长徐立娟陪同。

12 月 17 日，省关工委常务副主任，省政府原副省长郭兆信带队来兰山区调研关心下一代工作情况。市委书记、市人大常委会主任林峰海，市关工委主任朱纪阳，市人大常委会副主任刘淑秀，区委副书记、代区长沈如茂，区关工委主任王兰荣，区人大常委会副主任徐宝平，区人民法院院长王胜陪同。

12 月 19 日，副市长边峰来兰山区现场督导城市违法建设治理工作。区领导赵晓晖、沈如茂、陈士贤、纪丙坤、冯学敏陪同。

12 月 27 日，临沂商城党性教育基地深化提升工作会议在兰山区召开。市委组织部副部长、沂蒙干部教育基地管理办公室常务副主任邵长来，区领导赵晓晖、沈如茂、陈士贤、顾文明、张飞虎出席会议。

撰稿：王亚东

审稿：孙钦仕　刘海波

政府文件（选目）

2 月 19 日，兰山区人民政府发《关于采取有力措施进一步加强安全生产工作的意见》（临兰政字〔2016〕1 号）

3 月 2 日，兰山区人民政府办公室发《关于进一步加强统计基层基础工作的意见》（临兰政办发〔2016〕1 号）

3 月 4 日，兰山区人民政府办公室发《关于明确区级有关部门单位环境保护监督管理职责的通知》（临兰政办发〔2016〕2 号）

3 月 8 日，兰山区人民政府办公室发《关于印发兰山区 2016 年土地矿产卫片执法监督检查工作方案的通知》（临兰政办发〔2016〕3 号）

3 月 10 日，兰山区人民政府办公室发《关于印发兰山区 2016 年度造林绿化工作实施方案的通知》（临兰政办发〔2016〕4 号）

3 月 22 日，兰山区人民政府办公室发《关于印发〈兰山区农民专业合作社信用互助业务试点工作方案〉的通知》（临兰政办发〔2016〕5 号）

3 月 28 日，兰山区人民政府办公室发《关于印发兰山区食品安全“三安联动”工作制度的通知》（临兰政办发〔2016〕6 号）

是日，兰山区人民政府办公室发《关于印发兰山区食品安全事故应急预案的通知》（临兰政办发〔2016〕7 号）

3 月 29 日，兰山区人民政府办公室发《关于印发兰山区结核病防治规划（2016—2020 年）的通知》（临兰政办发〔2016〕8 号）

4 月 6 日，兰山区人民政府发《关于进一步加强税收保障工作的意见》（临兰政字〔2016〕3 号）

是日，兰山区人民政府发《关于进一步加强新形势下统计工作的意见》（临兰政字〔2016〕4 号）

是日，兰山区人民政府发《关于进一步加强和完善部门统计工作的实施意见》（临兰政字〔2016〕5 号）

是日，兰山区人民政府办公室发《关于印发〈兰山区涉税信息采集使用管理暂行办法〉的通知》（临兰政办发〔2016〕9号）

4月11日，兰山区人民政府办公室发《关于印发兰山区殡葬管理办法的通知》（临兰政办发〔2016〕10号）

是日，兰山区人民政府办公室发《关于认真办理人大代表建议和政协提案的通知》（临兰政办发〔2016〕11号）

4月15日，兰山区人民政府发《关于加快发展体育产业促进体育消费的实施意见》（临兰政字〔2016〕6号）

4月21日，兰山区人民政府办公室发《关于印发兰山区2016年城镇建设管理工作实施方案的通知》（临兰政办发〔2016〕12号）

是日，兰山区人民政府办公室发《关于印发兰山区2016年餐饮业油烟及垃圾焚烧污染整治工作方案的通知》（临兰政办发〔2016〕13号）

4月26日，兰山区人民政府办公室发《关于印发兰山区2016年"银龄安康工程"实施方案的通知》（临兰政办发〔2016〕14号）

4月27日，兰山区人民政府发《关于加强基层法制建设、全面推进法治政府建设的意见》（临兰政字〔2016〕7号）

5月6日，兰山区人民政府办公室发《关于转发〈临沂市人民政府办公室关于印发〈临沂市安全生产大排查快整治严执法行动考核办法（试行）〉的通知〉的通知》（临兰政办发〔2016〕16号）

5月9日，兰山区人民政府办公室发《关于印发兰山区涉案疫苗处置工作突发事件应急预案的通知》（临兰政办发〔2016〕17号）

5月10日，兰山区人民政府办公室发《关于印发兰山区2016年畜禽养殖污染防治工作实施方案的通知》（临兰政办发〔2016〕18号）

5月11日，兰山区人民政府办公室发《关于印发2016年违法生育子女征收社会抚养费标准的通知》（临兰政办发〔2016〕19号）

5月12日，兰山区人民政府办公室发《关于印发兰山区2016年秸秆禁烧与综合利用工作实施方案的通知》（临兰政办发〔2016〕20号）

5月30日，兰山区人民政府办公室发《关于印发兰山区安全生产大排查快整治严执法行动考核办法（试行）的通知》（临兰政办发〔2016〕22号）

6月14日，兰山区人民政府办公室发《关于印发兰山区2016年城市防汛工作方案的通知》（临兰政办发〔2016〕23号）

6月30日，兰山区人民政府办公室发《关于印发兰山区推进分级诊疗制度建设实施方案的通知》（临兰政办发〔2016〕24号）

7月12日，兰山区人民政府发《关于全面建立困难残疾人生活补贴和重度残疾人护理补贴制度的实施意见》（临兰政字〔2016〕9号）

7月18日，兰山区人民政府办公室发《关于印发兰山区制毒物品专项排查整治行动实施方案的通知》（临兰政办发〔2016〕25号）

7月25日，兰山区人民政府办公室发《关于印发兰山区实施"双随机"抽查规范事中事后监管工作方案的通知》（临兰政办发〔2016〕26号）

8月2日，兰山区人民政府办公室发《关于印发兰山区互联网金融风险专项整治工作实施方案的通知》（临兰政办发〔2016〕27号）

是日，兰山区人民政府办公室发《关于印发兰山区P2P网络借贷风险专项整治工作实施方案的通知》（临兰政办发〔2016〕28号）

8月3日，兰山区人民政府办公室发《关于印发〈2016年兰山区政务公开工作要点〉的通知》（临兰政办发〔2016〕29号）

8月5日，兰山区人民政府办公室发《关于2016年上半年全区经济运行情况的通报》（临兰政办发〔2016〕30号）

8月9日，兰山区人民政府办公室发《关于印发兰山区2016年老旧住宅小区综合整治改造实施方

案的通知》（临兰政办发〔2016〕31号）

9月12日，兰山区人民政府发《关于印发〈兰山区被征地农民参加居民基本养老保险实施细则〉的通知》（临兰政字〔2016〕10号）

是日，兰山区人民政府办公室发《关于印发〈兰山区散煤清洁化治理工作实施方案〉和〈兰山区居民取暖用煤清洁化推广工作实施方案〉的通知》（临兰政办发〔2016〕32号）

9月20日，兰山区人民政府发《关于进一步加强质量工作的意见》（临兰政字〔2016〕11号）

是日，兰山区人民政府办公室发《关于印发兰山区板材业产品质量规范提升工作实施方案的通知》（临兰政办发〔2016〕33号）

10月14日，兰山区人民政府办公室发《关于印发标本兼治遏制重特大事故工作指导方案的通知》（临兰政办发〔2016〕34号）

10月21日，兰山区人民政府办公室发《关于进一步加强安全生产监管执法工作的意见》（临兰政办发〔2016〕35号）

11月7日，兰山区人民政府办公室发《关于印发兰山区铁路沿线环境综合治理工作实施方案的通知》（临兰政办发〔2016〕36号）

11月8日，兰山区人民政府办公室发《关于印发兰山区重污染天气应急预案的通知》（临兰政办发〔2016〕37号）

11月24日，兰山区人民政府发《关于印发〈临沂市兰山区·重庆市城口县“十三五”东西扶贫协作规划〉的通知》（临兰政字〔2016〕12号）

12月1日，兰山区人民政府发《关于“先照后证”改革后加强事中事后监管的实施意见》（临兰政字〔2016〕13号）

12月2日，兰山区人民政府办公室发《关于印发〈兰山区标准化工作实施方案〉的通知》（临兰政办发〔2016〕38号）

是日，兰山区人民政府办公室发《关于印发〈2016年度兰山区标准化工作行动计划〉的通知》（临兰政办发〔2016〕39号）

12月14日，兰山区人民政府办公室发《关于印发〈兰山区农村公路管理实施意见〉的通知》（临兰政办发〔2016〕43号）

12月19日，兰山区人民政府发《关于印发兰山区全民健身实施计划（2016—2020年）的通知》（临兰政字〔2016〕14号）

12月20日，兰山区人民政府办公室发《关于进一步完善民间融资登记服务公司运营管理的通知》（临兰政办发〔2016〕44号）

是日，兰山区人民政府办公室发《关于加强旅游安全工作实施意见的通知》（临兰政办发〔2016〕45号）

12月22日，兰山区人民政府办公室发《关于印发〈兰山区“地条钢”整治工作实施方案〉的通知》（临兰政办发〔2016〕46号）

12月31日，兰山区人民政府发《关于加强农村留守儿童关爱保护工作的实施意见》（临兰政字〔2016〕16号）

撰稿：王亚东

审稿：孙钦仕　刘海波

政府办公室工作

政府办公室领导成员

主　任　赵东明
副主任　吴景伦　李桂林＊　朱文明
党组成员　岳洪波＊　李　震　郑　峰
苗润华　王　力＊　袁中兴
应急办主任　岳洪波＊
副主任　林祥宁
政府研究室主任　李　震
副主任　商济俭（女）　邢　刚
张克存
政务大厅管理办公室主任　郑　峰
副主任　付　伟　王亚梅（女）
镇域办主任　孙佰祥
副主任　杜艳波

【概述】 2016年，区政府办公室贯彻落实党的十八大和历次全会精神，开展“两学一做”学习教育，围绕区委、区政府工作大局，热情激情搞服务，沟通融通做协调，高效长效抓落实，勤勉尽责，积极作为，着力打造“标准化、一体化、人性化、差异化、现代化”的办公室，完成全年各项任务。

【文秘工作】 文秘工作求“精”。精益求精做好各种会议材料的起草工作，严格履行文件登记、传阅、发文等公文处理程序，共办理国家、省、市级各类公文、电报5100余份，制定下发649份文件、通知，保证公文质量，提高办理效率。

【信息工作】 信息调研求“真”。围绕服务领导决策，开展调查研究，全年共完成调研报告26篇，上报市政府研究室4篇，多篇文章发表在《临沂经济》《决策参考》等刊物。编发《兰山政务信息》40篇，上报市政府办公室650余条。做好《临沂文秘》组稿工作，发表稿件10篇，居各县区前列。

【督查工作】 政务督查求“效”。做好领导批示件的督办工作，市委、市政府和区委、区政府领导批示的151个文件均按时办结。承办区长信箱216件，69件人大代表建议、156件政协提案均圆满答复。

【后勤工作】 后勤服务求“优”。做好会务服务，组织筹备区政府常务会15次，区长办公会18次。严格执行中央八项规定，加强对车辆、采购、接待等的管理，树立节俭办事意识，全面周到地做好各项服务，为领导和部门提供优质高效的政务服务。

【调查研究】 信息调研求“真”。立足兰山区经济社会发展实际，在全区政府系统内，征集、筛选，确定22个重点调研课题，支持鼓励镇（街道）、部门立足职能开展调研。先后多次进行调度，做好业务指导，全区调研工作扎实有效推进。全年完成调研报告80篇，向市政府上报调研报告4篇。

【政务大厅】 做好“12345”市民热线工作，共受理热线工单121007件，办结率保持在98%以上。做好电子政务建设，主动公开各类政府信息8964条。完成政务服务中心搬迁和提升改造工作，全年累计受

理行政审批和服务 26148 件。

【应急管理】 2016 年，区应急管理工作有序开展，加强政务值班工作，落实各项制度建设。严格应急值守，加强应急管理规范化制度建设。完善应急预案体系，提升突发事件应对能力。抓好应急预案编制、修订工作。加强应急预案演练，提高预案针对性和适用性。加强应急宣教培训，提高各单位应急处置能力和公众灾害防范、应对能力。开展领导干部培训，并把应急管理培训纳入本级政府公务员培训。

【自身建设】 坚持以党建促工作，加强党员教育管理，健全完善工作制度，提高办公室党建工作水平。按照党员发展工作细则，做好党员培养和考察工作，着力把优秀、先进工作者吸纳到党员队伍中，充实党组织力量。优化改善服务态度，加快建设服务型、高效型、廉洁型政府办公室，服务质量和工作效能得到全面提高。

撰稿：王亚东

审稿：孙钦仕　刘海波

民政工作

民政局领导成员

局　长　焦秀荣（女）

副局长　郭爱民　范建勋　汤有秀

【机构设置】 2016 年，区民政局下属区社会救助中心 1 个正科级事业单位，区艾山天都陵公墓管理处、区流浪乞讨人员救助管理站、区婚姻登记处 3 个副科级事业单位。局机关内设办公室、优抚安置科、双拥办公室、救灾救济科、城乡低保科、基层政权和社区建设科、社会福利科、社会事务科、规划财务科、社会组织管理科、区划地名科、慈善总会办公室等 12 个科室，共有干部职工 55 人。

【概述】 2016 年，全区民政系统干部职工深入贯彻落实党的十八大和十八届五中、六中全会精神以及习近平总书记系列重要讲话精神，按照“走在前列”要求，适应新常态、抢抓新机遇、展现新作为，全区各项民政工作取得显著成绩，为服务全区经济社会发展、促进社会和谐稳定做出贡献。是年，先后被评为 2016 年度先进单位、2016 年度脱贫攻坚工作先进单位、全区新闻宣传工作先进单位、全区宣传文化工作先进单位、全区普法依法治理工作先进

集体、全区履行计划生育分工职责先进单位、全国文明城市创建工作先进集体、全区未成年人思想道德建设工作先进集体、全区党外知识分子工作先进单位。

【社会救助】 制定《兰山区医疗救助管理办法》，将重特大疾病救助比例提高至50%，年度内累计救助金额封顶线提高至2万元，保障城乡医疗救助工作的顺利开展。成立兰山区精准扶贫慈善服务中心，对精准扶贫对象发放28.85余万元物资，并对精准扶贫中的低保对象进行政策兜底。加强城乡低保动态调整，其中白沙埠、半程、李官、兰山等镇（街道）动态调整工作突出。全年全区共调整7063户、11117人（新增1260户、2398人，取消5803户、8719人），有城乡低保对象10414户18112人，在全市率先实行城乡低保按月调整、按月发放，共发放城乡低保补助金4520.9万元。发放医疗等各类救助资金521.48万元，救助群众6077人次。组织“慈心一日捐”活动，共筹集善款369.08万元，其中定向捐赠199万元。发放孤儿、困境儿童、“三无人员”、失能老年人补助金134.53万元。发放残疾人两项补贴8571人、815万元。发放冬春救助金489.5万元，救助生活困难群众29035人。

【防灾减灾】 完善区、镇、村三级自然灾害救助应急预案，实现应急预案全覆盖。引导社区创建国家级综合减灾示范社区，李官镇沂河苑社区被评为国家级综合减灾示范社区，兰山区作为全省第一批、全市第一家，代表临沂市争创省级综合减灾示范区，省减灾委对兰山区在组织机构、制度机制、队伍建设、宣传教育、亮点工程、示范社区和物资储备等方面的防灾减灾工作给予充分肯定和高度评价。

【社会福利】 加大公办民营医养融合工作力度，把敬老院打造成医养融合型的区域性养老服务中心。白沙埠等6个镇（街道）敬老院与社会医疗机构签署医养结合的托管协议。全区已建设临沂杏花老年养护院、临沂安康老年养护院等多处医养融合型老年养护院。全区共有养老床位4793张，每千名老年人床位达到30.4张，其中养护型床位达到2432张，占总床位的50.74%。临沂凯旋老年护理职业培训中心被列为省级养老护理员培训基地，全年培训养老护理员800多人次。加大养老服务场所消防设施的投入，配齐消防设

“双拥法规宣传月”活动

备，规范养老服务场所的消防安全工作。

【双拥优抚安置】 发放各类优抚对象8300人、3340万元，拨付各类优抚医疗补助资金230.8万元。扫描优抚对象电子档案3271人。发放退役士兵自谋职业金、自主就业金等1170万元，驾驶、维修电工等技能培训249人。走访慰问全区8个驻军单位和优抚对象活动，发放慰问金和慰问品35万元。

【社区建设和地名普查】 实施农村社区服务中心建设三年行动计划，采取改建、联建、共建等多种方式，新建和改造10个农村（社区）服务中心，加快推进大官苑等5个社区公共服务综合信息平台建设工作，解决服务基层群众"最后一公里"问题。开展第二次全区地名普查工作，共采集11大类60个子类的地名信息3800条。

【社会事务】 加快公益性公墓建设，在义堂镇大社区探索节地生态公益性公墓建设。发挥红白理事会作用，稳妥推进移风易俗工作。推进婚姻登记档案电子化管理，办理结婚登记10193对，离婚登记2712对，补领婚姻证件2526对，办理收养登记34件，合格率达100%。新增社会组织55家，全区登记社会组织达到461家。

撰稿：陈繁荣

审稿：焦秀荣

人力资源和社会保障

人力资源和社会保障局领导成员

党委书记、局长 赵德胜

副局长 姜良广 柏建永 周茂菊（女）

党委委员 姜良广 柏建永 刘振萍（女）
王绍志 梁振勇* 李正存
周茂菊（女） 李 文（女）

主任科员 刘振萍（女）

副主任科员 张沂蒙

劳动监察局局长 张钦景

军转办主任 李发峰

劳动仲裁院院长 姚文峰

人力资源开发服务管理办公室

主 任 李正存

副主任 李 文（女） 许天宇

社会保险事业管理办公室

主 任 梁振勇*

副主任 孙钦勇 刘继光

城乡居民社会养老保险事业管理处

主 任 王绍志

副主任 张卫国 顾三斌

【机构设置】 2016年，区人力资源和社会保障局下设办公室、党委办公室、人事科（与党委办公室合署办公）、规划财务科、社会保险基金监督科（挂审计科牌子）、纪检监察室、公务员管理科、就业促进科（挂高校毕业生就业科、农民工工作科的牌子）、调配科、专业技术人员管理科、事业单位人事管理科、劳动关系科、工资福利科、退休干部管理科（与工资福利科合署办公）、社会保险科、调解仲裁管理科、政策法规科（挂劳动监察科牌子）、外国专家管理科、劳务输出管理办公室、信息中心 20 个职能科室；辖 4 个正科级事业单位：区人力资源开发服务管理办公室、区社会保险事业管理办公室、区城乡居民社会养老保险事业管理处和临沂市进城务工人员综合服务中心（兰山），4 个副科级事业单位：劳动监察局、军转办、劳动争议仲裁院和医疗保险事业处。年底，全局共有在编干部职工 186 人。

【概述】 2016 年，区人社局围绕民生为本、人才优先的工作主线，加快改革创新，完善体制机制，夯实基层基础，着力实施人才强区战略，稳步推进各项人事制度改革，实现城乡就业统筹推进、社会保障更加健全、人事人才公共服务不断强化、劳动关系更加和谐，各项工作进展良好。

【就业再就业】 全年实现城镇新增就业再就业 11321 人，完成全年任务的 162%，其中困难群体再就业 337 人，下岗失业人员再就业 2906 人；农村劳动力转移就业 5715 人，完成全年任务的 114%。年度城镇登记失业人员 6886 人，城镇登记失业率控制在 1% 之内。就业促进活动成效明显，通过组织开展“春风行动”“就业援助月”“民营企业招聘周”“法律进高校、创业进校园”等专项活动，提供就业岗位 3.2 万个，达成就业意向 1.3 万余人。职业培训得到加强，培训总数 4126 人，其中就业技能培训 3549 人，创业培训 577 人，大幅提升劳动者的操作技能和就业竞争能力。全民创业深入持久开展，完善市场准入、场地安排、资金扶持、税费减免、金融服务、小额担保贷款及贴息等支持全民创业的政策扶持体系，构建创业项目市场化、创业服务专业化的创业服务体系。实现新增创业 25159 人，带动就业 62569 人，通过健全管理体制、创新服务方式、拓展服务内容等措施，临沂零工市场已累计周转务工人员 138 万余人次，发布用工信息 1.28 万余条，为 900 余家单位建立招聘信息，实现短期灵活就业 114 万人次。2016 年，举办短期培训班 27 期，培训务工人员 1330 人次。

【社会保障】 全年全区共征缴各类社会保险费 19.28 亿元，支付各项待遇 20.39 亿元。企业养老保险参保人数达到 10.16 万人，扩面新增 2004 人。征缴保费 6.67 亿元，发放养老金 6.9 亿元。完成企业退休人员基本养老金调整任务，经过 12 连涨，全区企业退休人员月平均养老金达到 1694.5 元。机关事业养老保险参保人数达到 1.78 万人，征缴保费 3.62 亿元，发放养老金 3.32 亿元。城乡居民养老保险参保人数 43.32 万人，基本实现全覆盖。征缴保费 9661 万元，11.37 万人领取待遇，发放养老金 1.22 亿元。城镇职工基本医疗保险参保人数达到 13.51 万人，扩面新增 1056 人，征缴保费 2.83 亿元，兑付医疗费 2.85 亿元。城乡居民基本医疗保险参保人数达到 84.52 万人，征缴保费 4.62 亿元，兑付医疗费 4.43 亿元。工伤保险参保人数达到 11.2 万人，扩面新增 442 人，征缴保费 2090 万元，支付工伤待遇 1849 万元。生育保险参保人数达到 4.1 万人，扩面新增 1000 人，征缴保费 730 万元，支付待遇 1405 万元。失业保险参保人数达到 4.1 万人，扩面新增 800 人，征缴保费 3606 万元，支出失业金 5088 万元。

【人事人才工作】 全面推进人事考录招聘阳光工程，将各项政策、组织程序、实施办法等内容全部公开，建立监督监控制度。稳妥推进事业单位岗位聘任工作，对教育系统中小学、城管局、食药监局、水务局、财政局等单位 516 人进行岗位聘用备案工作。严格程序，规范操作，顺利完成 2016 年度公务员考录和事业单位招聘工作，新考录公务员 34 人，新考聘事业单位工作人员 279 人，严格做好新录用考聘人员的体检政审工作。组织 56 场职业技能鉴定考试，考核 3075 人，发放职业资格证书 3026 人。组织实施 29 类 4820 人专业技术考试报名审核工作，办理专业技术资格证书 3648 份，登记审核 14631 名专业技术人员继续教育学分。按照“引进外国智力，服务企业发展”的宗旨，牵头组团参加国际人才交流大会，提交外国专家需求项目 12 项，引进外国专家 16 人次，为聘请外国专家的企业提供高效便捷的服务。开展人事代理业务，共办理人事代理转接1300余人次，解决用人单位在人才引进、毕业生接收、职称评审、人事档案管理等方面遇到的问题，促进各类人才的顺畅流动。通过健全安置机制，拓展安置渠道，创新后续服务，安置军转干部36人，实现部队、军转干部、接收单位和军转家属“四满意”。

【劳动者合法权益维护】 加强劳动用工备案制度的实施力度，形成全区劳动用工备案联动系统，对企业劳动用工实行动态管理，共为7631名职工办理劳动合同备案手续。推进劳动监察“两网化”执法建设，建立遍布城乡、快速反应的维权工作网络。在全区范围内组织开展农民工工资支付、清理整顿人力资源市场等专项检查活动，共检查用人单位665余家，涉及农民工1.4万人次。开展2016年劳动保障书面材料审查工作，共年检企业2601户，涉及劳动者11万余人，补签劳动合同1.9万份。以“依法行政、服务为先”为理念，多次开展劳动保障监察宣传活动，和“12345”市民服务热线一起走进社区，与群众面对面交流，主动为劳动者解答日常工作中的疑难困惑。加大职能下沉工作力度，逐步提升镇（街道）劳动监察中队和基层调解委员会案件处理能力，确保劳资纠纷问题第一时间在基层得到解决。全年受理劳动者投诉举报案件633起，为2846名劳动者追回经济损失792万元；处理突发案件6起，涉及劳动者603人；以拒不支付劳动报酬罪移送公安机关案件3起。推进劳动人事争议调解仲裁“两基化”建设，共受理劳动争议案件259件，为325名劳动者挽回经济损失710万元。办理“12345”市民服务热线8678个，按期回复率为100%，办结率和满意率均在99%以上。

撰稿：钟良山

审稿：张卫国

招商引资

商务局领导成员

局　长　王　力

副局长　万胜新　刘彦明（女）

副主任科员　张洪庆

国际商会

会　长　刘彦明（女）

副会长　刘存华　于国涛

境外招商促进中心

主　任　张会东

【机构设置】 区商务局下设办公室、市场管理科、商贸服务科、外资外贸外经管理科、招商审计科5个职能科室。辖1个正科级事业单位：区国际商会；1个副科级事业单位：区境外招商促进中心。年底，全局共有干部职工32人。

【概述】 2016年，全区实际利用市外资金117.3亿元，完成全年任务的106.4%；引进过亿元项目45个，完成全年任务的112.5%；招商引资项目备案58个。年内，兰山区在全市科学发展观考核中招商引资工作位列全市第二名，获得“全市利用外资工作先进县区”“全市外经贸工作先进县区”“全市商贸流通先进县区”等称号；区商务局在区直部门年终评比中成绩优异，被区委、区政府授予“招商引资先进单位”“招才引智先进单位”“招引技术先进单位”等称号。

【招商思路】 以“三引一促”为中心，以大项目、好项目的招引、落地、建设为抓手，抓住主导产业，强化措施，分线作战，狠抓落实，推动引资与引技引智相互促进。瞄准世界500强和行业龙头企业招商，通过引进核心企业、核心技术带动兰山区优势行业的扩张发展；通过兼并联合、股权转让等形式，吸引到兰山区直接投资办项目或进行股份合作，引进一批重量级的工业项目，增强招商的目的性、推介的针对性、推进的实效性。

【招商宣传】 精心制作招商宣传资料。通过招商网页、招商光盘、《投资指南》和易拉宝等载体，宣传兰山区的招商优势。2016年，重新编写《中国兰山投资指南》,《中国投资指南》除宣传兰山区的投资优势、招商平台外，更突出优惠政策及投资服务等品牌服务内容。

【招商方式】 创新招商方式。加强与市以上驻外机构的沟通对接，扩大驻点招商成效；发挥商会协会作用，选择有实力的中介机构、知名企业和专业人员进行委托招商；挖掘广大干部的亲缘、地缘、学缘，以情招商;主动“走出去”，千方百计“请进来”，围绕京企、沪企、深企和青企，强化小分队招引；放大优势，突出特色，在城市服务业项目、商贸物流项目和工业项目上实施精准招引，拓宽招引渠道。

【招商活动】 5月，在山东临沂（北京）招商引资洽谈会签约仪式上，全区共签约招商引资项目2个，总投资超25亿元。7月，在山东临沂（上海）招商引资洽谈会签约仪式上，全区共签约招商引资项目2个，总投资超123.5亿元。9月，在2016年中国（临沂）国际商贸物流博览会招商引资洽谈会上，全区共签约招商引资项目2个，总投资超过42亿元。项目涵盖高端物流、商贸产业、房地产、食品、先进装备制造等多个产业。

【招商服务】 完善公路、绿化、市政管网、电网线路、无线网络、公交线路等相关配套设施，确保客商投资到哪里，水、电、路、信等基础设施就配套到哪里。清理规范审批事项，简化环节，优化流程，推行“一站式审批”和“一条龙服务”，按照“审批事项最少、收费最低、效率最高、发展主体最满意”的要求，打通项目审批“绿色通道”，打造高速、快捷、优质的服务环境，营造亲商安商的投资氛围。加强区级领导班子成员联系企业制度，及时做好项目的跟踪服务工作，促进项目尽快落地，帮助解决企业生产运营中存在的问题。

撰稿：王兴华

审稿：张洪庆

外事与侨务

【概述】 2016年，全区外事与侨务工作以“两学一做”活动为契机，凝心聚力、主动作为，外事侨务工作有新进展。辖区共有归侨、侨眷1500余人，侨资企业60余家，投资总额20多亿美元，涉及餐饮、医药、房地产等多个行业。

【外事工作】 调整外事领导小组，规范外事管理。年初，区委调整外事工作领导小组。领导小组由区委主要领导任组长，相关职能部门主要负责人为成员，办公室设在区旅游局，明确外事工作职责，规范工作规则，充实工作力量，形成做好外事工作的整体合力。严格规范因公出国工作。宣传贯彻落实中央有关文件和省、市关于加强因公出国管理的一系列规定。年初，制定兰山区2016年因公出访计划，严格执行领导干部出国年限制度，对因公出国（境）党政团组实行硬约束。

【侨务工作】 加强社区侨务工作，开展侨法宣传活动。通过设立侨法阅览室、制作侨法宣传栏、举办宣传活动等形式，提升社区侨务工作，扩大侨法影响力。柳青街道朱夏社区获得“全省社区侨务工作明星社区”称号，获得创建经费3万元。深入侨情集中的朱夏、葛家王平庄等社区开展侨法宣传和咨询活动，为群众提供政策、法律等方面的咨询服务。走访调研侨资企业。为更好地为侨资企业开展服务，了解他们生产经营情况及投资、对接需求，重点走访调研金锣集团、汇融肉制品、新港集团、沂河新能源等企业。调研主要围绕侨资企业生产经营状况、参与境内外项目考察、人才需求以及企业存在的困难和问题展开。同时，还向侨资企业发放APEC商务旅行卡宣传资料。此次调研密切了与侨资企业之间的联系，受到广大侨资企业的欢迎。

撰稿：孔祥进

审稿：刘效印

区直机关事务管理

机关行政事务管理局领导成员

局　长　袁中兴

副局长　张庆全 *　杜庆贵　陈向阳

【机构设置】 2016年，区机关事务管理局下设办公室、财务科、水电暖科、房产科、物业管理科、通信科、节能科、绿化保洁科、会务科、保卫科、车管科11个科室，年底共有在职在编干部职工29人。

【概述】 2016年，在区委、区政府的正确领导下，区事管局履行机关后勤服务保障职能，更新管理理念，创新保障机制，改进工作作风，优化服务方式，做好机关水电暖和房产维修维护、绿化保洁、公共机构节能、办公用房管理、公务用车制度改革、安全保卫、会场服务等工作，保障机关工作高效有序运转。

【公务用车制度改革】 全区涉及参改的行政单位、参公单位共计71个，参改人员1805人，参改车辆796辆，拟取消车辆496辆，拟保留车辆300辆，其中拟保留机要通信和应急车辆83辆、中央17部门之内执法执勤车辆136辆、中央17部门之外行政单位行政执法车辆23辆、实物保障车辆22辆、接待调研用车2辆、一般特种专业技术用车34辆，按时完成全区机要通信和应急车辆、中央17部门之外行政单位执法车辆的分配管理以及应封存车辆的验收工作。区直部门机要通信和应急车辆按照"严控总量、集中管理、统筹使用"的原则进行管理，综合考虑机构、编制数量和工作性质等实际情况，重点保障领导机关机要通信和应急用车，常委单位口内统筹使用车辆。分配给区委办、政府办各3辆，人大、政协、法院、检察院各2辆，其他区直部门在原分口基础上经适当调整，组成10个参改口作为统一管理单位，按照口内单位人员编制数均分其余车辆，车辆使用由口内自行统筹。参照市直部门办法，研究制定《兰山区关于机要通信和应急车辆的管理意见》，有效规范全区公务用车管理使用。根据市公务用车制度改革工作有关政策要求，为保证车改后特殊情况下用车需求，参照市局办法，采取政府采购、公开招标方式，确定5家小型汽车、2家大型客车租赁服务公司用以保障车改后党政机关的公务用车需要。

工作人员维修暖气管道

【公务用车和办公用房使用管理】 完善全区办公用房使用情况台账，加强空置办公用房使用管理，做好办公用房调配工作，有序推动集中办公。将区食药监局腾退的办公用房约2000平方米调配给区工商局，作为技术业务用房使用；将原水利局办公区调配给区残疾人康复中心使用，建筑面积约3200平方米；区司法局已整体搬入原凤凰宾馆办公区，实现集中办公；为区农机局、区畜牧局增加数间办公用房，有效解决办公拥挤问题。配合做好区政务大厅搬迁工作，已整体搬入银雀山路原市政务大厅，办公环境有效提升。为贯彻中央八项规定精神，严肃财经纪律，根据市、区部署安排，区委督查落实委员会办公室协调调度，区纪委牵头，区财政局、区审计局、区事管局共同组织实施，自9月26日起，集中一周时间对各镇（街道）、区直部门、商城管委会和工业园区管委会开展专项检查，区事管局重点检查执行办公用房、办公用车配备管理使用等方面制度规定的贯彻落实情况，以便及时发现问题督促整改。

【公共机构节能】 贯彻落实全市公共机构节约能源资源工作会议和全市公共机构能源资源消费统计数据会的部署和要求，采取多项措施，有效提升公共机构节能管理水平。制定《兰山区2016年节能工作计划和节能目标》，有序推进本年度全区公共机构节能工作，顺利完成2016年度公共机构节能目标任务，区事管局、区住建局、区卫计局被评为临沂市"十二五"公共机构节能工作先进集体。开展节能宣传周活动，围绕"节能领跑、绿色发展"主题，在区直部门办公区设置节能宣传展板，加强节能宣传。做好全区公共机构能耗信息催报和统计工作，主动做好统计系统升级培训，客观全面地对全区能源资源消耗统计数据进行分析，并且针对存在的问题制定可行的改进措施，组织干部职工参加全国公共机构节能管理远程培训，提升业务水平。有序推动节能办公，会务中心、机关食堂照明设施及机关办公区、沂州花园路灯全部更换为LED灯具，对水暖设施经常性保养维修，杜绝跑冒滴漏现象。

【水·电·暖管理】 做好机关办公区和各宿舍区水电暖设施的常规性维修、保养和管理工作。对老化的供电线路、供水管道、供暖管道进行检修、更换，确保正常供电、供水和供暖及安全使用。

【安全保卫】 加强对机关安保人员的管理，明确工作职责，提高责任意识，加强与驻地派出所联系，有效应对各类突发性事件。完成4号楼前停车场硬化及机关办公区停车位、行驶引导线的划线工作，规范停车秩序。

【保洁·绿化】 将机关绿化委托专业园林公司进行管理，对区委办楼西侧、政府办楼东侧花园进行提升改造，铺设数条步行道，道路两侧绿化、亮化、美化。

【会议服务】 加强会议中心使用管理，提高会场使用效率，提升会议服务水平。及时为各类相关会议安排场所，做好会前准备，并且安排专人做好会议服务。加强会议服务人员管理、培训，及时掌握服务技能，提升服务水平。

【通讯·信件】 严格办公电话安装使用管理，加强与联通公司联系，及时将新安装办公电话加入内网，有效节约通信费用。加大对区机关邮政服务站的监督和督催，保证报刊、信件发放交换及时、准确、到位。

【机关食堂】 投资200余万元对区机关食堂进行提升改造，并委托远见酒店管理有限公司经营管理，食堂服务水平有效提升，日均就餐人数由最初200人次逐步提高到近800人次。

【机关宿舍区提升改造】 北关干休所、八小集区政府家属院纳入第一批老旧小区改造范围，改造内容有外墙粉刷、路面硬化、楼道粉刷、监控、路灯、管道灯窗、院墙、消防设施、建筑弃渣、落水管、门禁系统和宣传栏等；做好北关干休所楼顶防渗处理、八小集家属院自来水管道改造并统一接入市政自来水管网等项目；做好沂州花园公务员社区物业管理工作，委托专业公司，重新铺设沂州花园自来水主管道，完成55部电梯检修及绳索更换工作。

撰稿：焦振振

审稿：张佩敬

史志工作

史志办公室领导成员

主　任　李　鸣*　王友存

副主任　寇利明　杨晓娜（女）　訾金刚

【机构设置】 2016年，区史志办公室内设人秘科、年鉴科、编审科、综合科、区情科5个科室，年底在职工作人员10人，均具有大专以上学历。

【概述】 2016年，区史志办坚持依法修志，科学记载历史，履行部门职能，在史志资政、年鉴编纂、区志编修、方志馆建设、区情网建设等工作上均取得较好成绩。年内，编纂2016年版《兰山年鉴》，出版发行2015年版《兰山年鉴》；完成省、市年鉴的供稿任务；全面启动并开展《临沂市兰山区志》

编修工作；增强方志馆服务功能，全年接待来访 270 余人次，提供有价值信息 1080 余条；加强对区情网的建设和管理，日点击率达百余人次。

【年鉴编纂】 做好 2015 年版《兰山年鉴》(第十五卷）编纂、校对、发行工作和 2016 年版《兰山年鉴》(第十六卷）组稿、编校工作。在年鉴编辑工作中，牢固树立精品意识，严把质量关，做到突出特色、图文并茂。5 月初，筹备《兰山年鉴》(第十六卷）的组稿方案、篇目设置和撰稿要求。10 月，《兰山年鉴》(第十五卷）出版发行工作与《兰山年鉴》(第十六卷）的组稿、编校工作同步进行。截至年底，《兰山年鉴》(第十六卷）初稿基本形成。

【省市供稿】 保质保量完成 2016 年版《山东年鉴》“兰山”条目 900 字、《临沂年鉴》“兰山”条目 3500 字及《山东史志年鉴》兰山区部分 2000 字的供稿任务。

【区志编修】 9 月，区委办公室、区政府办公室下发《关于印发〈临沂市兰山区志〉编修方案的通知》，确定开展《临沂市兰山区志》编修工作。此区志上限始于 1995 年建区，下限至 2015 年“十二五”规划结束，内容包括自然、经济、政治、文化、教育、民情风俗等方面的历史和现状。9 月 21 日，召开区志编修工作会议，部署兰山区历史上首部区志编修任务，并提出具体工作要求。10 月 20 日，召开《临沂市兰山区志》编修业务培训会议，邀请 3 位方志专家进行授课，对 114 个区志承编单位近 200 名主笔及业务人员进行集中培训。为提高志书编修水平，先后组织责任编辑到临沭县、日照岚山区、费县学习志书编修工作。从 11 月 3 日开始，组织所有编辑人员，分成 5 个督导组，利用 2 周的时间，深入所有承编单位逐个进行上门督导，加强对接，探讨业务。12 月，组织开展 2 次工作调度，由责任编辑负责，按照职责分工，调度区志工作进展情况，协调解决工作中发现的问题，提出具体工作要求。开辟史志工作动态，利用《兰山大众》、区情网、政务信息和兰山信息等宣传媒体，强化舆论宣传，打造舆论声势，引起社会各界的广泛关注和参与。

【方志馆和区情网建设】 区方志馆设馆库和阅览室。年内收藏志鉴 110 余套（册），至年底，藏书量达 1200 余种 6000 余册（套）。馆藏资料分为志书、年鉴、党史资料、文史资料、旧志、工具书等。对外服务功能显著增强，全年接待来访 270 余人次，提供有

价值信息1080余条。根据《山东省地方史志事业发展规划（2016—2020）年》中加快方志馆升级改造有关要求，区史志办向区政府提出申请，扩大方志馆使用面积，逐步实现方志馆管理科学化、制度化、规范化。

按照突出特色和服务功能的要求，加强对区情网的建设和管理，网站设有“今日兰山”‘史志动态”“区情概况”“镇（街道）在线’“魅力兰山”“城市新貌”“大事要览”等10大栏目，内含近20个子栏目。其中，“中国现代商贸物流基地”“中国优质人造板生产流通基地”“城市新貌”等栏目，进一步凸显兰山区的区情优势。特别是区志编修启动以来，把区情网作为主要宣传窗口，及时上传会议调度情况、典型经验等方面的信息，让各级各部门随时了解区志编修工作进展情况。截至年底，区史志办编纂的2003—2015年版的《兰山年鉴》以及县级《临沂市志》部分分卷已上传。网站得到社会各界的广泛关注，日点击率达百余人次，成为宣传兰山、了解兰山、研究兰山的重要窗口。

走访特困户

【精准扶贫】 按照区委组织部要求，与市区国税局各选派1名工作人员组成汪沟镇竹园村第一书记工作组，开展精准扶贫工作。在区政协副主席强军带领下，史志办班子成员多次到帮扶村现场办公，为村庄发展出谋划策，为第一书记排忧解难。年内出资4000多元为村内20户特困户购买米面油等生活物资；协调区残联，为村内行动不便困难户提供轮椅10部。与市区国税局共同协调金锣集团及各类扶贫资金共计300多万元用于建设冬暖式蔬菜大棚14个，其中10个已完工并投入使用；协调区民政局、汪沟镇政府及市区国税局捐助资金共计40多万元建设完成安固庄、杨家峪2处便民服务中心；协调交通部门新修、硬化村内道路4万多平方米。帮扶村为省、市、区各级领导提供观摩10余次，并为全市党建工作会议提供现场。

撰稿：张秀娟

审稿：杨晓娜

政府法制工作

法制办公室领导成员

主　任　苗润华

副主任　庄乾文　刘新坤

副主任科员　王绘萍（女）

【机构设置】 区政府法制办公室为正科级行政机关，

内设综合科、法规科、执法管理科、行政复议应诉科4个职能科室，下设1个事业单位：区政府法制服务中心。

【概述】 2016年，在区委、区政府的正确领导下，区法制办认真贯彻党的十八大和十八届历次全会精神，结合工作实际，履行工作职责，较好地完成各项工作任务。

【规范行政行为】 2016年，共审查并登记备案区政府规范性文件和其他文件草案3件、审查合同（协议）32件；组织并安排区政府法律顾问团参与各类法律论证会、讨论会10次；将2012年以前出台的规范性文件进行统一清理登记1次。年初，统一公布兰山区重大行政决策目录，严格按照公众参与、专家论证、风险评估、合法性审查和集体讨论程序完善行政决策过程，同时发挥政府法律顾问在行政决策中的专业作用，确保法制办工作人员和政府法律顾问代表出席各专题讨论会，保障行政决策的合法性、科学性、民主性。在鲁南技校片区开发、翔龙钢铁厂片区开发等诸项工作中，帮助完善工作程序、规避法律风险，妥善处理争议，有力保障重点项目进展。

【行政执法监督】 着眼于“促进依法行政，推进法治政府建设”的根本工作目标，全面强化执法监督，提升行政执法水平。严格行政执法人员资格管理，做好全区196人申领山东省行政执法证件的统计上报、资格审查和发证工作。组织全区行政执法人员证件年审培训和考务工作，对全区386名持到期行政执法证件的行政执法人员进行证件年审、资格审查和换发新版行政执法证件工作。推动各行政执法部门严格按照法定权限和程序行使权力、履行职责，从源头上规范行政权力运行，配合区编办开展区级行政权力清单和责任清单的审核确认工作。组织开展案卷评查活动，对全区21个行政执法部门的106本行政处罚案卷进行评查，召开案卷评查通报会和业务培训会，进行现场执法办案技能培训。开展“依法行政大讲堂”活动，延续上一年活动主宗旨，以“依法行政”为主题，通过到依法行政工作开展较好的单位观摩学习、召开现场观摩会，邀请专家、市法制办业务骨干授课培训，到法院观摩行政诉讼庭审等方式，增强全区行政执法部门依法行政观念，规范行政执法行为，提高依法行政水平。

【行政复议应诉】 由于新《行政诉讼法》的实施以及乡镇政府大规模开展农村违法建筑清理活动，行政复议案件和行政诉讼案件数量激增，案件范围和难度都有显著增加。截至12月20日，已办理行政复议案件230件，其中受理200件，达上年办理案件总量的近4倍，在已审结的案件中，综合纠错率达63%。改进工作方法，建立并落实行政复议案件首接负责制，实行全员办案制度，破解复议应诉工作人手少工作量大的困难。完善行政复议接待大厅设施，法制办办案人员和区政府法律顾问轮流值班，设置复议接待和律师咨询窗口，为复议案件当事人提供最大便利。

【推进依法行政创新项目】 筹备建设行政复议听证室，加大复议案件办理的投入。设立专门复议案件听证室，引入先进听证审理记录设备、证据展示设备、专业审理桌椅等，增加复议案件听证会的公正性和权威性，有助于争议较大的行政纠纷问题得到有效化解。

撰稿：凌　晨

审稿：苗润华

政协兰山区委员会

政协委员会领导成员

主　席　刘耀华

副主席　王观利　孙汉富　张豪轩　强　军　朱海燕（女）　赵国芳（女）　房士栋

秘书长　马永攀

政协各专门委员会领导成员

提案委员会

主　任　孙　倩（女）

副主任　李学博　李建全

社会联络和法制委员会

主　任　董勤法

副主任　王成杰　刘　勤

科教文卫体委员会

主　任　郝凤君（女）

副主任　徐相沂　柏建永

经济委员会

主　任　王利道

副主任　姜友成　宿振友　周宝柱

人口资源环境委员会

主　任　李桂芳（女）

副主任　毛士西　刘效印　李　昕（女）

委员活动工作室

主　任　单凤香（女）

副主任　刘维军　刘林征＊　张剑非

政协工作机构领导成员

办公室

主　任　马永攀（兼）

副主任　王依峰　李士荣

主任科员　杨　丽（女）

提案委员会

主　任　孙　倩（女）

社会联络和法制委员会

主　任　董勤法

委员活动工作室

主　任　单凤香（女）

副主任　刘林征＊　张剑非

科教文卫体委员会

主　任　郝凤君（女）

经济委员会

主　任　王利道

人口资源环境委员会

主　任　李桂芳（女）

重要会议

【政协十四届五次全委会议】 2016年3月6—8日，政协第十四届兰山区委员会第五次会议在临沂宾馆召开，会议应到政协委员305名，因事因病请假8名。出席大会的有中共兰山区委、区人大、区政府、区纪委、区人武部、区法院、区检察院、区公安分局、兰山商城管委会、临沂工业园区管委会的负责人，十四届区政协主席、副主席、秘书长，区政协历届主席、副主席，区直有关部门、单位领导班子中没有政协委员的行政第一副职等。开幕式由区政协副主席孙汉富主持，区政协主席刘耀华作《政协第十四届兰山区委员会常务委员会工作报告》，区政协副主席王观利作《政协第十四届兰山区委员会常务委员会提案工作情况的报告》。委员们列席区十八届人大五次会议，听取并讨论《区政府工作报告》及其他报告。会议通过《中国人民政治协商会议第十四届兰山区委员会第五次会议决议》《中国人民政治协商会议第十四届兰山区委员会关于提案工作情况报告的决议》。

【政协常委会议】 区政协常委会议共召开5次。

十四届二十次常委会于3月7日在临沂宾馆举行。会议审议通过区政协2016年协商工作计划（草案）；审议通过区政协十四届五次会议关于提案审查情况的报告（草案）；审议通过区政协十四届五次会议决议（草案）。刘耀华主持会议并讲话。

十四届二十一次常委会于3月30日在临沂宾馆举行。会议书面传达学习全国“两会”精神；分组讨论《政协临沂市兰山区委员会关于在区政协委员中深入开展“岗位创优”活动的意见（草案）》；审议通过上述文件。最后，刘耀华作讲话。

十四届二十二次常委会于7月6日在颐正园举行。会议分两个阶段进行，第一阶段：视察全区脱贫攻坚工作进展情况；第二阶段：集中开会。会议听取区政府关于全区脱贫攻坚工作情况的通报；部分常委、委员发言。最后，刘耀华作讲话。

十四届二十三次常委会于10月31日在临沂宾馆举行。会议分两个阶段进行，第一阶段：视察全区企业“二次创业”工作进展情况；第二阶段：集中开会。会议听取区政府关于加快推动全区企业“二次创业”工作情况通报；政协常委、委员发言；审议通过《委员履职工作规则》；审议通过有关人事事项。最后，刘耀华作讲话。

十四届二十四次常委会于1月16日在临沂宾馆

举行。听取区政府工作报告起草情况的说明；听取区委关于有关人事事项的说明；审议通过关于召开区政协十五届一次会议的决定（草案）；审议通过区政协十五届一次会议议程、日程（草案）；审议通过区政协常委会工作报告（草案），并推举报告人；审议通过区政协常委会提案工作报告（草案），并推举报告人；审议通过区政协十五届一次会议主席团和秘书长名单（草案），提案审查委员会组成人员名单（草案），各组召集人名单（草案），列席人员范围（草案）；审议通过有关人事事项。

重要工作

【政协提案工作】 2016年，提案委员会共收到提案179件，经提案委审查，立案153件，交由39个部门单位办理，未立案的26件提案改作委员意见，交由区政府相关部门解释答复。提案内容涉及全区经济社会发展的各个领域，至7月中旬已全部办理完毕。

【调研视察工作】 2016年，区政协围绕全区的中心工作和群众关注的问题，开展调查研究和多种形式的视察活动，形成一批具有前瞻性、针对性和可操作性的调研报告，并有多项意见建议纳入区委、区政府领导的决策。

【文史资料工作】 发挥文史资料存史、资政、团结、育人的社会功能，编辑出版《临沂城街巷春秋》（三卷本），同时为上级政协编辑抗战史料供稿。

撰稿：李士荣

审稿：马永攀

中共兰山区纪律检查委员会

纪律检查委员会领导成员

书　记　宋福亭*　曹　勇

常务副书记　贾瑞德*

副书记　陈胜年

常　委　蒋　楠　邵珠玲（女）

李　勇*　赵富军　刘　健

纪律检查委员会工作机构领导成员

办公室主任　赵富军（兼）*　侯　磊

组织部部长　蒋　楠（兼）*　王帅军

宣传部部长　杨银叶（女）

党风政风监督室主任　梁　勇

信访室主任　朱新峰

案件监督管理室主任　管向阳

第一纪检监察室主任　陈　辉（兼）*

张传宝

第二纪检监察室主任　刘　健*　刘瑞军

第三纪检监察室主任　王　莹（女）

审理室主任　邵珠玲（女，兼）

纪检监察干部监督室主任　巩　翔（女）

监察局领导成员

局　长　贾瑞德*

正科级监察员　李　昕（女）

副局长　蒋　楠（兼）　陈　辉（兼）

廉政教育中心

主　任　梁　勇（兼）

派驻派出纪工委、监察分局领导成员

派驻第一纪工委、监察分局领导成员

书记、局长　张志武

正科级纪检员、监察员　任建梅（女）

副书记、副局长（正科）　刘同刚

副书记、副局长　张华芳（女）

派驻第二纪工委、监察分局领导成员

书记、局长　王建瑞*　郭爱民*

正科级纪检员、监察员　于文厚

副书记、副局长　朱长青　王　珍（女）

派驻第三纪工委、监察分局领导成员

书记、局长　岳孝臣

副书记、副局长　路　冰（女）　赵希红

派驻第四纪工委、监察分局领导成员

书记、局长　刘建学

正科级纪检员、监察员　王芳吉（女）

副书记、副局长　田增达

派驻第五纪工委、监察分局领导成员

书记、局长　李　军

正科级纪检员、监察员　张金平

副书记、副局长　王雪梅（女）

派驻第六纪工委、监察分局领导成员

书记、局长　王朝杰

副书记、副局长　姜宝平　王维永

派驻义堂纪工委、监察分局领导成员

书记、局长　张西兴

副书记、副局长　郭海德

派驻半程纪工委、监察分局领导成员

书记、局长　齐宝进*　陈　辉

副书记、副局长　闫俊清

驻金雀山纪工委、监察分局领导成员

书记、局长　刘德传

正科级纪检员、监察员　刘素琴（女）

副书记、副局长　张　斌

机构设置与概述

【机构设置】　区纪委、监察局合署办公，共有工作人员56人。2016年4月整合办公室、综合室，设立办公室；整合党风政风监督室、执法和效能监督室，设立党风政风监督室；撤销干部室，设立组织部；撤销宣教室，设立宣传部；设立案件监督管理室、第三纪检监察室、纪检监察干部监督室；将兰山区机关效能监察优化经济环境投诉中心调整为兰山区纪委廉政教育中心。调整后，区纪委监察局下设办公室、组织部、宣传部、党风政风监督室、信访室、案件监督管理室、纪检监察一室、纪检监察二室、纪检监察三室、案件审理室、纪检监察干部监督室11个部室，均为副科级内部机构；设有9个派驻（派出）纪工委、监察分局，廉政教育中心为正科级事业单位。

【概述】 区纪委按照市纪委和区委的要求，坚持把纪律和规矩挺在前面，强化监督执纪问责，在纠治“四风”、惩治腐败、廉洁教育、队伍建设等方面取得明显成效。

作风建设

【纠治“四风”】 2016年，先后组织明察暗访47批次，查处违反中央八项规定精神问题15件22人，给予党政纪处分13人。查处侵害群众利益的不正之风和腐败问题19件21人，给予党政纪处分21人。下发通报4期，通报违反工作纪律问题8起，违反中央八项规定精神典型问题9起。

【集中整治工作】 开展整治和查处侵害群众利益不正之风和腐败问题工作，以抓好重点信访问题解决为切入点，建立镇（街道）《重点信访问题台账》，共梳理问题线索61条，并由各纪检监察室、派驻纪工委到相关镇（街道）进行现场督办，查处侵害群众利益的不正之风和腐败问题35件，给予党纪政纪处分42人。完成市纪委重点督导乡镇（街道）工作，市纪委交办的3批14件问题线索已完成12件，立案9件，处理9人。

【巡察监督工作】 发挥巡察作用，聚焦“六大纪律”，注重发现问题，唤醒党组织管党治党的责任意识和党员干部的党章党规党纪意识。全年开展的第4轮巡察共派出6个巡察组对12个区直部门开展巡察，发现问题98个，已全部限期整改完成，起到明显的震慑遏制作用。

惩治腐败

【转变执纪审查理念】 突出纪律思维和执纪特色，对苗头性、倾向性问题精准“点穴”，及时进行谈话函询，推动咬耳扯袖、红脸出汗成为常态。把握“树木”和“森林”的关系，注重问责手段、党纪轻重处分的综合运用，坚决管住“大多数”。先后对全区 91 名党风廉政建设第一责任人开展履责谈话，组织 12 名区级党政领导班子成员、26 名镇（街道）党（工）委书记或区直部门主要负责人向区纪委全委会述廉述责，与全区 400 余名镇（街道）、区直部门领导班子成员进行廉政谈话，先后对 1 个党委、4 名履行主体责任不力的领导干部进行责任追究，对 9 名履行岗位职责不力的领导干部进行问责，真正做到“无病常防、小病早治”。

【创新执纪审查方式】 坚持以事实为依据、以纪律为准绳，重视问题线索收集筛选，规范线索管理和处置，加强分析研判；发挥反腐败协调小组的作用，做到信息共享、职能互补、问题线索及时移交，夯实执纪审查基础。规范执纪审查程序，在保证质量的前提下坚持抓早抓小、动辄则咎，做到纪法分开、快查快结，对于达到司法机关立案标准的及时移送，节约审查资源，提高审查效率。全区纪检监察组织共立查案件 138 件，与上年增长 138%，其中区纪委自办案件 58 件，增长 16%。结案 137 件，给予党纪政纪处分 151 人。共处置信访件 1334 件次，其中办结中央巡视组转交、转办件 111 件，立查案件 17 件，给予党纪处分 19 人。通过处理省委巡视组转交、转办件及相关问题线索，立查案件 15 件，给予党纪处分 16 人。

廉洁教育

【宣讲活动】 在前期组建“反腐倡廉宣讲团”基础上，依托现有宣讲队伍，紧扣“守纪律、讲规矩”“两项法规”等主题，先后深入镇（街道）、部门组织宣讲活动20场次24讲，教育党员干部6400余人，唤醒党员干部的纪律规矩意识。

【构筑网络阵地】 区纪委运用网站、短信平台等现代信息手段，在区纪委网站开辟“学习贯彻两项法规”专栏，发送廉政短信23次2万余条，构建起指尖上的“宣传阵地”。

领导干部德廉和党风党纪知识测试

【德廉测试】 2016年，组织全区800余名科级以上党员干部、全区纪检监察干部参加德廉和党风党纪知识学习测试，合格率达97.65%，有效调动广大党员干部学习党章党规的积极性，树牢带头尊崇党章、模范遵守党规党纪的意识。

队伍建设

【强化内部监督】 结合“两学一做”学习教育，坚持树立问题导向，建立健全机关内部管理制度，让每个干部结合自身实际、岗位特点，纵向查不足、横向比差距、自身找欠缺，列出问题清单、整改清单，限时整改，内提素质、外树形象，真正提高队伍各方面能力，增强敢于担当的勇气。

【夯实基础保障】 推进内设机构调整，持续深化纪检监察体制改革，把80%以上的部室和人员力量调整到党风廉政建设和反腐败工作主业上来；推进人员调整工作，机关各部室主任基本调整到位，1名室主任提拔为区纪委常委，2名正科级干部转为领导职务，强化敢于担当的底气。

【落实"两为主"要求】 在征求镇（街道）党委意见的基础上，经与组织部门沟通，在干部调整工作中，落实区纪委提名考察程序，强化对镇（街道）纪检监察工作的领导。

撰稿：管永照

审稿：侯　磊

民主党派

【概述】 2016年，全区有民主党派组织7个，其中基层委员会1个，总支部2个，支部（社）4个。共有成员298人。

7个民主党派基层组织的7名主委中，有市政协常委1人，区政协常委5人；8名副主委中，有省政协委员1人，市政协常委1人，市政协委员1人，区政协副主席1人，区政协常委3人。

年内，民主党派围绕中心，服务大局，引导各民主党派基层组织开展送教育、送科技、送法律下乡，免费义诊，捐资助学，捐建书屋等活动20次，捐款捐物折合人民币80余万元。

【民革兰山支部】 思想建设。开展创优活动，制定支部理论学习方案，组织学习各级"两会"精神及习近平系列讲话精神。学习统战知识，参加全区统战知识竞赛活动。开展民革"书香家庭"建设读书活动，引导党员注重家风、重视家教，努力建设"夫妻和睦、尊老爱幼、科学教子、邻里互助、热心公益"的和美家庭。开展"不忘初心　永跟党走"主题学习实践活动和"中山书屋""寻根探访"等活动。

组织建设。开展基层组织建设"规范化创建"活动，全面加强和巩固基层组织建设成果。2016年，支部党员共有17人，分布在文化、科技、教育、法律、经济、交通、企业等行业领域。其中，市政协委员3人，区政协委员7人。

参政议政。履行参政议政职责，做好建言献策工作。在年初市、区"两会"期间，组织支部党员围绕全区中心工作和人民群众普遍关心的热点难点问题，撰写提案和大会发言，上交各类提案12篇，其中以兰山支部名义提交的集体提案6篇，上交临沂市政协的提案8篇，作为民革市委集体提案2篇。兰山支部提交的《农村法治文化建设调研报告》被兰山区政协评为优秀提案奖，兰山支部被兰山区统战部评为统战信息宣传先进单位。开展社会调研活动，组织民革兰山支部党员分赴蒙阴县垛庄镇、旧寨乡和莒南县听水湾社区进行调研活动，撰写《农村法治文化建设调研报告》。做好社情民意信息工作。市、区"两会"期间，报送民革市委信息6篇、区政协7篇。

社会活动。按照民革中央提出的"伸出博爱之手——民革基层组织牵手困难群众"的活动要求，民革临沂兰山支部委员会发起捐建"中山书屋"活动，通过支部党员募捐等形式，将价值1.5万元的图书捐赠到汪沟镇韩家沟小学。为保护濒危珍稀植物，民革兰山支部收集种质资源，在银雀山汉墓竹简博物馆开辟场地，予以保护性种植。10月，民革临沂市委会机关及兰山支部、河东支部和社会法治专委会负责人在临沂市特殊教育中心开展"新阳光"助盲爱心捐助活动，为在校100多名视障学生送去慰问品。

撰稿：夏昭凤

审稿：夏昭凤

【民盟兰山基层委员会】 思想建设。组织全体盟员学习中共十八大、十八届四中、五中、六中全会精神和习近平系列讲话精神，学习省、市、区各级会议精神，不断提高盟员的政治素质。深入开展坚持和发展中国特色社会主义学习实践活动，不断增强全体盟员对中国特色社会主义的道路自信、理论自信和制度自信。加强理论学习，采取集中学习和分散自学相结合，利用座谈会、报告会、现场教育等形式开展主题教育。

组织建设。民盟兰山区基层委员会下设3个基层支部，其中县级领导干部1人，科级领导干部3人，市政协委员1人，区政协委员6人。2016年发展新盟员3人。年底，共有盟员59人。是年，民盟兰山区基层委员会被区委、区政府评为全区民主党派工作先进单位。

参政议政。在区政协十四届五次会议上提交《关于整治居民住宅楼内开餐馆饭店的建议》《关于加强我区高中生心理健康教育的建议》《完善公共交通系统，减少城区拥堵》《关于缓解我市城区义务教育大班额问题的建议》《提升综合管理机制，做好行政执法工作》等5篇提案。并撰写调研报告，向盟市委、区政协、区委统战部报送活动信息、反映社情民意信息30多篇。

社会活动。4月16日，民盟兰山区基层委员会联合西城书画院一行8人，开展送文化进企业心连心活动。6月24日，兰山区举行统战知识竞赛，民盟兰山区基层委员会获得二等奖。

撰稿：吴夫芳

审稿：刘庆云

【民进兰山总支】 思想建设。2016年，民进兰山总支通过多种形式组织会员学习十八大、十八届四中、五中、六中全会及习近平系列讲话精神，学习《统一战线工作条例》。组织会员参加民进组织的学习培训、交流研讨等活动。

组织建设。民进兰山总支下设6个基层支部，有会员86人。其中市人大代表1人，市政协委员4人；区政协委员17人（其中副主席1人，常委7人）。

参政议政。2016年，在市、区“两会”上提交议案、建议、提案52件，社情民意信息21件。围绕群众关注的问题，兰山总支深入开展调查研究，召开调研工作会，提交调研报告1篇。是年，兰山总支被评为全区民主党派工作先进单位。会员王淑清被评为山东省参政议政先进个人。

社会活动。2016年1月8日，民进兰山总支“同心彩虹”活动走进乡村学校，开展“以爱净水”主题公益活动，将总价值10万元的2台净水设备、60台饮水机捐赠给白沙埠中心小学，改善农村学生的饮水条件。

撰稿：高义峰

审稿：王淑清

【民建兰山支部】 思想建设。深入学习贯彻中共十八大精神及习近平系列重要讲话，不断夯实思想基础。制定详实的学习计划和具体措施，采取灵活多样的学习形式，每季度至少学习一次。通过学习，增强会员大局意识和政治理念，始终与共产党同心同德、同心同向、同心同行。

组织建设。2016年，兰山支部共有会员31人，会员中党政机关、新社会阶层、事业单位20人，企业家11人；省政协委员1人，市政协委员6人（含常委2人）；区人大代表1人，区政协委员11人（含常委3人）。

参政议政。在市政协十四届四次会议上，提交12篇提案，宋金贵撰写的《关于施行礼让斑马线制度的建议》受到广泛关注。在区政协十四届四次会议上，提交提案10篇，其中《关于大力推进我区农业全程社会化服务的建议》获党派优秀提案，《关于我区木业发展情况的报告》在《临沂工作》上进行刊登。

社情民意。兰山支部充分发挥参政议政职能，走访座谈金融办、证券从业人员，撰写社情民意调研报告 5 篇。

社会活动。6 月 13 日，兰山支部出资 3 万元在半程镇东哨小学捐建“民建爱心厨房”。7 月 10 日，在方城镇设立“民建兰山支部联系点”，进行农业知识宣讲。先后到白沙埠小学、新桥小学、枣沟头小学开展送教下乡活动 4 次。会员陈德强捐款 2 万元资助临沂三中高考困难生。会员马骋等农业专家多次到李官镇清春蔬菜基地、方城瓜果基地进行技术指导。

撰稿：马　骋

审稿：宋金贵

【农工党兰山总支】 思想建设。组织全体党员到台儿庄战役遗址接受红色传统革命教育，进一步增强党员对共产党领导的多党合作的共识。在中国农工民主党成立 86 周年庆祝大会上，党员代表肖全光和郁善涛作典型发言。

组织建设。组织开展基层组织建设“规范化创建”活动，继续加强和巩固基层组织建设成果。2016 年，兰山总支党员中有市政协委员 5 人，区政协委员 17 人，新发展党员 3 人。

参政议政。对群众普遍关注的热点、难点、焦点问题，深入调查研究，积极建言献策。在区政协十四届五次会议上提交议案 25 篇，其中总支提交 8 篇；被各级采用社情民意信息 32 篇，其中中央统战部《零讯》采用 1 篇；党员王观利、毕红娟被市政协评为“十佳社情民意信息先进个人”。

社会活动。5 月 21 日，组织部分党员到李官镇桃花源社区进行义诊，服务群众 300 余人次，赠送药品 3000 余元；6 月 14 日，12 名党员参加义务献血活动。10 月 3 日，组织部分党员到半程镇东哨社区和方城镇东大埠村开展“爱在深秋、送温暖、送健康”活动，走访贫困老人 11 户，送去牛奶、鸡蛋、大米等慰问品，并为 60 岁以上的老年人开展义诊服务活动，免费发放价值 2000 余元的药品；10 月 22 日，兰山总支副主委王观利带领 10 余名医疗专家，到半程镇西哨村开展“医疗下乡”服务活动，义诊 300 余人次，免费发放药品 2000 余元；11 月 18 日，会同区政协到方城镇环卫企业开展“关爱环卫工人义诊活动”。

撰稿：钱　英

审稿：王观利

【致公党兰山支部】 思想建设。注重理论学习，组织党员学习党章、党史和致公党优良传统教育，提高党员政治素质和参政议政能力，为推进全区经济社会平稳较快发展履职尽责。

组织建设。支部每季度召开一次组织生活，到会率不低于 90%，年初制定本支部思想工作、组织生活及参政议政工作的具体目标，根据目标抓落实，岁末做好总结，并把计划和总结及时上报总支和统战部。做好组织发展工作。2016 年发展党员 3 人，年底，兰山支部党员总数 13 人，其中具有大学学历的占党员总数的 100%，党员平均年龄不到 40 岁。

参政议政。支部定期召开会议，布置工作，发动全体党员开展调查研究、反映社情民意，撰写提案建议。2016 年向区政协提交《加快物流行业发展　共建诚信物流之都》《发挥律师作用　助力精准

送法律进校园活动

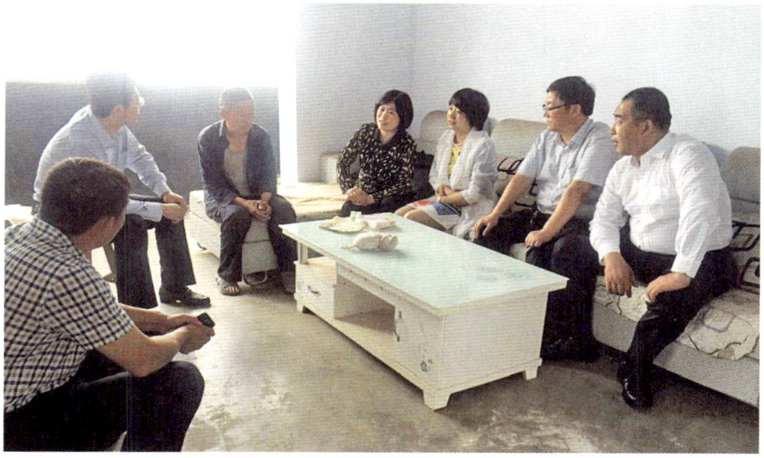

走访困难群众

扶贫》《关于防控物流企业经营风险的建议》等提案。

社会活动。举办房地产建筑工程法律风险防控论坛，就建筑房地产领域的法律纠纷及司法判决实务问题进行专题讲座。5月10日，党员企业山东龙盛集团子公司山东天勤农牧产业扶贫项目启动仪式在费县朱田举行。5月25日，致公党兰山支部走进临沂第九中学，开展“成长路上，与法同行”送法进校园活动。6月8日，致公党兰山支部前往云泊湖社区对“精准扶贫”困难群众刘玉福进行走访慰问。9月28日，区委统战部与支部党员孙军等企业家一同开展“精准扶贫、捐资助学”活动，为朱洁、咸庆磊、王瑞强等同学捐助2万余元助学金。

撰稿：殷学妮

审稿：刘彦明

【九三学社兰山支社】 思想建设。2016年，通过召开理论学习会议，深入学习中共十八大、十八届四中、五中、六中全会精神和中共中央《关于加强社会主义协商民主建设的意见》，把加强协商能力建设放在自身建设的重要位置，推进协商民主制度化建设，不断提高参政党协商水平和履职能力。

组织建设。2016年，九三学社兰山支社有社员7人，其中省人大代表1人、市政协常委2人、区政协委员5人。

参政议政。在市政协会议上提交《破解老人医养难题　推动健康产业发展》提案1篇，在区人大政协会议上提交《在城市社区老年人日间照料中心设置心理疏导室关注老年心理健康》《推进家庭医生签约服务让群众拥有健康守门人》等4篇提案及2篇社情民意。

社会活动。开展“送安全”“送温暖”系列活动，提升农村群众的健康观念和幸福指数。2月19日，围绕全区安全生产“大排查快整治严执法”活动，九三学社兰山区支社根据农村社区实际情况，给党员、群众代表讲解用电、用气、防火、防盗方面的知识，帮助广大居民提高安全意识。在山东瑞星塑业有限公司举办安全生产知识培训会，对企业管理人员、一线操作人员进行培训，并指导企业开展应急救援演练。在汪沟镇第一中学举办安全知识讲座，讲解消防自救、消防器材的使用、突发事件应对、道路出行安全等方面知识。自3月1日起，联合山东省鲁南眼科医院、临沂同德中医院到汪沟镇等10个村为千余名群众开展惠民义诊活动。

撰稿：赵思思

审稿：宋敬华

工商业联合会

工商联领导成员

党组书记 齐宝进

主席兼党组书记 宿振友 *

副主席 庞 娜(女)* 刘秀娟(女)

【机构设置】 2016年，工商联下设办公室、会员科、宣调科、经济科、联络科、行财科、法律维权中心、区工商联企业和商会党委办公室、YBC青年创业兰山工作站9个科室，有干部职工10人。

【概述】 2016年，区工商联坚持以党的十八届四中、五中、六中全会精神为指引，认真开展“两学一做”，把握“两个健康”工作主题，团结带领广大会员，提高非公有制经济人士思想政治素质，服务会员，积极参政议政。年底，区工商联被中华全国工商联评为2016年全国“五好”县级工商联，被区委、区政府授予“先进单位”称号。

【组织建设】 深入开展“两学一做”活动，集中组织学习党的十八届三中、四中、五中、六中全会以及习近平总书记系列重要讲话精神，组织全体机关干部学习中央八项规定，提升机关干部的政治素养。开展“结亲连心企业大走访”活动，先后走访调研企业72家，与企业家面对面交流，收集整理各类意见、建议132条，协调解决32条。

【教育培训】 开展“非公经济人士理想信念教育实践活动”，引导教育他们自觉承担社会责任。开展“诚信守法企业”争创活动，制定《关于开展2016年度兰山区工商联系统争创“诚信守法企业”活动实施方案》，引导会员企业合法诚信经营，注重环保节约，构建和谐劳动关系，加强企业文化建设，教育会员企业广大员工敬业爱岗、多做贡献。3月16日，召开座谈会学习《习近平同志在全国政协十二届四次会议民建、工商联界委员联组会上的讲话》。6月9日，举办“供给侧结构性改革”辅导报告会，邀请临沂大学教授、南开大学经济学博士齐春宇作专题辅导和讲解。6月24日，参加兰山区委统战部、区工商联、区民宗局联合组织的“龙盛杯”兰山区统战知识竞赛，非公企业代表队获二等奖。

【服务基层】 搭建银企合作平台，拓宽融资途径。1月18日，市委统战部副部长、市工商联党组书记张建军带领市工商联界政协委员一行35人来到民生银行，搭建起银企互动平台。发挥信息服务中心作用，编发《兰山工商界》12期，在《齐鲁工商》《临沂工商界》《兰山大众》《临沂日报》等报纸刊物上发表各类报道、信息53篇。在工商联常委中建立微信群、QQ群，及时发布工商联、商会、会员的工作动态，交流经验。4月，区工商联法律维权服务中心、三禾律师事务所共同举办建筑工程法律风险防控讲座，提高建筑工程行业企业家的法律风险防范意识和风险防控能力。

【商会建设】 开展“五好”县级工商联、“五好”商会创建工作，按照“五好”商会创建标准，制定下发《2016 年度兰山区工商联基层商会目标考核细则》，兰山街道、金雀山街道、柳青街道、义堂镇 4 个商会被评为山东省工商联系统 2016 年度“五好”商会。实行企业家定期联谊机制，集中会员进行新信息、新项目发布，新技术、新产品等企业转型升级的经验交流，促进企业之间的合作和经营发展。建立行业商（协）会联席会议机制，由区委常委、组织部部长、统战部部长牵头，工商、税务、人社、经信等相关职能部门参与，工商联具体筹办，重点对工商联及行业商（协）会工作中遇到的问题进行汇总、明责、交办，形成工商联、职能部门和行业商会三方协调联动机制。

【对外联络】 利用工商联、商会组织网络的桥梁优势，开展对外交流、考察学习等活动。先后接待省委统战部、省工商联党组书记李法信，省工商联党组成员、纪检组长张永法来兰山区的视察与调研；安徽亳州市、宁夏固原市、金乡县等各级工商联来兰山区进行考察，签订友好商会协议。5 月 18—22 日，组织 12 家会员企业参加第十届中国（青海）国际清真食品及民族用品展览会。

【参政议政】 组织非公有制经济人士中的“两代表一委员”、工商联会员，开展调查研究，撰写提案、议案和社情民意。在全区“两会”上工商联会员共撰写提案、建议 116 件，其中《关于加强民营企业家队伍建设》的提案被区政协列入年度一号提案。配合省工商联完成 2 次调研，开展对全区私营企业和外资企业管理技术人员情况进行调研，走访不同类型企业 16 家；开展上规模民营企业调研 12 家。

【非公党建】 开展“建组织、扩覆盖”，做实非公党建工作。区工商联企业和商会党委借助商会平台，发挥商会优势，推行“党建＋商会”模式，以党建带商建，融合发展，服务企业，达到党旗红、商会强、企业兴的党建工作目标。2016 年，在义堂镇商会成立党总支，在兰山区工商联电商商会成立党支部，先行试点“党建＋商会”模式，突出商会特色，构建党委－党总支－区域中心党支部－企业党支部的组织架构，做实商会党建。

【光彩事业】 引导非公有制企业和行业商会履行社会责任，引导企业家参与公益活动。2016 年，区工商联、各商会先后组织各类社会公益活动，安置贫困群众就业 520 人，捐款捐物折合现金 3000 余万元。1 月，“情系教育·温暖助学”，山东君发集团向全区 10 所学校捐赠价值 200 万元的“爱心厨房”设备。6 月，义堂镇商会会员企业众筹扶贫基金 800 余万元；兰田集团向丰硕村捐赠 70 万元、华苑集团向柴胡山村捐赠 60 万元、兰华集团向兴旺村捐赠扶贫资金 60 万元。7 月 22 日，在兰山区精准扶贫企业援建项目捐献仪式上，金锣集团、兰田集团、华强集团、君发集团、亿辰集团、兰山合行、沂河新能源 7 家爱心企业现场捐赠，募集扶贫资金 540 万元。9 月 5 日，义堂镇商会在义堂中学举行第三届“惜慧”奖学金的发放仪式，商会出资 12.9 万元，奖励义堂籍中考和高考成绩优异的 30 名学生，奖励获得“功勋年级

主任”称号的老师2名。10月19日，君发集团向李官镇后元沂村捐赠40万元用于扶贫。

【“三引一促”工作】 积极“走出去”，主动“请进来”，动员工商联企业家兼职副主席、副会长，到江苏、浙江、上海等地开展联谊招商活动3次，走访外地相关企业60家，宣传推介兰山。2016年，全区有55家民营企业与省科院、市外高校、科研所建立产学研合作关系，引进科技成果78项；引进签约培养“千人计划”专家、“泰山学者”等A类高层次人才9名，带资金、带技术、带项目的B类创新创业人才88名，硕士以上C类高学历人才90名；民企引进项目3个，总投资10亿元。工商联机关引进投资5000万元的山东云水游餐饮管理有限公司项目，引进B类创新人才1名。

【精准扶贫】 精准发力脱贫攻坚，成立“百企精准扶贫联盟”及领导小组，组织118家强居强企结对帮扶118个经济薄弱村，在扶贫工作中，集中捐款1600余万元，流转土地73.33公顷，建设蔬菜大棚100个（其中，金锣集团投资400余万元，捐建20个蔬菜大棚），可带动村集体年增收入3万元，贫困户增收2600余元，吸纳贫困户就业218人；开展产业培训430人，惠及20个贫困村；帮助贫困村硬化道路21公里，安装路灯40盏。

撰稿：邵明全

审稿：齐宝进

总工会

总工会领导成员

主席　李洪利

主任科员　徐孟光

副主席　李建梅（女）　赵玉启　胡　波

副主任科员　李恩军*　娄延鹏

【机构设置】 2016年，区总工会设办公室、组织部、宣教部、生产保障部、法律工作部、女职工部、财务部、经审办、职工服务中心等部室。年底在职工作人员12人。

【概述】 2016年，区总工会围绕区委、区政府中心工作，筑牢服务意识，创新服务方式，增强服务能力，做好服务文章，为职工群众维权，为改革发展添力，树立精品意识，打造工作品牌，工会整体工作又上新台阶。年内，区总工会被全国总工会授予“工会财务工作先进单位”称号，被市总工会授予“劳动者之歌”文艺晚会优秀组织奖，被区委、区政府授予“全区2016年度工作先进单位”“履行计划生育分工职责先进单位”“群众工作信访工作先进单位”“招商引资先进单位”“普法依法治理工作先进单位”等称号。

【组织建设】 把加强党员领导干部学习教育、提高党员干部思想认识作为工作的重中之重来抓，利用“三会一课”等载体，组织全体党员干部学习党的十八大、十八届四中、五中、六中全会精神和习近平系列重要讲话精神，特别是中央和各级党的群团

性。健全企业、车间、班组三级民主管理网络，完善职代会工作制度，明确职代会职权、内容、程序、要求。为确保厂务公开民主管理工作取得实效，实行责任追究制度，把职工满意不满意作为检查厂务公开民主管理工作实效的最高标准，每年组织检查验收，职工满意率达不到90%以上的，不能评为厂务公开民主管理创优达标单位；厂务公开民主管理工作不达标的，取消“评先树优”资格。

工作会议精神，不断提高党员的思想认识，使工会党员在带头坚持工会工作的政治性、先进性、群众性认识上有明显提高。

【工资集体协商】 成立由工会主席任组长的工资集体协商工作推进领导小组，对300多名工会干部职工代表进行培训。因企制宜，针对不同类型的企业实行分类指导，推动企业建立健全职工工资协商共决机制、正常增长机制和支付保障机制。年底，全区签订集体合同1848份，覆盖企业3514家，涉及职工17.9万人，建会企业工资集体协商建制率达到93.7%；其中，签订工资专项集体合同764份，覆盖企业3135家，涉及职工16.7万人，区域性、行业性工资集体协商建制率达60%以上。

【厂务公开民主管理】 成立厂务公开民主管理工作领导小组，制定下发《关于进一步加强厂务公开民主管理工作的意见》。针对部分非公有制企业经营者“不愿公开、不想公开、不会公开”以及职工参与积极性不高的实际，利用各种会议、宣传材料、普法活动、知识竞赛、业务培训等形式进行广泛的宣传，组织基层工会干部培训学习220余人次，调动广大职工学法、知法、用法的积极

【职工维权】 区职工服务中心逐步完善工作职责，明确工作范围、职责权限和工作程序，制定劳动争议调解流程、帮扶专项资金分配流程等，做到公平、公正、民主、透明。开设8032315热线电话，推动“四季服务”经常化、长效性、社会化，聘请2名执业律师，为来电来访群众提供法律咨询，指导其依法维权。完成省总工会要求的注册企业招聘信息、实训基地基础资料信息录入，动员全区50家企业开展网上招聘、求职。印发5000份“临沂惠员卡”工程宣传提纲，在《兰山大众》和兰山电视台进行广泛宣传，重点宣传惠员卡的意义和作用，宣传惠员卡的办理流程，让广大职工“想办”“会

走访慰问困难职工

办"，年底，已办理会员卡 1.7 万余份 ,80% 的中央帮扶资金已通过工会惠员卡发放。区总工会劳动争议调解中心加大调解力度，共受理投诉 110 次，成功调解 16 起。

【劳动竞赛】 围绕适应新常态创造新优势、实现全区经济发展目标，以"工人先锋号""劳模创新工作室"等创建活动为载体，组织全区职工深入开展技能培训、岗位练兵，技术革新、技术攻关、发明创造等创新竞赛活动，截至 12 月底，全区累计开展各类创新竞赛活动 40 余场次。经过考察推荐，表彰 43 名创新能手，39 个创新型班组和 10 个示范企业。

【宣传教育】 深入开展形势政策和理想信念教育，不断提高广大职工的政治思想素质。成立兰山区职工体育文化活动中心，在企业大力推行"四德工程"建设，培育和践行企业广大职工的社会主义核心价值观。全区建有全国工会"职工书屋"示范点 3 个，市级"职工书屋"示范点 31 个。为劳模免费订阅《工人日报》100 份、《山东工人报》400 份。在《兰山大众》开辟专栏，宣传工会知识。基层工会开展丰富多彩的职工文化活动，丰富企业文化建设。

【先进表彰】 大力弘扬工人阶级伟大品格和劳模精神，做好各级劳动模范的评选表彰工作，唱响"工人伟大、劳动光荣"的时代主旋律。"五一"前夕，召开振兴兰山区劳动奖章表彰大会，39 人荣获振兴兰山区劳动奖章称号。全年评选出 1 名富民兴鲁劳动奖章获得者、6 名振兴沂蒙劳动奖章获得者、2 名临沂市十佳金牌工人，1 个单位获得振兴沂蒙劳动奖状，4 个单位获得"工人先锋号"称号。

【开展"查保促"活动】 把"查保促"活动和职工安全教育培训作为全区工会系统"一号"工程来抓，成立由主席任组长、分管主席任副组长、有关部室和各镇（街道）工会主席任成员的领导小组，明确任务职责，全力推进"查保促"活动的开展。加强同安监等部门的协调配合，通过组织开展安全生产集中排查摸底行动，累计排查摸底企业 4328 家。

撰稿：屈　宁

审稿：李洪利

共青团兰山区委员会

团区委领导成员

书　记　赵　童（女）

副书记　李学正

【机构设置】 2016年，共青团兰山区委下设办公室、组织宣传部、工农青年部、学校少年部、社区和维护青少年权益部5个职能科室和区青年就业创业指导中心1个股级全额预算管理事业单位，区希望工程领导小组办公室（简称区希望办）和中国少年先锋队临沂市兰山区工作委员会（简称区少工委）设在团区委。年底，机关共有干部职工6人。

【概述】 2016年，团区委以改革创新精神、依法治理理念、新常态思维，坚持问题导向，创新活动载体，强化自身建设，全面提升共青团工作科学化水平。年底，团区委荣获"全省服务青年项目创新工程示范区团委""全省助力县域科学发展工程示范区团委"称号，在团市委年度综合考核中连续多年位居第一，被评为临沂市红旗团委。所辖团组织中，有18个单位和个人被授予省级以上荣誉称号；有36个单位和个人授予市级荣誉称号。

【青少年思想道德建设】 青少年理想信念教育。结合建党95周年、红军长征胜利80周年、清明节等节点，在中小学团队组织中开展"红领巾心向党""听党的话　做好少年"等主题教育活动；借助队会、国旗下讲话等时机，开展中国梦、核心价值观主题队日等活动。10月13日，承办全市纪念建队67周年暨少先队工作表彰大会。10月18—19日，开展全区少先队管乐团检阅活动。

践行社会主义核心价值观。6月1日，承办全市"红领巾相约中国梦—关注十三五，创造新生活"活动；开展"践行社会主义核心价值观　争做沂蒙最美青年"主题团队日活动，评选表彰"美德少年"千余名。组织参加全省"国学达人"挑战赛，推广开展"三礼三仪"主题活动，教育引导青少年知礼仪、守诚信。

共青团网络新媒体工作。组建"青年之声—兰山"微邦平台，邀请4000余名专家针对青年集中反映的问题给予帮助引导。2016年，平台浏览量1350.7万余次，问题留言总计1.7万余条，答复1.1万余条。组织开展"青年之声""兰山区红领巾相约中国梦—向国旗敬礼""1＋100"团员青年恳谈交流会、"小手拉大手　文明城市行""爱我家乡"等线下主题活动30余次。

【基层团组织建设】 党团共建区域一体化。以党建为引领，进一步延伸工作触角，积极构建以团区委为统领、街道区域化为核心、社区为基础的三级联动区域工作格局。在区域化党建统筹下，对街道、社区的服务中心功能区进行科学划分，高标准打造10余处青年之家等团属工作阵地，延伸区域服务方式，探索成立12个社区（市场）大团委。

团员发展管理。严格团员发展标准程序，严控发展数量，切实提升团员发展质量。2016年，按照计划上半年发展团员2253名，下半年发展团员2120

名。征集推广12个中学团委在团课培训、团员意识教育、推动团员成为注册志愿者等方面的典型做法。五四期间，在全区范围内开展红旗团委、优秀团员、团干部、青年志愿服务先进集体和先进个人评选表彰活动。

全团带队工作。组织开展少先队活动课程听评课活动，不断提高少先队辅导员的业务素质和能力。6月21日，全市少先队辅导员技能大赛暨风采展示活动在兰山区举行，兰山区选送的两位老师分别获得一、二等奖。推报1名少先队辅导员参加第六届山东省少先队辅导员技能大赛暨风采展示活动并获得二等奖。

【服务改革发展大局】 实施兰山志愿扶贫计划。做好线下部署发动，召开全区志愿扶贫工作座谈会和部署会，发布招募公告，印发宣传折页，动员广大团属资源参与活动。做好线上传播推广，借助“青春兰山”、网站、电视台等，面向社会公开招募志愿家庭，招募注册的420个志愿家庭按照一助一或多助一的方式与贫困户结对。实现网格管理全覆盖，按照集中区域、方便服务的原则，将区域层级网格化管理模式贯穿于志愿家庭与贫困户的结对、入户、服务等环节，共建立网格65个，网格微信群28个，志愿驿站28个。确保点面结合聚合力，整合志愿服务资源，建立10支专业服务队，在全区开展“同在蓝天下　牵手城市行”“牵手金晖助老”等系列主题活动，团区委先后组织开展“爱心全家福”“夏日送清凉”“爱心小药箱”“爱心浓浓·情暖中秋”等主题志愿扶贫活动，累计开展入户结对帮扶1100余次，捐赠物资达70余万元。

实施“红领巾·绿梦行动”。通过“环保进队课”“公益随手拍”等行动，让生态环保的种子在少年儿童心里生根发芽。开展“环境保护知识教育课”“跳蚤市场”环保手工设计大赛、“绿色长征”环保公益健走等活动，发挥少先队员在学校与家庭之间的纽带作用，教育带动队员、家庭共同参与到环保活动中。联合开展“保护环境　从我做起　争做环保小卫士”主题教育活动，征集环保心愿卡6万多张，选树“环保小卫士”100名，兰山区少工委、商城实验学校分别在全省“小手拉大手　共筑碧水蓝天”推进会上作典型发言。开展悦动圈“绿色长征”健步走活动，参与青少年数位列全国前20名。

投身经济建设。发挥共青团组织化和社会化动员优势，推报1名省青联委员、1名省农村青年致富带头人、10名市农村青年致富带头人、20名市优秀青年企业家。组织动员12个青年文明号集体、青年企业家等参与精准扶贫，为贫困户提供智力、项目、信息、资金等帮扶。为提高广大青年安全意识和安全生产技能，团区委联合区安监局开展创建2016年度“青年安全生产示范岗”活动，并推报临沂新程金锣集团文瑞高温车间包装班组参评省青年安全示范岗。

【共青团品牌活动】 青少年社工服务品牌。深化银雀山街道东苗庄社区“沂蒙菁梦家园·共融”社工服务项目，探索“团组织+社工+志愿者”的服务模式。2016年，开展小组服务53场次、社区服务28场次，个案服务253小时，服务1.2万余人次。

希望工程。联合有关部门，积极宣传发动，整合社会资源，不断为弱势青少年群体提供帮助。8月30日，开展希望工程圆梦行动，筹集资金292350元，帮助72名学子圆梦大学。

自护教育。开展“彩虹伞平安春节”“守护平安　幸福童年”等安全自护知识宣传教育；组建由法律、心理等专业青年志愿者构成的青少年维权专家服务团队，参与社区矫正、拘留所社会监督等工作，开展心理矫治及法治监督等服务。

撰稿：庞洪振

审稿：赵　童

妇女联合会

妇联领导成员

主　席　张晓静（女）

副主席　鲍晓红（女）*　杨秀玲（女）

王　莹（女，挂职）

【机构设置】2016年，区妇女联合会机关设办公室、组宣部、发展部、维权儿童部4个部室。区妇女儿童工作委员会办公室设在区妇联。年底，机关共有干部职工8人。

【概述】2016年，全区各级妇联组织围绕区委、区政府发展大局，按照上级妇联指示精神，认真探索新形势下妇女工作特点，贯彻新理念、抢抓新机遇，在服务大局中求发展、增活力，在服务妇女中求实效、有作为，在改革发展中求突破、强基础，各项工作取得明显成效。区妇联先后荣获“全省三八红旗集体”“全省城乡妇女岗位建功先进集体”“全省‘幸福进家’活动先进单位”“全市关心下一代工作先进集体”“全市创业担保贷款工作先进集体”等称号，在全区科学发展综合考核中获得“先进单位”称号。

【妇女创业就业工作】把促进妇女创业就业作为服务全区经济工作大局、服务妇女民生和维护社会和谐稳定的重要工作来抓。围绕“创业创新、巾帼脱贫”一个目标，突出“政策、技术、资金”三项重点，深入落实《关于大力发展全区妇女居家灵活就业工作的意见》，用足用好20万妇女创业就业专项扶持资金，实施巾帼脱贫行动，采取政策保障、技能培训、资金扶持、搭建平台等措施，为妇女创业就业、精准脱贫提供全方位服务。6月23日，区妇联主席张晓静在省委副书记龚正调研临沂市脱贫攻坚工作时代表市妇联作典型发言；8月16日，全市妇女创业就业暨巾帼脱贫行动现场推进会，参观兰山区的3个现场。全年共开办新型职业农民、失业妇女、女大学生创业、精准扶贫等相关技能培训30期，培训人员430余人，开办家政服务员培训班13期，免费培训妇女1060人，安置就业880人。举办妇女居家灵活就业电商、微商培训班6期，培训妇女群众600余人；举办商城经营户电子商务培训班40期，培训妇女1000余人。全区涌现省级巾帼现

代农业示范基地1处、巾帼家庭农场2处，市级沂蒙大姐居家灵活就业示范基地3处、区级20处，新增加工点、经营户、小微企业34个，培育自主品牌2个，新增从业妇女1200多人。完成小额担保财政贴息贷款7688万元，低息贷款1.3亿元。

【妇女文明素质提升工作】 发挥广大妇女在家庭文明建设中的独特作用，以“庭院美、居室美、家风美”为主要内容，在全区大力培树50个示范村、1550户示范户，以点带面深化“美在农家”活动。围绕家居美化净化、家庭伦理道德、科技致富等内容，采取集中培训与入户指导相结合、现场观摩和网络培训为补充的方式，开展“新农村·新生活”培训，全区2.3万名农村妇女受益。坚持让群众当主角，让活动更常态，让“最美”更有内涵，广泛开展寻找“最美家庭”活动，覆盖城乡妇女之家322个，积极培育文明家风。举办全区“最美家庭”颁奖典礼，表彰2016年度新涌现的“十大最美家庭”和“最美家庭提名奖”。全年共入选全国最美家庭2户、全国五好文明家庭1户；推报省市级最美家庭5户，省市级文明家庭6户。举办全区“树立良好家风，建设廉洁家庭”演讲比赛，在全社会形成崇廉向善爱美的家庭新风尚。

【妇女儿童权益维护工作】 实现妇联维权实事化，以《反家庭暴力法》施行为契机，开展各类普法宣传；规范村（社区）婚姻家庭矛盾调解室建设，注重发挥村居维权服务点、家庭暴力投诉点作用，做好婚姻家庭个案调处工作；将家暴投诉纳入110出警范围，在全区29个基层派出所普遍建立家庭暴力投诉站，对遭受严重家庭暴力的妇女儿童实行紧急救助；打造调解室“星级”服务；通过提升12338热线、维权窗口服务、组建专家顾问团队、强化家事调解小组和完善家庭暴力防护机制等措施，不断完善依法维权“大调解”服务体系。全年共建立村级婚姻家庭矛盾调解室201处，调解婚姻类矛盾纠纷1300余起，热线接听调解75起。全区各级妇联组织广泛深入地宣传农村适龄妇女“两癌”免费筛查的时间节点和工作流程，帮助广大农村妇女了解惠民政策，掌握卫生保健知识，顺利完成“两癌”筛查1.95万人年度检查任务。实施“爱心温暖妇女，真情传递健康”女性安康工程，宣传“两癌”普查普治及保障常识，组织动员参保1.78万人，提高广大妇女对“两癌”知识和相关投保政策的知

晓率和参与率。筹集善款35万元，救助贫困“两癌”患病妇女110人；筹集钱物40.6万元走访慰问困难妇女126人，困难儿童1012人。

【妇联组织自身建设工作】 健全完善妇联工作社会化运作机制、资源整合机制、规范化管理机制，聘任镇（街道）兼职妇联副主席26人，村妇代会兼职副主任423人，社区兼职妇联副主席78人。新建机关妇女组织3个、企业妇女组织2个。成立兰山区巾帼志愿团、女村官联谊会和妇女广场舞带头人联谊会等妇联社会组织9个，创建区级规范化“妇女之家”12个，开设“巾帼兰山”微信平台，妇联工作的科学化、社会化水平进一步提升。

撰稿：李开国

审稿：张晓静

科学技术协会

科协领导成员

主　任　刘登吉

主任科员　陈正义

副主任　张学昌　姜兆恒　史庆德

【机构设置】 2016年，区科学技术协会机关内设办公室、科普部、学会部、组宣部等4个部室，辖科技咨询服务中心、实用技术培训办公室、兰山区科普图片社3个股级事业单位。年底，科协机关共有在职人员10人，其中具有中级技术职称的1人，大专以上学历的10人。

【全民科学素质行动计划】 社区科普工作。开展各类科普活动，制定下发《兰山区科协学雷锋科普志愿服务活动实施方案》，组织开展“全民公益行动　志愿服务社区行”主题科普志愿活动，邀请市人民医院、市中医院医务专家在金雀山街道小埠东社区开展医学专家进社区义诊服务活动，发放各类科普宣传资料9000余份。开展食品安全周主题日活动，邀请市人民医院营养科专家作题为《食品营养与安全》的科普讲座，银雀山街道东苗庄社区居民、科普志愿者等90余位群众聆听讲座。在兰山街道后园社区开展“科普大篷车进社区”活动，展出科技展品10余件，2000余名居民参加。发放各类科普宣传册7000余份。

科普宣传阵地建设。下发山东数字科普终端维护说明，在各镇（街道）自查的基础上，组织专门人员对枣园、方城等镇（街道）重点站点进行检查督导，查找问题，增强管理人员责任心。利用新闻媒体传播科技知识，围绕全民科学素质提升，在兰山公众信息网站、《兰山大众》报纸分别开设提升全民科学素质栏目，包括科普之窗、科技工作者风采等专栏，每月一期宣传全民科学素质动态、科技知识等。

农技协建设工作。对全区农村专业合作组织、种养植大户进行摸底，强化政策宣传，引导帮助成立农村专业技术协会，带动农户共同致富。成立注册汪沟镇海棠种植协会、李官冬桃种植协会等农技协。

青少年科技教育。组织青少年参加科技竞赛，联合区教体局，组织参加第31届青少年科技创新大赛评选、第13届临沂市“七巧科技”系列活动竞赛活动。获省一等奖4项、二等奖10项、三等奖4项。开展老科学家进校园活动。10月26日，邀请中国科学院院士、地质学家刘嘉麒为临沂四中师生做科技报告。

【服务科技工作者】 大力推进企业科协、学会组织建设，制定下发《兰山区科协关于加强企业科协组织建设的实施方案》，向各镇（街道）发放企业科协成立程序和参考文件。山东华源锅炉有限公司成立企业科协组织。开展临沂市第十四届自然科学优秀学术成果奖评审工作，推荐6项成果参评，推荐银雀山街道参加省级反邪教示范乡镇评选，获得省级三星级反邪教示范乡镇表彰。

【“三引一促”工作】 落实“三引一促”工作任务，对全区重点企业和农技协进行调研，了解科技人才、技术难题和企业需求情况。招商引资工作：金雀便民农超项目，追加投资3000万元。招引人才工作：搭建引智引技平台，引进创新创业B类人才华中农业大学教授1名。华中农业大学教授尹昌喜与兰山区清春蔬菜种植农民专业合作社签订工作协议。“产学研”合作：鲁南厚普制药有限公司与山东省医学科学院药物研究所订产学研合作协议。引进科技成果：鲁南厚普制药有限公司从山东省医学科学院药物研究所引进科技成果1项。

撰稿：郑宗宇
审稿：刘登吉

归国华侨联合会

侨联领导成员

主　席　李永玉
副主席　孙　刚　李恩军
副主任科员　王玉梅（女）

【机构设置】 2016年，区侨联下设办公室、经济联络部2个科室，年底共有干部职工7人。

【概述】 2016年，区侨联始终牢记为侨服务的根本宗旨，切实履行“群众工作、参政议政、维护侨益、海外联谊”的基本职能，各项工作扎实开展。2016年度，被评为全区“三引一促”工作先进单位和全区招商引资工作先进单位。

【组织建设】 抓好“学习型”机关建设，重点加强干部职工的政治理论、业务知识、法制知识等教育培训，提高干部职工的整体素质。增强党员队伍的政治意识、大局意识、廉洁自律意识和遵纪守法观念。学习党和国家的各项路线、方针、政策，提高全体党员规范宣传执行党和国家政策的能力。学习《山东省归侨侨眷权益保护条例》等业务知识，增强为侨服务意识和业务水平。

【服务工作】 通过各种渠道、多种形式，深入宣传《归侨侨眷权益保护法》和国务院《信访条例》等法律法规，向归侨侨眷发放维权联系卡，提供法律咨询服务，开展“归侨侨眷权益宣传周”活动，印制宣传资料2000余份，帮助7户归侨侨眷解决医疗保险、拖欠工资等问题。帮助归侨侨眷解决实际困难。

2016年，侨联筹集资金对部分特困家庭进行扶持救助，为困难归侨侨眷送去救助金和物品。对返乡探亲归侨以亲情、乡情为纽带，主动联络，热情介绍兰山发展现状，做好服务接待，激发归侨对家乡的自豪感以及参与家乡建设的热情，共接待西班牙、加拿大、澳大利亚等国家探亲归侨30余人次。

【对外联谊】 开展“亲情兰山”宣传，激发海外华人华侨的爱乡热情。为加强兰山在海外华人华侨、留学生及眷属中的宣传，参与省市侨联组织的第十八届世界华人学生作文大赛、世界华侨华人美术书法展等活动，以淳朴的乡情吸引海外华人华侨了解兰山，为兰山的经济发展、文化交流贡献力量。发挥桥梁纽带作用，加强与海外侨界的联系。充分发挥在兰山的侨企、侨胞、侨属企业家的作用，大力推行委托招商、以侨引商；加强与浙闽粤重点侨乡侨界组织的联系，邀请他们来兰山区参观考察。拓展业务，提供海外留学帮助。为满足群众留学需求，与市侨联、致公党临沂总支部，共同邀请加拿大多伦多杜汉区教会教育局的招生和国际留学部部长 keith Wan 和中国区招生总监 Eric Wang 来临沂做留学说明会，让更多市民了解到留学手续和方式。

【参政议政】 主动、自觉、积极地参与到区政协履行职能的各项工作当中，参与政治协商和民主监督，支持侨界的人大代表与政协委员为侨界群众的切身利益表达意愿。

按照区委、区政府安排部署，把“三引一促”作为2016年的工作重点，先后到青州、常州等地开展招商引资和招才引智工作，引进项目1个，到位资金2000万元，招引B类创新人才1名。做好“万名人才回乡行动”。联系兰山区在外工作的高学历人才，利用“五一”“十一”等放假回乡之际，组织他们到烈士陵园和沂蒙革命纪念馆接受红色教育，为家乡发展做贡献。

撰稿：李　华

审稿：李永玉

文学艺术界联合会

文联领导成员

主　席　尹卓文

副主席　訾金行　马咏梅（女）

副主任科员　宋全荃

【机构设置】 2016年，区文联下设办公室、组织联络科2个科室，年底共有职工6人。

【概述】 2016年，区文联不断加强自身建设的同时，紧抓下辖社团组织建设和文艺创作团队建设，并精心组织文化三下乡活动，实现整体工作新的突破。

【组织建设】 认真学习习近平在文联工作座谈会上的讲话精神，举办专题培训班2次，召开全区文联工作座谈会2次，切实解决文联各个协会在日常工作中遇到的难点和热点，申请区委、区政府成立“羲之文艺奖”。

【组联工作】 区文联、区摄协联合泰盛恒地产举办“泰盛恒地产”摄影大赛。组织兰山区籍书画家征集书画作品参与河东区文联举办的庆祝建党95周年暨红军长征胜利80周年书画展。先后组织文联会员到青岛市平度市、罗庄区等地举办笔会3次。联合鲁蒙书画院著名书画家先后到镇（街道）送文艺进社区2次。

【精品工程】 美协姜良艳的作品《一亩方塘》获得“山东省农民书画展一等奖”；作品《羡鱼情》入选首届“齐白石”大学生文化艺术节美术作品（中国画）展；作品《你的世界》入选首届山东（国际）当代艺术展。徐庆战的美术作品获得“山东省农民书画展三等奖”。边存金的作品《会玩，才有翅膀》荣获“临沂市第五届沂蒙文艺奖文学类一等奖”。摄协付迎东的组照《过门笺》荣获“临沂市第五届沂蒙文艺奖摄影类三等奖”。“三阳之春——2016兰山春节文艺晚会”荣获“临沂市第五届沂蒙文艺奖电视类三等奖”。尹廷涛的美术作品《大壑静观》入选中国美协举办的“丝绸之路　翰墨通渭”首届中国画油画作品展；作品《草原牧歌》入选中国美协举办的“吉祥草原、丹青鹿城”2016年全国中国画作品展，具备入会（中国美协）资格条件一次。

【艺术工作】 加强艺术交流，通过举办笔会等来提高文艺队伍的整体创作水平。美协、书协举办小型展览15次，不同形式的笔会30余次，发展会员30名。摄协举办摄影培训班2期，组织摄影骨干到外省实地采风2次。作协依托《洗砚池》为文化创作基地发表文学作品100余篇。刘晓峰编著的《晓峰故事》由中国电影出版社出版。音协、舞协在兰山区春节文艺晚会上积极参与节目演出，并举办培训班和辅导班，培养和发现了一批人才。

撰稿：陈明勇

审稿：尹卓文

残疾人联合会

残联领导成员

理事长　路金华

副理事长　赵树海　张丽华（女）

【机构设置】 2016年，区残疾人联合会内设组织联络部、维权部、教育就业部、康复部、宣传文体部、办公室等5部1室，辖股级事业单位1个：兰山区残疾人劳动就业服务部，共有干部职工16人。

【概述】 2016年，以实施“整体赶平均、共同奔小康”计划为总抓手，着力解决残疾人最关心、最直接、最现实的利益问题，全面推进残疾人组织建设、康复、教育就业、社会保障、信访维权、宣传文体等各项工作，全区残疾人事业取得新的成绩。兰山区残疾人工作在全市科学发展考核中被评定为“好”等次。

【组织联络工作】 规范强化残疾人证核发工作，全面承接市残联下放的残疾人证复审权限，进一步缩短办证时限。严格标准，规范流程，办理残疾人证1238个，其中登门办证40个，变更残疾等级65人。

落实“办证程序一次告知”和“领证即宣传”制度，从源头上加强对办证流程和惠残政策的宣传。开展残疾人基础信息采集工作，集中组织开展全区残疾人基本服务状况和需求数据动态更新工作，调查残疾人 17052 人，入户率达 90% 以上。根据残疾人证办理情况，及时对市残联综合信息平台和全市综合治税系统两大平台的残疾人基础信息进行更新。残疾人基础信息的逐步完善和动态更新，为惠残政策制定和残疾人工作开展提供数据支撑。完善残疾人组织建设工作，开展争创优秀基层残疾人组织、争当优秀基层残疾人工作者活动，夯实残疾人工作的组织基础。组织残疾人专职干事报名参加社会工作者职业水平考试，5 人考取助理社会工作师证书。落实残疾人专职干事工资待遇稳步提升机制，调动专职干事队伍的工作积极性。

【康复工作】 全力做好残疾儿童抢救性康复救助工作，筛选输送 185 名残疾儿童到国家级和省市区各级康复定点机构接受救助，其中区级投入救助经费 83.34 万元救助儿童 50 名。加强康复项目监督管理，严格落实项目月报、安全管理等制度，救助项目的实施更加规范。积极实施各项康复救助工程。实施贫困白内障患者免费复明救助项目，完成复明手术 760 例。实施贫困精神病患者救助项目，救助精神病患者 373 人，其中免费服药 343 人，住院救助 30 人。实施“爱心辅具”工程，免费配发轮椅、助行器、盲人电子手表等辅助器具 662 件。开展“爱耳日”宣传教育活动，提高群众的爱耳护耳意识。加强基础设施建设，提升康复救助工作能力。区残疾人辅助器具服务中心和区残联成人康复部两大服务平台投入使用。区残疾人康复中心完成改造于 12 月下旬投入使用。为多家康复机构添置康复器材和医疗器械，进一步提升残疾人社区康复机构的硬件配置水平。

【教育就业工作】 积极促进残疾人就业，完成盲人按摩情况调查、残疾人电商微商统计、专科以上残疾人大学生统计、省市残联举办的残疾人技能培训班人员推荐和多个残疾人就业系统的信息录入工作，为 2 名盲人申领盲人医疗按摩资格证书。开展“就业援助月”和“城镇百千万残疾人就业工程”活动，配合市残联举办残疾人专场招聘会，组织 5 家用人单位参加，提供工作岗位 40 余个，为 20 名优秀残疾人电商人员每人发放培训补贴 0.2 万元。加大培育力度，新增残疾人就业扶贫基地 3 处，创建省级优秀基地 2 处、市级优秀基地 2 处，培育省级创业标兵 2 人、省级致富能手 1 人。在服务制度设计、运行机制和管理模式规范等方面深入调研，积极探索残疾人梦想小镇工作模式，建设梦想小镇示范点 1 处。做好残疾人学生和贫困残疾人家庭子女就学补助工作。2016 年，为 47 名残疾学生和 130 名贫困残疾人家庭子女发放就学补助金 36.3 万元。

【扶贫救助工作】 开展残疾人贫困户建档立卡识别工作，与区扶贫办加强对接，推动将符合条件的残疾人户纳入全区精准扶贫帮扶范围。研究制定《兰山区残疾人脱贫攻坚实施方案》，明确全区残疾人群众脱贫攻坚的任务目标、方法步骤。协调相关部门落实残疾人参加城乡居民医疗保险、养老保险方面的优惠政策。对 2015 年后新办证的残疾人进行统计，为 238 名残疾人发放护理补贴 10.01 万元。与民政部门合作做好困难残疾人生活补贴和重度残疾人护理补贴发放审核工作，共确定符合补贴条件的困难残疾人 4704 人、重度残疾人 3867 人，补贴资金 815 万元。采取政府购买服务的方式开展残疾人机构托养和居家托养。对依托敬老院建设的 3 处残疾人托养院进行强企托管，提升硬件配置和管理服务水平；与阳光大爱机构签订登门服务协议，选取柳青街道大官苑和柳青苑社区 34 名符合居家托养条件的残疾人，试点开展居家托养上门服务。开展节日助残活动，春节、助残日和中秋节期间走访慰问贫困残疾人 433 户、残疾人服务机构 6 家，发放慰问金、慰问品等总值近30万元。投入资金35万余元，为10162名50周岁以上的残疾人参保意外伤害保险。

【宣传文体工作】 全区残联系统在各级新闻媒体刊发信息100余篇。做好残疾人事业宣传报道线索、残疾人事业好新闻评选作品筛选工作，筛选报送宣传报道线索7条、好新闻作品8件，荣获残疾人事业好新闻二等奖2个，三等奖5个。建设残疾人健身示范点1处。完成市残疾人书画协会、市残疾人事业发展研究会第二届全市委员会委员推荐工作。组织开展残疾人文化周等活动多次。做好残疾人事业论文报送工作，荣获全省残疾人事业论文评选活动三等奖1个。

【维权工作】 做好矛盾排查化解工作，全区未发生残疾人集体越级上访事件和严重侵犯残疾人权益事件。开展残疾人法律援助工作，协调相关部门，为有需求的残疾人提供法律援助服务，引导残疾人依法依规维护合法权益。办理"12345"热线工单21件，办结率和满意率均为100%。开展城区残疾人三轮车运营情况统计工作，为积极稳妥做好残疾人三轮车整治工作奠定基础。加强无障碍环境建设。投入资金8万余元，对44户贫困残疾人家庭进行无障碍改造。争取省残联配发的无障碍辅助器具，为残疾人安装太阳能10台，配发洗浴座便两用尼龙椅50余个，多功能康复床20台。为86名肢体残疾人发放机动轮椅车燃油补贴2.236万元。

撰稿：桑玉蓉

审稿：路金华

武装·政法

人民武装

武装部领导成员

部　长　周永前

政　委　田　海

副部长兼军事科长　贾爱忠

【民兵预备役】 按照常态化、专业化、规范化建设要求，抓好民兵应急分队、专业技术分队建设。通过分散与集中、自训与驻训相结合，抓好训练落实。4月27日，在临沂国际小商品城举行“兰山区2016年民兵千人应急力量军事训练成果展示暨兰剑突击队授旗仪式”。此次活动展示刺杀操、匕首操、防汛演练、防化洗消救援、灾后医疗救护等16个课目，并正式成立民兵应急快反队伍——“兰剑突击队”。加强民兵应急队伍建设的经验做法在临沂军分区系统转发。根据山东省军区赋予的“民兵应急营思想政治教育阵地”示范点建设任务，依托兰山街道后园社区民兵之家和群众文体活动场所，高标准、高质量地完成示范点各项软硬件建设。

【征兵】 针对报名人数较往年有所提高、廉洁征兵标准要求更高等新情况，按照“一季征兵，全年准备”的要求，组织全区专武干部进行调研式总结，全面分析征兵形势，查找不足。抓好兵役登记，在广泛开展征兵宣传，激发适龄青年参军热情的同时，采取得力措施，严把初检初审、上站体检、政审等各个关口，切实做到优中选优。部党委高度重视廉洁征兵工作，把廉洁征兵作为征兵工作的红线和底线，采取有效措施落实各项规定。设计制作《廉洁征兵工作手册》，确保人人熟悉上级通知精神，熟记军委国防动员部廉洁征兵“十条纪律规矩”、山东省廉洁征兵“十项规定”和“五公开、五公布”等要求，各级监督举报电话派专人24小时值守，及时处理举报线索。给新兵家长发放《廉洁征接兵监督卡》，男兵由家长直接寄送区征兵办，女兵由家长直接寄送省征兵办，男兵家长《监督卡》填报回执率为100%，未发现一例违规违纪问题，圆满完成上级赋予兰山区的征集任务，并且兵员质量较往年有所提升，大学生比例占37.3%，超标准完成省军区35%的标准要求，为历年最高。

4月27日，兰山区2016年民兵千人应急力量军事训练成果展示暨兰剑突击队授旗仪式在小商品城举行

【深化军民融合发展】 2016年是中国红军长征胜利80周年，区人武部先后在企业民兵和驻地高校开展“唱响红歌”歌咏比赛，并将活动开展情况录像报送中央军委国防动员部；组织新兵欢送大会，将“传递红军草鞋、传承长征精神”活动融入其中，与“红军草鞋—全国传递”活动融为一体，中央电视台给予重点报道，激发广大新兵献身国防的热情和激情。在定点帮扶的省定贫困村汪沟镇柳树庄村脱贫致富的关键时刻，通过调查研究，制订帮扶方案和经费预算，区人武部出资10万元，并协调地方有关部门计划投资600多万元的冬暖式蔬菜大棚陆续动工建设。

9月11日上午，区新兵欢送大会暨纪念红军长征胜利八十周年·草鞋传·全国接力传递活动在沂蒙革命纪念馆举行

【安全稳定】 2016年开展“百日安全活动”。召开安全形势分析会，对照检查安全隐患，逐条制定整改措施，健全完善安全管理工作制度，制作安全管理规定口袋书，坚持教育引导与行政监管相结合，人防与技防相结合，在“最后一公里”上下功夫。加强部机关营区正规化管理，加强警卫执勤，严格人员、车辆管控，利用营区监控系统实现无缝隙覆盖；利用机关局域网和集中文印室，检查所有办公电脑的保密水印系统使用情况，有效落实保密工作。严格日常作息、办公制度，严整军容、军纪，树立军事机关、军人良好形象。按照上级规定，两台公务车封存一台，严格落实车辆派遣手续，倡导公事外出坐公交，从严管控私家车。

【发扬长征精神】 9月11日，2016年兰山区新兵欢送大会暨纪念红军长征胜利八十周年·草鞋传·全国接力传递活动在沂蒙革命纪念馆举行。区委常委、常务副区长王永哲，区委常委、区人武部政委田海，区人武部部长周永前，区政协副主席房士栋，新时期的红嫂朱呈镕等出席欢送大会，并表达对新兵们的期许、要求。朱呈镕讲述草鞋的故事，并将草鞋托付给现场的新兵，嘱咐他们“发扬长征精神，努力为国争光”，激发广大新兵献身国防的热情和激情。

【国防教育】 为贯彻落实各级关于为地方大学生开展国防教育工作的指示要求，做好高校大学生的征兵宣传工作。4月1日，区人武部邀请党的十八代表、全军二级英模李晓钰到临沂大学，为大学生们上了一堂生动的国防教育课。李晓钰以“梦想的时代，我们为什么要当兵”为主题，从“有梦想谁都了不起，有勇气就会有奇迹”“青春梦连着强军梦，强军梦成就青春梦”“追梦矢志不移，实干成就梦想”3个方面阐述参军报国与个人成长的意义，报告绘声绘色，发人深省。授课前，李晓钰被临沂大学特聘为国防教育顾问。

撰稿：周　通　刘　奇

审稿：周永前

政法与综治工作

政法委领导成员

书　记　王永哲（兼）*　李玉华（兼）
常务副书记　王友前
副书记　曹　莉（女）　王友存*　徐淑永
石增辉　王忠臣

综治办领导成员

主　任　陈宏图
副主任　史兰书　刘　磊

【概述】2016年，全区政法综治以社会稳定、群众满意为目标，深入推进"雪亮工程"建设、严打违法犯罪、矛盾纠纷排查化解、综治"双无一零"主题创建、涉法涉诉信访改革、非访处置、各项秩序整治、见义勇为等重点工作，全力营造平安稳定发展环境。兰山区被授予"全省社会治安综合治理先进区"称号，区委政法委被评为全市人民满意政法单位。全市政法综治工作现场会等多个市级以上现场会在兰山区召开，兰山区就化解矛盾纠纷工作经验在全省多元化解矛盾纠纷工作会议上作典型发言。

【组织领导】加强部署调度和督导考核，2016年组织2次全面检查考核，进行多次重点督导。2月21日，召开平安兰山建设总结表彰大会，表彰先进单位和个人，对部分村（社区）、单位实行一票否决或黄牌警告，与各镇（街道）和综治成员单位签订新一轮综治暨平安建设责任书。3月26日，全区政法综治暨"雪亮工程"建设工作会议召开，对"雪亮工程"建设、化解矛盾纠纷、夯实基层基础等重点工作进行安排部署。5月20日，全区提升社会治安群众安全感暨矛盾纠纷大排查大调处工作会议召开，对着力提升群众安全感满意度和矛盾纠纷排查化解工作进行安排部署。9月5—6日，全市政法综治工作会议召开，与会人员观摩兰山区法院、义堂镇综治中心和义堂派出所等工作现场。11月29日，全区提升社会治安群众安全感满意度工作推进会议召开，对提升群众安全感满意度工作进行再动员再部署。

【信访治理】由政法委牵头或参与的工作组5个，防止群体性上访2起165人。严格落实信访"五个

一”工作措施，区级领导共包案化解重点信访案件55件，省以上信访起数下降28%，进京访非访起数下降44%。建立律师参与信访化解机制，先后化解11起、终结2起信访积案。市信访局交办信访积案275起，化解239起，化解率86.9%。

【矛盾纠纷排查化解】 按照《关于进一步加强全区基层人民调解队伍建设意见》要求，累计公开招聘选拔45名专职人民调解员。全区共有各类调解组织500个，专兼职调解员1127名。开展矛盾纠纷“大排查大调处专项行动”，建立律师参与机制，排查调处各类矛盾纠纷3105余件，成功率达98%以上。

【“雪亮工程”建设】 2016年3月启动，在全区推进区、镇、村三级综治中心规范化建设，推进视频监控联网应用，鼓励群众参与社会治安综合治理，提升动态化、信息化条件下的治安防控能力。兰山区综治中心设置“四室一厅”，名称标识统一。综治信息平台建设完成，纵向贯通全区12个镇（街道）、322个行政村，接入视频监控探头1814个。横向集成公安分局、法院、刑警大队、食药监局等4个单位，实现视频监看、监督考核、视频会议、一键报警、智能运维、指挥调度、收集研判、网格化管理等8大功能，有效提升全区平安建设和社会治理水平。9月，参加全市政法综治工作会议人员观摩义堂镇综治中心、义堂派出所等工作现场。12月5日，中央综治办秘书室副处长张玮一行，到义堂镇综治中心进行现场调研。

撰稿：朱　祥

审稿：刘　磊

公安工作

公安分局领导成员

局　长　王行军

政　委　尹华卫

副局长　李　琪　管　涛　尚海涛　崔金华　李守东

纪委书记　刘秀伟

指挥中心主任　丁雪健

北京路派出所所长　张红磊

【维护稳定】 坚持主动作为和依法履职相结合，打击处理非访人员30余人，到市政府广场群体访比上年减少26.3%，实现全国“两会”期间进京非访“零

5 月 29 日，分局在人民广场举行“打侵财、扫毒害”攻坚行动公开退赃大会

信访多元化解机制，促进涉法矛盾纠纷的化解。全年公共安全监管成效显著，未发生较大以上安全事故。拘留所社会矛盾化解工作得到公安部、省领导的批示，在全国、全省推广，被评定为全国拘留所社会矛盾化解工作成绩突出单位，并完成“全国标兵拘留所”的考核验收工作。推进受立案制度改革，超前完成全局 41 个执法办案单位的案管室、案件受理窗口以及部分单位受案中心的建设，内部执法环境得到优化，执法行为逐步规范，分局执法质量综合考评全市第一名，刑侦大队被公安部评为全国公安机关执法示范单位。

登记”“零通报”目标。

【惩治犯罪】 全年发生的 14 起命案全部侦破，破获省督、部督毒品案件 13 起，部督经济犯罪案件 2 起，部督非法经营疫苗、非法生产销售假药案件 4 起，在市公安局组织开展的“打侵财扫毒害”集中攻坚、“打击电信网络诈骗”“红色预警指令追逃”比武竞赛等行动中综合成绩均居全市第一，缉毒工作在全省第一序列 49 个县级公安机关中排名第五。全区总警情下降 2%，刑事警情下降 49.7%，盗窃下降 56.7%（其中入户盗窃下降 68.3%），街面“两抢”下降 68.9%，再创历史新低。

【队伍建设】 2016 年，分局被评为全省公安系统先进集体、省级文明单位、平安临沂建设先进单位、兰山区先进单位、全区群众工作信访工作先进集体、全区安全生产工作先进单位。全系统共有 85 个（次）单位、249 人（次）受到表彰奖励，其中 1 个单位荣立集体一等功，1 个单位被评为全国拘留所社会矛盾化解工作成绩突出单位，1 个单位荣立集体二等功，10 个单位荣立集体三等功，1 人当选“齐鲁最美警察”，

【基础建设】 分局“警史·警魂·警示”民警德廉教育基地，被列为全市党员民警廉洁教育基地和山东警察学院、南京森林警察学院教学实习基地。在省厅动员部署基层基础 3 年攻坚战之初，分局超前谋划、积极探索，派出所综合勤务指挥室、受立案制度改革、实战型指挥调度平台建设等工作被作为全市样板推进和试点打造，经验推广和亮点加分成绩满分，居全市第一。

【执法规范化】 建立起律师第三方参与

7 月 20 日，全省公安机关提升 12389 举报投诉案件核查能力暨推进维护民警执法尊严临沂现场会与会领导到分局现场观摩指导

1 人被评为全省公安系统先进个人并记个人二等功，70 人荣立个人三等功。

撰稿：吕鹏飞　刘宗队　李建银

审稿：丁雪健

检察工作

检察院领导成员

检察长　苏　波

副检察长　支良美（女）　董金伟　王明文　刘坤岘　郭英亮

政治处主任　韩善宏

反贪局局长　刘全林

反贪局副局长　姜　涛　刘　强*

纪检组长　王金红（女）

反渎局局长　刘晓英（女）

反渎局副局长　乔洪庆　刘　强

检委会专职委员　韩善宏*　吴海南　张恩楼

【打击刑事犯罪】　对影响群众安全感的严重暴力犯罪和多发性侵财犯罪保持高压态势，维护人民群众安居乐业的治安环境。办理审查批捕案件 1588 件 2042 人、办理移送审查起诉案件 2501 件 3322 人，刑检案件突破 4000 件。办理的迟某合同诈骗案，杨某等非法经营案，胡某等 11 人非法吸收公众存款案，杨某、徐某、郭某等 13 人组织领导传销活动案等一批有社会影响的案件，取得较好的法律和社会效果。

【查办和预防职务犯罪】　全年立查各类职务犯罪案件 23 件 26 人，其中正处级领导干部 1 人，科级干部 6 人。在广电系统立查窝串案 4 人，在市皮肤病防治研究所立查窝串案 5 人。查办枣园镇大朱坞村原村主任贪污 1287828 元、挪用公款 31 万元和大朱坞村原出纳贪污 1111745 元、挪用 31 万元等一批小官腐败案件。开展廉政警示教育活动 18 场，受教育 8200 余人，办理行贿档案查询 1535 次。

【诉讼监督及法律监督】　全年共监督立案 11 件，监督撤案 5 件，追捕 13 人，纠正违法 15 件。刑事抗诉 6 件，追诉漏犯 33 人。办理再审检察建议、提请或建议提请民事抗诉案件 9 件，已获改判 5 件，办理行政执法监督、诉讼违法行为、执行监督案件 34 件。办理羁押必要性审查案件 75 件 75 人，对看守所进

法律进校园

刑检业务指导论坛

行安全检查 17 次，谈话教育 160 人次，发出纠正社区矫正违法通知书 6 件 6 人，依法办理又犯罪服刑人员审查批捕案 10 件 13 人，审查起诉案件 8 件 12 人。

【队伍建设】 根据上级司法责任制改革部署，完成员额检察官的入额遴选工作。施行卓越人才计划，制定卓越人才培养方案，引导干警追求卓越、走专业化成长道路。加强学习培训，探索定制培训，提高干警的阅卷、撰写审查报告以及汇报案件、出庭公诉等基础能力。有 5 人入选省级人才库，4 人获评省市级业务能手。

撰稿：王明蒙

审稿：董金伟

法院工作

法院领导成员

院　长　王　胜

副院长　马志晓（回族）　庄　岩（女）　郝中勇　李培青　刘西刚

纪检组长　张秀军

党组成员　张朝霞（女）　杨继秀　卢海涛　王永涛

政治处主任　蔡丽霞（女）

执行局局长　周　军

【概述】 2016 年，区人民法院（以下简称兰山法院）围绕“让人民群众在每一个司法案件中感受到公平正义”的工作目标，以“司法为民、公正司法”为主线，履行宪法和法律赋予的职责，全年共受理各类案件 33757 件，上升 43.26%；结案 31907 件，上升 52.4%；收、结案均居全省基层法院首位，为全区经济社会发展提供有力的司法保障。

【审判执行】 充分发挥审判职能，服务经济社会发展。2016 年，审结刑事案件 2110 件，判处刑罚 2535 人，民事案件 16150 件，行政案件 788 件，维护社会稳定，保障法治兰山建设。作为全省唯一一处“完善圆桌审判制度”试点基层法院，创新开展庭前心理测评及鉴定、定期帮扶、普法宣讲、法制体验等保护未成年人合法权益工作，形成少年审判工作的兰山特色。

创新开展执行工作，全力攻坚执行难题。全年执结案件 6830 件，标的额 20.1 亿元，最大限度保障当事人的胜诉权益。全面推行网络司法拍卖，全年成交 97 件，溢价率 12.21%，节约佣金 286 万元；推进失信惩戒机制，发布失信名单 5128 人，458 人主动履行了义务。与公安 110、交警、银行联动，先行控制被执行人 524 人，协助查扣车辆 296 辆，实施网络司法冻结 948 件；办理拒不执行判决、裁定罪 4 件，5 人被定罪量刑。

【司法为民】 强化大局意识，服务经济社会发展。全年办理公司破产案件 1 件，涉及 220 余名职工；结合自身职能开展个案普法、常识普法、判后普法，争创“全国青少年普法教育示范区”；依法妥善审理房屋拆迁、土地征用等事关市区发展全局的重大敏感案件 12 件。完善诉调对接机制，全年诉调对接案件 5924 件。5 月 13 日，在全省诉调对接工作推进会上推广兰山法院的经验做法。

畅通信访渠道，真诚回应社会关切。设立诉访大厅，坚持院领导公开接访、预约接访、巡回值班制度，接待来访群众，处理人民来信。发挥律师在判后释法说理和化解涉法涉诉信访、代理申诉工作中的重要作用，全年 31 名值班律师参与接待案件 38 件，化解 38 件。

3 月 18 日，区人民法院驻商城诉讼服务中心成立并举行揭牌仪式

【司法改革】 探索法官团队建设，激发法官办案活力。7 月，在总结法官工作室运行经验的基础上，综合确定 51 个审判执行法官团队（38 个审判团队，13 个执行团队），团队法官自行签发法律文书，实现“让审理者裁判，由裁判者负责”。8 月 26 日，《人民法院报》头版头条报道了对兰山法院法官团队提质增效做法。

集约审判辅助事务，保障团队高效运行。保全送达专业化。设立 8 个保全组，全年完成保全 4013 件；4 月，设立 5 个送达组，全年送达 4508 人次，成功率达 83%。材料收转集约化。2 月，设立材料收转中心，全年接收诉讼材料 7105 件。卷宗装订社会化。将卷宗的整理、扫描、装订、归档工作，以外包的方式购买社会化服务，减轻团队法官事务性工作压力。

顺应司法改革要求，完成首批法官入额。落实员额制改革举措，组织动员、考试、考核工作，推动建立以员额法官为中心的人员配置模式。省法官检察官遴选委员会遴选确定兰山法院 60 名候选法官为员额法官建议人选并进行公示。

【信息化建设】 开通公共服务网，公开审判流程、裁判文书、执行信息，与新浪网、齐鲁网合作实施庭审直播 24 件，实现远程立案、网上立案。创新设立立案、保全电子卷宗，实现网上阅卷。定制材料收转软件和裁判文书生效系统自动提醒功能，开发过付款管理系统，使当事人即时掌握案件进度等程序信息，实现案款网上过付，让数据多跑路、群众少跑腿。

提高办案质效，做法官的“帮手”。加强信息化应用与办案实务的深度融合，实现案件自动关联，使法官共享相关当事人的诉讼信息。开发专网手机版，启用移动办公办案系统，干警可随时随地开展工作。

提供科学分析，做管理的“抓手”。

将案件、人事、司法行政、后勤保障等多类数据整合到系统平台，为发现案件升降规律、研判可能出现的风险提供司法管理数据支撑。利用案件流程节点控制系统，对诉调对接、立案、审判、执行等各阶段、各环节实施动态监督。实施可视化监督，庭审全程录音录像、实时在线。全面推广应用电子卷宗管理系统，提高评查效率。8 月 26 日，全省法院推进执法办案工作现场会在兰山法院召开，兰山法院的审判团队、信息化建设经验在全省法院复制推广。

8 月 26 日，全省法院推进执法办案工作现场会在兰山法院召开

【队伍建设】 开展“两学一做”学习教育、上党课、宪法宣誓、素质能力提升研修活动;举办专题研讨会，邀请最高人民法院相关领导，中国民事诉讼法学研究会张卫平、傅郁林等法学专家来院授课指导。贯彻落实中央“八项规定”，坚持经常性地抓廉洁教育，定期组织学习警示教育案例。层层签订党风廉政责任书，强化监督执纪问责。主动接受人大、政协等社会各界监督，召开律师座谈会，面对面听取 46 名律师的意见和建议；召开由 14 家媒体参加的新闻发布会，主动接受舆论监督；充分发挥人民陪审员的作用，全年共有 171 名人民陪审员参审案件 4529 件；加强与 13 名特约监督员的联系沟通，回应社会关切的问题。

撰稿：杨翠云

审稿：王效贤

司法行政

司法局领导成员

局　长　王成杰

副局长　周树欣　李兆叶（女）　董　超

纪检组长　刘存山

主任科员　孙　丽（女）

副主任科员　徐林田

普法办主任　周树欣（兼）

普法办副主任　房振强

副科级干部　姜自斌 *

【概述】 2016 年，区司法行政工作在上级司法行政机关的指导下，坚持“一二三四五六”的工作思路，发挥职能优势，坚持改革创新，推进兰山区司法行政工作实现新发展，为全区经济社会发展和“平安兰山”建设做出积极贡献。区司法局先后被评为 2016 年度全国人民调解宣传工作先进单位、市级文明单位、平安临沂建设先进单位。兰山公证处被评为全国优秀公证处，兰山街道调委会被评为全国模范人民调委员会。

【法制宣传教育】 做好“六五”普法总结和“七五”普法开局工作。制定下发《2016年度兰山区普法依法治理工作要点》，对全年普法依法治理工作进行安排部署，并将相关意见建议纳入“七五”普法规划的起草内容。起草并提交区人大常委会审议通过《兰山区2016—2020年依法治区规划》和《关于在全区公民中开展法治宣传教育的第七个五年规划（2016—2020年）》。筹备全区“六五”普法总结暨“七五”普法动员大会，表彰“六五”普法工作先进，安排部署“七五”普法工作任务。

按照“谁执法、谁普法”的工作机制，与10余家区直部门、100多名法制宣传人员开展形式多样的主题宣传活动。开展“法律进社区”活动，为社区提供法律意见、法律咨询，开展法律援助。突出抓好领导干部、公务员、青少年等重点对象学法用法工作。组织全区领导干部普法考试，提高领导干部的依法行政能力和法治化管理水平。以参与创建“全国青少年普法教育先进区”为契机，面向公安局、检察院、法院等部门遴选一批具有法律专业特长、自愿参与青少年普法工作的法律服务人员及离退休老干部，成立兰山区青少年普法教育活动宣讲团。2016年在全区各级各类学校举行法治教育报告会、宣讲活动10余场次，受教育师生达1万多人。与兰山电视台合作录制律师以案释法节目，在《兰山大众》开设《平安兰山》专栏。丰富完善“法治兰山”微博和博客、公众微信平台，3个平台的关注人数近3万人。继续推进手机短信普法，定期发送法律知识。编印和发放法制宣传资料，编印发放《兰山普法》2期1.2万册，《远离毒品　珍爱生命》禁毒法律宣传折页3000册。

【法律服务】 公证工作，不断强化服务水平，加强管理制度和便民设施建设，完善网上受理平台，让群众享受到便捷高效的公证服务。全年共办理各类公证事项70198件，其中经济公证62900件，民事3170件，涉外涉港澳台3113余件，执行证书1015件。2月，兰山公证处被中国公证协会授予“全国优秀公证处”称号，并在中国公证协会2015年度年会上作典型发言。11月11日，司法部律师公证工作指导司副司长施汉生到兰山公证处调研，对兰山区公证工作给予高度评价。

律师和基层法律服务工作，推进“法律服务进基层”活动，选派421名律师、法律服务工作者到村（社区）担任法律顾问，为社区居民提供心贴心、面对面的法律服务。筛选36名律师和法律服务工作者服务保障全区第一书记抓党建促脱贫，着力规范农村基层治理体系，提升农村治理水平。发挥司法行政在涉法涉诉信访案件中的职能作用，建立“律师参与化解和代理涉法涉诉信访案件工作模式”，为信访群众提供优质、高效的法律服务。共组织律师参与涉法涉信访案件335件，代理申诉6件，接待信访群众800余人，对来访群众进行法制宣传教育700余次。

【法律援助】 扩大法律援助范围，降低援助标准、扩大援助事项，做好老年人、妇女、儿童等特殊人群法律援助工作，提升全区法律援助服务网络。开展“志愿服务社区行”“建设法治中国·巾帼在行动”等主题宣传活动，现场为群众提供法律咨询和援助申请。2016年区法律援助中心共指派办理法律援助案件497件，其中民事案件445件，刑事案件42件，已结案469件，发放法律援助办案补贴23.8万元，接听并解答“12348”法律咨询电话1560次。

【基层工作】 推进公共法律服务体系建设。按照“走在前列”的目标定位，联合相关部门和各镇（街道），以区委办、政府办名义下发《关于加快推进全区公共法律服务体系建设的实施意见》，全面按照计划推进。兰山区社区矫正中心在方城镇投入使用；调解中心依托兰山区矛盾纠纷调解指导委员会成立兰山区人民调解员协会和13个专业性、行业性调委会，依托调解办公室和基层科全面落实各项职能，发挥指挥、协调、考核培训等作用，推进调解工作全面深入开展；法律服务中心设在原司法局一楼西侧，设立法律援助、法律咨询等服务窗口，公证处在市、区便民服务大厅和沂蒙路公证便民服务大厅都设有服务窗口；法制教育中心，以宣传科为龙头，下面建有青少年、农民工、公务员、企业职工4个法制教育基地。综合性公共法律服务中心正在协调相关部门选址建设中，镇（街道）公共法律服务站依托镇（街道）综治中心已建成6个，司法行政工作室正在建设中。

加强司法所规范化建设。按照人员、场所、制度、卷宗、司法标识规范“五达标”要求，加强规范化建设，确保司法所工作有序、高效运转。全区已有7个司法所被评为省级规范化司法所，其中兰山司法所、柳青司法所、金雀山司法所被市司法局评为执法规范化司法所，兰山司法所、柳青司法所、银雀山司法所被评选为明星司法所。

发挥人民调解工作效能。加强各级各类人民调解组织建设。不断推进诉调、检调、公调、交调、信调、医调、劳调等13个专业性、行业性调委会深入发展。按照《关于进一步加强全区基层人民调解队伍建设意见》要求，累计公开招聘选拔45名专职人民调解员。全区共有各类调解组织500个，专兼职调解员1127人。全年全区共调解各类矛盾纠纷3105件，其中各专业调委会化解2623件、各镇（街道）化解482件。

【社区矫正和安置帮教工作】 加强社区矫正执法规范化建设。加强教育管理，共组织集中教育4次，专业授课3次，受教育人员600余人次。与临沂市春风心理志愿者协会加强合作，组织9名心理志愿者参与社区矫正心理疏导帮扶教育工作。加强社区服刑人员监督管理制度建设。利用抽查管理档案和对社区服刑人员谈话、定位相结合的方式督导司法所全面规范执法。实行电子监控管理，全部实行手机定位，并投入10万元购买100台定位电子手铐等。截至年底，全区共有在册社区服刑人员1372人，安置帮教人员1956人。11月下旬—12月下旬，按照省司法厅和市司法局部署，接待3名西藏自治区司法厅社区矫正干部。

撰稿：王　媞

审稿：董　超

交警工作（一）

交警直属一大队领导成员

大队长　张　国

副大队长　谭　强　卢海波　李　毅　赵　伟（挂职）

【概述】 2016年，交警直属一大队辖区总面积31平方公里，主干道30条，道路总里程115千米，机动车总数35万台，机动车驾驶人33万人。直属一大队根据市公安局着力打造沂蒙公安工作“升级版”的总体部署，围绕全市公安交通管理工作“保安全、保畅通、降事故”的总体目标，坚持“巩固、规范、提升、突破”的基本工作导向，以“精心、精细、规范、安全”为城区交通管理工作要求，实现在执法规范化、保安全畅通、科技化应用、群众满意度4个方面的新突破，使城区交通供需矛盾得到缓解，交通空间结构不断优化，市民出行满意度显著提高，逐步形成安全、畅通、协调的城区交通管理体系。

2016年，1个单位被市公安局授予“集体嘉奖”，1人被市委、市政府授予“平安临沂建设先进个人”称号，1人被市公安局授予“三等功”，15人被市公安局授予“嘉奖”。

【执法规范化】 大队强化“规范执法是基本警务”的工作理念，坚持目标引领、问题导向、创新驱动，以执法记录仪规范管理使用、深化刑事案件“两统一”、执法闭环管理信息系统建设应用、聚焦风险防控为重点，着力提升规范执法的能力和水平。利用全国“交警网校”和支队“法律知识考试系统”，开展全警尊法、学法、守法、用法活动，举办法制培训13期，培训民警和警辅人员900余人次，通过国家司法考试2人。为进一步强化执法管理体系建设，10月底，成立案管中心，投资30.12万元新建询问室、讯问室、案管室以及各类案件办理装备，推行各类刑事、行政案件“集中办理、全程监督”机制，成立以来办理各类案件109起，发现整改执法问题16起，建立6类台账对已办结的案卷及音视频证据资料统一存放、统一管理，确保执法、维权和查处涉法上访投诉案件证据充足、有据可查。

配发警用电动车

【交通管理】 全面落实完善“一二一一班制和以路口为基点、以路段为重点的民警包责制”的勤务模式。对城区42处高峰岗点、14个巡逻组、14处助学岗实行动态实时调度模式，形成“精细化布警、信息主导勤务”和“以重点路口、路段和易堵路口、路段为点，辐射周边道路”的勤务机制。通过设置路口禁左、左转车道右置、增设可变车道、限速、高峰时段限行、近交叉口展宽等交通组织方式优化路口26处，施划和规范辖区路沿石以上停车泊位、限时和单边停车泊位，改善瓶颈路段的通行能力、持续推进道路交通事故快处快赔工作，路面快处率达76.3%，最大限度消除路面制约瓶颈。依托图像信息管控平台，2016年累计指令各类交通违法行为5.26万起，查获4.61万起，处罚4.51万起，拘留30人，路面查缉布控全市第一。

【重点交通违法行为查处】 针对城区重点违法开展集中行动107次，查处交通违法50.61万起，对超速、酒驾、肇事逃逸、涉牌涉证等重点违法犯罪行为“零容忍”，坚持集中整治与日常管理相结合，以周为单位，不定期开展夜查等集中整治行动，每月整治重点违法行为不少于4次。2016年，累计查处酒后驾驶1472起、醉酒驾驶142起，刑事拘留142人，行政拘留126人，打击危险驾驶违法犯罪高压势头不减；处罚违法停车81488起，查扣工程车206起、三轮车3425起，影响通行的城市交通“顽疾”显著减少；科技化“精准”打击全面推行，依托警务云图像管控平台查获违法行为46089起，居全市第一，保障城区交通安全形势总体平稳。

【城区交通组织优化】 持续完善交通设施建设。安装中央护栏3900米，更新和维护交通标志49面，施划交通标线近1万米，维护各类毁损设施455处，清理辖区内所有交通设施广告。科学制定疏堵保畅方案。通过无人机航拍、智能卡口检测、实地调研分析等方式，对沂蒙路BRT施工路段、涑河北街施工路段、沂龙湾大桥、市人民医院以及学校、商场等拥堵点段加大警力投入，实施高峰时段限行、左转车道右置、可变车道、限速等优化方案21个，有力缓解交通拥堵。全力整改路面隐患。对辖区总里程115千米的主次干道、支路进行全面摸排，将2处排查出的交通安全隐患整改完毕。在科技投入上，为辖区31所中小学、幼儿园门前安装智能监控、抓拍设备49套，完善城区道路交通智能监控系统建设；为勤务中队新配备智能数字对讲机设备70部、轻便警用摩托车30辆，执勤民警在交通高峰和易堵路段日常巡逻、快速出警能力得到提升。创新静态交通管理。与辖区沿街单位、商铺签订《交通秩序承包责任书》规范路沿石以上停车泊位，形成与警民齐抓共管的格局。根据校园、医院周边路段实际，科学施划部分路沿石以下限时停车位，满足市民停车刚需。

“小交警”体验日

道路交通事故联动形成机制。“快处、快撤、快结”的联动机制形成，全年共接处警1.14万起，侦办交通事故7796起，勤务中队“快处、快结”交通事故5323起、群众求助3642起，简易程序现场处结率达91.2%，占事故总数的68.2%，最大限度地消除道路临时性制约瓶颈。

打造“一站式”便民服务。投资30余万新建服务站3处，安装交通违法自助处理设备3台。重点车辆、驾驶人源头管理全面落实。年内对车辆违法行为突出、问题隐患突出的4家单位、运输企业进行摸底排查，建立健全企业重点车辆、驾驶人台帐；对8家运输企业和驾校下达限期消除交通违法行为整改通知书16次，6次深入重点企业进行交通安全督导，11次约谈5家重点企业，各运输企业交通运输安全中存在的问题和薄弱环节得到及时整改；年内审验、注销辖区“营转非”客车、大型公路客车、旅游客车、危险品车、校车“五类重点车辆”18辆，完成率100%；对5639辆重点车辆进行属地化管理，关联重点驾驶人5332人，列管“四类高危驾驶人”1227人，列管率99.43%；完成黄标车注销报废3130辆，完成率100%。

【队伍建设】 把开展“两学一做”主题教育活动作为强化民警宗旨意识和群众观念的有力抓手，全年党总支以及17个党支部、145名党员召开各级民主生活会31次，组织集中学习党的十八大四中、五中、六中全会精神37次，面对面地开展谈心交心178次，取得良好效果。深化能力素质建设。结合交通管理工作实际开展法律法规、基础业务、警务实战技能培训52次。组织大队民警开展自学自练、岗位练兵和考试考核活动20次，不断提高民警履职能力。开展结亲连心活动。大队深入开展结亲连心专题活动，112名民警深入走访3处社区、172户群众家中，征集群众意见建议89条，解决群众诉求62件。加强警辅人员队伍管理。按照支队部署，大队开展了为期1个月的警务辅助人员纪律作风集中教育整顿活动，着力加强和规范警务辅助人员队伍管理，更好地发挥警务辅助人员的职能作用；并于12月初成立警辅人员管理办公室，规范管理警辅人员招录、培训和考核，落实警辅人员工资待遇、后勤保障，提升警辅人员的整体素质和能力。

撰稿：郭新星

审稿：庄乾坤

交警工作（二）

交警直属二大队领导成员

大队长 张成虎

副大队长 虞召军 吕昭辰 刘加永 庞尔谦

【概述】 交警直属二大队管辖范围东至通达路，西至费县交界，北至滨河大道，南至罗庄交界，面积241平方公里，辖155个村居社区；常住人口50.26万余人，流动人口41.8万余人；辖区内高速、国道、省道、县乡道路、城建道路总里程650千米，道路交通环境复杂。

【交通管理】 以服务发展、保障民生为目标，全力以赴“保安全、促畅通、降事故”，辖区各项交通管理工作取得新进展。推出治堵保畅新举措。为保证蒙山高架路的通行畅通有序，成立执法小分队在匝道口开展违法车辆整治行动，禁止相关车辆在蒙山高架路上通行。双岭路高架桥施工期间，为缓解交通拥堵，在长途汽车站设立执勤岗点，加强双岭路周边电动三轮车、货运车辆整治。开通违法处理“快车道”。为方便群众快速办理交通违法处理业务，大队违法处理办公室增设服务窗口，设立导办台，提高违法处理服务效率；同时根据冬季昼短夜长的特点，增设服务站点6处，工作时间由8：30—17：00延时调整为8：00—20：30，缓解岁末交通违法处理业务拥堵紧张的局面。加强违法行为整治力度。结合辖区道路交通特点，采取高峰站点、平峰巡线、错时控面，突出7类重点车辆和7项严重交通违法行为的查处力度。开展危险驾驶犯罪专项治理、重点车辆和严重交通违法行为攻坚行动、违法“清零”行动等专项整治行动。全年累计查处各类违法行为25.6万余起，其中查处酒后驾驶违法行为1117起，醉酒驾驶293起，毒驾2起，超速9304起，超员16903起，超载1644起，涉牌涉证16073起，疲劳驾驶1242起，扣留违法车辆9119台次，刑事拘留

车管所热情服务

122 起，行政拘留 95 起。加强渣土车管理规定，优化配置警力资源，组建抓拍组，重点查处货运车辆违反禁令标志、不按规定车道行驶等违法行为。同时，严格落实通行证管理制度，全年累计办理渣土车辆通行证 4717 份，商砼车通行证 2686 份，涉及工程车共计 1217 辆，涉及运输企业 46 家，涉及施工工地 47 家；召开渣土运输企业负责人约谈会 3 次，对渣土驾驶员进行安全教育 2 次，受教人数 68 人次；通过现场查处及视频巡检查扣渣土车辆 296 起，处罚 320 起，起到震慑作用。道路交通设施不断完善。在辖区主干道路共安装禁停标志标牌 20 面，施划 2000 个停车泊位；维护护栏 1244 米，更新护栏 1812 米，新装护栏 3000 米，施划标线 6766.86 米；在涑河北街、中医院门口等主要路口路段安装违法停车自动抓拍设备 72 套，新装信号灯 5 套，新安装电子警察 27 套，高清监控 33 套，拆除广告牌 44 套，安装标志标牌 193 套，总投资 341.49 万元。全面排查整改事故隐患路段。深入辖区农村地区，排查国省道县乡道农村平面交叉路口隐患 275 处。排查出隐患路段 23 处，其中上报区安委会并录入省系统的 3 处，22 处已整改完毕，1 处正在整改落实中。

群众送锦旗

【事故处理】 推进道路交通事故快速处理机制。为减少交通堵塞，方便群众，在简单交通事故下放中队处理的基础上，根据实际情况，设立道路交通事故快速理赔中心。通过“畅行临沂”APP 软件，方便广大发生轻微事故的当事人。事故当事人只需要下载 APP 软件，在发生事故后可以自行拍摄现场照片，进行资料上传后即刻生成简易程序认定书，对轻微交通事故快速处置，减少交通拥堵，减少当事人处理事故所花费的时间。全年共接警 31503 起道路交通事故，一般程序受理立案 781 起，简易程序受理立案 3099 起；收到群众感谢锦旗 15 面。推进交通事故审判庭和人民调解制度建设，实现事故处理一条龙服务。大队通过与区法院积极联系沟通，兰山区法院在事故处理中队院内设立道路交通事故法庭；与司法部门进行联系、协调，设立人民调解室，逐步形成道路交通事故处理多元化的格局，全面促进道路交通事故的处理工作。法院、人民调解委员会和交通事故处理中队 3 个单位的有机协调配合，使道路交通事故案件从现场勘查、调查取证、事故认定、法律咨询、法院立案、财产保全、庭前调解到开庭审判、人民调解形成一套完整地法制服务体系，形成一条龙服务，促进交通事故处理工作开展，减少社会矛盾面，增加案件的透明度，杜绝上访、信访案件的发生。

【车驾管服务】 按照“科学、规范、高效、廉洁、便民”的目标，推行人性化服务，车管所直属分所业务大厅坚持“值日警官”和导办制度，全面负责接待、引导、咨询、解答等各项工作，拉近与群众的距离，杜绝“四难”和推诿扯皮现象。全年共办理各类机动车业务 25445 笔，其中注册登记 13000 笔，五小车辆转移登记 198 笔，临时号牌办理 12300 笔，6 年免检车辆核发合格标志 33562 笔，监管安通检测线检测车辆 30562 辆，共办理驾驶证补领和换发 36500 个，组织 15995 人次进行交通安全教育学习。

在提升服务的同时，加强重点车辆、重点驾驶人和黄标车的源头监管工作。2016 年，直属分所共采集并录入重点车辆信息 37948 笔，关联重点车辆驾驶人 26308 人次，完善黄标车档案 2122 个，注销公告车辆 2791 辆，其中大型汽车 425 辆，小型汽车 60 辆，低速汽车 2306 辆，注销老旧报废车辆 1037 辆。

【交通宣传】 扩宽宣传宽度，扩大宣传力度。大队充分运用“双微”平台等新媒体以及短信平台，及时向市民发布大队警情和工作动态、路况信息，提示引导驾驶人合理选择出行方式、时间和路线。2016 年，大队微博微信共发布信息 3000 余条，共接受诉求 200 余起，通过短信平台，向重点驾驶人发送安全提示信息 7.1 万余条；利用分众媒体 LED 高清电子显示屏宣传道路交通安全知识，全年共更新 LED 显示屏内容 10 次，更换图片 60 张，视频 40 个，发送宣传标语 220 条；自 9 月起，每周三与兰山区半程综合实践教育基地联合开展交通安全知识大讲堂活动，共开展 30 场次；走进学校、企业上交通安全课 161 场次；设立交通安全宣传站，开展交通安全宣传 15 场次；与媒体以及交通参与者开展交通安全座谈 6 场次；先后印制《电动三轮、四轮车辆上路须知》《致物流业主的一封信》等各类宣传材料 18 种，12 万余份，发放道路交通安全海报、宣传册、宣传单页、提示卡共计 10 万份；制作、发放条幅 110 余幅，制作交通安全宣传展板 120 余面。大队充分利用 4 套电影放映设备，每月提前公布电影放映计划表，各个中队深入辖区企业、学校、社区、广场等场所开展“放电影·送安全”活动，全年共开展放映活动 400 余场次。在社区、物流市场、企业等区域设置交通管理服务站 19 个、交通安全劝导站 4 个，配备交通管理员 40 名、交通劝导员 67 名，通过大队微博直播民警道路执勤执法过程 10 次。同时，还针对不同受众群体的心理特点和交通参与特点，精心设计活动内容，制作、下载各种交通安全教育课件、视频 230 部。

【执法规范化】 提升案卷质量，提高执法记录仪使用效能，抓好执法规范化建设。案件处理层层审核，严守案件监管防线对道路交通事故案卷实行三级审核制度，建立《交通事故案件质量考评表》，对案件办理情况进行打分，同时在案件移交办理中做好事故移交台账的登记，一人一档，一天一考核。发挥好法制员在执法监督工作中的重要性，对每位民警出现的问题记录归档，将常出现的问题及时组织民警学习相关法律法规，提高民警责任心和规范性，对每起案件的卷宗逐一查看，排除细小错误，做到查无遗漏，2016 年共填写台账 150 份，审核一般事故认定案件 1000 余件，审核事故车辆放行 5000 余辆。提高执法记录仪使用效能。建立每半月通报制度，将执法记录仪后台管理系统中记录的民警个人系统存储条数、存储时长、有效视频比例、关联比对信息条数及存在的问题进行通报，自（新）行政诉讼法颁布实施后，声像资料保存法定时限由 3 个月改为 6 个月，为保证执法记录仪的正常使用，不定期对数据采集器和执法记录仪进行维护。2016 年，大队累计配发符合标准的执法记录仪 342 部，安装数据采集工作站 11 台，下发通报 42 期，审核执法同步记录信息 128621 条，确保执法记录仪使用管理工作有序开展。

【队伍建设】 坚持“四个一”集中学习活动，并组织道路执勤执法、事故处理工作岗位民警及警务辅助人员进行业务技能考试，以考促学，提升民警及警务辅助人员的业务工作能力，全年累计开展考试活动 12 次，参考人数 2580 人次，涉及法律法规 42 部。

撰稿：谷小川

审稿：张成虎

交警工作（三）

交警直属三大队领导成员

大队长 安佰忠

副大队长 任　芳（女） 樊吉勇

李　振　董科均（挂职）

【概述】 交警直属三大队辖区为临沂市行政办公区北城新区，负责柳青街道办事处、枣园镇、白沙埠镇、李官镇、半程镇、汪沟镇、方城镇共7个乡镇办事处行政区域内的道路交通安全管理工作。辖区面积共计591.3平方公里，其中环线以内城区面积52平方公里，乡镇面积539.3平方公里，管辖国道1条、省道2条、26条县乡道路及北城新区十纵七横17条主要城市道路，累计通车里程900余千米，辖区内总人口48.2万人，拥有各类机动车9万余辆，驾驶人员10万余名。

【事故预防】 对辖区内城乡接合部以及乡镇区域的国省道、县乡道路和农村道路的交通安全设施进行拉网式排查，共排查隐患51处，已整改完成46处，整改率90%。对"两客一危"车辆的安全状况以及驾驶人的基本情况进行仔细检查，通过下达整改通知书、约谈企业负责人等方式通知问题企业立即抓好整改。组织专人协助支队相关业务科室对54条建成区道路的中间带分隔栏杆进行集中排查，排查总里程约160千米，建立隐患排查整改台账。围绕提高5类重点车辆的检验率和报废率，系统梳理，建立基础台账，督促车主限期办理检验、报废业务，年底5类重点车辆的检验率为98%，报废率为100%。成立案件管理室，开展立案突出问题专项治理，制定完善配套措施，确保立案工作制度严密、操作规范，应用信息科技成果，落实网上办案、执法公开，推进数据共享互联互通，提升立案工作智能化、公开化水平。实行目标责任考核，要求全体事故处理民警必须严格执行交通事故处理工作规范，强化证据意识和程序意识，依法、公开、公正、便民、高效地处理道路交通事故。全年共处理交通事故9811起，其中立案3376起，结案3207起，处结率为95%；死亡140人，伤1588人，直接经济损失1701万余元。行政拘留交通肇事犯罪嫌疑人16人，刑事拘留206人（其中

交通违法行为查处

醉酒驾驶98人），破获交通肇事逃逸案件71起，其中重大逃逸事故10起，全部破获。

【交通管理】 组织开展道路交通安全5项集中整治、农村接送学生车辆和城市工程运输车整治行动、危险化学品道路交通安全隐患专项整治以及重点车辆和严重交通违法行为专项攻坚百日行动等集中整治行动，坚持全警上路，着力提高见警率和管事率，对各类严重交通违法行为坚持“零容忍、严查处、快查处”，形成常态化严查严处严重交通违法行为的整治氛围。大队分管领导带队对辖区电动三轮车违法行为进行专项治理，通过动态巡逻与定点检查相结合的方式，对电动三轮车违法行为高发的济南路等路段进行不间断整治，成效显著。抽调城区中队及科室民警组建6支执法小分队，由大队班子成员分别带队，每天深入到乡镇驻地和农村地区组织开展专项检查，依托辖区2处治超检查站，与交通部门开展联合执法。全年共查处酒后驾驶547起，醉酒驾驶104起，再次酒后驾驶19起，超速12907起，超员3093起，超载217起，涉牌涉证731起，违法停车40093起，不按规定车道63644起，疲劳驾驶440起，闯红灯67020起，逆向行驶36811起。建立混凝土商砼车、渣土车登记基础台账，办理通行证20200余张次，查扣工程运输车328辆。针对辖区主要路段易发生拥堵的实际情况，大队动态调整勤务部署，科学精准安排警力，全力以赴做好路面秩序管控工作。结合交通流量实际确定城区20个路口的早晚高峰勤务，大队领导带头上高峰岗，各科室以及城区6个中队的民警分别落实岗点承包制，责任到人，每天早晚高峰时段，带班领导通过视频巡检和对讲机定位的方式对人员到位及履职情况进行调度，并及时在大队微信工作群里进行通报，确保高峰岗勤务的有效落实。平峰时段通过安排警用摩托车、拖车巡逻的方式，对违停车辆进行驱赶和清拖，有效净化路面通行秩序，一定程度上缓解城区道路交通拥堵问题。健全完善恶劣天气交通秩序管理应急预案，通过采取调整信号灯配时、实时发布预警提示信息、增加易堵路段警力以及高峰期城区中队全警上路疏导交通等方式全力应对解决恶劣气候条件下的交通问题，有效地避免出现长时间、大面积的交通拥堵。

【法制宣传】 大队不断巩固事故处理和违法处理办公区域、中队路边岗亭等窗口单位宣传教育阵地，通过大队官方微博、微信公众平台引导出行的传播力和影响力，邀请媒体记者随警作战，加大交通违法行为的曝光力度和交通安全知识的宣传力度。全年共联系媒体随警作战26次，座谈交流4次，在各级媒体发稿500余篇、发布官方微信100余条，官方微博1000余条，发送短信提示2.2万余条。联合教育主管部门对辖区内校车驾驶人、学校安全管理人员、学生家长等重点群体开展点对点、面对面的宣传教育和安全提示。全年共开展重点驾驶人交通安全教育培训40余期，学校、社区安全宣讲120余场次，展出宣传展板300余块次，到辖区59个加油站悬挂安全提示展板119块，悬挂横幅300余幅，在辖区主要桥梁安装宣传提示牌8面，发放各类宣传资料18万余份。向《沂蒙晚报》、临沂在线、琅琊网等媒体报送新闻稿件或提供新闻线索，邀请媒体记者随警作战，采访整治行动，记录执法现场，加大交通违法行为的曝光力度和交通安全知识的宣传力度。组织民警做客《刘茗热线》等电台栏目，倡导文明出行、安全出行，全年累计在市级媒体发表稿件500篇、省级200篇、中央级22篇，营造交通安全宣传的浓厚氛围。联合教育主管部门对辖区内校车驾驶人、学校安全管理人员、学生家长等重点群体开展点对点、面对面的宣传教育和安全提示。对辖区重点驾驶人建立管理档案，落实日常管理措施。对危化品运输企业驾驶人、押运员、工程车驾驶人、列管重点驾驶人等不同群体开展集中教育培训，深入中小学校、乡镇集市宣教交通安全常识。全年共开展重点驾驶人交通安全教育培训30余期，学校、社区安全宣讲56次，展出宣传展板400余块次，悬挂安全提示展板130块、横幅400余条，发放各类宣传资料20余万份。

在恶劣天气下进行道路交通管控

【规范执法】 大队把法律知识学习培训作为一项基础性、经常性工作贯穿到执法质量建设全过程，依托交警网校、支队法律知识在线学习系统等信息平台，持续抓好民警法律法规知识的学习，组织民警参加支队统一组织的季度法律知识考试，鼓励民警参加高级执法资格考试和司法考试。8月，大队组织开展6期封闭式规范执勤执法培训班，培训民警44人、警务辅助人员171人，提高大队一线民警及警务辅助人员的综合素质和业务水平。严格按照立卷规范制作各类执法案卷，全年共制作案卷97卷，其中行政案卷62卷，刑事案卷35卷。为确保案卷制作质量，大队专门成立执法质量考评小组，由分管副大队长带队，抽调执法岗位业务骨干，对照市局执法质量考评标准，定期组织开展执法质量自查，通过对交通管理和事故处理岗位的案卷进行抽检，及时发现总结工作中存在的问题和不足。严格按照上级建设标准和要求，足额配发仪器设备，实现执法岗位全覆盖。年底已经为交通管理、事故处理岗位民警配发执法记录仪110台，安装数据采集工作站5台。制定下发《执法记录仪使用管理规定》和《执法记录仪规范使用管理考核办法》等规章制度，定期组织开展执法记录仪使用管理培训，每月对各单位执法记录仪的使用管理情况进行一次检查通报，确保每一名民警能够规范使用和管理执法记录仪。

【后勤保障】 大队坚持科技强警战略，注重警务装备的配备和管理。配齐配强一线执勤执法装备，为基层中队民警配备单警装备柜4个、执法记录仪75套、二代身份证读卡器4部、POS机扫描枪4部、酒精快速排查仪30部、空调9台、更新配备电脑15台、打印机3台、相机2部、防闯入设备1套、催泪喷射器32部、反光锥100个，送省计量科学研究所校准呼气式酒精含量探测器30台。

【队伍建设】 对2008年以来每名党员党费收缴情况进行梳理，并按时足额上缴，圆满完成党费补缴工作。组织开展大队作风纪律专项教育整顿，辞退2名严重违纪的警务辅助人员，成立警务辅助人员管理办公室，制定大队《警务辅助人员管理办法》规范警务辅助人员管理工作。

撰稿：娄树建

审稿：任　芳

消防工作

消防大队领导成员

大队长 朱树干＊ 朱中石
政治教导员 王济永
副大队长 吕 艺
商城中队指导员 陈 洋
义堂中队副中队长 张永伟
陶然路中队代理指导员 罗 永
白沙埠中队代理队长 刘 鑫

【概述】 临沂市公安消防支队兰山区大队，2016年，有现役官兵57人，政府专职消防员119人，列管消防安全重点单位356家，"九小场所"6000余处。2016年，消防大队围绕"消防队伍安全发展，火灾形势持续稳定"的工作思路，强化重点抓落实，盯准难点打攻坚，突出亮点促推广，聚全力、谋实效，保持部队管理和火灾形势"双稳定"。

【消防安全责任制】 4月，兰山区政府召开全区消防安全工作会议。会议传达全市消防工作会议精神，通报2015年全区消防工作情况，下发《兰山区2016年度消防工作意见》，对2016年度全区消防工作作出部署；区委常委、副区长李玉华代表区政府与各镇（街道）、区直有关部门签订《2016年度消防工作目标责任书》并作重要讲话。

【消防监督执法】 按照"逐个行业领域开展专项治理，治理一个行业就要放心一个行业"的原则，提请区政府联合商城管委会、安监、教体、民政、卫计等部门，先后组织开展商贸物流批发市场、中小学校、养老机构、学（出租）屋、医院、在建工地等重点领域的消防安全专项治理8次。2016年，共成立专项联合检查组140余个，先后对22家商贸物流、82家批发市场、74家中小学、13家养老院、889家学（出租）屋、27家医院、2936家社会单位进行消防检查，发现隐患2581处，督促整改火灾隐患2032处，下发责令改正通知书798份，行政处罚252家，临时查封57家，行政拘留9人，责令"三停"单位52家。

【基层基础建设】 推进微型消防站建设工作。按照"因地制宜、覆盖全面、整合力量、防消一体"的思路，

灭火救援

依托消防安全网格化管理体系和单位志愿消防队伍，推动全区71个社区、356家消防安全重点单位建成一级微型消防站10个、二级微型消防站81个、三级微型消防站336个，每个微型消防站达到“有人员、有器材、有战斗力”的标准，充实最新的防火设备，提高自防自救和应急救援能力。

全面落实社会单位技防措施。按照省公安厅、民政厅等6部门联合印发推广安装使用独立式感烟火灾探测报警器实施方案，在养老院、幼儿园、“九小场所”等薄弱区域安装独立式感烟火灾探测报警器651个。同时，督促68家单位落实“6+1”措施和107家单位完成消防安全评估，有效提升火灾高危单位消防安全管理水平。

消防宣传培训

加强城乡公共消防设施建设。依托原白沙埠镇交通管理所办公楼，投资260万元改造建成了白沙埠消防站。结合火车站片区拆迁改造，投资1000万元，建设永盛路一级消防站，保持消防站建设与新建城区同步发展，已经完成环评、能评、立项、规划等前期手续。根据年初支队下达的任务，投资100余万元在城区主干道增设市政消火栓159具，提高全区整体抵御防范火灾的能力。

【部队执勤战备】 围绕部队正规化建设和精细化管理这一中心，严格队伍管理工作，抓好执勤战备，全力打造一支“政治坚定、作风优良、人民满意”的消防铁军。深入辖区开展“大熟悉、大演练”，做好灭火救援工作。全年全区共完成灭火救援任务2205起，其中火警1628起、抢险救援577起，抢救疏散被困人员418人，抢救财产价值9000余万元。

【消防宣传培训】 利用全区70余处社会单位LED电子显示屏，播放消防安全宣传标语和视频1000余条；以“119消防安全宣传月”活动为契机，盯紧重点人群，发放宣传资料3000余份；研究制定《全区中小学消防安全大培训大演练活动方案》，印制并下发《消防安全知识读本》5000册，在中小学全面开展消防安全大培训、大演练活动；开放消防宣传教育体验馆，引导1000余名师生、群众学习消防知识，实践灭火和逃生自救技能。同时，开展重点领域消防安全培训，有计划、分批分次组织开展教育系统、卫生系统、公安派出所民警、乡镇政法干部等消防安全知识培训和疏散演练，共培训各级各类人员300余人次，提高他们的消防安全意识和自防自救能力，提高基层干部的消防安全监督管理水平和管理能力。

撰稿：金亚洲

审稿：朱中石　王济永

经济管理

商城管理

兰山商城管委会领导成员

党委书记 顾文明

副主任 李云荣＊ 李顺峰

王 辉（女）＊ 洪 剑 赵东明

党委委员 李云荣＊ 李顺峰

王 辉（女）＊ 胡忠良＊

张 磊＊ 石增辉＊ 李发现＊

兰山商城管委会工作机构领导成员

办公室

主 任 李发现＊

正科级二部 陈 臣

副主任 孟凡钧 王 博

现代贸易部

主 任 王化坤

副主任 陈业民 李秀芬（女）

市场管理部

主 任 周云鹏

副主任 沈鲍超

规划建设部

主 任 庄须峰

副主任 崔 慧（女）

消防安全部

主 任 高元成＊

副主任 高义杰 张 彬

产业发展部

主 任 杜庆明

副主任 王洪涛 季 伟

【概述】 2016年，兰山商城按照市委市政府“三中心、两高地”发展战略，坚持“三化并举、五位一体”，按照“围绕商城抓党建，抓好党建促发展”的总体要求，开展“两学一做”学习教育活动，提高党建工作水平。全年实现市场交易额2160亿元，增长20%；物流运输额4920亿元，增长17%；电商交易额580亿元，增长50%；进出口总额13亿美元，增长8%；展会交易额350亿元，增长10%。荣获“中国物流示范基地”“中国劳保用品采购基地”“中国体育用品采购基地”“中国厨具用品采购基地”等称号。

【规划建设】 完成国际商贸城片区征收工作，根据

商贸城片区总体规划和征收方案，做好有关摸底调查工作。4—10 月，全面完成一期电商产业园内 167 户、2.6 万平方米民房征收工作，为项目顺利建设提供保障。解决澳龙市场遗留问题，自 2013 年兰田集团接管澳龙市场以来，涉及 7 户 19 万元拆迁补偿款、2 户争议大棚未拆除等问题。经过调研、重新评估，在有关部门配合下，彻底解决澳龙市场遗留问题，为市场发展扫除障碍。推进商城重点项目建设。7 月，投资 2.3 亿元集批发零售、电子商务、产品研发为一体的中国体育用品城开业运营，把原小商品市场的 100 多户体育用品商户搬迁到中国体育用品采购基地，形成门类专一的体育用品和文化用品两个专业市场。同时，中国体育用品采购基地也申请成功，落户兰山商城。投资 4.68 亿元、建筑面积 9.3 万平方米的顺和国际建材家具生态城于 10 月开业试运营，与富尔玛集团强强联合，引进先进的经营理念和“互联网 + 实体店”的运营模式，提升经营水平；投资 4.9 亿元的华强建材物流仓储园已经完成 19.87 公顷土地摘牌，15.67 公顷土地正在办理手续。万泰商贸城二期正在办理规划等手续。老市场搬迁改造步伐加快，兰田集团累计投资 1.3 亿元对原澳龙市场进行改造提升，并搬迁劳保市场和绢花市场；兰华集团投资 3000 万元改造提升兰华国际家具城，新增加可利用面积 4 万平方米，使市场经营结构更加合理，商品运输储藏更加便捷。商城配套建设更加完善，投资 500 万元规划建设总长 755 米的临西十三路，进行亮化、绿化，铺设人行道板和下水管道。同时，引导商城范围内的市场、学校、医院、酒店围绕涉外服务项目做好配套建设，更好地开展对外服务。

【电子商务】 整合电子商务平台，投资 1700 万元拥有自主知识产权的“临 E 商城”电商平台于 11 月 11 日正式运营，已有 29 个专业市场上线，采集并上传商户信息 10200 余户、2 万余款商品。兰华集团与阿里巴巴 1688 平台合作，成立兰华永安汽车用品城网络商务平台，引导商户开展电子商务。已建成伊亲购、华丰依天下、明华网、君发礼品百货商城等 8 个垂直电商交易平台，先后培植新明辉等 26 家电商平台、雅讯电商等 21 家电商企业，共培育市场电商经营户约 2.5 万户。通过电商平台，先后引进美国、韩国、日本、法国、德国等国知名品牌的食品、日用品，提升商品档次和质量。完善电商园区配套建设，引导各市场主办单位、商协会，依据自身市场实际，发挥市场优势，自行投入新建或改建电商经营区及电商服务中心，配备电商服务人员、培训人员，为市场商户开展电商提供各种服务。已建设电商产业园 4 个，年交易额过亿元电商专营区 15 个，建设电商服务中心 24 个。加大电商培训力度，依托淘大电商服务、沂峰网络、雅讯电商、红钢商贸等单位举办各类电子商务培训班 150 余场(次)，培训 2 万余人。全年申请电商扶持资金 1000 余万元，凯歌大学生电子商务创业园被评为省级电商示范园区，新明辉商城等 5 家电商被评为省级电商企业。

【国际贸易】 加快国际贸易步伐，用足用活省级国际贸易综合改革试点政策和商城国际化推进年活动契机，培育和引进有实力、有市场的外贸综合服务企业和境外贸易商，扩大商城外贸份额。2016 年，新增有进出口实绩企业 51 家、有外贸资质的商户 126 个。对商户开展商城国际化业务和相关政策进行培训，完成培训 5000 多人次。及时做好国际化数据统计分析工作，方便上级了解商城国际化发展动态。加大跨境电商力度，对商城范围内的跨境电商产业项目及时提供服务和指导，重点跟踪协调临沂国际跨境电商服务园项目，帮助协调督促项目相关方推进项目建设，并于 7 月 1 日试运营。已建成临沂商城跨境电子商务产业园、工商联塑化商会跨境电子商务交易平台等 4 个跨境电商平台，商城范围内跨境电商户数已达 4100 余户，实现跨境电商交易额 2 亿美元。全力开拓境外市场，参与在尼日利亚、巴基斯坦等国建设“海外临沂商城”和“国际物流园区”，引导商户“走出去”，建设“海外商铺”“边境仓储园”，开拓境外市场，扩大商城境外辐射力和影响力。会展产业蓬勃发展，引导和支持商城内集团、市场、商会、协会组织开展各类博览会、论坛会、洽谈会，形成自有的办会模式，打造商城会展品牌。引导商户到境外参加展会，全年组织商城内 100 多家商户赴韩国、美国、阿联酋、匈牙利、尼日利亚、马来西亚等 30 多个国家参展，推介商城产品。协助各会展公司开展市场行活动，支持办好第七届商博会。兰华集团举办展会 4 次，拉动市场交易额近 3 亿元。2016 年，争取会展业扶持资金 1000 余万元，举办各类展会 75 个，参展参会人数超过 300 万人次。

【现代物流】 加大物流整治力度，规范物流园区，发展现代物流。深化物流市场整顿，引导物流企业进园区，实行园区化管理、规模化经营。在做好物流纠纷投诉处理的基础上，重点推进物流保险全覆盖工作，提高物流业整体抗风险能力。2016 年，累计出险 2200 次，赔付金额 2300 万元，有效地化解物流行业的风险。提升物流经营业态，引导物流园区与先进物流公司强强联手，推行“互联网 + 物流”模式。支持兰华集团与传化集团开展合作，引进先进物流管理理念。探索现代物流经营业态，推广山东润泓物流管理服务有限公司“互联网 + 物流 + 银行”模式，实现代收支付货款“秒清”，已有 50 多条物流专线加入润泓物流运营。加快物流信息化步伐，加强并完善商城物流体系建设，推行物流企业建档工作，实行一户一档，已完成 1000 多户物流经营户基础信息的收集、录入、建档工作。

【市场管理】 以提升、改造商城老旧市场为抓手，做到专业市场更“专”，经营商品更“精”，达到“一品一市”，更加专业化、规模化。同时，制定《关于加强市场规范管理的实施意见》，规范市场经营秩序和经营环境。引导市场管理单位转变传统的管理模式，引入现代管理模式，促进市场稳步发展。引导商户与知名厂商加强合作，经销、代理知名度高、销售快的名牌产品。开展诚信体系建设，开展“厚道临商·诚信商城”主题教育活动，发挥商城商会、协会的作用，引导商户诚信经营，依法经商，建设诚信市场、诚信商户，打造诚信商城。提高市场管理服务水平，成立全区加强市场规范管理工作领导小组和商城联合执法办公室，加强对市场治安、卫生、交通及经营秩序等方面的督导管理，对市场开展综合检查 3 次，协调解决有关市场业户来访 10 人次，回复 12345 承办单 2177 件，保障市场健康有序发展。

【消防安全】 开展对市场园区消防安全检查督导，聘请专家对 50 个市场园区进行消防安全隐患全面排查，提高市场园区隐患排查与整改的水平和质量，做到早发现早治理。组织市场开展消防应急救援演练上千次，市场管理人员和商户 10 万余人参加演练。在 24 个市场建立有人员、有器材、有战斗力的微型消防站，实现有效处置初起火灾，确保最大程度的把火灾损失降到最低。

撰稿：朱反去

审稿：陈　臣

发展与改革

发展和改革局领导成员

局　长　魏云广＊　雷贵松
副局长　徐金中　李宝安　商良坤
副主任科员　陈效刚　张　萍（女）
服务业管理办公室
主　任　徐金中（兼）
副主任　朱雪松　郝仲海
重点项目管理办公室
主　任　李宝安（兼）
副主任　丁栋梁
信息中心
主　任　刘　永

【机构设置】 2016年，区发展和改革局设办公室、项目办、综合科、投资科、外资科、体改科、农村科7个科室；辖2个正科级事业单位：区服务业管理办公室、区重点项目管理办公室；1个副科级事业单位：兰山区信息中心。

【年度计划执行情况】 2016年，兰山区生产总值806.92亿元，增长7.3%。三产结构比为1∶48.2∶50.8。规模以上工业主营业务收入1930.9亿元，增长5.8%。地方财政收入完成72.6亿元，增长13.9%。固定资产投资完成638.2亿元，进出口总额166.1亿元，社会消费品零售总额566.5亿元。

【规划编制】 开展《兰山区国民经济和社会发展第十三个五年规划纲要》编制工作，委托临沂市工程咨询院负责区规划编制工作，在此基础上，抓好考察调研，对重点镇（街道）、部分区直部门进行实地走访、考察座谈，完成大量基础信息和数据的收集工作；抓好协调组织，多次与有关部门进行会商，及时了解掌握并协调处理规划编制工作推进中的重点和难点问题，落实专人，做好专家团队的调研协调工作；抓好项目储备，深入思考发展战略、重点任务、重大布局和重大政策，深入研究，认真论证，生成一批关系全局、意义深远、带动作用强的重大项目。抓好意见征集，多频次、多层面征求区级领导、区直部门、镇（街道）、人大代表、政协委员等社会各界意见建议，实现开门编规划。完成《兰山区国民经济和社会发展第十三个五年规划纲要》编制工作，提交区十八届人大五次会议并顺利通过审议，由区政府印发实施。

【资金争取】 2016年累计申报22个项目申请列入中央预算内投资计划，涉及城镇污水垃圾处理设施建设、增强制造业核心竞争力重点领域关键技术产业化、京津冀及重点地区污染治理专项工程、保障性安居工程配套基础设施建设等领域，下达投资计划1.19亿元。

【重点项目管理】 做好项目储备。围绕国家、省、市制定实施的产业发展规划，有针对性地策划、筛选、储备一批符合国家产业政策和资金投向的重大项目，通过全方位谋划、评估、论证、筛选，建立动态项目库，做到策划一批、储备一批、建设一批、投产一批。2016年，全区有41个项目列入市级重点建设项目，项目个数和质量继续在全市领先。加强项目监管。实行项目推进月报制，与相关部门联动，深入项目施工现场，对发现的问题进行梳理，逐一整改落实。2016年，累计完成投资210亿元，超额完成全年任务。

【服务业管理】完成《兰山区服务业发展规划（2016—2020年）》编制工作，8月在济南经专家评审论证后定稿。推进改革试点。以服务业综合改革试点工作的最后一年为契机，围绕改革试点工作的基本思路、主要目标和重点任务，对改革试点工作认真进行总结，并向省发改委汇报改革试点情况。2016年全区实现服务业增加值410亿元。

【体制改革】牵头做好投资审批制度改革工作，强化横向协同、上下联动、信息共享，精简审批事项、优化审批服务，投资审批制度改革取得重要进展；牵头推动公务用车改革工作，6月底按时完成车改任务，所有取消车辆实现停驶封存，按规定程序进行拍卖处置，完成阶段性改革任务；根据区深改办的部署要求，牵头做好经济体制和生态文明体制领域内的各项改革工作。

【综合协调】做好东西扶贫协作工作。根据省委、市委部署要求，“十三五”期间，兰山区与重庆市城口县建立结对帮扶关系，开展“携手奔小康”行动，为做好此项工作，在区委、区政府的领导下，发改局与城口县扶贫办做好帮扶对接工作，多次赴城口县考察调研，编写《临沂市兰山区·重庆市城口县“十三五”东西扶贫协作规划》，经区政府研究同意后印发实施。2016年，援助城口县修齐镇东河村灵芝种植基地建设、修齐镇东河村乡村旅游扶贫建设等2个项目，安排援助资金150万元。开展高尔夫球场清理整治。2016年，根据全国、全省、全市高尔夫球场清理整治与全面核查工作会议部署以及《临沂市高尔夫球场清理整治核查工作方案》要求，会同国土、环保、林业、住建和工商等11个职能部门对华仁高尔夫学院训练场进行现场核查，针对发现的问题及时协调有关部门进行整改。经过清理整治，原训练场场地已不具备开展高尔夫运动的功能，完成清理整治任务。

撰稿：郝仲海

审稿：雷贵松

国土资源管理

国土资源管理分局领导成员

局　长　冯连伟

副局长　姚忠涛

市国土资源局储备中心

纪检专员　郑文栋

纪检组长　夏晓菲（女）

市国土局执法监察支队兰山大队

副大队长　赵海灿

市国土资源局土地整理中心综合科

副科长　徐　飞

地租征收处兰山三所

副所长　殷学厚

【机构设置】 2016年，国土资源局兰山分局设25个科室，分别是办公室、信息中心、调控科、机关服务中心、财务科、法规宣传科、规划科、地籍科、用地科、土地利用科、批后监管科、地质矿管科、信访科、机关党委、测绘科、人事科、纪检监察室、工会、查处一室、查处二室、执法综合室、督察室、耕保科、土地综治办、档案馆，行政编制6人，实有2人。辖2个事业单位：民房站、规划站；12个国土资源所。职工172人。

【概述】 2016年，兰山区耕地保有量和基本农田保有面积分别为29545.88公顷和23873.2公顷。全年完成土地整理项目4个，新增耕地187.4公顷。分局被区委、区政府记集体三等功，被区委、区政府表彰为普法依法治理先进集体，且连续8年保持行政执法类综合考核第一名。

【土地资源】 年底，全区土地总面积891.0075平方千米，其中农用地52236.86公顷（耕地32865.16、基本农田27095.57公顷），占总面积58.63%；建设用地32741.10公顷，占总面积36.75%；未利用地4122.79公顷，占总面积4.63%。

【土地规划】 完成《兰山区土地利用总体规划2006—2020年》调整完善，现行规划主要控制指标为：建设用地总规模25752.33公顷、基本农田保护面积26887.84公顷、耕地保有量任务35771.93公顷；本次调整完善，兰山区主要控制指标调整为：建设用地总规模32610.89公顷、基本农田保护面积24589.62公顷、耕地保有量任务33178.73公顷。完成鲁南快速铁路客运通道（兰山段）、鲁南铁路物流园、城区BRT一期工程（沂蒙路快速公交走廊）等35宗项目的土地预审审批或初步审查，面积约746.8公顷，使项目少占用基本农田16.6公顷，少占耕地33.33公顷。

【耕地保护】 2016年初耕地面积29545.88公顷，年末耕地面积29258.22公顷，年度减少耕地287.66公顷。基本农田划定23873.2公顷，占耕地总面积的82%。耕地占用补充56.37公顷，实现耕地占补平衡。基本农田保护率100%。2016年度无土地综合整治立项。

【地籍管理】 农村集体土地所有权确权登记发证完成1805宗，发证率100%。农村集体土地使用权发证完成64839宗，发证率100%。农村宅基地确权发证247个行政村，发证率100%。

【不动产登记】 9月5日，全市实施不动产统一登记，兰山分中心成立，设编制8名，在编在岗4人。分中心设置4个受理窗口、1个收费窗口、1个打证窗口、3个权籍窗口。截至年底，累计发放不动产登记证书900份、证明530份。

国土局办理发放第一本不动产权证

【建设用地管理】 报批建设用地19个批次，其中：单独批次3次，面积9.5322公顷，其中耕地6.9421公顷，已全部落实占补平衡。批次建设用地16个，面积189.5656公顷，其中耕地63.231公顷，落实占补平衡61.9643公顷、使用增减挂钩1.2667公顷。

【土地利用管理】 供应土地92宗、面积388.4173公顷，其中招拍挂出让76宗，面积341.484公顷，成效价款82.7359亿元。供地率51%，盘活存量建设用地80.6619公顷，储备土地223.133公顷。

【政策法规】 制定第26个全国“土地日”宣传活动方案，落实活动内容；“12·4宪法日”组织中国普法微信竞赛活动和2016年度学法普法活动。依法行政工作扎实有序，全年办理信息公开16件、行政复议8件、行政诉讼2件，人大建议5件、政协提案1件，规划调整听证2次。

【执法监察】 开展“两违双控”专项行动，建立各镇（街道）三级微信工作群，探索使用无人机和综合监管高空瞭望设备，开展区级动态巡查115次，拆除违法违规用地78宗，面积33.53公顷，新增违法违规用地得到有效遏制。2015年度土地卫片执法检查顺利通过上级验收，辖区内7.12公顷违法用地全部处理到位，全区违法占用耕地比例降至3.36%，顺利通过上级验收。信访压力得到有效缓解，全年共受理群众信访案件48件97人次，受理12336举报电话247个，受理行风热线12起，办理12345市民服务热线288起，信访总量、集体访和群体越级访得到有效控制，未出现群体性事件以及非正常上访事件。

【队伍建设】 开展“两学一做”学习教育，举行学习《准则》《条例》宣讲报告会，对新修订的《中国共产党廉洁自律准则》与《中国共产党纪律处分条例》进行专题宣讲解读；党组书记为全体党员上党课2次，组织学习党章、党规等4次，组织建党九十五周年暨“两学一做”学习教育知识测试；开展“兢兢业业做事，清清白白做人；奉献兰山国土，实现人生价值”主题系列活动，收到征文69篇。

从严抓好监督执纪。加强明察暗访，全年进行明察暗访9次，开展廉政谈话2次，下发通报40余次；召开行风监督员座谈会，听取监督员意见建议，提出意见建议30余条。开展“三评”活动，整理归纳各科室站所提出的意见建议，其中涉及班子成员的11条、涉及科室6条，进一步加强队伍建设、转变工作作风。

撰稿：王福芝

审稿：全　彪

工商行政管理

工商分局领导成员

局　长　程万里＊　贾瑞德

副局长　韩其琛　周可宝　郁　葱

【机构设置】 2016年，区工商局位于羲之路5号，内设11个职能科室，下设2个直属单位，11个派出机构，3个事业单位。全局共有干部职工131人。

【概述】 2016年，新登记市场主体19392户，查办各类经济违法案件805件，处结消费投诉举报17635件。年内被区委、区政府授予“先进单位”“全区‘三引一促’工作先进单位（二等奖）”“全区招商引资工作先进单位（三等奖）”“全区招商引智工作先进单位”“2011—2015年全区普法依法治理工作先进单位”等称号。

【服务发展】 在巩固提升“三证合一、一照一码”改革成果的基础上，全面实施“五证合一、一照一码”改革和个体工商户“两证整合”改革。继续推进工商注册登记便利化，全面实行“局所登记一体化”改革，将公司登记权限全部下放至工商所，方便群众就近办理登记业务。2016年，新发展各类市场主体19392户，增长87.05%。服务转型升级取得新成效。发挥“个转企”牵头职责，共完成“个转企”1124户。全力推进“三引一促”工作，共引进资金4015万元，引进各类人才80人。运用动产抵押、股权质押登记职能，为企业解决融资难题。共办理股权质押、动产抵押登记126件，助企融资10.94亿元。大力实施商标战略，以“扩大商标总量、提升商标质量”为主线，形成一批具有市场竞争力和影响力的驰名商标。2016年，新增注册商标175件，省著名商标4件，注册商标总量达11967件。其中，中国驰名商标10件，省著名商标49件，地理标志商标2件。加强企业诚信体系建设，共推荐上报省级“守重”企业26家，国家级2家。3处市场被评为省级文明市场，3处市场被评为市级文明市场。

开展商标企业走访活动

【执法维权】 构建新型监管体系，加强事中事后监管。完善年报工作机制，加大宣传培训力度，督促市场主体做好2015年度年报公示工作，夯实信用监管基础。企业、个体工商户、农民专业合作社公示率较2014年度分别增长11.25%、16.15%、13.86%。落实“双告知”“双随机”制度，加大市场主体公示信息抽检力度，建立部门间信息共享机制，将信用记录嵌入行政管理和公共服务的各领域、各环节，初步建立“一处违法，处处受限”的联合惩戒机制。强化行政执法，维护公平竞争秩序。开展打击侵犯知识产权和制售假冒伪劣商品工作，以宣传贯彻新《广告法》为契机，开展重点领域虚假违法广告专项整治行动。构建网上网下一体化监管格局，强化网络经营交易行为监管，规范网络经营交易行为。共查办各类经济违法案件805件。推进“无传销城市”创建工作，健全“打、防、控、管”长效机制，依法打击传销和规范直销。开展大气污染防治工作，加大车用燃油质量检测力度，巩固专项整治成果。共抽检加油站84家，164个样品批次。开展“红盾护农”行动，加大农资质量抽检和执法办案力度。共抽检农资经营户39家，81个样品批次。积极履行农贸市场整治牵头部门职责，探索建立长效监管机制，促进市场提升改造，完成“创城”“创卫”工作任务。创新工作机制，改善消费环境。充分调动社会各方力量，实现社会协同治理，加快构建消费维权多元化工作格局。突出服装鞋帽、家用电子电器、建筑装饰材料等重点商品，依法加强流通领域商品质量监管。强化合同格式条款整治，切实做好服务领域消费维权工作。围绕消费年主题，加大宣传力度，发布消费警示、提示，引导消费者科学、理性消费。2016年，共处结消费投诉举报17635件。

【队伍建设】 加强队伍建设，提升作风效能。以学习贯彻十八届六中全会精神

消费者送锦旗

为抓手，深入推进“两学一做”学习教育，全面贯彻从严治党新要求，不断强化党风廉政建设，层层压实“两个责任”，形成“横向到边，纵向到底”的全覆盖责任体系。以学习贯彻《准则》《条例》为契机，开展多种形式的廉政教育活动，做到警钟长鸣，常抓不懈。抓好作风建设，驰而不息纠治“四风”，干部职工的纪律意识和廉洁意识明显增强。不断深化“结亲连心”活动，真心实意地为群众办实事、解难题。加强基层基础建设，提高综合保障水平。加强信息化建设，投入资金7.75万元，完成政府内网的升级改造。争取政府支持，完成档案管理中心的提升改造。加大基层建设力度，柳青工商所新办公楼正式投入使用，李官工商所恢复建制。

撰稿：武　超

审稿：贾瑞德

物价管理

物价局领导成员

局　长　韩佃兴

副局长　王军强　汤有秀

物价检查所所长　赵利民

副主任科员　徐立民

【机构设置】 区物价局下设办公室、综合科、收费（价格）管理科、存量房涉税认证办公室等5个职能科室，辖1个副科级行政单位：物价检查所，2个股级事业单位：价格认证中心、价格信息中心。

【价费政策】 实行收费目录清单制度和收费公示制度。编制《兰山区行政事业性收费、涉企行政事业性收费项目标准目录》和《兰山区服务价格和涉企服务价格管理目录》，目录实行动态管理，并在政府网站上公开。加强收费备案管理制度，重点做好物业服务收费、民办非学历教育收费、停车场收费备案管理，共办理民办学历非学历教育备案136个，停车场备案41个，物业小区备案21个。建立健全涉企收费登记卡制度。对区规模以上的企业发放涉企收费登记卡，所有到企业收费的部门单位一律进行登记，有效地避免各种涉企乱收费行为。

【价格检查】 及时监管电子商务价格行为。随着“互联网+”作用的日益增强，电子商务市场不断扩大，涉及电子商务平台的价格举报案件日渐增多。2016年，区物价局接到"12358"价格举报158起，其中，网络购物职业举报人举报数量为146起，占"12358"价格举报数量的92.41%，举报内容涉及虚构原价、模糊标价、虚假限时促销、划线价格不标明来源等各类价格违法行为，针对这一新出现的价格违法行为趋势，及时跟进价格监管，探索行之有效的电子商务价格行为，通过定期登录淘宝天猫、京东、唯品会等电子商务平台、重大电商节日提前发布告诫函、召开电商行业价格行为告诫会的形式，密切关注涉及兰山区域内的电子商务价格行为，立案查处临沂正直珠宝首饰有限公司、临沂小麻雀服饰有限公司等涉嫌价格欺诈的电子商务公司。

发挥价格举报热线的作用，建立起"12345""12358""行风热线"、群众来访四位一体的价格举报系统。2016年，共受理各类价格举报2100件，价格案件的办结率、回复率及满意率达98%以上；针对全区市场价格监管单位面广量大的实际情况，主动创新监管方式，将事后监督检查变成事前服务提醒，建立全区范围内房地产、停车场行业提醒告诫制度，召开行业提醒告诫会，剖析市场典型案例，宣讲国家有关价格法律法规，通报市场价格监管工作安排和要求，共向这两个行业的相关经营业户发放提醒告诫函300余份，有效整治这两个行业的价格秩序。抓住涉农、涉企、教育收费、医疗收费和药品价格等政府关注、群众反映强烈的"热点、难点"问题进行专项整治，有针对性的解决群众反映突出的问题；开展明码标价专项整治，针对广大市民对商品和服务不明码标价、虚高标价等反映强烈的问题，经整治，共发放《严格执行价格政策提醒告诫函》1000余份，有效维护公开、公平、合法的市场价格秩序，推进"诚信临沂""文明临沂"建设。

【价格监测】 以建立覆盖生产、流通、消费各环节的实时价格监测系统为目标，不断完善监测网络的品种体系、指标体系和站点布局，健全节假日期间和重大紧急事件时期价格监测体系，全区共建立信息监测点20余家、价格信息监测员50余名，实现监测区域和监测品种的双向拓展。在完善监测网络的同时，不断提高监测数据的分析和运用能力，增强价格监测预警的反应灵敏度和权威性，共上报周期性报表140余次，撰写价格分析材料30余篇，为领导决策提供科学参考。

【价格认证】 按照以"涉案物品鉴证"为基础，以"刑事案件鉴定"为重点、以"价格事务"为依托的思路，开展价格认定工作。全年共办理各类刑事案件价格鉴证800起，涉案金额2056万元，认证标的物涉及车辆、房屋、地上附属物补偿、机器设备变现等，为社会和治安大局稳定、打击街面违法犯罪做出积极贡献。为确保二手房交易税款应收尽收，减少由于计税价格不准确而导致的税款流失和二手房计税混乱的现象，区物价局以存量房交易价格数据库为依托，开展存量房价格认证业务，共办理存量房涉税认证业务11起，涉及标的物56个，涉税金额4425万元。

【临沂商城价格指数】 2016年10月，临沂商城价格指数正式在国家级平台发布，价格指数进入稳定运行阶段，区物价局将工作重点逐步调整到扩大影响力增强实用性上来。建立健全价格指数考核机制。印发《兰山区商城价格指数工作考核办法》，将指数编制工作列入区委2号文科学发展观综合考核，形成各镇（街道）重视指数数据采集，不断提高信息数据采集质量的良好氛围。加强对信息员的督导和培训。配合市局开展价格指数现场观摩会和信息员业务培训工作会议，结合"信息员能力提升年"活动，开展信息员业务培训，不断提高信息采集与分析研判能力。

【队伍建设】 完善修订各种内部管理制度，将任务量化分解到科室和个人，实行每月一考核、每月一通报，将考核情况作为年终评先树优的标准。同时建立“每周一课”学习制度。班子成员、各科室负责人、业务骨干轮流授课，讲授物价相关业务知识和党务知识。严格执行“工作人员监督牌”和“工作人员当日动态牌”制度，自觉接受社会监督。信息宣传工作全面加强。通过完善信息网络制度，拓宽信息渠道，强化工作措施，加大信息发送力度和报送频次等方式，着重对社会关注、群众关心的价格收费政策、市场价格异常波动、居民消费价格热点、重要商品价格走势预测及群众举报投诉的价格违法行为，进行重点关注深入分析。2016 年被采用文章 160 余篇，先后有多人被评为国家级、省级、市级信息宣传工作先进个人。

撰稿：刘晓玲

审稿：韩佃兴

质量技术监督

质监分局领导成员

局　长　赵锡山＊　闫德龙

主任科员　代伟成

副局长　张　亮

稽查队长　李文全

【机构设置】 2016 年，区质监局内设 4 个科室、1 个稽查大队。共有职工 50 人，其中在职正式职工 19 人，编外人员 22 人，退休人员 8 人。

【质量强区】 区政府调整充实质量强区工作领导小组，由区委副书记、代区长沈如茂任组长。制定出台《兰山区质量工作考核办法》，每年对各镇（街道）、工业园区质量目标完成情况和质量措施落实情况实施全面考核。为实施质量强区战略、加强质量考核，推动“兰山制造向兰山创造转变、兰山速度向兰山质量转变、兰山产品向兰山品牌转变”提供有力抓手。全区 3 家企业的 3 个项目申报临沂市标准创新贡献奖，3 家企业申报山东省服务名牌、1 家申报山东名牌产品。

【质量安全监管】 特种设备安全。结合全区特种设备分布特点，完成 1250 家特种设备使用单位巡查工作，累计排查一般安全隐患 210 项，已全部销号；加大日常监管力度，严厉打击重点行业、重点领域内特种设备违法违规行为，全年共下达安全监察指令书 212 份，对 16 起违法案件进行立案查处；开展电梯安全监管大会战专项行动，检查电梯使用单位 315 家，发现安全隐患 61 处；配合区大气办，开展 10 吨以下燃煤承压锅炉整治验收，完成阶段性工作任务；加大特种设备安全宣传，结合“安全生产月”活动，组织开展电梯安全知识进社区、进商场活动，采取悬挂横幅、发放宣传材料等多种形式，普及安全乘梯、文明乘梯知识，兰山电视台进行全程跟踪报道。全年全区共注册发证锅炉 187 台、压力容器 230 台、电梯 1774 台、起重机械 225 台、叉车 7 台。受理各种换证 680 人次。为提高特种设备使用单位安全管理人员的业务知识和管理水平，严防特种设备事故发生，举办 4 期特种设备管理人员培训班，培训特种设备人员 1000 余人次。工业产品质量监督。配合省抽样组对 72 家铝合金建筑型材、人造板生产企业产品进行监督抽查，合格率为 93.26%；配合国家抽样组对 20家人造板生产企业产品进行监督抽查，抽检合格率为95%，根据不合格后处理规定对不合格企业依法进行后处理；开展食品相关产品、车用汽柴油专项整治活动，共检查企业43家。

【行政执法】 配合工业产品和特种设备两大安全监管，加大日常监管力度，重点开展好农资打假、质检利剑等专项执法活动，全年共办理各类案件40起，受理12345投诉举报700余起，消费者投诉10起，妥善处理20余起职业打假人申诉举报案件，办结率100%。

【自身建设】 以“两学一做”专题教育为主线，坚持党组书记抓党建，全面加强党的组织、思想和作风建设，为全面落实各项工作提供强力保障。推进文明创建工作，开展文明共建、结亲连心等活动，密切与群众的血肉联系。全面构建“一岗双责”党风廉政建设责任体系，与班子成员、中层干部和普通职工层层签订党风廉政目标责任书，守纪律、讲规矩，严格执行八项规定，治理“庸懒散”，建立作风建设的长效机制。制定和完善干部职工学习计划、学习制度，确定每周五下午作为固定学习日，组织党员干部集中学习党的十八大和十八届历次全会精神和《习近平谈治国理政》《习近平关于党风廉政建设和反腐败斗争论述摘编》《大力弘扬新时期沂蒙精神》读本等学习材料，并赴大青山胜利突围纪念馆参观，重温入党誓词。成立督查考核领导小组，采取定期、不定期明察暗访的形式，对不作为、慢作为、纪律涣散、“门难进、脸难看、事难办”等行为进行查处。

撰稿：王子超

审稿：张　亮

安全生产监督管理

安监局领导成员

局　长　闫德龙＊　管桂旭

副局长　孟庆学　吕千里　付文坤

执法监察大队大队长　刘　力

主任科员　苏效国

副主任科员　刘永强

【机构设置】 2016年，区安监局下设办公室、机关党支部、财务科、综合监督管理科、政策法规科、规划科技科、危险化学品安全监督管理科、工矿商贸安全监督管理科、职业安全健康监督管理科等9个职能科室和1个副科级单位：区安全生产监察大队；1个股级单位：区安全生产应急救援指挥中心，年底共有干部职工42人。

【责任落实】 按照“党政同责、一岗双责、失职追责”要求，区镇两级成立以政府主要领导任组长，各分管领导为副组长的安全生产委员会，并设立13个专业安全生产委员会。推行安全生产网格化管理和岗位管理实名制，基本实现安全生产责任全覆盖。区委、区政府及办公室，区安委会及其办公室制订下发文件150余个，贯彻落实各级安全生产工作部署，安排全区各行业领域的安全生产工作。健全完善安全生产工作考核评价体系，增加安全生产在科学发展观考核中的权重，实行重点工作专项考核、全年工作综合考核。严格责任追究，实行安全生产“一票否决”制度。

【安全监管】 在镇（街道）设专职安监办副主任，设立安全生产监察中队，镇（街道）安监办主任为党委政府班子成员，设副科级安监办专职副主任，4个镇（街道）中队已通过执法标准化验收。严格安全生产许可，完成557家烟花爆竹零售经营许可证办证和68家危险化学品经营许可证换发证工作，易制毒备案6家，有189家规模以上企业通过三级安全标准化验收。开展“安全隐患排查托管服务”，对35家危险化学品生产企业、10家重点消防单位、86家商贸物流企业、40家涉氨制冷企业、33家一般化工企业等进行隐患排查治理、安全综合评估、安全评级。加强职业卫生安全管理，完成56家企业工作场所职业病危害检测、作业人员职业健康体检等方面的工作。强化应急管理，完成危化品等重点企业应急预案评审备案50家，开展各类企业应急演练80余场次，1万余人参加。

6月16日，开展“安全生产月”主题咨询日活动

【隐患排查治理】 组织开展“全覆盖”拉网巡查、企业自查、专业排查，彻底排查各类安全隐患，保证不留死角、不留空白点。全区完成实名制调查摸底企业19924家，监管执法检查重点行业领域企业6358家，排查并整改重大安全生产隐患40条，12条实行挂牌督办，已全部整改销号。累计处罚380余万元（不含交警），取缔关闭非法生产经营单位91家。

【专项整治】 开展粉尘涉爆企业专项整治。排查登记各类涉尘企业150余家，检查涉粉尘企业90家，排查各类安全隐患3000余条。开展危险化学品专项整治。对35家化工生产企业实施安全评级，检查经营单位386家，下达隐患整改指令72份，取缔非法经营点3个，行政处罚26家，罚款43.6万元。开展涉氨制冷企业综合评估和隐患整改。对全区40家涉氨制冷企业进行安全生产综合评估，向38家企业下达限期整改通知书，34家企业按期完成整改，2家未按时完成整改的依法进行行政处罚，2家安全生产条件严重不足的企业，1家依法拆除、1家责令停产。开展消防领域专项整治。组织重点领域的消防安全专项治理5次，发现隐患1259处，督促整改火灾隐患406处，行政处罚23家，罚款35.35万元，责令“三停”单位4家。

【执法监察】 以高危企业和市重点工程建设和事故多发企业为监察重点，加大执法监察力度，检查企业946家次，发现各类隐患630余条，已完成整改620条。下达整改文书共计715份，责令限期整改指令书290份，现场处理决定书180份，强制措施决定书25份，整改复查意见书220份，立案18起，结案18起，罚款共计40.2万元。受理12345热线、局长信箱、行风热线、电话举报、市局督办等共计169条，落实169条，完成率达100%。

聘请专家检查安全隐患

【宣传教育】 创新形式，强化日常安全生产宣传教育，开展编发安全短信、举办演讲比赛等多种活动，利用中国移动云 MAS 平台，向监管负责人和重点行业领域企业人员发送安全生产警示信息 9.2 万余条。组织开展全国第十五个“安全生产月”活动，在《兰山大众》、兰山电视台等媒体开展宣传报道，在各级各类新闻媒体发表专栏、宣传稿件 270 余条。抓好安全生产培训工作，举办企业主要负责人和安全管理人员、特种作业人员培训班 35 期，培训人员 5220 人。

撰稿：徐　泓

审稿：刘传强

食品药品监督管理

食品药品监督管理局领导成员

局　长　上官兰香（女）

副局长　赵永良＊　赵玉坤　李　强

主任科员　鲍晓红（女）　赵永良

【机构设置】 区食品药品监督管理局为正科级行政单位，负责对生产、流通、消费环节的食品安全和药品的安全性、有效性实施统一监督管理，同时承担区政府食品安全委员会的具体工作。内设办公室、政策法规科、食品安全协调督查科、食品生产监管科、食品流通监管科、餐饮服务监管科、餐饮服务食品监管科、保健食品化妆品监管科、药品医疗器械监管科、规划财务科等 9 个职能科室，及 4 个药械稽查科、10 个食品稽查科。在各镇（街道）共设置 11 个食品药品监督管理所，为区食品药品监督管理局的派出机构。全局在职在编职工共 163 人。2016 年，率先在全市建成省级食品安全先进区，被区委、区政府记“集体三等功”。

【日常监督】 生产和流通环节：顺利承接食品生产许可，对全区 134 家获证食品生产企业的产品进行不定期检查，督促落实生产企业食品安全主体责任。稳妥做好食品流通许可证和餐饮服务许可证两证合一工作，新发食品经营许可证 2857 件，督促全区 22 家食用及食用农产品批发市场、农贸市场落实“一票通”制度。强化校园及周边食品安全监管，成立 45 个学校生活委员会，定期检查学校食堂食品安全。开展学校周边“小饭桌”登记备案，225 家“小饭桌”名单在区局网站和学校门口醒目位置公示。

餐饮服务环节：结合国家卫生城和文明城创建

工作，对全区餐饮服务单位大排查大整治，共排查整治餐饮业户2.8万余家，规范提升5600余户，同时开展“文明餐桌”“寻找笑脸就餐”和“清洁厨房”行动，引导公众科学饮食、选择消费。完成国家、省、市重点工作会议等16次重大活动餐饮食品安全保障，累计出动执法人员80人次，现场快检食品样品92批次。做好量化分级等级公示工作，持证单位量化等级评定8087家，其中A级单位220家，B级单位880家，C级单位6987家，餐饮服务单位量化分级覆盖率达100%。以学校食堂、大中型餐馆等单位为重点，抽检熟肉制品、食用油等18大类960批次，合格率98%。

药品医疗器械监管环节：推进新版GSP贯彻实施，强化日常监督检查。开展疫苗专项检查，对2家疾病控制中心、24家接种单位开展监督检查。组织开展辖区内中药（中药饮片）生产企业、特殊药品经营企业、医疗机构制剂室、药包材使用企业药品质量提升行动，督促企业严格落实新版GMP、GSP，严格规范执业药师从业行为。完成100批次的药品抽样、初检、送样工作。开展医疗器械流通领域违法行为集中整治，对定制式义齿、体验式销售、装饰性彩色隐形眼镜等进行专项检查。

保健食品化妆品安全监管环节：开展保健食品GMP和化妆品生产企业卫生规范跟踪检查和保健食品化妆品购进渠道专项检查，加强日常监管、行政许可和稽查工作的衔接。建立化妆品业户档案5602家，开展专项整治活动5次，监督抽检各类化妆品60批次。

【综合治理和专项整治】 在抓好综合治理工作的同时，抓好羊肉及羊肉制品、农村食品安全专项整治、校园与学校周边食品安全专项整治等10余项食品安全专项整治。健全“三安联动”工作机制，加强行刑衔接，推进食品安全监管、执法、检测、信息等资源合作共享。全年共查办食品药品案件263起，移交司法机关10起，刑拘3人。先后查处非法制售药品案件以及出售假冒茅台、五粮液、兰陵、贵人道、牛栏山等系列白酒案，涉案金额500余万元。行政处罚案件信息公示率达100%。同时，以《食品安全法》《山东省小作坊小餐饮和食品摊点管理条例》宣贯为契机，按照生产、流通、餐饮三个环节，先后开展15次法律法规专题培训，培训食品生产经营业户9300余人，为新的法律法规普及和实施起到良好推动效果。发挥食安办的牵头抓总作用，协调各组织部门深入推进省级食品安全先进区创建，于11月顺利通过省食安办委托第三方（山东财经大学）对兰山区创建工作考评验收，创建省级食品安全先进区。组织开展跨行业、多层次的品牌创建，2016年共指导上报辖区20家食品生产经营单位争创“食安山东”示范品牌。

主题宣传活动

【宣传培训】 组织开展“12331”主题宣传日、食品安全宣传周、“全国安全用药月”等系列宣传活动60场次。印发《谨慎选择“五毛”食品保障身体健康——致广大家长师生的一封信》10万份，《小手拉大手——食品安全小课堂》20万册，全部发放到广大师生和家长手中，引导

食品安全专项检查活动

广大学生自觉抵制不安全食品。在《兰山大众》开辟“食品安全专栏”，在各村居、学校、大型商超、批发市场设立食品安全宣传栏680块，发放食品安全知识科普挂历50万份、法律法规科普手册100万册，向群众普及科学饮食、合理用药常识，引导公众参与食品监管。

【创新监管】 畅通12331、12345和行风热线投诉举报渠道。全年共受理食品药品投诉举报2406件，满意率100%。在区食药监局和11个镇（街道）食药监所投资60万元建立12个食品快检室，每周五定期举办“快检开放日”活动，全年为市民免费检测食品1516批次。组织开展“你点我捡”活动，收回调查问卷400余份，调动广大公众参与食品安全治理工作的积极性。邀请区人大代表、政协委员视察食品药品监管工作，自觉接受社会监督。建立与媒体互通机制，邀请媒体全程参与、深度报道食品安全事件22次，形成社会共治格局。

撰稿：王金玺

审稿：上官兰香

统　计

统计局领导成员

局　长　杨耀寰＊　王思华

主任科员　周春鹏

副局长　刘凤梅（女）　符兴全　李　政

农调队队长　徐美玲（女）

【机构设置】 2016年，区统计局下设办公室、人事财务科、工业科、能源科、贸易科、投资科、社会科、综合科、服务业科、建筑房地产科、调查中心11个职能科室，辖农村社会经济调查队、统计普查办公室2个副科级事业单位；计算站、执法检查所2个股级事业单位。年底，共有在岗职工39人，均具有大专以上学历，其中具有高级统计专业技术职称的4人，中级统计专业技术职称的16人。

2016年区统计局通过省级文明单位、省级统计系统文明单位复查，获得“全市统计系统先进集体”，“全区年度工作先进单位”等称号。

【常规统计】 全区统计系统在保证数据质量的前提下，完成2015年的各项统计年报和2016年统计月报、季报、半年报工作。各专业科室切实执行“即报即审即验”工作制度，加大统计报表审核力度，汇总统计资料、按时上报各类统计报表。同时，做好基本单位名录库维护和更新、亿元以上新开工投资项目统计监测、“三新”统计、县级粮食产量抽样调查、城乡住户一体化改革调查等工作。

【普查调查】 按照上级统一部署，开展全区第三次农业普查和1%人口抽样调查工作。组建普查调查机构。成立以区政府主要领导任组长，分管副区长任副组长，各相关部门、各镇（街道）主要负责人为成员的领导小组，完成镇（街道）级机构组建，构筑起区、镇级普查调查网络。落实普查调查经费。本着勤俭节约、各级共同负担的原则，编制《兰山区农业普查经费预算项目测算表》，落实各级普查经费。落实办公场所及人员。刻制领导小组和办公室印章，印刷普查调查文件头、简报头等，印发办公室工作职责等一系列规章制度。加强普查调查宣传。9月20日，采取多种形式对“中国统计开放日”活动进行宣传，重点是第三次农业普查和1%人口抽样调查，取得良好的效果。做好清查摸底工作。在普查指导员和PDA操作员的共同努力下，严格按照时间节点，高标准完成各阶段普查调查任务。

【数据质量】 加强基层统计人员业务能力培训，推进GDP核算、服务业、电子商务、固定资产投资等重点领域改革，严格遵守规模企业联网直报各项规定，完善数据质量全程控制办法，强化直报企业异常数据即时核查，确保源头数据的准确性。广泛宣传《统计法》和《统计违法违纪行为处分规定》，在全区统计系统开展“防范数据造假、提高数据质量”专项治理活动，由局分管领导带队，采取“双随机”的原则，对91家“四上”企业进行了执法检查，梳理存在的问题，及时下发整改通知书限期整改。

【统计服务】 围绕全区中心工作，关注科学发展综合考核指标，监测经济数据指标进度，深入基层，开展调研活动，撰写分析报告，分析统计工作所面临的新形势、新要求，分析经济运行中出现的新情况、新问题，为区委、区政府决策提供依据。其中，《兰山区上半年经济运行稳中有增趋势向好》等被区级领导批示，《兰山区装备制造业发展情况分析》等被省级媒体采用。及时向社会公众发布《2015年兰山区国民经济和社会发展统计公报》，编制2016年兰山统计服务手册，印刷2016年《兰山区统计年鉴》。同时，利用《统计信息》、“领导参阅资料”等信息平台，为领导、社会各界提供全方位统计信息服务。

9月20日，区统计局举办兰山区第七届“全国统计开放日”活动。

【基层基础】 2016年，区政府先后出台《关于进一步加强新形势下统计工作的意见》《关于进一步加强和完善部门统计工作的实施意见》《关于进一步加强全区统计基层基础工作的意见》等文件，将统计工作列入全区年度科学发展综合考核内容，对镇（街道）、部门机构设置、人员配备、办公场所、统计人员待遇等几方面进行量化考核。深化统计“网格化”管理机制，建立以镇（街道）（工业园）统计管理服务中心为核心的三级网格体系，各村（社区）成立统计服务室，划分村（社区）级统计网格，镇（街

道）设立统计示范村（社区）和星级管理示范企业，不断提升统计基层基础规范化建设水平。

【统计档案】 为提高全区统计档案工作科学化管理水平，更好地发挥统计档案记录历史和服务社会的作用，结合全市统计系统组织开展争创"山东省档案工作科学化管理先进系统"活动，区统计局争创省档案工作科学化管理示范单位。在市统计局和区档案局的指导下，加强档案资料收集和信息化建设，对2010年以来单位在工作活动中形成反映统计部门行使职能的各种发文、资料、电子档案等进行整理，做到收集规范、真实有效、齐全完整、应归尽归。

【队伍建设】 结合"两学一做"活动，加强党员教育管理。全面落实从严治党要求，严格履行主体责任，自觉把党建、党风廉政建设工作与统计业务同部署、同落实、同检查、同考核。深入落实中央八项规定精神和省委市区委实施办法，正文风、改会风、转作风、树新风，切实改进工作作风。继续推行培训班、业务轮讲、专题讲座、参观学习等有效模式，增强干部职工业务水平、综合素质，提高驾驭复杂局面的能力。加强机关绩效管理，强化工作考评督查和激励约束机制，克服畏难情绪和懈怠思想，调动干部职工的积极性和创造性。开展道德讲堂、学雷锋志愿服务、"四德工程"建设、"推荐身边的好人"等活动，以文明单位"升级连创"的实际成效推动全局各项工作扎实开展。

撰稿：赵振忠

审稿：刘凤梅

审　计

审计局领导成员

局　长　刘广济

副局长　张佃亮　王玲（女）　李　杰

经济责任审计办公室主任　田　立

【机构设置】 2016年，区审计局机关内设办公室、法规与审计执行科、财金审计科、行政事业与社会保障审计科、经贸与固定投资审计科5个行政科室。下辖1个正科级事业单位：经济责任审计办公室；1个股级事业单位：重点建设项目审计中心。共有在岗职工32人，其中具有本科以上学历的30人，占93.75%；具有高级专业技术职称的5人，中级专业技术职称的6人。

【概述】 2016年，共审计（调查）项目110个，查出违规问题资金326136.34万元，促进增收节支23220.53万元，政府投资项目审减19113万元，审计建议被采纳并用于问题整改186条，提交审计信息和审计要情60篇，被各级刊物采用50篇（次）。被评为全国审计宣传工作先进单位、审计通联宣传工作先进单位，连续11年通过省级文明单位复审，在2016年度考核中评为全区科学发展先进单位。

【审计质量】 开展审计质量专题学习月，围绕国家审计准则解读、审计移送注意事项、创建优秀审计项目等内容开展学习、讨论7场次，组织集中考试2次，考试成绩计入年底对科室和个人的绩效考核。健全完善审计业务会议制度。印发《审计业务会议操作规范（试行）》，定期召开业务会议，对审计项目全员参与、集中审理、点评打分。通过文书审理和召开业务会议集体讨论，督促相关科室补充和完善审计资料，提高项目质量。对照省厅下发的《审计项目质量检查发现问题的通报》重点从问题表述、问题类别、问题定性、法律法规依据、处罚标准上进行研究讨论，查漏补缺、提升完善。制定《兰山区审计局审计项目审理规程》等文件，对审计业务文书审理程序进行梳理和规范。

【预算执行审计】 税收征管重点关注房地产企业。近年房地产企业税收占比逐年增大，对照省市下发的纳税疑点清单，对13家房地产企业进行了延伸审计，查出少征收当期税款2702.53万元。地税部门积极整改，当年已补征入库税款2036.36万元，占审计查出应征税款的75.35%，由于各种原因暂时不能补缴的企业，地税部门采取下达《责令限期缴纳税款通知书》和冻结银行账户等措施，督促企业尽快缴纳。

【经济责任审计】 经济责任审计强化问题整改和结果运用。在开展领导干部经济责任审计中，将落实“八项规定”相关要求列入经济责任审计重要内容。共完成经济责任审计项目26个，其中离任审计11人、任中审计15人，查处违规问题和管理不规范问题金额10038万元。村（社区）干部经济责任审计对63个村（社区）、75名村（社区）干部实行“异地交叉”“区镇联审”的审计方式。对195个村（社区）219名村干部进行经济责任审计，审计资金总额357825.12万元，审计查出各类违规和管理不规范问题金额176080.79万元。移送村（社区）干部19人，处理、处分16人，其中党内警告5人、党内严重警告9人、撤销党内职务1人、开除党籍1人。撰写的《兰山区审计局开展2015年度村社区干部经济责任审计考核活动》《兰山区启动第二轮村社干部经责审计》等9篇报道被中国审计报和审计署网站采用。审计专报《我区集中推进第二轮村社区干部经济责任审计专报》被区委书记、区长批示，采纳审计建议在全区开展集中整顿，以区委办公室名义印发《关于整治和查处侵害群众利益不正之风和腐败问题实施意见》、区纪委出台《关于开展督导镇（街道）、工业园区集中整治和查处侵害群众利益的不正之风

区镇审计组在方城镇、半程镇开展村（社区）干部经济责任联合审计

和腐败问题的工作方案》。

工程审计现场

【政府投资项目审计】 政府投资突出土地增减挂、旧村改造等民生工程。完成跟踪审计项目及决算审计项目 79 个，提报工程造价 148716 万元，项目审定价 129603 万元，审减额 19113 万元，审减率 14.75%。根据区委、区政府安排，由区审计局组成审计组，对诸满土地增减挂项目区项目资金、完工工程建设及造价情况进行全面审计，审计资金总额 2 亿元，查处资金管理、使用方面问题资金 1366.70 万元。通过审计，降低工程造价成本，托清财务资金底子。区委书记专门召集包项目的区级领导及相关镇、部门负责人会议，就审计查出问题的整改作出部署，提出具体要求，为有效解决问题提供客观真实全面的参考依据。对 143 个老旧住宅小区整治改造实施全过程跟踪审计，现场检验材料质量、施工质量并对工程量进行计量，真正发挥审计监督作用。

【机关建设】 强化业务培训，组织全区审计系统干部职工 50 余人赴南京审计大学开展为期一周的“封闭式”培训，重点围绕审计方法与技巧、经济责任审计和综合素质提升等方面开展培训；选送上报 6 人分期参加省审计厅组织的计算机中级培训班同时安排人员积极参加市局组织的各类培训。要求一个审计项目至少报送一篇信息，在审计实施过程中，对于发现的一些苗头性问题、普遍性问题和好的经验做法，及时向领导报送，充分发挥信息的时效性作用，并将信息任务的完成情况与年终评先树优相结合。提交审计信息、要情 60 篇，被区级以上新闻媒体采用稿件 50 篇次，其中《中国审计报》和审计署网站采用 13 篇，省审计厅网站采用 10 篇。制定完善《评选优秀项目审计工作方案》等 3 项制度。组织 30 名党员赴莒南、临沭开展“弘扬审计精神、传承红色基因”主题活动，制作“两学一做”宣传展板，建立学习园地体会交流展板。设立道德讲堂，精选励志警句，利用文化墙、展板、宣传栏等多种形式开展教育，丰富审计人员业余文化生活，增强审计队伍的凝聚力。

【精准扶贫】 参与精准扶贫，选派两名机关干部到省定贫困村汪沟镇柴胡山村任第一书记开展扶贫工作，协调资金近百万元建设高标准温室大棚 6 个，并当年投入使用，为全村贫困人口人均增加收入 2000 多元，为村集体年增收入近 5 万元。

撰稿：姜　涛

审稿：张佃亮

农　业

种植业与农村工作

农业局领导成员

局　长　王安申＊　王金生
副局长　李爱华（女）　吴　华（女）　刘　伟
党组成员　林　萌　魏珂萍（女）

【机构设置】 2016年，区农业局下设30个科、室、站、中心。其中，二级单位5个：农业技术推广中心、农村经营管理中心、优质农产品基地建设办公室、农业综合行政执法大队、农业广播电视学校。股级单位：办公室、人事科、财务科、老干科、信访科、市场信息科、综治办、计生办、工会、农技站、土肥站、经作站、环保站、植保站、法制科、种子管理站、科教科、良种繁育场、果树中心、监察室、妇委会、团委、农业服务部、能源办、农民负担监督管理科、农业产业化科、农民合作社科、土地流转中心。全局在岗职工88人，其中具有高级技术职称的15人，中级技术职称的35人。

【概述】 2016年，全区农业工作围绕发展都市型现代农业，落实“农业现代化战略”，突出抓好农业生产、基地品牌建设、农产品质量安全、农村产权制度改革、新型主体培育等重点工作，全区现代都市农业保持科学快速发展的良好势头。

【基地品牌建设】 2016年，发展优质农产品基地1333.33公顷，改造提升优质农产品基地2666.67公顷，新建优质农产品标准园13处、现代农业示范园2处，申报省级标准化基地1处，市级标准化基地项目6处。组织6家企业、合作社参加2期全市优质农产品擂台挑战赛，其中白沙埠草莓、“鼎益”蔬菜分别获得二等奖，“三和”黄瓜获得三等奖。组织金锣集团、三维集团、清春蔬菜专业合作社等11家涉农企业和专业合作社参加第四届中国兰陵（苍山）国际蔬菜博览会，其中金锣集团、丽坤海棠合作社、绿农瓜菜合作社、清春蔬菜专业合作社的4种产品获得本次菜博会金奖。全区累计发展优质农产品基地面积17666.67公顷，注册农产品商标36个，省级农业标准化生产基地3处，市级标准化基地26处，注册国家地理标志农产品商标3个。建设市级休闲农业与乡村旅游示范镇2个，休闲农业与乡村旅游示范点8个。全区特色优势农产品规模化、标准化、品牌化“三化”率达60%。

【粮食生产】 抓好小麦生产技术指导，开展小麦高产创建工作，组织实施2个省粮食高产创建示范片、5个市级超吨粮高产创建示范方，经市农业局测产验收，产量均

在550公斤/亩以上。落实小麦“一喷三防”措施，实施面积15133.33公顷，下达资金104万元。推广测土配方施肥，做好土壤墒情监测工作，发布墒情简报12期，制定并发布肥料配方17个，指导抗旱面积3万公顷。全面推进农作物病虫害专业化统防统治，下发《病虫害防治简报》13期，发布病虫害信息320余条。引进推广新品种新技术，引进果茶、蔬菜新品种45个，推广应用新技术36项。加大农村清洁能源推广力度，完成5处市级生态农业示范点的验收工作和2处市级生态农业示范点的申报工作，联合财政局完成13处中小型沼气奖补资金的发放工作。

【科教培训】 以汪沟镇竹园村、三义村等4个贫困村的60个农户确定为培训主体，实施科技扶贫项目。组织果树、蔬菜和粮食等3个专业专兼职教师，对全区7个农业大镇的430个农户，分种类、分时令地进行对口技术指导，以举办“田间课堂”、下地现场指导、发放科技书籍等方式，将常见病虫害和管理技巧知识等最新最实用的农业专业技术送到农民手中，向农民发放农技主推技术资料1000余本。以建设农业高效示范园区为抓手，开展科技指导50余次。

【新型农业经营主体培育】 履行农业部门职责，在落实好农业扶持政策的基础上，抓好“三引一促”工作，帮助龙头企业、合作社等新型经营主体引资金、引技术、引人员，促进新型经营主体加快发展壮大。做好国家重点龙头企业监测工作，审核上报临沂新程金锣肉制品集团有限公司和山东龙盛农牧集团有限公司两家企业的申报材料。做好产业化与农产品加工统计工作，组织29家企业通过丰景网系统进行网上填报。协助方城镇做好第四批省级一村一品示范村镇申报工作。加强农民合作社的规范提升，发展市级示范社8家，新培育和发展农民专业合作社26家。全区审核备案农民专业合作社288家，列入优先扶持目录的农民合作社131家，发展家庭农场15家。

【秸秆禁烧与综合利用】 按照《兰山区2016年度秸秆禁烧与综合利用工作实施方案》要求，落实秸秆禁烧“属地管理、部门分工协作”工作职责，建立区、镇、村三级控制秸秆禁烧责任体系，加强网格化管理，通过逐级签订责任书、印发明白纸、悬挂宣传横幅标语、在重点区域设立禁烧责任公示牌、在麦田地块搭建帐篷等措施，做到组织、人员、责任、措施、保障“五到位”。加强督导巡查，联合农机、畜牧、林业、水务、粮食、开发办、环保等部门组成督导巡查组，实行一线工作法，落实昼夜巡查制，坚持既查火光，又查灰烬，做到全力以赴、真督实查。由于区镇两级措施过硬，工作力度大，没发现一处火情。加大秸秆收储和清运力度，落实区镇两级财政补贴1000余万元，杜绝秸秆在地头、路边、沟渠中的乱堆乱放。抓秸秆综合利用，全区重点实施秸秆青贮项目、秸秆机械化还田项目、秸秆收储运项目。全年，秸秆还田面积11886.67公顷，收集面积20533.33公顷，真正做到以用促禁，全区秸秆综合利用率达90%以上。

【农产品质量安全】 推行“分片包干、责任到人”的农资经营监管责任制，共有56名专、兼职镇级农产品质量安全监管人员，322名村级农产品质量安全监管员，确保每个农资经营点有具体责任人，建立健全“两账两票一卡一书”。加强农业投入品市场监管，对辖区内240家农资经营单位，全部建立农资“经营户口”和质量档案，做到一户一档。加大执法检查力度，出动执法人员820余人次，出动执法车辆92台次，检查经营门店260个，查处违法农资产品1.75吨，责令改正46起，制作巡查记录260份，立案查处农资案件10起，结案10起。开展农产品质量例行检测，协同市农业局例行监测6次，送检样品105个，合格率为100%。对辖区内生产基地、果蔬合作社、种植大户、种植散户进行例行监测二次，抽检样品480个，速测检测合格率为100%。加强农产品质量安全培训教育，通过举办培训班和以会代训，共培训农资经营人员及镇、村级农产品质量安全监管员和蔬菜、果品种植农户600余人次，发放科普书籍1000多册(本)、科技信息资料5000多份，提供群众咨询服务360余人次，规范农药使用，普及农药科学使用技术。

农业部领导来兰山区调研农业

【农村改革发展】 严格按照“区别对待、先易后难、分期分批”的工作思路，加强组织领导，强化宣传培训，抓档案管理，及时调解处理土地纠纷，全区土地确权工作基本完成。全区涉农土地需确权的324个村居开展农村土地承包经营权确权登记工作，有311个村完成确权工作，占确权任务的96%，完成确权面积1.9万公顷，占确权任务的96.5%，完成登记合同、确权颁证82649本，占确权任务的93.6%。兰山区农村土地承包经营权数据库已通过省级农村土地承包经营管理信息系统校验入库，并顺利通过市级验收和省级验收。落实粮食补贴资金，核查小麦种植面积15133.33公顷，发放直补资金2800万元。加强农民负担监督管理，完成5个镇30个村的“一事一议”筹资筹劳的申报工作，总投资1459万元，其中村级自筹792万元，财政奖补667万元。共硬化村内道路28条，硬化面积24.6万平方米。打深水井1眼，铺设安全饮水管道11千米。

【农村经营管理】 做好中央、省、市关于农村财务管理各项政策的宣传贯彻工作，落实农村财务“四监管”和会计委托代理制度，严格执行村级“财务收支两条线”制度、村级日常开支备用金制度和大额资金使用审批制度。健全完善村级会计委托代理和“四监管”制度。结合全区实际，在4个街道，依托农经部门成立村级财务监管中心，以财务审计为重点，统一监管村级资金、合同、公章，对设立集团公司、经济规模大的社区要加强审计监督，可暂不纳入统一监管，对符合条件的村、社区推行会计委托代理制。在镇和工业园区依托农经部门成立会计委托代理服务中心，取消村会计、出纳员，设立村级报账员，全面代理监管村级资金、账务、合同、公章。按照《村民委员会组织法》和有关政策规定，由镇(街道)农经部门与村级签订监管委托代理协议，明确双方的权利和义务，确保村级财务监管工作程序合法、手续齐全、服务规范。全面推行会计电算化，取消手工记账。各镇、工业园区在会计委托代理服务中心，建立财务信息局域网，方便农民群众、基层干部和各级领导查询了解、监督检查村级财务管理情况。

撰稿：蒋保建

审稿：王金生

农业综合开发

农业综合开发办公室领导成员

主　任　刘广华

副主任　洪　波　王恩宝　黄　涛

【机构设置】 2016年，区农业开发办内设行政科、土地治理科、产业化科3个科室，编制9人。主要负责全区农业综合开发项目考察评估、规划设计、组织实施及工程管理、监督、验收等工作。

【概述】 2016年，区农业开发办秉承“既要雪中送炭，也要锦上添花”的工作理念，以推进农业供给侧结构改革为目标，立足大农业，搭建大平台，做强新六产，助理新三农，各项工作任务顺利完成，为全区现代农业发展和新农村建设做出贡献。

全年全区共立项建设1个土地治理项目区，为兰山区清春蔬菜种植农民专业合作社66.67公顷高标准农田建设项目，总投资170万元，其中：中央财政资金100万元，省配套资金36万元，市配套资金4万元，合作社自筹30万元。项目共新建电灌站1座，扩建大口井1座，新打浅水井16眼，开挖疏浚沟渠4.54千米，埋设管道3.62千米，维修生产桥2座，新建生产桥1座，新建桥附闸1座，整修机耕路2.13千米，已实际完成投资162.48万元。项目完成后，集大农业的植物、动物、微生物生态链环产业一体化，平均亩产值4万元，年总产值达812.4万元，合作社年新增利税280万元，项目区农民年人均纯收入增加9300元，安置农村剩余劳动力1200人，并带动周边农户2100户及周边373.33公顷蔬菜基地发展。

产业化发展项目有4个，其中2个财政补助项目，2个贷款贴息项目。兰山区3000吨速冻果蔬加工扩建项目为财政补助项目，由临沂市明达食品有限公司承建。项目总投资290万元，其中财政资金140万元（国家财政资金100万元，省级财政资金36万元，市级财政资金4万元），合作社自筹资金150万元。项目实际建设冷库1083平方米，购置设备14台套，科技培训2场次，完成总投资312万元，完成计划总投资的107.6%。项目建成后新增加工生产能力3000吨，新增销售收入1200万元，增加营业税金和附加22万元；项目实施带动基地66.67公顷，带动农户1000户，农民人均增收5000元。

兰山区500吨日光温室蔬菜基地扩建项目为财政补助项目，由清春蔬菜种植农民专业合作社承建。项目总投资105万元，其中财政资金70万元（国家财政资金50万元，省财政资金18万元，市财政资金2万元），合作社自筹资金35万元。项目实际完成棚内土建15848平方米，购置设备20台套，科技培训6场次，完成总投资115万元，完成计划总投资的110.39%。项目建成后新增加工生产能力500吨／年。按计算周期6年计：新增产值118万元，利润111万元；项目实施带动基地10.67公顷，带动农户146户，农民人均增收1752元。

兰山区2万吨脱水蔬菜加工贷款贴息项目为流动资金贷款贴息项目，由临沂市鲁蒙食品有限公司承建。项目总投资9000万元，中央财政贴息

42万元。主要用于收购新鲜大葱、大蒜、胡萝卜、香菜等原料10万余吨，生产加工脱水蔬菜制品。

兰山区100万头生猪屠宰加工贷款贴息项目为流动资金贷款贴息项目，由山东汇融肉制品有限公司承建。项目总投资6000万元，中央财政贴息42万元。项目主要用于扩大生猪收购数量，由原来的60万头提高到100万头。

【项目管理】 按照“建一流工程、树一流形象、创一流业绩”的工作目标，把项目管理作为推进农业生产企业化发展和提高农业开发建设水平的主抓手，紧抓不放。在项目立项上，优先选择能够以龙头企业、农民专业合作社组织承担土地治理项目或具备流转土地条件的地方进行立项开发，建立标准化优质农产品基地。在项目规划上，充分发挥区域、资源优势，把项目区建设成为基础设施完善、运行机制先进、示范带动作用强、高效生态观光型的现代农业示范区。在项目建设上，以强化工程建设的标准质量为重点，加强项目工程建设的管理，重点落实项目法人制、项目公示制、工程招投标制、工程监理制、工程预决算制、竣工工程审验制等六大运作机制。工程监理则采取“专业监理、业主监管、群众监督”三位一体的监理体系。监理单位全面负责工程的质量和工期，以确保工程建设的标准、质量和速度。在工程管护上，坚持项目工程建管并重，明确管护主体。建成项目及时进行产权移交，签订责任书，确保开发工程长期发挥效益。

撰稿：范 佳

审稿：刘广华

林 业

林业局领导成员

局 长 顾中渠

主任科员 张庆钰

副局长 刘广东 王自良 张克英（女）

副主任科员 张立峰

【机构设置】 2016年，区林业局内设办公室、人事科、财务科、林政科、老干科、物业管理科6个科室，下辖区林业技术推广站、区经济林技术推广站、区森林植物保护站（加挂区柳青河湿地公园管理办公室牌子）、区林政稽查大队、区森林防火指挥部办公室、区火车站森林植物检疫站、区寨外林场7个事业单位。机关共有干部职工63人，其中具有高级技术职称的6人，中级技术职称的19人，具有大专以上学历的52人，中专以上学历的10人。

【概述】 2016年，全区林业工作坚持绿色兰山建设方向，加强生态林业、民生林业体系建设，发展林业产业，繁荣林业生态文化，各项工作取得新成效。是年，区林业局被市委、市政府授予2016年度复查合格“市级文明单位”称号，被市林业局评为2016年度林业工作先进县区。

【林业生产】 2016年，林业生产以重点生态区域绿化、湿地修复等工程为重点，加快造林绿化步伐。3月8日，全区机关干部职工300余人在白沙埠镇参加义务植树活动，共栽植大叶女贞、紫叶李、红叶石楠绿化苗木1600余棵。制定全区春季造林306.67公顷的工作任务，并将240公顷的春季造林任务详细分解到方城、汪沟、半程等镇。在枣园镇大桥村，义堂镇沙沟崖村，柳青街道潦沟社区、前七沟社区、徐屯社区，工业园郭庄村、洪沟崖村、小山前村等8个村（社区）完成21.4公顷的墓地绿化工作。全年全区共计完成新造林280.4公顷，其中用材林23.56公顷，经济林200.18公顷，防护林11.98公顷，其他造林44.71公顷，超额完成市里下达的240公顷任务。

【资源保护管理】 严格执行年森林采伐限额制度，依控限伐，合理安排采伐。11月，区林业局与镇（街道）签署林木采伐行政许可委托协议，采伐许可由镇（街道）直接办理。全年共计办理采伐证640份。贯彻执行上级关于加强护林防火工作的一系列指示精神，坚持“预防为主，积极消灭”的方针，严格做好日常防范工作。加强对元旦、春节、元宵节等重点时期和汪沟镇、半程镇、李官镇等重点部位的检查督改工作，加大野外生产性用火、非生产性用火及故意纵火行为的整治力度，有效遏制野外违规用火行为。全年共出动宣传车10余台次，发放森林防火宣传明白纸3000余份，全区无森林火灾发生。严把林业有害生物防控关，对国家中心测报点的数据库进行全面维护。组织开展美国白蛾、杨扇舟蛾、杨小舟蛾等林业有害生物越冬代成虫监测工作，对全区15处林业有害生物标准化监测点进行检测维修；按照“预防为主、科学防控、依法治理、促进健康”的工作要求，开展飞机防控美国白蛾工作，全年共完成飞防总作业面积28933.33公顷。强化食用林产品质量安全监管。结合区实际，以板栗等食用林产品为重点监管对象，开展食用林产品质量安全监督抽检。首次开展区级食用林产品安全自我监测，涉及李官、半程、枣园、白沙埠、义堂、汪沟、方城7个镇，板栗、核桃、柿子、山楂、树莓等8个品种，29个批次，抽检结果全部为合格。2016年共抽检干果类样品13份，合格13份，合格率100%。成立柳青河湿地公园管理办公室，负责湿地保护与管理。坚持保护优先、自然恢复为主的方针，推进湿地生态修复和湿地公园建设工作。全区湿地内动植物生存环境日益改善，生物多样性逐步提升，湿地资源得到有效保护。全区共计有15个河流湿地，13个库塘湿地，2个省级湿地公园，总面积达5752.76公顷。建立健全木业安全生产体系，加强管理，明确分工，将2244家企业录入监管系统，以安全生产实名制为主，一镇一册，办证、年审签订安全生产承诺书。全年办理木材经营加工许可证业务139家，检查安全生产企业203余家。

保护湿地宣传活动

【林业执法】 成立3个林政执法专组，分片负责资源保护工作。开展打击破坏森林资源专项行动，及时查处超限额采伐、乱砍滥伐、非法占用林地等方面的破坏森林资源案件，做到及时发现、及时上报、及时查处，全区无重大破坏森林资源行为发生。

飞机防控美国白蛾作业

【林业产业】 全区木材经营加工企业达4000余家，其中规模以上生产企业245家，年生产能力达3300多万立方米。从事板材出口的企业100余家，形成新港木业、千山木业、恒瑞木业等一批龙头骨干企业；鲜切花基地初具规模，以桂花为主的苗木生产基地基本形成。全区花卉苗木种植面积达1900公顷，其中苗圃面积1406.67公顷，桂花面积313.33公顷，鲜切花面积180公顷；经济林规模不断扩大，种植总面积达3506.67公顷，年产量47367.2吨，实现产值近4亿元，惠及周边10万余人。

【林业科技】 开展科技下乡活动，深入基层为农民提供技术指导和政策咨询服务。选派1名专家参与到全市第三批"第一书记"林果专家服务团队，为"第一书记"任职村提供专业技术指导和服务。配合市林业局组织两次特色经济林（榛子及树莓）的种植技术培训。选取云朵的桃、兰旗花卉的非洲菊、枣园镇的高庄樱桃、方城的梨及汪沟的茶叶5个点作为开展多效菌肥的试用推广工作的实验品种，经过一个生长周期的跟踪调查发现，多效菌肥对改善土壤作用明显，为减少农药和化肥使用确保食用林产品质量安全提供安全保障。

【林业扶贫】 创新扶贫工作思路，整合林业资源，林业扶贫工作找到新的突破口。发展林下经济，建立扶贫示范点。在汪沟镇柳树庄村建立林下经济示范点，示范推广在幼林期林下间种豆类、花生、油用牡丹等高效经济作物和油料作物；示范推广在透光性能较好的成林地块放养鸡、鸭、鹅等。方城镇的食用菌、昊林农业开发公司的黑木耳种植都是采用林下经济示范模式取得一定的进展。汪沟镇柳树庄附近的当地百姓采用林下养殖技术取得良好的效益。先后投入3万余元，在汪沟镇千亩竹柳基地内栽植金雀花、银雀花共608株，初步建成金雀花研发基地。金雀花因其观赏价值、园林绿化、药用价值较高，普及金雀花的种植推动了周边林业扶贫开发工作。

撰稿：尤长伟

审稿：顾中渠

畜牧业

畜牧兽医局领导成员

局　长　廉士明
副局长　刘荣海　张志昌
主任科员　王　强
动物卫生监督所所长　张自清

【机构设置】 2016年，区畜牧兽医局内设4个职能科室：办公室、人事科、计财科、畜牧科技科；下设区畜牧兽医技术服务中心、区动物疫病预防控制中心及12处基层畜牧兽医站；辖1个副科级单位：区动物卫生监督所。年底，共有干部职工164人，其中具有高级技术职称的14人，中级技术职称的47人，具有大专以上学历的75人，高中(中专)学历的28人。

【概述】 区畜牧兽医局以科学发展观为指导，加大工作力度，着力抓好动物疫病防控与监测、动物卫生监督工作、动物及动物产品无害化处理、畜牧业转型升级等工作，确保全区畜牧业工作顺利开展。是年，获得"全市畜牧系统第二名""兰山区先进单位"等称号，连续4年获得市区"双先进"。

2016年，全区牛存栏2.89万头，出栏2.36万头，其中奶牛存栏0.54万头；生猪存栏33.45万头，出栏86.47万头，其中母猪存栏4.70万头；羊存栏4.41万只，出栏4.59万只；家禽存栏279.12万只，出栏823.66万只，其中鸡存栏167.65万只、出栏289.90万只；鸭存栏109.95万只、出栏531.91万只；鹅存栏1.52万只、出栏1.85万只；兔存栏16.89万只、出栏93.71万只；肉蛋奶总产量11.65万吨。

【动物疫病防控】 开展春秋两季重大动物疫病防控工作，严格按照"政府部门保免疫密度、业务部门保免疫质量"的要求，层层签订责任状，将责任明确到镇、到村、到人，实行领导干部包村，驻村干部、村干部和防疫员包户责任制，做到全民发动，群防群控，确保不出现重大动物疫情。兰山区已分别在3月、9月开展春、秋两季季强制免疫工作，各种疫苗已顺利领取发放完毕。全区共领发禽流感疫苗260万毫升；牛羊口蹄疫疫苗21万毫升；猪口蹄疫疫苗75万毫升，猪瘟疫苗69万头份；蓝耳疫苗67万头份；犬7万头份。防疫猪66万头，牛6万头，羊5万余只，禽类660万余只，犬7万余条。

【产业发展推动】 畜牧龙头企业的强势发展是兰山区畜牧业的最大特点。2016年以来，区畜牧兽医局围绕畜牧业重点项目建设，促进带动全区畜牧业生产。针对金锣集团100万吨/年肉类深加工、山东汇融集团生猪养殖基地、山东亚姆巴奶山羊养殖及乳制品加工生产、龙盛牧业公司肉鸭环保养殖、临沂市鲁沂水貂养殖科技园等重点项目成立专门工作小组，制定详细具体的工作推进方案，形成"一个项目、一名领导、一个方案、一套班子、一抓到底"的专项执行机制，把每个环节的责任分解到人，制定进度表并按时考核。

兰山区不断调整优化畜牧业产业结构，全区已经形成以彦春奶牛养殖合作社为龙头的奶牛养殖基地、以金锣集团为龙头的生猪养殖加工基地、以华颐集团为龙头的肉鸡养殖加工基地、以龙盛集团为龙头的肉鸭养殖加工基地、以鲁沂特种动物养殖园为龙头的特种动物养殖基地，全区优质畜产品基地建设和区域化布局已经形成。全区市级以上标准化养殖场区已发展到73处，其中省级标准化养殖示范场6处；发展畜牧合作经济组织65处，其中省市级优秀畜牧合作社9处；全区有5家养殖加工企业的畜产品获得无公害产品认证，2家获得绿色食品质量认证，4家获得有机食品质量认证。

【开展“粮改饲”工作】 兰山区通过重点推进“粮改饲”和“种养结合模式”试点工作，发展“养殖企业+种植大户”“养殖企业+种植合作社”“养殖企业+自由种植基地”等模式，扩大饲用玉米、青贮玉米种植，提高秸秆饲料化利用水平。2016年，新建农作物秸秆永久性标准化青贮池实测容积25722.03立方米，实补容积25354.92立方米，补贴金额1267745元。兰山区立足自身实际，结合地域优势，引导各养殖企业青贮池建设，着力推动农牧结合方式，打造新型畜牧业体系。

【养殖污染整治】 在全区城乡水域环境综合整治工作会议后，全区开展畜禽养殖污染治理专项整治活动。局各科室站所与各镇、街道、工业园区基层兽医站组成12个工作组交叉联动，全面摸清各镇（街道）、工业园区2650余家养殖场（户）的底子；与环保部门联合印发《致广大居民的一封信》等宣传材料1万余份，与各镇（街道）、工业园区工作人员挨家挨户上门发动，做到家喻户晓。

在做好拆除、转产和河流沟渠养殖粪污清理的同时，创造条件，重点扶持控养区和适养区养殖场采用生态环保养殖技术。对达到一定规模，具有典型示范带动作用的养殖企业，龙盛集团、华兴公司、和恒养殖合作社等多家单位参与环保养殖技术推广。同时加强后续管理，加强监督巡查，指导养殖场户建立长效机制，确保畜禽养殖污染治理工作不出现反弹，确保“长治久安”。

【环保养殖】 加强政策引导和扶持，落实各项保障措施，实施现代畜牧业绿色示范县项目。通过申请国家配套项目资金900万元，扶持畜牧龙头企业和养殖示范园建设，促进全区畜牧业的快速发展。全区共发展畜牧合作经济组织65处，建设优质畜产品基地22处，发展无公害质量认证企业5家。2016年，新验收山东汇融畜牧养殖有限公司、山东汇融肉制品有限公司2家无公害质量认证企业。新验收保辉肉牛养殖场、方城镇福海养羊场2家市级标准化养殖场。山东汇融畜牧养殖有限公司通过农业部验收，成为全区第2家国家级畜禽养殖标准化示范场。

【安全监管】 利用标语、横幅、宣传单等方式进行法律法规宣传，开展畜产品质量安全宣传活动2次，设立宣传点15个，共出动宣传人员260余人次，悬挂标语32条，印发各类宣传资料2万余份。同时，加强畜禽养殖备案工作力度，督促养殖企业建立健全畜禽养殖档案，规范畜牧业生产经营行为，促使企业依法从事畜禽养殖生产。

开展检疫监督执法工作，开展拉网式检查。通过告知、签订责任书承诺书等形式落实企业的主体责任，督促企业按照《食品安全法》《动物防疫法》《生猪屠宰管理条例》《山东省生猪屠宰管理办法》等法律法规要求，严格建立并执行生猪收购把关、进场查验、停食静养、屠宰加工、肉品品质检验和质量检测、产品储藏运输、无害化处理、污水处理等一系列制度，规范建立相关台账，使用肉品质检验的证章标志。凡不按要求履行企业主体责任的，督促落实整改，涉及违法行为的及时查处。在加大整治力度的同时，注重治理与防治相结合、打击与帮扶相结合、治标与治本相结合、处罚与整改相结合，着力完善各项工作制度和探索长效工作机制，有效保证全区畜产品安全。

强化兽药饲料市场的准入管理和安全监管，规范兽药、饲料、饲料添加剂的生产和经营秩序，做好兽药、饲料生产企业和经营单位的监管和服务，严厉打击兽药残留超标、非法添加激素类药品或其他违禁物质情况，杜绝经营假冒伪劣兽药、饲料和违禁添加激素药品等违法犯罪行为。兽药监管方面，组织 GSP 验收 81 家，共涉及药品 3120 个品种，落实兽药经营 104 家。饲料监管方面，备案监管饲料企业 35 家，验收新上饲料企业 7 家。

2 月 3 日，根据区政府的要求，区畜牧兽医局和中节能(临沂)环保能源有限公司签订委托服务协议。由区政府统一布署，区畜牧兽医局牵头，计划在全区建立 10 处病死畜禽、病害动物产品及屠宰废弃物收集点，已建成 6 处高标准收集点，其他 4 处收集点已选址正在建设中。中节能（临沂）环保能源有限公司负责收集点的建设、运营，集中进行无害化处理。

在全区范围内组织开展安全隐患排查治理专项行动，对畜牧行业企业调查摸底及信息录入 356 家，出动车辆 90 多车次，出动人员 500 余人次，检查 356 家企业，其中屠宰企业 23 家，储藏冷库 14 家，饲料企业 27 家，兽药门头 268 家，宠物门诊 24 家。同时，对相关企业的安全生产进行检查，拆除锅炉 1 套，确保全区畜产品质量安全和安全生产。3 月 10 日，邀请消防支队与锅炉质检所专家针对兽药、饲料、大型养殖企业、屠宰场及冷库储存企业进行安全生产专项培训，并发放相关宣传材料。4—5 月，组织开展为期一个月的动物诊疗机构集中清理整顿活动，对全区 24 家动物诊疗场所进行摸底排查、清理整顿，下达责令改正通知书 5 份。全年换发、办理动物防疫合格证 15 家，换发、办理动物诊疗许可证 4 家。开展专项整治培训活动，对本单位监管的重点企业进行摘录，实现企业安全生产网上实名注册，并对全区百余家企业进行安全生产培训。

根据食品安全工作的履职要求，兰山区作为列入《全国优势农产品区域布局规划（2008—2015）》的农产品重点县区，农产品检验检测中心建设项目被区里列入 20 个民生工程，该项目已通过省发改委、省农业厅、省畜牧局的考察论证，已被省发改委立项建设，并下发《关于临沂市兰山区农产品质量安全综合质监站建设项目可行性研究报告的批复》（鲁发改〔2013〕1625 号）文件，实验室规划装修及仪器设备配备已全部完成，准备迎接验收。

【落实惠农政策】 自 2015 年畜牧业保险出台以来，从百姓利益出发，开展政策性畜牧业保险工作。全年能繁母猪总计投保 4956 头，育肥猪总计投保 37306 头，奶牛总计投保 500 头。探索政策性畜牧业保险与病死畜禽无害化处理相结合模式的建立工作，减少病死畜禽流入市场的可能性，真正从源头上控制“死猪肉”，让百姓真正的吃上“放心肉”。

撰稿：韩　敏　付克强

审稿：廉士明　张志昌

水务工作

水务局领导成员

局　长　路步强

副局长　李建堂　黄红波　徐　伟

区防汛抗旱指挥部办公室主任　马从兴

副主任　王沂棱

区水产中心主任　孙　晖

区水土保持委员会办公室主任　杨文正

【机构设置】　2016 年，区水务局下设办公室、人事科、财务科、水政科、渔政科、农水科 6 个行政科室。下辖 1 个正科级单位：区防汛抗旱指挥部办公室；2 个副科级单位：区水土保持委员会办公室、区水产服务中心；4 个灌溉所：茶山灌溉所、花园灌溉所、施庄水库、刘庄水库。全局共有干部职工 626 人，其中具有高级技术职称的 12 人，中级技术职称的 89 人，初级 95 人，大专以上学历的 322 人，高中（中专）学历的 245 人。

【水利工程建设】　根据水利部、省水利厅要求，区政府对茶山拦河闸除险加固工程实行代建制。区水务局、审计局、财政局负责对项目进行监督管理和跟踪审计。该项目在全省大型水利工程中率先推行代建制，获得省市领导和专家的一致好评。2016 年 5 月 27 日，省水利厅召开现场会进行交流和推广。在病险塘坝除险加固工作中，区水务局、审计局、财政局按照代建制要求，各负其责，积极推进工程建设。在农村饮水安全结余资金项目中，涉及白沙埠镇、枣园镇、半程镇、汪沟镇和工业园区部分村庄的村内管网改造，以及方城镇 7 个村庄的打井工程已全部完成。

【推行代建制】　按照山东省公益性水利工程代建制试行办法规定，在省水利工程招标中心公开招标确定代建单位，评审委员会确定代建单位之后，由代建单位依据区财政评审中心对施工预算审核编制的招标限价及工程量清单，在省水利工程交易中心公开招标，确定施工单位并组织项目实施。沂河茶山拦河闸除险加固工程、塘坝除险加固工程、农村饮水安全工程均在省水利招标中心公开招标，确定代建、施工单位。加强监督管理，实行跟踪审计制度。区政府明确由区水务局、区审计局、区财政局对代建工程实行全过程跟踪监督及跟踪审计。区水行政主管部门安排工作人员驻工地现场监管，履行监管和指导职责；区财政评审中心负责对施工预算进行审核，编制招标限价及工程量清单；区审计局负责施工过程的跟踪审计，并在施工场地设置摄像头，现场跟踪和远程监控相结合，实现全过程全方位跟踪，确保工程顺利有序推进。

【防汛抗旱】　抗旱工作。密切监视旱情发展状态，及时进行统计上报；完善抗旱应急预案，掌握抗旱主动权，做好灾情的防范与处置；科学调配水源，统筹安排利用。防汛工作。落实防汛抗旱责任制，主要落实 2 座中型水库、35 座小型水库、重要河道、乡镇防汛等防汛抗旱责任人；修订全区防汛抗旱总体预案、中小型水库的防汛应急抢险预案和洪水调度方案；补充防汛物资，落实防汛队伍；严格落实防汛值班规章制度、工程值守制度；对各类防洪工程进行汛前检查工作，下达检查和整改通知，主汛期间组织完成汛期集中检查督导工作。

【水行政管理】 根据山东省用水总量控制管理办法和上级的要求，制定《兰山区2016年年度用水控制指标》《兰山区2016年水功能区限制纳污控制指标》《兰山区2016年用水效率控制指标》等文件。结合“世界水日”“中国水周”以及十三五规划的总体要求，刊登专版文章和发放宣传资料，广泛开展宣传工作。对全区开发建设项目进行摸底调查，对未编报水土保持方案而开工建设的项目下达限期编报水土保持方案通知书，做好水保监督执法。做好违法水事案件的查处工作，对辖区内新建改建项目中未取得取水许可批复的进行查处，对无证取水的用水户进行集中排查。严格按照水事违法案件程序，处理举报案件。共处理违法取水、非法打井等涉水事件19起。

【水产养殖】 调整渔业品种结构，促进休闲、垂钓渔业全面发展。以生态渔业、特色休闲渔业为抓手，促进渔业经济增长模式和渔业特色产业结构调整，注重特色水产养殖引进和生态水域环境保护。拓展渔业发展空间，发展休闲渔业，在沂河、祊河上扩建休闲现代渔业观光点10余处。提高完善化绍新钓鱼用品有限公司知名度，全面发展半程镇万亩生态园鱼藕混养生态养殖试点区。健全“服务、管理、监督、处罚、应急”五位一体的水产品质量安全长效机制，开展水产食品安全专项整治，保障水产品质量安全。维护水域生态平衡，促进渔业可持续发展。通过采取正确引导、教育为主、惩治为辅的方法，以及白天常规巡查，夜间突击检查，接报速查等手段，加强对重点渔业水域的管理，严格实施河道网箱养鱼监控制度，严打渔业“三害”和河道非法养殖。

【灌区管理】 发挥灌溉职能，制定用水计划，合理调配水源，确保灌区农田灌溉需求；做好工程管理，加强工程维护，确保工程运行安全。

撰稿：赵　鑫

审稿：黄红波

农业机械

农业机械局领导成员

局　长　巩世昌

主任科员　李　峰　李玉兰（女）

副局长　冯维吉

【机构设置】 2016年，区农业机械局内设办公室、财务科、信息科、审计科、人事科、工会、推广科、补贴科、安监办、农机化学校、农机管理站、车管科、驾管科、质检维修站等14个科室、站、校。年底，全局共有干部职工83人。

【概述】 2016年，全区农机化工作以转方式、调结构、抓创新、促发展为主线，以落实农机购置补贴政策为抓手，建设农机服务体系，推广农机化新技术、新机具，全区农业机械化水平稳步提升。年底，全区农作物耕种收综合机械化水平为91%，联合收获机510台，其中玉米联合收获机220台，花生收获机5台，大型旋耕机260余台，免耕播种机600余台。

【农机购置补贴】 争取农机购置补贴资金为730万元，比上年增加100万元。在落实农机购置补贴过程中，严格遵守各项政策程序规定，严把政策公告宣传、申请购机、资格审查、补贴对象确定、公示、发放农机购置补贴指标确认通知书等关键环节，为购机农民提供一站式服务。全年共发放指标确认通知书390份，受益农户314户，补贴农机具438台（套），其中小麦收割机53台，玉米收割机20台，秸秆捡拾压捆机53台，拖拉机119台，深松机26台。通过购机补贴政策的引导作用，优化农机装备结构，提高农机装备水平，促进农机化向农村各业的延伸和发展。

【秸秆综合利用】 三夏三秋期间，推广机械化收获、秸秆切碎还田、耕耙"一条龙"作业模式，从源头解决秸秆焚烧的问题。引导农机合作社提前和镇（街道）村（社区）签订秸秆切碎还田合同，全面实现合同机收、订单连片作业。夏收期间，区政府加大政府资金投入和引导力度。小麦和玉米秸秆切碎还田每亩补贴25元（市、区财政分别补贴15元、10元）。对小麦秸秆切碎还田的农机合作社每亩补贴25元（市、区财政分别补贴15元、10元），全区秸秆切碎面积11280公顷，其中小麦7780公顷、玉米3500公顷。对实行秸秆打捆收集的农机合作社，按照每亩30元（区财政每亩20元、镇（街道）财政每亩10元）的标准给予储运补贴。完成秸秆收集面积20533.33公顷，从源头建立秸秆综合利用的长效机制。

【技术推广】 通过开展基层农机技术推广体系改革与建设补助项目，全面提升兰山区的农机技术推广体系的改革服务能力，农机化新技术、新机具推广示范效果不断提升。2016年，推广小麦（玉米）机械化收获及秸秆还田、秸秆机械化打捆收集、小麦（玉米）免耕播种及保护性耕作、土地深松作业等新技术4项，推广各类新机具130多台套。4月19日，在枣园镇大枣沟头村召开土地深松现场演示会，并对市农机局分配兰山区的2000公顷土地深松补助任务进行招标，11家农机合作社报名参加土地深松任务招标，其中9家农机专业合作社中标。

【服务三夏和三秋农业生产】 全区以农机专业合作社为依托，成立跨区机收接待服务站，在本地做好接机和机械调度工作，引导外地联合收割机合理流动，科学布局，规范作业，同时跨区作业证向机手免费发放。为维护正常麦收秩序，保障机手的合法权益，设立24小时值班电话，及时为机手提供服务，同时加强农机和公安110联动，为跨区作业保驾护航。全年累计发放跨区作业证150个。

【农机专业合作社】 着力培育以农机合作社为重点的农机服务市场主体，形成以服务为手段，融示范、推广、服务为一体的多元化的新型社会化农机服务体系，农机化新技术、新机具推广示范效果不断提升。对农机专业合作社购机的，在农机购置补贴政策上优先安排报名，优先确定补贴资格，同时在机械化收获、秸秆综合利用、保护性耕作等项目中，重点支持农机专业合作社的发展。年底，全区在工商部门注册登记的农机专业合作社达27家，入社会员519户，拥有农机具1022台（套），固定资产6487万元。

【技术培训】 实施农机化教育培训行动，组织开展农机驾驶员培训、主要农时重点技术专项培训、农机职业技能鉴定等培训，提高广大农民和农机手的安全生产意识和农业机械安全操作水平。按照《拖拉机驾驶证业务工作规范》的要求，把好农机手培训关、考核关，新培训农机驾驶员81人。9月6日，举办全区农机手实用技术培训班，主要通过专家授课和农机现场演示的方式，提高农业机械安全操作水平。共挂发拖拉机、联合收割机牌照258台，检验拖拉机1400余台，核发驾驶证144个，培训农机手150人，实现全区农机安全生产零事故。

【农机牌证管理】 通过工作重心下移、服务窗口前置，牌证工作人员在方便农机手的前提下，开展进村、入户、下乡服务，实施“挂牌到门口、服务到地头”的系列便民措施，实现面对面、零距离服务群众。农机年度检验期间，根据检验时间安排，采取上门服务、集中办理的方式派出检验小组，深入到镇、街道，进村入户进行检验。全年共挂发拖拉机、联合收割机牌照122台，检验拖拉机910台。

撰稿：韩斌斌

审稿：巩世昌

工　业

经信工作

经济和信息化局领导成员

局　长　董　胜
副局长　王建业　裴志祥　王建华 *　朱兴顺
主任科员　孙怀杰
副主任科员　丁学菊（女）
节能办
主　任　纪建晖（女）
副主任　杨　军
中小企业管理服务中心
主　任　王建华 *　朱兴顺
副主任　李凤英（女）
电力行政管理办公室主任　刘建萍（女）

【机构设置】 区经济和信息化局是区政府管理国民经济、协调经济运行和推进信息化与工业化融合的综合部门，也是区属工交企业的主管部门。2016 年，区经信局下设办公室、人事科、科技科、技改科、财务审计科、工会、企业科、工业生产调度室、中小企业管理科、综合法规科、原材料和消费品产业科、交通与物流科、信息科、产业政策科、综合治理和信访科、循清科、资源节约科、电力行政科、安全生产办、装备产业科、创新服务科 21 个科室，辖 2 个正科级事业单位：区节约能源工作办公室、区中小企业管理服务中心，1 个副科级事业单位：区电力行政管理办公室。年底，全局共有在职干部职工 71 人，其中中共党员 57 人，具有大专以上学历的 64 人，中级技术职称的 11 人、高级技术职称的 2 人。

【概述】 2016 年，区经信局主动适应把握经济发展新常态，坚持“工业强区”战略，突出职能作用，克服宏观经济发展不利因素影响，加大产业引导和扶持力度，狠抓企业技改和科技创新，开展企业“二次创业”活动，深化企业改革改制，促进产业结构调整，加快新型工业化进程步伐，实现工业经济持续、稳定、健康发展。全区工业累计用电量 32.06 亿千瓦时，增长 9.06%。全区 521 户规模企业实现规模工业总产值 2151.4 亿元，增长 9.5%；主营业务收入 1930.9 亿元，增长 5.8%。新增省名牌 1 家，新增省长质量奖 1 家、市长质量奖 1 家，开展企业战略管理咨询 5 家。

【区直工业】 2016 年，区属工交系统以发展为主题，以结构调整为主线，按照“稳定、改革、发展”的工作思路，加快现有企业的技术改造和企业技术中心建设步伐，推进资源节约和综合利用，通过全系统广大干部职工的共同努力，企业生产和经营状况保持较好的发展，稳定工作呈现良好的局面。山东华源锅炉有限公司和山东合太恒股份有限公司 2 家规模以上企业，全年累计完成工业总产值 2.74 亿元，实现主营业务收入 2.73 亿元，完成利税 2314 万元。在企业改制、破产等形式的改革过程中，本着首先安置职工、解决欠发的工资、欠交的养老金、拖欠的医疗费等方面的问题，较好地解决部分群众的难点问题，群众的上访问题得到有效控制，为保持局属工交企业的稳定、健康发展奠定良好的基础。

【产业集群】 2016 年，全区形成以食品、木业、有色金属、机械、医药五大传统产业为支柱，新能源与节能环保、新信息技术、新材料三大新兴产业为先导的产业体系。五大主导产业规模以上工业企业357家，完成规模以上工业总产值1697.5亿元，产业的集群集聚优势进一步显现，分行业看，食品、木业、医药、机械、有色金属产业规模以上工业总产值分别达到594.6亿元、605.2亿元、187.3亿元、173.2亿元和137.2亿元，经过多年发展，新能源与节能环保、新信息技术、新材料等重点领域初具规模，科技支撑引领作用日益突出，涌现出中环新能源、沭阳太阳能、超达国际数控、华远新材料、中磁动力等新兴产业企业。

【骨干企业】 贯彻市“双百”企业培植计划，对重点企业“一企一策”培育，龙头企业实力不断增强，在重点发展工业“中国500强”新程金锣、鲁南制药和新港集团等行业领军企业的基础上，加快绿爱糖果、新明辉等新锐成长性企业发展。2016年，全区23户市级“双百”企业累计完成主营业务收入731.01亿元，增长11.23%。截至年底，全区共有产值50亿元以上企业5家，完成工业总产值717.1亿元；10—50亿元企业17家，完成工业总产值378.7亿元；5—10亿元企业有30家，完成工业总产值200.6亿元。其中金锣集团、鲁南制药、华星机械和新港集团等重点企业分别完成工业总产值299亿元、86亿元、39.4亿元和24.1亿元，有力推动全区工业经济发展。

【技术研发和技术改造】 引导企业加大技术中心建设力度，加大研发投入，开发具有自主知识产权的关键技术，增强核心竞争力，基本形成国家级技术中心为核心、省级技术中心为骨干、市级技术中心为基础的产学研相结合的技术创新体系。2016年新认定省级企业技术中心2个、市级企业技术中心4个；省级“一企一技术”研发中心5个、市级“一企一技术”研发中心6个；省级“一企一技术”创新企业2家、市级“一企一技术”创新企业1家。截至年底，全区拥有国家级企业技术中心2个、省级企业技术中心8个、市级企业技术中心24个、省级“一企一技术”研发中心14个、省级“一企一技术”创新企业12家、市级“一企一技术”研发中心22个、市级“一企一技术”创新企业11家。

技术创新项目取得新成效，2012—2016年，共申报省级项目131个，市级重点技术创新项目35个，其中达到国际领先的16个、国内领先的55个，研发新技术、新产品119个，申请专利149项，鲁南制药、高翔水表等一批企业先后获得技术创新项目扶持资金，降低了企业研发成本。

围绕优势支柱产业和新兴产业，组织企业与专业院校合作，新港、金锣、鲁南、龙盛农牧、蒙山铝业等5户企业建立博士工作站，大力实施技术攻关，发展新技术，开发新产品。新港、凯源、华源锅炉等企业与北京林业大学、南京林业大学、上海交通大学等国内高校建立产学研合作关系。深化产学研合作，突破核心关键技术，实现由“低端制造”到

"高端创造'转变，增强企业核心竞争力。截至年底，规模工业企业研发人员达2100余人，其中具有中级职称及硕士以上学历的1700余人。

【固定资产投资】 2016年，工业固定资产投资总体呈现快速增长趋势，完成投资121.85亿元，增长9.22%，其中规模工业固定资产投资100.72亿元，增长4.09%，为优化产业结构、促进转型升级提供有力支撑。

【节能降耗和循环经济】 加快推进新能源产业发展，推动社会节能环保，在热水用量大的公共领域推广使用洁净、可再生的太阳能资源，全部或部分替代燃煤（油、气）锅炉及电热装置。2016年，申报省级太阳能集热系统财政补贴项目11个，日产热水能力共计810吨（2012—2015年，共申报建设太阳能集热系统财政补贴项目16个，使用奖励资金400.87万元），实现良好的社会效益和经济效益。按照《临沂市工业固定资产投资项目节能评估和审查办法》，加强对新建、改建、扩建固定资产投资项目节能管理，从源头控制不合理能源消费，提高能源利用效率。年内，接受能评审查材料211份，其中节能登记备案项目154个、节能审查批复项目37个、节能预审项目20个，召开固定资产投资项目节能专家评审会议7次（2015年以来，已对307个固定资产投资项目进行能评审查，其中节能登记备案项目234个、节能审查批复项目48个、节能预审项目25个）。对全区重点用煤企业、煤炭经营网点及居民取暖清洁用煤需求量进行摸底核查，推广清洁型煤14394.46吨，清理整治煤炭经营网点，取缔在册网点61家（取缔率全市第一）。根据全区统一规划，保留煤炭经营网点6家，并全部通过市级验收，完成煤炭网点清理整治工作。

【企业选介】 **金锣集团**

该公司是一家以肉及肉制品深加工、大豆深加工、环保治污、农牧业开发、大健康产业为主导的综合性大型企业集团，是国内领先的生猪屠宰和肉制品生产企业、全国农业产业化重点龙头企业、国家级食品动员中心。2016年，公司共有员工3万余人，大型生产加工基地9处，位居中国企业500强第275位。是年，集团完成规模以上产值482.6亿元、主营业务收入488.9亿元，实现利税39.9亿元。

集团坚持产业多元化发展，肉及肉制品深加工产业："全程产品质量安全可追溯项目"是省重点项目，拥有全球最大的单体屠宰车间，自动化、智能化业内领先。大豆深加工产业：大豆分离蛋白生产加工能力居亚洲首位，产品覆盖全球70多个国家和地区并进入美国高端市场。环保新产业：污泥减量技术和一体化污水处理设备已获得11项国家发明专利并承担国家863主课题，一体化污水处理设备出口到沙特、南非等多个国家。农牧业综合开发产业：通过强强联合建设国际领先的临港生态农业示范基地，结合万亩生态荷花湿地公园、万亩海棠基地，以种供养、以养促种、种养结合良性循环，实现社会效益、经济效益、生态效益有机统一。大健康产业：金锣大健康产业园设计建立金锣医院、医疗产业园区、学术交流中心和健康管理中心，集医疗、教学、科研、保健、康复、急救于一体，全力打造立足鲁南、辐射周边的区域性医疗中心和省级、国家级成果转化及工程技术中心。

山东绿爱糖果股份有限公司

该公司成立于2011年9月，2015年实施股份制改造，2016年7月，公司股票在全国中小企业股份转让系统挂牌。公司是集高科技包装印刷、产品研发、生产销售为一体的专业定制工业化糖果企业，一直致力于胶基糖果和压片糖果的研发、生产与销售，产品定位为专业生产薄荷糖、咖啡糖、口香糖等高端、个性、健康、功能型商用糖果，旗下"AIXI""绿爱""禁止平淡""博爵"等系列品牌赢得广大消费者的信赖。绿爱糖果在2005年以个体工商户身份涉足糖果行业，2011年入驻临沂工业园区成为小微企业，2016年成为规范的股份制企业并已成功在新三板挂牌。

公司大力发展压片糖果，对产品结构进行优化调整，由大流通向个性定制工业化调整。一是走专业“高端定制糖果”运营之路，以糖果为载体向现代精准传媒业发展。二是充分利用新型商业模式渠道，成功与东方航空、中石化、海底捞、喜家德、地方银行、4s店等进行成功合作。三是通过“糖果+互联网”的传播力带来可观的广告收益，“小单+快速+个性+极致”带来庞大的客户群体与销售业绩，“量身定制特色业务”也带来大幅度超越同行的高附加值。2016年，集团完成规模以上产值1.07亿元、主营业务收入1.46亿元，实现利税1311万元，拥有资产5000余万元，员工100余人。

撰稿：李宾宾

审稿：董　胜　朱兴顺

工业园区工作

工业园区管委会领导成员

党工委书记　纪丙坤＊　王玉杰

管委会主任　桑立杰

党工委副书记、常务副主任　潘　瑜

副主任　王　伟＊　石统明＊　宋义善　王传栋　李晓文

工业园区管委会工作机构领导成员

办公室主任　夏广琼

社会事务局局长　杨　晋

经济发展服务局局长　王传栋＊

财政局局长　李晓文＊

规划建设局局长　刘步强

招商局局长　姜自斌

【概述】　临沂工业园区是于2006年5月经省政府批准成立的省级经济技术开发区，下辖12个行政村，面积24平方公里，自有人口2.7万人，职工3万人，设基层党组织43个，有中共党员938人。工业园区东邻临沂主城区，南接临沂高新技术产业开发区，西至戈九路，北靠临沂西部新城义堂镇，兖石铁路、京沪高速公路穿境而过，距离临沂汽车站9千米，临沂火车站12千米，临沂飞机场18千米，日照港、连云港100千米，青岛港200千米，铁路、高速公路均可直达，交通区位优势明显。工业园区的发展定位是：批发市场的

山东易阳消防车有限公司消防车生产线

加工区、工业发展的聚集区、城市建设的新城区、科技创新的孵化区、招商引资的开放区，凭借自身的资源禀赋和产业基础，经过多年的培育发展，形成以华星机械、宝华耐磨钢、大阳通用、易阳消防、珠峰车业、盖氏机械、圣亚制罐、中磁动力等为龙头装备制造业集群；韩师傅智能家具、银河科技、久典家具、恒久家具、太阳树家具、天工家具、源夏纸业、美亿佳新材料等为龙头的智能家具产业集群；以绿爱糖果、保泰门窗、伊亲购、新明辉电子商务及华苑、华强、兰华、鼎成地产品加工园为龙头的电商＋地产品加工产业集群，为园区的发展奠定产业基础。

2016年，工业园区贯彻落实区委、区政府“八个全力突破”“六个重点攻坚”的部署要求，凝心聚力，真抓实干，园区经济社会保持平稳较快发展。全年培育规模以上企业65家，完成工业总产值231亿元 增长21.3%；固定资产投资57.6亿元，增长16.2%；出口创汇2813万美元，增长21.5%；地方财政收入1.1亿元，增长9%。年内，先后获得“市级文明单位”“全市安全生产工作先进单位”“平安临沂建设先进单位”等称号。

【项目建设】 以大项目好项目建设为抓手，实施项目建设“倒逼”机制，成立10个项目落地推进组，落实包保责任制，锁排工期，倒逼进度，传导压力。通过三月“集中推进月”、五月“十日重点突破”和八月“重点项目百日攻坚”等系列活动，项目建设掀起新热潮，韩师傅集成家居、银河科技、大阳通用二期、保泰门窗、莱克润滑油、源夏纸业、中佳木业、美亿佳新材料等一批重点项目顺利推进。华临新能源和内蒙古科技大学、大阳通用机械与青岛大学、盖氏机械与山东省科学院等积极进行产学研合作，研发项目10余项，引进转化太阳能集热器、汽车刹车片新材料等科技成果21项，北易车业研发的易阳雾化消防技术等5项科研成果正申报国家专利，盖氏机械研发的机器人、宝华耐磨钢生产的战车等一批创新成果正逐步孵化见效。

【“三引一促”工作】 瞄准行业龙头、产业链高端、价值链前沿，招引大好项目，全年利用市外资金49亿元，其中境外资金2000万港元，引进过亿元项目10个。中德铁钼合金、帮太太不锈钢制品、御捷电动汽车、乔丹服饰、新能源集成房屋、远翔船舶材料用品、新燃料电池、伊亲购垂直电商产业园及系列智能家具等一大批项目入库上单，蓄势待建。

【园区建设】 投资600余万元集中推进老俄黄路、工业二路、工业三路、解放路园区段提升改造。投资420万元重点推进中环污水管网及小型地埋式处理设施建设，园区污水收集处理率大幅提升。投资460余万元，构筑全覆盖、无缝隙的环卫网络保洁体系，城乡环卫一体化进一步巩固加强。巩固大气污染防治和水域污染治理成果，园区生态环境持续改善。

【基层党建】 扎实开展“两学一做”学习教育活动，认真开好民主生活会，坚持问题导向，对照标准查、聚焦问题改，以实实在在的成效取信于民，融洽党群干群关系。加强后进班子帮扶整治，强化党员队伍建设，筑牢基层战斗堡垒，基层基础不断加强。落实“两个责任”，严格执行中央八项规定，自觉遵守《准则》《条例》，抓好正风肃纪，园区呈现出风清气正的良好局面。开展“受教育、亮承诺、见行动”实践活动和“服务效能大提升”活动，制定出台《机关干部职称岗位管理的有关意见》和《村干部在职、退职待遇的暂行规定》，健全干部效能考评体系，加强和规范队伍管理，提升行政服务水平。

【社会管理】 坚持“一村一策、一户一方”，综合运用产业扶贫、电商扶贫、公益岗位等措施，对园区35户76人全部实施精准扶贫，全年投入发放扶贫资金32万元。城乡居民养老保险、医疗保险、治安保险参保率达100%，1600余人参加失地农民养老保险。全年共拨付优抚金、五保老人供养资金、低保救助资金、大病救助资金等款项290余万元，救助困难群众1000余人，有效地保障了弱势群众的基本生活。以群众理念统领信访工作，坚持“结亲连心”、领导接访，推动积案化解，使一批焦点难点问题得到有效解决。加强社会治安综合治理，推进“天网工程”和“雪亮工程”，健全完善园区治安防控体系；投资120余万元，建设综治指挥调度中心，投资65万元配备应急专用治安消防巡逻车15辆，培育一支专业化治安防控、安全巡逻队伍。加强安全生产监管，落实“大快严”决策部署，多措并举筑牢安全生产防线，建立安全生产网格化实名制管理制度；投资20万元购买社会服务，委托第三方专业机构代查隐患；聘请相关专家教授、专业人员对机关、村居干部及企业相关责任人进行安全生产专题培训，全年共组织培训723人次，实现园区安全生产形势的持续稳定。

撰稿：刘德祥

审稿：杨　晋

金锣科技园工作

金锣科技园管理办公室领导成员

主　任　王　力*　李发现

副主任　高春生　姜　宇*

【概述】 山东临沂金锣科技园管理办公室是2010年3月经区政府批准设立的正科级财政拨款事业单位，隶属区政府办公室管理。2012年6月，经市政府批复（临政字〔2012〕102号）将金锣科技园纳入临沂工业园体制框架管理，采取“一园两区”模式，整合园区资源，统一规划管理，实现一体发展，辖区范围规划东至205国道，南至祊河，向西、向北分别与费县、沂南县接壤，面积296.7平方公里，主要涉及枣园、半程、汪沟、方城4个镇。

2016年，在区委、区政府的正确领导下，金锣科技园以项目建设为抓手，以基础设施提升为载体，突出平台建设、项目攻坚、招商引资、优化服务等重点工作，全力服务园区经济社会发展，园区面貌日新月异，园区经济发展取得一定成效。截至年底，园区已形成食品、有色金属两大产业集群，先后荣获“中国农产品加工业示范基地”“中国食品产业加工基地”等称号。

金锣集团分割车间

【工业经济】 围绕工业经济发展，以“推进产业集聚、培育产业集群”为发展主线，优化园区产业布局，培育特色产业集群，提升产业综合竞争力。紧盯重要大好项目，加大招强引优力度，增强项目储备后劲。2016年，园区内128家规模以上工业企业实现工业总产值873.2亿元，主营业务收入845.8亿元，利税59亿元。

【项目建设】 2016年，园区内列入“50”工程的重点工业项目29个，其中列入市级重点项目10个。沂河石化二期完成40公顷土地流转和20公顷土地指标申请工作，厂区已完成院墙施工和地面平整。中阳生物科技有限公司的大豆蛋白精深加工项目可研、立项、环评手续已办理完成，土建工程和年产50万吨食品级大豆浓缩蛋白生产设备已制作完成。宏利装饰材料公司高档包装材料项目已建成3000平方米职工生活楼和1.2万平方米钢架结构主车间，新安装的四条生产线已投产运营。

【园区建设】 以金锣为中心，合理规划供热管网。投资1100万元建设完成园区污水管网工程。完成永安路、金德路、金源路、徐朱路、山松二路、金锣四路、金锣五路等7条公路的建设，通车里程达12千米。

撰稿：魏倩倩

审稿：高春生

电　业

临沂供电公司兰山客户服务分中心领导成员

主　任　何召华

书　记　于旭光

副主任　杜　明

【机构设置】 2016年，国网临沂供电公司兰山客户服务分中心下设综合部、市场班、抄表班、计量班、业扩班、营业班、检查班等7个部室，以及大岭、马厂湖、半程、南坊、白沙埠、义堂、汪沟、方城8个供电所。

【概述】 2016年，兰山客户分中心全年完成售电量40.99亿千瓦时，增长11.48%，超公司指标5.65%；中低压线损完成2.62%，降低0.06%；平均电价完成656.43元/千千瓦时，较公司指标提高1.21元/千千瓦时；营业普查完成259万元，超公司指标199万元；完成“两会”、中高考等48次保供电任务。年内，中心党支部被省公司授予“先进党支部”称号；义堂供电所被国家电网公司授予“先进班组”称号。

【电网建设】 2016年，兰山客户分中心完成500千伏兰陵输变电工程属地民事协调工作，1000千伏特高压输电线路前期工作实现稳步推进。开展中低压配农网建设与改造，完成单体项目改造171个，新增轮换变压器82台、3.05万千伏安，架设低压线路181千米。完成半程、枣沟头2个中心村以及柳树庄等4个省定贫困村改造提升。协调完成太合四线、唐庄线等5条重过载线路改造，累计治理重过载配变202台、低电压台区413个14322户，表后线改造77个台区17404户，消除表计异常问题1316处、三相不平衡台区1372个。通过升级改造，有效解决配变过负荷、台区低电压等问题，户均用电容量达3.08千伏安，供电可靠率、电压合格率分别达99.90%、99.42%。

在汪沟镇大柳汪村开展低压线路改造

【安全管理】 全面落实安全责任制，层层签订安全承诺书。实行查禁违章指标“硬约束”机制，到位监督检查256人次，查处违章122人次。开展中低压隐患排查治理和“三查三强化”专项活动，实现台区普查全覆盖，查出安全隐患98562处，完成整治81500处，故障报修数量同期降低28%。联合区政府开展安全用电大检查，促成区安委会出台政策，明确各镇、街道办事处“属地管理”原则，有效规避安全风险，累计发放和张贴安全用电宣传画5.5万张，查处线下树木、建房等典型隐患1270处。与地方党委政府沟通协调，促成110千伏柳枣葛古沂线下树木清理、汪沟220千伏费蒙一回、二回线下沙场迁移以及半程万亩荷塘园线路杆基加固等重大隐患的消除。完成全区5772家直供户专项安全大检查，查处各类隐患7273处，下达隐患整改通知书568份。

【优质服务】 召开“首问负责制”推进会，加快客户导向型“大服务”机制建设。加强营业窗口建设，整改营业厅服务设施24处，顺利通过营业厅模板化验收。严格执行业扩工单线上受理流程，业扩线上办理率达100%。召开投诉管控布置会，从严落实营业判例、投诉预控口袋书、脸谱识别和供电所巡讲等措施，签订服务承诺书423份，开展明察暗访16次。加强客户诉求分析，强化专业渗透，对各类工单及处理通报进行系统分析，按照投诉处理流程纳入闭环管理，及时处置、超前预控。实施“五个一”标准化抢修，完成3645件工单客户“回头看”走访活动，非报修工单降低11.46%。

【队伍建设】 完成各类培训、调考任务，1名员工获得“金种子”班组长称号，194名员工通过技师及高级工鉴定，中心荣获公司首届职工技能运动会“重装上阵”项目第一名，1名员工获得公司营销服务知识调考获第二名，2名员工分别获得省公司“我的书香之家”读书征文活动一等奖和三等奖。开展“班组大讲堂”“阳光工间操”“我读书我快乐”读书月等活动，营造“快乐工作，健康生活”的良好氛围。坚持抓好思想动态分析，开展不稳定因素排查整治，员工队伍始终保持和谐稳定。针对抄核收、配电运维、用电检查、市场管理、业扩施工、计量、优质服务、舆情监控8个专业岗位人员技能水平、新技术应用普及等方面存在的不足和差距，组织送培及各类专题培训47期643人次。在公司举行的农网专业职能竞赛中，农网配电专业获团体第一名、3人成绩进入前6名，农网营销专业获团体第二名、1人成绩获第一名。围绕安全管理、优质服务等专业，常态化开展班组大讲堂活动，实现专业互助、班组互学、共同提升，为争创“四个最好”提供坚强素质支撑。引导员工牢固树立“安全生产也是服务”的理念，确保隐患排查到位、治理到位。常态化开展“标准化食堂”创建活动，让员工吃得放心，以确保员工身体健康；开展向困难员工及其子女献爱心活动，让困难员工感受到电力大家庭的温暖。

撰稿：张洪亮

审稿：何召华

交通·邮电

交通管理

交通分局领导成员

局　长　王　蒙*
副局长　杨志田*
主持工作　姜良府
市海事局副局长、兰山办事处主任
　郑　敏（女）
商城货管办主任　孙兵昌
运管所所长　公立新
公路所所长　闫加方

【机构设置】 2016年，交通运输局兰山分局内设办公室、行管办、财务室、安全所、法制办、妇委会、考核办7个机关所室和银雀山、白沙埠、李官、半程、枣园、义堂、汪沟、方城8个交通运输管理所，辖4个科级单位：商城货运管理办公室、临沂市地方海事局兰山办事处、公路管理所、运输管理所。年底，全局共有干部职工190人，其中在职人员135人，副科级以上干部6人，中共党员89人。

【概述】 2016年，兰山交通分局围绕“十三五”期间道路运输加快构建“七大体系”的总体目标和市局中心工作任务，坚持稳中求进工作总基调，坚持发展新理念，科学组织、统筹谋划、积极推进，全面完成各项任务目标，交通运输事业保持健康、快速发展的良好局面，为全区经济社会发展做出积极贡献。

【行业管理】 2016年，全区道路运输管理各项工作取得突破性进展，全区共有道路运输从业资格证人员16886人，营业性货运车辆46455台，普通货运企业306家，危险品运输企业4家，一、二类维修企业78家，货运站场7家，水运企业2家。3家危险品运输企业实行动态监管和启用电子运单模式，95台危险品运输车辆全部纳入全省联网联控平台。全面推进全区交通运输安全体系建设，开展“安全生产月”、大排查快整严治执法等安全活动，开展质量信誉考核，夯实行业安全基础，厘清企业主体责任和行业监管责任。“绿色交通”建设特色鲜明，天源物流一期2兆瓦屋顶光伏发电项目并网发电，全年发电267万度，节约标准煤1045吨，减少碳排放2718吨；二期6兆瓦顺利签约，已建成充电桩50个，全国最大的绿色物流园项目初具规模。天源物流屋顶光伏发电项目与永胜机动车维修项目一并被交通运输部列为首批“全国绿色交通示范项目”。

【“三引一促”工作】 总投资1.5亿元的上海博士爱文具文化旅游项目实现当年引进、当年开工建设、当年建成投产，实现到位资金1.05亿元。完成引进B类创业人才1名。

【公路建设】 2016年，兰山交通分局加快交通基础设施建设，实施沂蒙路北延维修工程，该工程总投资3000万元，全长10.8千米，属于中心城区至沂南快速通道工程。截至年底，南段玉平大桥连接线至文泗路段2千米已完成，北段文泗路至沂南县界8.8千米已完成施工前期准备工作。加大交通扶贫攻坚

沂蒙路北延快速通道建设现场

力度，共投资1300万元完成汪沟镇10个省定扶贫村全长21.9千米的道路扶贫建设任务。加快县乡公路建设，新建改建农村公路40千米。

【镇村公交建设】 推进镇村公交建设，以全市城乡交通一体化发展为契机，推广汪沟镇村公交发展经验，按照“政府投资、企业运营、群众受益”的镇村公交运营模式，分阶段、分步骤在全区有序推广镇村公交。年内，重点实施李官镇村公交环线工程，该工程全长21千米，横穿6个社区，惠及沿线群众约3万余人。

【公路管理和养护】 稳步推进农村公路安全生命防护工程，全年共投资1600万元，整治9条60千米的隐患县道，全面完成县乡公路整治任务。提升农村公路管养水平，发挥政府主导、分级负责、公司化管理、城乡保洁一体化、市场化运作等管养模式的优势，保障农村公路安全畅通，在全市率先实现县、乡、村三级公路全部纳入城乡环卫保洁一体化，农村公路优良路率达80%以上。开展农村公路路面维修工作，对文泗路、沂蒙路北延等路段实施挖补维修工程，及时处治路面病害，共完成挖补3000余平方米，灌缝2万余米。加强路政管理，落实路政巡查制度，及时查处擅自设置非公路标志、占道经营等各类违法行为，全年共查处路损案件4起，查处率100%。

【行业文明建设】 深入开展“两学一做”专题教育活动，认真开展党员信息排查，组织全体党员积极参加“党员活动日”学习和日常教育。组织副科级以上干部签订廉政责任书，全体干部职工签订廉政承诺书。继续开展“结亲连心”活动，33名干部分别与兰山街道西关社区1124户群众直接联系服务。深化“第一书记”挂职工作，分局1名干部开展挂职帮扶。建立分局善行义举四德榜。加强新闻宣传工作，完成年度50篇次新闻宣传任务。围绕和依托“12345”市民服务热线，拓宽监督平台，全面接受社会监督。截至年底，共接到兰山区热线办转来热线303条，市局投诉中心转来热线117条，全部按时办结。

撰稿：王　婷

审稿：闫加方

公路建设与管理

公路局领导成员

局　长　刘艳君（女）

副局长　李立新　邓洪星　严庆华

【机构设置】 2016 年，区公路局下设办公室、计划财务科、政工科、养护科、工程科、机务科、路政科、安全科 8 个职能科室及义堂、汪沟 2 个公路站，主要承担兰山区境内 205 国道、206 国道、327 国道、229 省道共计 49 千米的公路建设、养护和管理任务。年底，全局共有干部职工 85 人，其中中共党员 46 人，具有大专以上学历的 61 人，中、高级职称的 35 人，工程技术人员 18 人。

【概述】 2016 年，区公路局以迎接“十二五”全国干线公路养护管理检查为契机，强化公路建、养、管中心工作，优化路网布局，提升公路公共服务能力和水平。年内，被市委、市政府授予“平安临沂建设先进单位”称号，被市人社局、市公路局联合授予“全市公路系统先进单位”称号，被区委、区政府授予“2016 年度工作先进单位”“安全生产工作先进单位”“全区宣传思想文化工作先进单位”称号，被区文明办授予“精神文明建设工作先进单位”称号。

道路修补施工现场

【公路养护与管理】 两次对 229 省道进行挖补，挖补面积达 1.3 万平方米。对 205 国道的半程路口、沂蒙路与 206 国道的北外环路口路面破损较严重的部位，有重点地进行挖补，挖补面积累计 5000 多平方米，总体上保证路面的完好，保障了公路的通行安全。

对 205 国道北段、206 国道全线与 229 省道全线进行标线施划，其中 229 省道的冷喷标线施划 2 次，总施划面积达 1.6 万平方米。

及时做好护栏、标志、标牌的维护与修复，全年共修复给合式护栏 2252 米，波形护栏 314 米，更换、修复标牌 50 余块，道口桩、百米桩等 320 根。

由省公路局组织的专业检测组对 205 国道、206 国道与 327 国道的大中型桥进行例行检查。组织专业的施工队伍对 206 国道公铁立交桥与 229 省道竹园中桥的橡胶条进行更换，更换橡胶条长 206 米。

实施小修保养工程，2016 年共投入小修保养

高标准道路绿化

工程资金约350万元，其中从市公路局争取资金121.94万元，剩余228万元由区公路局负担，主要用于路面挖补、标线施划等保障路面安全方面。

【公路建设】 206国道公路义堂互通式立交工程通过发改委审批，完成各项前期审批手续和施工图设计。完成206国道临沂新西外环兰山段征地拆迁工作。开展京沪高速公路扩容工程（兰山段）前期调查工作，并上报新增高速公路出入口、预留通道和过街天桥等数据。

【路政管理】 以路政月宣传活动为契机，在沿线乡镇政府及交警部门的配合下，共出动路政宣传人员63人次，路政宣传车20辆次，设置便民服务台3处，回答群众问题35个，发放宣传材料6000余份，墙体喷绘标语2处，悬挂宣传标语8幅，清理清除占道经营3处，集市贸易1处，洗车加水点2处，活动非公路标志14块，桥下垃圾1处。

与沿线乡镇积极配合，完成205国道沿线沙汀峪集贸市场的搬迁。全年共清理公路沿线摆摊设点、占道经营38处，沿线可视范围垃圾600余立方米，治理乱搭乱建和乱堆乱放49处，清除大型臂杆式非公路标志9块，户外广告牌匾65块，清理洗车加水点8处，减少存有安全隐患的平交道2处，制止多处在中央隔离带上乱开口行为，保障车辆安全通行。

【安全监管】 加大对辖区内公路安全的监管力度，开展各类打非治违专项活动，坚决治理、纠正违规违章行为，全面排查、治理各类事故隐患，确保全年无安全生产责任事故发生。强化安全生产警示教育，开展各类应急保障、救援演练、实现应急处置常态化。

撰稿：李　冉
审稿：刘承瑜

邮　政

邮政临沂市城区分公司领导成员

总经理　苏贻庆

副总经理　翁艳艳（女）*　盛维光*
王铭鸿　赵兰欣

总经理助理　汪东升*　李玉刚

【机构设置】 邮政城区分公司是在临沂市城区邮政

局组织架构基础上，按照集团公司“子”改“分”改革方案要求，于2015年5月1日挂牌成立。2016年，城区分公司继续履行城区局生产、经营等职能，内设综合办公室、市场营销部、代理金融部、文化传媒部、渠道平台部、包裹快递部等1室5部，下辖24处城市支局、22处农村支局、2个城市投递部，共有员工354人，投递段道84条，邮路总长度5333千米，生产车辆19辆、邮筒14个、报刊亭29个，网点服务遍及五区，服务面积达2294平方公里，服务人口248.59万人，服务行政村455个。

【概述】 2016年，公司把握“稳中求进”的工作总基调，围绕“一体两翼”企业经营发展战略，紧跟临沂邮政“十三五”战略目标节奏，深化推进农村电商建设，推进三农服务站、便民服务站、易邮亭，强力破解邮政企业“最后一公里”问题。

【经营与发展】 2016年，公司实现业务总量7521.24万元，占全市邮政系统比重的12.77%，业务规模全市第二，其中兰山片区业务总量2915.22万元，河东片区业务总量1940.87万元，罗庄片区业务总量1672.62万元，项目组业务总量1095.61万元。

【基础管理】 坚持“一手抓发展，一手抓防控”，加强内控检查管理，执行各项安全管理规章制度，加强从业人员的知法守法教育，为企业发展营造良好的内部环境。抓好服务规范化管理，提高邮政通信质量，加强精神文明建设，推动规范化服务，加大对职工职业道德的培训，在职工中树立“靠服务发展业务，靠服务树立形象”的思想意识和大局意识，提高邮政良好的服务形象。

【企业建设】 2016年，继续推进以“沂蒙精神”“战邮精神”为根基的企业文化建设，加大对新时期“战邮精神”宣传力度，将精神实质融入到实际工作中，构筑起新时期“幸福城区邮政”企业的核心价值体系，为企业科学发展注入“新”的活力。推进星级职工小家建设，加大文体娱工程建设投入和活动组织力度，满足员工精神文化需求，将企业的发展成果最大限度地惠及广大邮政员工，提升员工幸福指数，营造城区邮政“健康、快速、和谐”的发展环境。

撰稿：谷瑞强

审稿：苏贻庆

联　通

联通兰山分公司领导成员

总经理 宿俊峰＊　张　欣

副总经理 顾启龙＊　马　勇　刘　波

【机构设置】 联通兰山分公司是根据国家关于电信体制改革的要求，由原兰山区网通公司和原兰山区联通公司融合重组而成。2016年，公司下设1部4中心、9个支局、400多个服务网点，在职员工100余人，服务客户超过100万户。

【概述】 联通兰山分公司是全区综合通信能力最强、全业务最均衡的主导通信运营商，拥有全区覆盖范

“信息下乡”活动

围最广、技术最先进的通信网络，具备4G、宽带、互联网、固定电话、信息化应用等全业务提供能力，并一直承担着党政军机要通信、抢险救灾等重要通信保障任务和普遍服务的社会责任。

公司依托先进的技术和网络优势，坚持以用户为中心，以创新为动力，大力推进通信网络的宽带化发展，打造先进的信息化行业应用，为各行业和广大用户提供方便、快捷的信息服务，为促进全市经济发展和信息化建设进程做出积极贡献。在服务全市经济建设和社会发展的同时，积极履行社会责任，主动参与创城青年志愿者等各类社会公益活动。

【业务活动】 根据省政府与中国联通签署的《深入推进“互联网+”发展战略合作协议》，从11月开始，抽调100余名专业人员组成若干工作组，开展送信息、送终端、送流量、送电视下乡为主要内容的“信息下乡”活动。打造“美丽乡村”信息化综合平台，提升基层党政工作的智能化、信息化、网络化、精准化、便捷化水平，同时实现农村政务、三农服务、农村生活、农村健康教育信息化功能，夯实“智慧兰山”基础，提升全区信息化水平。

撰稿：陈　磊

审稿：张　欣

移　动

移动兰山分公司领导成员

总经理　彭　虎*　李　莉（女）

副总经理　李宜成　宋爱珂

孙云艳（女）*　郑晓彬

【机构设置】 移动兰山分公司隶属于移动山东临沂分公司，位于北城新区沂蒙路与武汉路交会处，公司下辖15处城区营业厅及8乡镇经营部，在册员工281人。

【概述】 2016年，移动兰山分公司拥有客户规模140万余户，运营收入超过9亿元，运营收入、纳税总额居全区通信运营商首位。年内，完成首届山东省城市建设博览会、临沂市第六届运动会、第七届商博会、武警支队紧急活动等保障工作；参与社会事业建设，无偿发送应急短信、公益短信等服务社会；做好电话用户真实身份信息登记工作，严格控制新入网客户实名入网；做好防范打击通讯信息诈骗工作，通过拦截非法国际主叫数据、打击伪基站、建设投诉处理支撑机制等措施维护广大群众利益。公司先后获得“山东省工人先锋号”“临沂市五四红旗团支部”“临沂市十佳女职工建功立业标兵岗”等称号；被山东移动公司授予“红旗团支部”“2016年度全省宽带提升工程十佳县区”“全省信息化建设十佳县区”等称号。

【客户服务】 2016年，公司贯彻“客户为根、服务为本”的理念，深化服务与营销的融合，强化对公司整体运营品质的监控，从标准化服务体系建设、客户焦点难点问题解决、客户惊喜服务探索三个维度，打造客户满意工程，持续提升客户满意度。以市政府“民生优先”精神为指导，积极推动互联网基本公共服务建设，落实“提速降费”措施，引领高速光纤宽带建设，宽带20M起步、50M/100M引领，提升4G+网络速率，固网宽带与4G网络进一步向农村、新社区延伸覆盖，将互联联网资源向城乡基层倾斜，满足乡镇居民互联网服务需求。同时固定宽带、移动流量平均资费水平大幅下降，让客户实实在在享受到优惠。

【网络建设】 推进通信基础网络建设，确保网络覆盖能力，以满足不断发展的信息化需求。加强农村区域4G网络建设，实现行政村100%覆盖。通过实施立体组网、丰富楼间对打形式、采用新型室分设备等手段，加强居民区等业务热点区域的深度覆盖。完成BRT、公安天网、市政便民中心等市重点专线工程建设400余条。分阶段保障VoLTE商用部署，通过开展精细优化，有效提升VoLTE语音质量，确保VoLTE质量全省领先。加大管道建设力度，坚持“覆盖率”与“连通率”并重，针对市政道路，尤其是城区主要道路，及各类功能区周边道路开展建设，市政管道覆盖率提升6%。按照“提升速率、提质量、增价值”的要求，持续提升网络承载、品质保障、业务推广能力，家庭业务快速发展，装维能力不断提升，实现24小时装机、12小时排障。建成鲁南地区级别最高、规模最大的专业IDC机房，是全省移动的三大通信机房之一，具备一流的IDC硬件设施和运维服务，定位于服务整个鲁南地区的行业客户。

移动兰山分公司办公楼

【企业文化】 坚持以人为本，将提高一线员工综合素质和工作水平作为企业的基础性工作，深化精神文明创建工作，组建公司网络文明志愿者服务小组，参与网络文明传播志愿服务活动。组织学雷锋青年员工志愿服务活动，开展节假日到所包街道打扫卫生、千家结对帮扶、帮助社区孤寡老人、义务社区宣传服务等，参与文明城市创建工作等。

落实全面从严治党，强化“四个意识”，落实“一岗双责”，实现党建工作与生产经营“两手抓、两促进”。开展“两学一做”学习教育活动。开展以创建文明单位、争当青年文明号为重点的精神文明建设活动，2016年解放路营业厅被评为市级青年文明号，公司获得省级青年文明号2个、市级青年文明号6个。

撰稿：周　路

审稿：李　莉

广电网络

山东广电网络有限公司兰山分公司领导成员

经　理　邹怀连＊　崔现文

副经理　范永胜＊　于国涛＊　赵常金

【机构设置】 2011年5月，全省广电网络整合后设立山东广电网络有限公司兰山分公司，业务隶属山东广电网络有限公司临沂分公司管理，与区广播电视网络管理中心属于“一个机构、两块牌子”，2015年完成事转企工作。2016年，广电网络兰山分公司下设综合部、市场客服部、工程运维部3个职能部室，辖柳青、兰山、义堂、马厂湖、枣园、半程、白沙埠、李官、汪沟、方城10个工作站，共有在职干部职工120人，其中具有大专以上学历的62人。

线路抢修

【概述】 2016年是广电网络兰山分公司“转型升级提速年”，与中广华创合作，在全市广电网络系统率先开展劳动、人事、分配“三项制度”改革，加快转型升级和业务发展，全年实现收入2630.12万元、利润9.17万元。截至年底，全区广电网络固定资产原值7923.46万元，固定资产净值4316.18万元，净资产2154.72万元。

【有线电视】 2016年，公司开展广播电视“户户通”惠民活动、“山东有线”服务进社区等活动，全年新增数字电视10520户。截至年底，全区在线数字电视用户61189户（不含市区）。

【增值业务】 2016年，公司开展广电宽带、视频监控等业务，全年新增宽带用户4668户，实现增值业务收入527.01万元。截至年底，全区在线广电宽带用户10063户（不含市区）。

【安全生产】 2016年，公司通过加强安全生产和安全播出，实行安全生产一票否决，全年线路抢修632次，实现重大安全事故和安全播出事故零发生，确保春节、“两会”等重要保障期信号安全传输。

撰稿：张钦斌　岳　嵩

审稿：崔现文

建设·环保

城乡规划

规划分局领导成员

局　长　赵国强＊　刘志文

副局长　张广亭＊　尤洪根＊　宋永涛　孝文峰

【概述】 2016年，规划分局以城镇化战略为主导，以城乡一体化为目标，发挥规划的调控、指导作用，强化服务意识、责任意识，推进城乡规划工作。加强与区政府、管委会、乡镇办事处、村居等相关单位的工作沟通与协调，完成控规及城市设计调查摸底、专项规划征求意见汇总、项目编研资料收集等工作，确保控规及城市设计、规划编研成果更加科学合理、切实可行。配合推进《临沂市城乡电网专项规划》《临沂市城市轨道交通线网规划》《临沂市高铁片区空间发展规划》《临沂历史文化名城保护规划》，对各专项规划及城市设计结合兰山区规划工作实际提出意见和建议。同时专人专力协助推进兰山区的重点项目建设，为片区改造中的规划编制、审批等工作全力做好服务。

【批后管理】 加强建设项目的批后监督管理工作，强化责任意识、服务意识，划片管理，责任到人，规范台账，建立兰山分局日常巡查制度。严把项目初审、放验线、验槽、工程主体及外观、室外配套、竣工规划核实等各个环节，确保项目严格按规划实施。全年共有24个建设单位139个单体工程放线开工；下达责令限期整改通知书35份；对30个建设单位160个单体建筑进行规划竣工核实，总建筑面积达210万平方米。

【临时工程管理】 严把临时工程预审关，对每个报建项目都做到报前现场勘察，放验线过程现场勘察，竣工现场勘察，确保工程不挪位、不超建。对申请延期的临时项目进行规划审查，严格按照报建程序办理临时工程规划许可证，全年共报批临时工程2项。

【乡镇规划管理】 推进乡镇总体规划编制，完善城乡规划体系。前期白沙埠镇、汪沟镇、半程镇总体规划已通过市政府审批，结合新西外环的建设及高铁片区的规划，督促方城镇总体规划进行修编并已经通过专家评审，枣园镇、白沙埠镇、李官镇总体规划正在修编。

开展乡镇规划管理工作，对乡镇报建项目在专业规范上进行规划审查和指导，针对不同项目提供全面的规划咨询和服务，有力促进小城镇建设和新农村社区的建设。

撰稿：姜建伟

审稿：刘志文

商城规划分局

商城规划分局领导成员

局　长　石永强

副局长　尤洪根

【机构设置】 临沂市工贸开发区规划分局自2016年7月4日起更名为临沂市规划局商城分局，并重新组建，负责原工贸开发区分局职能范围（包括通达路以西、解放路以北、祊河以南，京沪高速公路以东）及临沂工业园区和义堂镇用地范围内的城乡规划管理工作。商城分局于7月7日独立办公，有工作人员5名，其中2名为规划信息中心抽调人员。

【概述】 商城分局与辖区内各个单位对接沟通，做好规划服务工作。会同区政府、兰山商城、工业园区、兰山办事处与市规划局做好规划项目对接工作。进行西外环立交桥项目选址论证、区各个重点项目的前期研究论证等，并征求区政府、工业园区、兰山商城等有关部门意见，承办各片区交办的各项事宜。

配合市局完成《国家林产工业园区总规》编制专家评审工作，推动木业产业转型升级，统筹义堂和探沂板材工业园为一体。同时，完成《国际商贸名城商贸物流区概念规划》暨《国际商贸城片区控制性规划和城市设计》规划编制成果编制建议，并进行成果校对。配合市商城管委会进行《临沂国际商贸城总体规划和空间布局规划》，已通过规划会审议。完成兰山商城片区和商城中轴线控制性规划和城市设计资料收集工作。

【工程管理】 在2016年结束的全省城市规划执法检查工作中，经统计，2014年以来市局审批的建设项目属于商城分局片区的有53个项目，共430个单体建筑。其中，有10个建设项目，68个单体已报竣工规划核实；有15个项目，73个单体正在建设中，分局将持续对这些建设项目进行跟踪管理。

商城分局组建以来，辖区内涉及新开工放线项目8个，54个单体，建筑面积30余万平方米。配合市局相关科室完成住建部违法建设图斑现场核查96处。落实市城管局违法建设认定函4项；下达责令限期整改通知书2份，主动向城管部门去函5份；回复“12345”热线8项；完成5个建设项目竣工规划核实，建筑面积达33万平方米；接办乡镇项目初审9个，包括义堂润地、中央上城、翰林庄园、金硕华府、泊林郡、恒弘城二期等房地产项目和义堂镇堰上小学、第一联小、中心小学老校区扩建项目。

【批后管理】 创新完善批后管理制度、升级改善规划竣工核实程序。实行“一个入口、一个出口”工作推进责任制度。建立批后管理台账，并在内网系统完善跟踪管理记录，强化日常巡查制度，加大巡查力度，提前介入，项目责任到人，排出时间表、线路图，确保批准的项目按规划实施。在规划竣工核实工作中实行“自行查摆、自查自纠”等新办法，在建设单位报分局验收时，根据测绘成果书，在项目上会研究前将测绘成果中呈现问题自行检查，并提前改正。推行“竣工核实明白纸”制度。在规划竣工核实工作中，给建设单位一次性出具“规划竣工核实明白纸”，标明需要出具的资料、规划竣工核实相关标准和依据，问题的处理方式和结果等，使建设单位提前研判竣工核实结果。加强规划相关控制标准及国家法律法规、相关技术规范的学习，提高规划业务知识水平，增强依法从政能力。

撰稿：闫泓霏　胡金萍

审稿：石永强

城乡建设

住建局领导成员

党委书记、局长　洪　剑＊　程万里

党委副书记　吴景伦＊　李玉然

副局长　李玉然　许延山＊　王茂龙　邢家礼

党委委员　王茂龙　车贵利

邢家礼　许延山＊　张庆全

主任科员　许延山

【机构设置】 2016年，区住建局下设办公室、人事监察室、财务审计科、村镇建设管理科、基本建设管理科、城市建设管理科等6个科室；辖3个正科级事业单位：区房产管理办公室、区城市道路维护管理办公室、区人民政府房屋征收办公室；13个股级事业单位：质监站、检测站、安监站、企管站、招标办、劳保办、节能办、装饰办、散装办、测绘队、区城市公用事业管理服务中心、数字化城市管理中心、区房屋征收服务中心。年底，共有干部职工281人，其中在职人员224人，在职人员具有大专以上学历的213人，高中（中专）学历的11人。

【概述】 2016年，全区城镇建设管理工作以城建事业跨越发展关键年为抓手，以科学发展观为统领，以机制创新为动力，突出重点抓落实，推动城镇一体化发展，全力推进旧城旧村改造、城镇环境综合

农村社区建设（半程镇沙汀社区）

整治、工程管理、机关建设等重点工作。被山东省精神文明委员会评选为全省精神文明单位。是年，区住建局荣获“全市国家卫生城市复审迎查工作先进集体”“全市‘十二·五’公共机构节约资源工作先进集体”“全市住房和城乡建设系统先进集体”等称号；领导成员获得全省文明家庭1人，全市国家卫生城市复审迎查工作先进个人1人，市建设领域农民工工资清欠工作先进个人1人，全市建筑节能与供热计量改革工作先进个人1人，全市住房和城乡建设系统先进个人6人。

【旧城旧村改造】 按照“北上西拓、中梳旧改”的总体思路，围绕“三城三片”的布局，以房屋征收为重点，以重点片区和重点项目为突破口，全年完成征收面积224万平方米，建设居民楼368万平方米，改造棚户区4195户，建设农房1.6万户。老城区，以重点项目为带动，以棚户区改造为抓手，推进七里沟、钢铁厂等10个片区征收工作，火车站、东风东关片区等还建工程顺利推进，完成征收86万平方米，开工建设居民楼209万平方米。北城新区，围绕临沂华东有色金属城整体搬迁、西安路绿化提升、BRT等实施征收清障，保障重点项目、基础设施重点工程的顺利实施，完成征收40万平方米，开工建设居民楼98万平方米。西部新城，以中心镇改造为引领，围绕新西外环重点工程基础配套，突出铁路物流园、国家林产工业科技示范园等项目建设，推动产城融合，完成征收41万平方米，开工建设居民楼18万平方米，打造现代魅力小城市。小城镇，发挥义堂镇、半程镇两个中心镇的示范带动作用，以镇驻地、大社区建设为主，强化城镇基础配套，完善服务功能，分类推进建设，打造功能完备、各具特色的小城镇，累计完成征收57万平方米，开工建设居民楼43万平方米，推进沙沟崖、如意等7个农村新型社区建设。

【基础设施配套建设】 完善城市路网，对解放路、北园路等20余条道路破损严重路段进行改造提升，对群众反映较多的青杨路、育才路等5条道路进行大修改造。实施背街小巷改造提升工程，硬化街巷30条，硬化面积14.5万平方米。对区管71条道路和26座桥梁加强巡查维护，重点对学校、广场、商场、农贸市场、居住小区周围的道路进行整修，累计平整破损人行道板5万平方米，更换路沿石7000米，完成破损沥青路面铣刨、罩面13万平方米，全区新增硬化面积201万平方米。完善城区公共出行系统，完成公共自行车系统一期建设，设置站点255个，安装公共自行车6040辆，解决公共交通最后一公里问题。围绕水域环境综合整治，加强治污体系建设，开工建设柳青河第二污水处理厂。对已建成污水处理设施进行不间断日常巡查，及时发现问题并整改，确保出水水质达标排放。坚持“科学规划、统筹谋划、分类推进、严格管理”的原则，全年完成农村无害化厕所改造1.4万户，硬化村内道路户户通139.5万平方米，完成迎接山东省住建厅农村无害化厕所改造检查验收工作。制定《老旧小区整治改造流程指南》，全面完成143个改造老旧小区改造任务。

公共自行车工程

燃气锅炉安检

工工资问题，实行农民工工资储备金制度，从源头上完善预防机制，对发生的拖欠问题协调解决，累计受理农民工来信、来电、来访3946余起，帮助解决工资1.0038亿元。实行一岗双责，对照“6个100%、一个摄像头”标准和市、区重污染天气应急预案要求，对所有产尘项目划片包干到人，定期组织拉网巡查，下达建设扬尘污染督导通知书120份，现场封停工地18个，立案查处16起。

【工程管理】 全年对6家企业进行资质升级、新审批企业12家，组织职业技能技术工人培训345人，评定高级工程师10名，中级工程师40名，初级技术人员162名，实现建筑业总产值123亿元。通过专项检查、联合检查和跟踪追查相结合的方式，开展工程质量两年治理行动，监督企业落实主体责任，对实体质量、安全措施、建材等随机抽查，抓好企业安全生产，全年监督在建工程项目196个，建筑面积132万平方米，下达隐患整改通知书280份，下达停工通知书245份，隐患整改率100%，争创3个“沂蒙杯”工程，6个市级安全文明工地，8个优质结构主体工程。加强市场执法查处力度，重点查处无手续或手续不全、少报多建等行为，查处违法工程50个，累积立案处罚48个。严查拖欠农民

【机关建设】 以开展“两学一做”学习教育活动为契机，强化理论学习，以理论指导工作，提高干部职工政治敏锐性、整体业务素质，机关工作效率和服务水平明显提升。在全局开展廉政、岗位责任风险点排查活动，从思想道德、岗位职责、业务流程、制度机制、外部环境5个方面全面梳理查找工作中存在的风险点，制定科学的预防措施，增强风险预防能力。全年办理人大代表建议15件，政协委员提案19件；办结行风热线问题43个，办结率100%；接待受理来访22起，其中结服12起，化解4起；全年妥善办理“12345”热线6134件。

撰稿：姜秋月

审稿：张　超

城市管理

城市管理局领导成员

党组书记、局长 王德军
党组副书记、园林办主任 王金锋
副局长、城管执法大队大队长 夏继宝
副局长 刘 杰
环卫办主任 孙志奎
主任科员 魏爱华 刘 军
副主任科员 姜开涛
环卫办副主任 杜尔善 王连昌 李金良
园林办副主任 白永刚
城管执法大队副大队长 陈宝锋

【机构设置】 2016年，区城管局下设办公室、人事科、财务审计科、督查考核科、政策法规科、渣土管理科、党务办、工会办等8个科室；辖3个正科级事业单位：区环境卫生管理办公室、区园林管理办公室、区城市管理行政执法大队。

【概述】 2016年，全区城市管理工作准确把握城市管理现代化工作基调，以建立健全“权责明晰、服务为先、管理优化、执法规范、安全有序”的城市管理体制为目标，不断提高环境卫生、园林绿化、市容市貌管理水平，城市环境秩序得到良好保持。是年，区城市管理局被评为全区宣传文化工作先进单位、2011—2015年全区普法依法治理工作先进集体、优秀基层团组织、青年志愿服务先进集体、园林绿化系统先进集体。

【环境卫生】 推进城乡环卫一体化机制建设，不断提升城区及水域保洁质量，开展环境卫生集中整治活动，清运生活垃圾5.1万吨，清理积存垃圾2826处，发放明白纸47.4万份。加强餐厨废弃物管理，新签订收运合同280家，累计达到600家，日均收运量已达到80吨，年无害化处理餐厨废弃物2.4万吨。加大环卫基础设施维修、配备力度，维修公厕43座，配置垃圾桶（箱）1.8万个，安装公示栏580个。对城区905个小区进行摸底，为415个无人管理小区配置垃圾桶3329个，清运生活垃圾53万吨。强化道路扬尘治理，对城区97条主次道路进行分类，主要干道及监测点周边3千米范围内道路每天实施

城区绿化补植

一冲六洒，次要道路每天至少一冲三洒，所有主次干道的辅道每天达到一冲一洒，人行道每月冲洗3次，全年累计洒水142.8万立方米。开展道路深度保洁，按照“车行道地面尘土每平方米不超过5克，人行道每平方米不超过10克”的标准，对具备冲洗条件的金雀山路、解放路、沂蒙路、通达路等16条主干道，夜间利用高压冲洗车喷水形成的径流对路边积尘进行深度冲洗，机扫车紧随刷洗，吸扫车收尾清理，道路达到干净整洁的效果。

道路扬尘治理

【园林绿化】 按照精、细、秀、美的管养要求，对城区710万平方米绿地、12万棵行道树开展常态化养护，建立园林病虫害预报体系，实施联防联治、多轮防治，购买化肥400吨，对城区绿地追肥4次。加大绿化工程建设，对启阳路、宏大路、北园路等6条道路进行改造提升，绿化总长度5000米，栽植树木6000棵，新增绿化面积6.5万平方米。加大城区补植及附属设施维护，栽植各类苗木5万棵，模纹6万平方米，球类1.5万棵，安装绿化护栏、蘑菇石及挡土墙等附属设施3万米。加强绿化巡查管理，建立绿化巡查联动机制，累计清理私设广告牌20个，查处破坏绿地行为152项，处理交通肇事损坏树木53项。加大园林绿化知识宣传，增强市民爱绿护绿观念，累计安装绿地保护指示牌600块，在城区主次干道悬挂树木名牌8000个，对苗木的名称、科属、生活特性等进行介绍，并配有二维码，市民可以通过手机扫描了解更多此类苗木的详细信息。

【市容市貌】 开展占道经营、店外经营、“六乱”等专项整治，累计出动执法人员2400人次，查处各类违法违规行为2700起，暂扣经营工具530套。强力推进大气污染防治，对城区所有宾馆、饭店、食堂等餐饮场所和露天烧烤单位进行“拉网式”排查复核，对油烟净化设备安装、使用进行重点监管，城区822家餐饮网点、299家露天烧烤全部完成治理。严格规范户外广告设置，对全区61条主次干道两侧门匾广告进行排查复核，规范提升350个，完成门匾广告及临时促销活动审批1540项；联合公安、交警、政法委等部门开展非法野广告专项清理行动，查处违法广告2300次，收缴宣传单页10万份，追呼违法广告280次。加大违法建设查处力度，对市城管局移交、市规划局批复及群众举报案件进行分类汇总，依法依规依程序进行查处，同时实行网格化巡查，累计巡查发现违法建设280起，下达《责令停止违法行为通知书》144份，拆除违法建设57宗，共计6458.2平方米。

撰稿：马　凯

审稿：朱　林

环境保护

环保分局领导成员

局　长　张洪群

副局长　张　宁　余广彬

宋晓丽（女）　何秋杨（女）

【机构设置】 2016年,环保分局内设办公室、财务科、环评科、生态保护科、法制宣传科、辐射科、大气科、监控和固废科、环境监察大队等9个职能科室。共有工作人员45人，其中在编人员33人。

【概述】 2016年，环保分局围绕全区环保工作，抓环保突出问题治理和大气污染防治攻坚，严厉打击环境违法行为，环境质量得到持续改善。全区空气质量优良天数248天，优良率达67.8%，同比改善24.6%；36个重点河流控断面综合达标率90%以上。

【大气污染防治】 把大气污染防治作为全年环保工作的首要任务，建立效能督查、周调度通报、节点推进和问题销号制度，倒排工期、挂图作战，加快推进工业污染治理、结构调整、城市扬尘治理、空气自动监测站周边环境综合整治等重点工作。全区6家污染治理再提高企业全部完成提标改造工程；19家超低排放改造企业完成改造；102家加油站完成3次油气回收治理，7家涉及拆迁或停产。同时，强化超前防范，完善会商机制，加强区域联动，及时发布预警信息，严格落实重污染天气应急措施，最大限度减少污染物排放总量和峰值浓度。共启动重污染天气应急响应12次，其中蓝色预警7次，黄色预警4次，橙色预警1次;出动环境执法人员557人次，检查企业119家，巡查施工工地73个，实施停产企业18家、限产企业258家、停工工地72个；累计出动机扫车180辆，洒水车2287车，清扫路面5228千米。

【水污染防治】 对铝型材、甲醛等重点行业进行规范整治，提高废水排放标准。联合第三方对柳青河流域进行全面调查，彻底摸清排污情况，为下一步实施治理提供有力支撑。配合柳青办事处和住建部门推进柳青河第二污水处理厂建设，确保2017年6月底前完成建设并投入运行。同时，实施水环境保护生态补偿考核制度，委托第三方监测公司对36个重点河流断面每月监测2次,超标即收缴生态补偿金，倒逼水质达标提升。共收缴有关镇（街道）生态补偿金220万元。

【环保执法】 保持打击环境违法行为高压态势，通过连续开展日常巡查、夜间突查、凌晨精准抽查，从严、从快、从重查处治理设施停运、偷排偷放、超标排污、在线数据造假等违法行为，让违法者付出代价，维护环保法制威严。开展夜查97次、早查

13次；检查企业2600余家，妥善解决各类环境信访1763个，取缔土小企业60余家；立案查处环境违法行为224起，罚款金额974.67万元，到账364.07万元；收缴排污费995.05万元。同时，建立健全环保公安联勤联动机制，依法严厉打击环境违法犯罪行为。共开展11次联动执法，依法办理环境违法犯罪案件16起，采取刑事强制措施3人、行政强制措施14人。针对锅炉复燃问题，及时公布分局主要负责人、分管负责人、各监察中队负责人及各镇（街道）环保负责人电话，通过实施有奖举报，有效遏制燃煤锅炉反弹势头，取缔反弹锅炉143台。

【环评审批】 按照《环境影响评价法》《建设项目环境保护管理条例》等环保法律法规的要求，全面加强建设项目“三同时”和项目的环评、验收工作。在项目审批中，落实首问负责制，对不符合环境保护规划，不符合产业政策，高能耗、重污染的项目，一律不批不办。在严格把关的同时对符合要求的项目做好服务，在区政务大厅设立“一次性”告知、“一站式”服务、“一条龙”审批的环评审批窗口，实行网上并联审批，压缩审批时间，提高行政效能。2016年，共审批项目环评手续214个，总投资301.57亿元；拒批重污染、高风险项目20个。

【法制宣传】 借助法制宣传进社区、“六五”世界环境日、“一二·四”法制宣传日等活动，以环保宣传进社区、进厂区、进课堂、上广场、上街头等形式，向群众发放环保法律法规、环保小知识、低碳出行等宣传材料，增强全民节约意识、环保意识、生态意识，营造人人参与生态环保的良好风气。全年，共设立展板30余块，悬挂标语10余幅，发放宣传材料1000余份、环保手册2万余本，接受咨询500余人次。在新浪网开通“兰山环境”微博，并同时开通微信公众号，及时发布政务公开内容、环保法律法规及环保工作动态实时更新，方便群众及时了解区政府和环保部门在防污治污、保障环境安全、改善环境质量等方面的有效举措、有益做法和突出成效。是年，兰山环境微博粉丝量超过9100人，发布政务微博1万余条，推送微信订阅信息2800余条，在市级以上媒体、网站发稿80余篇。在区电视台、报社开辟大气污染防治和迎淮核查等专栏，深度报道全区环境保护好经验、好典型，曝光环境违法行为，发挥新闻媒体的舆论监督作用，形成正确、浓厚的环保舆论氛围。

【核与辐射】 以审发辐射安全许可证、规范核技术利用项目竣工验收为抓手，以重点源、流动源监管和闲置废弃源收贮为重点，不断加强核与辐射安全管理工作，确保辖区辐射环境安全。全年共办理辐射环评手续14份，立案查处辐射环境违法行为15起，安全送贮废旧放射源4枚。

【环境监管能力建设】 全区23家市控以上重点企业全部安装污染源在线监控设备，54台设备实现与市局联网，环境风险防范能力增强。围绕预防、预警、应急3个关键环节，严格落实风险评估、隐患排查、事故预警、应急处置4项工作机制，妥善解决各类环境应急事件，确保全区环境安全。全区45家重点企业编制应急预案并进行备案。

撰稿：张振豪

审稿：何秋杨

商业·旅游

粮油购销

粮食局领导成员

局　长　袁世勇
主任科员　张月强
副局长　李雄飞　郝海升　肖继光
党委书记　袁世勇

【机构设置】 2016年，区粮食局下设办公室、人事老干科、财务科、业务科、行保科、纪检室、工会等职能科室　辖粮食监督检查大队、粮食流通统计中心2个事业单位。年底，有机关干部职工23人，事业单位干部职工26人。

【概述】 2016年，区粮食局坚持推进粮食流通体制改革，解放思想，转变观念，转换职能，强化粮食流通监督管理，促进粮食经济又好又快发展，各项工作取得较好成绩。

【粮食行政执法】 2016年，全区新办理粮食收购许可证1件，换发粮食收购许可证2件。按照《粮食流通管理条例》，依法组织开展粮食收购资格核查、粮食流通统计制度执行情况检查、粮食应急预案落实情况检查等日常监管类检查，累计检查150余人次。全区开展一系列的粮食执法宣传工作，共印发宣传材料1500余份，营造良好的粮食流通管理氛围。

深入基层调查农户粮情，确保数据的真实性、完整性；全面完成夏、秋两季产量和购销情况的调查。建立和完善定期检查制度，检查各类粮食经营企业和个体工商户报送粮食购销存统计报表情况，加强对涉粮经营企业和个体工商户的监督检查。每周进行价格监测，及时开展统计数据分析。

粮食行政执法

【粮食调控储备】 全区共有1.5万吨区级储备粮、300吨区级储备油，粮权归区政府。全年共组织3次全面、深入的粮油安全检查。检查内容包括地方储备粮油数量和安全保管情况、贯彻执行各项管理制度情况、储粮化学药剂管理和使用情况等安全储粮的各关键管理环节。从检查的情况看，库存粮油数量真实、质量良好，储存安全，全年无一例仓储事故发生。

在夏、秋粮收购期间，严格执行质价政策，加强收购市场的监管，保证收售粮食的质量，防止和严厉查处“压级压价”和“打白条”等违法违规行为，维护正常的粮食市场秩序。

放心粮油店

【粮食民生工程】 2016年，全区完成农户科学储粮“小粮仓”任务340个，专门面向10个省定贫困村和贫困户。本次发放的科学储粮“小粮仓”具有防霉防变、预防虫害鼠害的功能，相较传统储粮方式，可将粮损率由6.5%有效减至1.5%。每个小粮仓仓容1000公斤，340个小粮仓的发放，为农户减少损失约17吨，有效实现农民增产增收。

全区共有放心粮油店（专柜）49家。通过对放心粮油店的抽查监管，全区范围内的放心粮油店未出现违规经营、质量不合格、被投诉、被举报等问题。

以临沂市兰山区天惠食品工程有限公司为项目实施单位，开展主食产业加工及配送项目。项目总投资1200万元，其中争取到省级主食产业化建设补助资金100万元，其余资金由企业自筹。此项目的实施，升级了企业主食生产的设备及工艺，扩大了主食配送网络，新增销售网点300家，实现主食加工配送能力达6万人次/天。将质优价廉的放心食品送到居民身边，为城乡居民购买主食提供一个更优质、更便捷、更放心的途径。同时，项目的实施实现新增就业岗位350多个，带来良好的经济效益和社会效益。

撰稿：孟令群

审稿：姚贵东

供销合作

供销社领导成员

理事会主任 程明珣＊ 宿振友

监事会主任 梅兴堂

理事会副主任 全照文 孟庆炎 周如香（女）

监事会副主任 冯维吉 苏 伟

【机构设置】 2016年，区供销社机关共设有办公室、监事会办公室、人事老干科、财务科、组织宣传科、信访法制科、监察审计科、合作指导科、安全统筹办公室、经济发展科、再生资源管理办公室、企业管理服务中心及离退休人员服务中心、工会、女工委和外贸办15个科室。截至年底，机关共有干部职工54人。

【概述】 2016年，全系统实现销售收入126.67亿元，实现利润2.43亿元，上缴税费1.78亿元，经济运行实现平稳较快增长，主要经济指标在全省和全市供销系统继续处于领先地位。

【经济发展】 经济发展质量进一步提升。翔龙集团辽宁施可丰100万吨新型肥料一期项目竣工投产，生态农业工程公司在全国率先推出物联网智能技术，并在临沂总部、云南昆明、河北定州投资建厂，推动集团产供销储物流突破发展。金鹰家电成功开设半程直营店，初步完成9县及乡镇市场网络构建，12大销售卖场保持50%的市场占有率。金鹰美乐公司依托O2O网络平台，开通和设立县区网络服务站点，与实体经营店面相结合，真正实现线上线下同步发展。天准苎麻公司坚持以科技为先导，以自主创新为动力，与青岛大学建立产学研合作关系，公司自主研发的废旧塑料再生设备成功上市，已申请10项专利，其中发明专利2项。惟一斋酱园以优质的产品、独特的工艺，荣获"中华老字号"称号，并成为"省字号"和临沂地方酿造龙头企业。区供销社直属企业经济状况逐步改善。各基层供销社结合自身实际，因地制宜，通过自身经营、投资经营，收入增长，实力增强，为系统发展做出表率。全区8家基层供销社全部实现开发再建设，共利用闲置的场院，开发、改造各类市场8处，总投资超过1.2亿元，总占地12公顷。油棉加工厂完成土地挂牌出让，成交价2亿多元，已全面进入开工建设阶段，预计2年内可建成完工。

【综合改革】 2016年是供销社综合改革试点收官之年。全区供销社系统紧紧围绕"服务兴农、改革强社"这一主线，创新服务模式，扩大服务领域，充实服务内容，供销社综合性服务平台的功能和优势日益显现。以为农服务中心为依托，加快农业社会化服务。以李官、竹园、义堂3处为农服务中心为依托，组织指导系统内各基层社、专业合作社开展现代农业规模化服务。全年实施大田作物病虫草害统防统治为主要内容的单环节、菜单式、保姆式托管服务面积5600公顷，测土配方11000公顷，智能配肥面积10386.67公顷，飞防面积5333余公顷，成立技术服务队7个，培训农民5000余人，在服务农业生产中发挥重要作用。以村社共建工作为抓手，全力助力精准扶贫。区供销社坚持职能定位，以村社共建工作为抓手，发挥行业特点和系统优势，下大力气开展精准扶贫、精准脱贫工作，初步构建政府引领示范强服务、供销社延伸经营拓网络、贫困户合作互助促致富的工作格局。全年新开展村社共建联系村20个，助农增收25万元，村集体增收21万元，增强部分经济薄弱村的经济实力和造血功能。以电子商务为平台，开展"互联网+供销社"行动计划。与系统内家电零售龙头企业联合注册成立兴合美乐电子商务有限公司，加快推进电子商务和"网上供销"线下体验，在市区及义堂、李官2个镇的26个村（社区）试点设立三级网点，开展商品网上销售和第三方商品物流配送服务。全年全系统电子商务销售额41987万元，同比增长6.5%，环比增长31.26%。以资产整合运作为核心，加快基层社改造提升。通过资产整合、产权联合、业务重组、优化布局，原有

8月10日，全市供销社综合改革观摩现场会在兰山区召开

基层社体制机制更加灵活，服务功能更加完善。李官供销社积极打造为农服务中心，加快农业规模化服务，水肥一体化、土地托管等为农服务举措受到上级的一致认可。《中华合作时报》和《大众日报》分别以“山东临沂兰山区社：构建综合性规模化为农服务体系”“土地托管‘托’出好效益”为题对兰山的土地规模化服务进行报道，充分肯定区社在农业规模化服务方面取得的成绩。竹园供销社以为农服务中心为依托，加快基层社改造提升，在12月的全市基层党建观摩会上，竹园供销社的村社共建项目名列第一。

【系统维稳】 针对系统历史欠账较多，遗留问题复杂等情况，区供销社牢固树立“稳定是第一责任”的意识，把实现好、维护好、解决好职工最关心、最直接、最现实的问题作为系统和谐发展的重中之重。

稳步推进企业破产清算。按照法律程序，稳步推进商务总公司、工业品公司、土产棉麻公司等破产企业清算工作。为商务总公司职工补齐拖欠20年的社会保险金，减免滞纳金超过千万元，职工全部领取失业金。工业品金鹰花园房权证办理工作持续进行，住宅房权证大部分办理完毕。棉麻公司积极争取相关政策和资金支持，职工权益测算工作稳步推进，下一步将重点推进职工权益兑付工作。

高度重视信访工作。制定和完善各项信访工作制度，实行领导成员每天排班接访和包案制度，坚持首问责任制、突发事件应急处置制度、领导值班日制度等，把被动上访改为主动下访。全年共接待来访90余起，265人次，处理“12345”热线反应问题133件。

切实保障职工权益。在系统内开展困难职工大病救助、低保金申领、两节（中秋、春节）慰问、困难大学生申领助学金和“慈心一日捐”等多件惠民实事，惠及500多户职工家庭，发放帮扶救济资金44.5万元。

【其他工作】 结合实际和季节特点，召开两次全系统安全生产会议，共下发各类安全生产文件9份，组织系统内大检查4次，检查整改各类安全隐患82处。做到每季度都制定安全检查方案，每季度下发一次文件通知，确保系统内安全生产形势的稳定。根据系统实际和工作需要，在全省率先成立兴合安泰保险代理公司，改革原统筹统保工作方法，立足自身实际制定强有力的工作措施，配齐队伍，分解任务，加强考核，全系统统筹统保额大幅提升。全年完成统筹统保任务372万元，位列全市供销系统第一名。多次开展系统内资金互助业务专项检查审计，加强对系统内农民合作社开展资金互助业务的监督和指导。全年系统内部资金互助1059.58万元，累计发放助农增收小额互助金105万元，金融风险防范工作得以加强。以“三引一促”工作为抓手，充分发挥骨干企业的吸附带动作用，开展有针对性的招商引资工作，发挥供销优势，强化项目支撑。全年，全系统完成招商引资额3200万元，完成市外金融贷款1.5亿元。将机关作风建设和“两学一做”学习教育活动结合起来，建立健全各项规章制度，制定考核办法和实施细则，完善工作、会议、财务、车辆、招待、廉政等各项纪律和规章制度。严格执行中央“八项规定”，加强公务用车管理，严格控制公务接待，简化会议形式，压缩文件简报，大力压缩三公经费，坚决杜绝铺张浪费。2016年度区社机关“三公”支出较上年度下降44.6%。

撰稿：宋鲁峰

审稿：苏　伟

烟草专卖

烟草专卖局（营销部）领导成员

局　长　王玉国

副局长　杨吉刚 *　乔永关

纪检委员　邓　枫（女）

副经理　张法杰

【机构设置】 区烟草专卖局（营销部）主要负责全区范围内的兰山、银雀山、金雀山、柳青4个街道和白沙埠、枣园、半程、李官、义堂、汪沟、方城等7个乡镇及临沂工业园区的专卖管理、卷烟营销工作。2016年，内设综合办公室、专卖监督管理科、专卖稽查大队、卷烟营销科、法制科、财务科、内管派驻组7个科室和6个基层服务站、2个专卖稽查中队，共有在岗干部职工151人。辖区共有卷烟零售客户5538户。

【概述】 2016年，累计上缴税金9165.34万元，纳税额位列全区纳税榜第10位，销售卷烟55180箱，实现销售收入15.07亿元，两项指标保持全省县级单位第2位。

累计查获涉烟违法案件565起、非法卷烟1088万支、烟叶烟丝2579公斤，总案值695.58万元，查获案件数量及案值均保持全市第1位，破获涉烟非法经营网络8起，拘留13人，判刑8人。

【卷烟营销】 优化品牌布局，夯实鲁产烟市场主导地位，拓展细支烟规模，全年鲁产烟总量占比59.57%，增长4.13%，百元泰山销售15696箱，两项指标均列全省第1位，细支烟销售4186箱，增长63.46%。推进特色市场开发，实施板材加工特类市场开发，全年销量增长4.61%，销售收入增长1.36%；启动物流批发市场“百、千、万”同乡之家链接活动，物流批发市场零售点扩容至307户，增长25%，开辟终端门店吸烟区52个，封闭吸烟区2个；引导风俗用烟消费，促成风俗用烟2464起。实施中小卷烟零售户“一户一策”帮扶，中小户档位提升2.96%，销量环比提升1.37%，销售收入环比提升1.44%。夯实营销基础工作，实施科学库存管理，开展“半个烟箱整库存”1322户；携手工业企业创新开展精细培训，培训零售户1621人次，覆盖面达29.47%；推行“主动支付＋跨行结算＋融资帮扶”多种结算方式，为零售户累计提供融资额度达5亿元，节约贷款利息253万元；全年网上订货率68%，货款电子结算率85.14%；为149户零售户制作货架柜台209个，提升终端经营能力。

【市场管理】 深化联席会议制度，加强与公检法、工商和各镇（街道）等协作配合，定期联系有关部门召开会议，研究解决案件处罚、法律适用等方面的问题。开展烟草市场治理“齐鲁之盾”、防市外真品冲击、“办大案、抓主犯”和“联查联防联守”等专项行动。运用“三三四”专销协同机制，通过日常监管、错时检查、联合检查、交叉检查、暗访督查等手段，开展物流货运、边缘市场、互联网等重点领域的整治，保持市场整治高压态势。规范打假

3 月 15 日，区烟草专卖局（营销部）开展“3.15”专题法制宣传活动

打私经费使用管理，严格行政许可管理。

【普法宣传】 利用新的网络载体，拓展宣传渠道，组织开展“3.15”“6.29”“12.4”“法律进校园”等专题宣传活动，发放宣传材料 8000 余份，现场解答咨询 300 人次。开展案卷审核、自评自查、执法满意度调查等工作。优化行政管理，向办证申请人发放带邮资的满意度调查函，实行限时办结，许可证审批由法定 20 个工作日压缩为 10 个工作日。

【队伍建设】 开展全员素质提升活动，制定下发年度培训计划 53 项，计划落实率达 98%，有 11 人考取职业资格；开展应知应会知识抽考 12 次、专销业务技能比武和拓展训练各 1 次，组织外出交流学习 2 次，以“八项修炼奔向卓越”为主题对中层管理人员进行素质提升培训；创新一线人员培训形式，分析基层专销人员培训需求，编制业务培训手册，录制培训视频，在基层一线实施分层分类、交叉互动的教育培训。开展全员读书活动，丰富图书种类和数量，利用职工书屋、移动书屋，定期进行读书心得交流。

【党建工作】 承担省局（公司）基层服务型党组织建设试点工作，建立健全党建制度，调整组织机构设置，在各服务站建立党小组，开展党小组课题攻关，落实挂靠基层工作机制，结合“两学一做”学习教育，开展零售户“结亲连心”八个一服务。强化监督检查，落实党风廉政建设“两个责任”，党支部专题听取纪检监察工作报告，下发进一步规范婚丧喜庆事宜通知，加强对八项规定实施和重点领域的监督。

撰稿：张　源

审稿：邓　枫

盐业经营与管理

盐务局领导成员

局　长　管道义

副局长　胡天祥 *　申永波　解　勇　殷志斌

【机构设置】 区盐务局（盐业公司），为山东省盐务局下属企业，系独立核算、自负盈亏的企业法人实体组织，依法从事本行政区域内的盐资源开发、利用和盐产品生产、加工储运、批发经营业务。为区政府的盐业主管机构，负责本行政区域内的盐业行业管理、盐政执法和食盐专营的行政管理工作，承担着全区的食盐、其他工业用盐的统一调运以及小包装食盐的配送任务。2016年，下设办公室、财务科和3个盐政稽查中队、10个客服部、1个配送中心，共有干部职工85人。

【概述】 2016年，全区食盐专营水平不断提高，行业经济实力和专营能力不断增强。连续多年完成上级下达的食盐计划，全区销量占全市销量的1/5左右，位居全市前列。据卫生部门检测通报，全区碘盐覆盖率为99%，合格碘盐食用率100%。

【市场经营】 全年实际完成各类盐产品销售2万吨，实现销售收入3743万元，上缴税金350万元。加强市场调研，正确细分市场，明确营销目标。将营销工作重点下移到对市场销售终端的控制上来，加大对市场销售终端的直接控制能力，掌握市场主动权。针对不同消费群体选择适销对路的盐品种，多渠道进行分销。进一步加强网点的维护，客服部对网点进行定期走访，掌握辖区里主要网点的销量、库存量，了解网点需求。规范无碘食盐的供应工作。为进一步规范全区无碘食盐供应工作，按照市局《关于进一步规范无碘食盐供应工作的通知》要求，在全区合理设置55个无碘食盐销售网点，其中城区设置31个、乡镇设置24个，并向社会公布，确保无碘食盐的科学供应。

【市场管理】 全年共查处各类涉盐案件718起，其中一般案件448起，简易案件270起，罚款40.4万元，没收盐产品107.4吨。以构建“打击严厉、管理到位、疏导及时、服务周到”的市场监管体系为目标，实施精准监管，维护良好的市场秩序。采取错时工作机制、无缝隙交叉检查方式和8小时外市场错时监管的相辅相成的工作方式，保证全天24小时监管不断档，使违规违法行为无空可钻。构建全方位监管体系。结合实际，着重在查销互动和客户自律两个方面着手。首先是查销互动，形成顺畅联合监管机制。市场监管从事中、事后监管向事前监管转变，形成盐业市场有效监管的长效机制。转变长期以来刚性高压监管，变为柔性长效监管，使用盐户实行自我管理、自我约束、自我监督，共同构建一个守法经营，规范有序的盐业市场。

【队伍建设】 以“两学一做”教育活动为契机，不断加强党的执政能力建设，进一步激发党组织活力，调动党员干部干事创业的积极性，使广大党员坚定正确的政治方向，在工作、学习和社会生活中充分发挥先锋模范作用，为盐业转型发展提供坚强组织保证。

【宣传工作】 始终把宣传工作贯穿于各项工作的全过程，特别针对近年来高血压患病率逐年提高现象，利用“5.15”碘缺乏病防治日、“全国高血压日”等大型宣传日，联合市卫生疾控中心、区卫生疾控中心等部门开展宣传活动，通过发放健康知识科普资料等形式，向广大居民讲解高血压防治知识，并着重介绍宣传低钠盐的相关知识，倡导低钠减盐的健

宣传活动

康生活方式。配合客户部广泛开展深入社区、市场活动，通过摸查盐罐子，及时了解群众用盐情况。对私盐危害严重的地区，利用展板、图片、宣传单等在村口、路口设立宣传咨询点等方式，引导群众食用合格碘盐，自觉抵制私盐。多次现场开展合格碘盐、品种盐、非碘盐及假冒包装盐展示宣传活动，设立咨询台，向咨询群众详细介绍碘盐与非碘盐的鉴别要点和相关盐业法律法规。同时，加强对重点案情的曝光力度，形成强有力的舆论监督环境。

【行风建设】 开展“结亲连心”活动。围绕“三严三实”工作标准，以“听取群众意见、培养锻炼干部、化解矛盾纠纷、帮助解决难题”为主要任务，扎实开展“结亲连心”活动。通过拉家常、结对子，与群众心贴心交流、面对面沟通，全面了解群众的基本情况，认真听取群众的意见建议，全面掌握群众第一手情况和第一需求。开展“两学一做”学习教育活动。持续深入纠正“四风”，抓好不严不实问题整改，使问题解决前后呼应，接续推进。

撰稿：王　瑞

审稿：管道义

对外经济贸易

商务局领导成员

局　长　季楠（女）*　王　力

副局长　赵玉启*　万胜新

刘彦明（女）

副主任科员　张洪庆

国际商会

会　长　赵玉启*　刘彦明

副会长　刘存华　于国涛

境外招商促进中心

主　任　张会东

【机构设置】 2016年，区商务局下设办公室、市场管理科、商贸服务科、外资外贸外经管理科、招商审计科5个职能科室，下辖1个正科级事业单位：兰山区国际商会，1个副科级事业单位：兰山区境外招商促进中心。年底，全局共有干部职工32人。

【概述】 2016年,全区进出口总额166.1亿元。其中，出口87.6亿元，进口78.5亿元，进出口总额全市第一。全区新批外资项目3个，按照章程、合同利用外资额2080万美元；间接利用境外资金总额13028万美元，完成全年任务的144.7%，其中外商直接投资额2580万美元。全年共办理各类外资业务12项。新批境外投资项目7个，增资项目1个，境外投资额9399.3万美元，增长31.62%。在全市科学发展观考核中招商引资工作位列全市第二名，获得“全市利用外资工作先进县区”“全市外经贸工作先进县区”“全市商贸流通先进县区”称号；在区直部门年终评比中成绩优异，被区委、区政府授予“招商引资先进单位”“招才引智先进单位”“招引技术先进单位”等称号。

【出口】 全区有出口实绩的企业608家，出口总额87.6亿元，其中出口过亿元的企业14家。出口商品主要涉及板材、肉制品、纺织、五金、铸造、机械制造等。出口国家和地区主要有美国、韩国、日本、欧洲、东南亚、中国香港等。出口规模较大的企业有临沂山松生物制品有限公司、山东新港企业集团有限公司、中国（临沂）跨国采购中心有限公司、山东兰田国际贸易有限公司等。

【进口】 全区有进口实绩的企业 117 家，进口总额 78.5 亿元。进口过亿元的企业达 8 家，其中山东三维油脂企业集团有限公司、山东隆盛进出口有限公司、临沂飞扬塑料有限公司 3 家企业进口过亿美元。进口商品主要有大豆、木材、食品包装等。

【企业参展】 全区共有 42 家外贸企业获得 119 届春季广交会展位，有 36 家外贸企业获得 120 届秋季广交会展位；组织 137 家企业参加美国拉斯维加斯五金博览会和中东五大行业展等 170 多个展会。

【服务优化】 转变工作作风，提高项目审批服务效率。承接市商务局下放的对外贸易经营者备案登记业务，全区完成对外贸易经营者备案登记 320 个。其中，新增企业 191 家，变更企业 129 家。为全区 52 家外资企业进行 2016 年度联合年检，参检合格率 100%。加强对投资过千万美元的重点企业和民营企业的服务力度，引导企业在境外投资中向“专、精、特、新”方向发展。

【政策扶持】 利用上级资金扶持政策，为外经贸企业申请外经贸扶持资金。2016 年，为 28 家企业申请出口信用保险保费补贴资金 287 万元；为全区外贸企业的 401 个项目申请临沂商城发展专项资金 2735.9 万元；为 69 家外贸企业申请中央外经贸发展专项资金 193.9 万元；为 67 家企业申请外贸中小企业开拓市场资金 160.7 万元；为 9 家企业申请市级外经贸发展专项资金 47.8 万元；为山东帝豪国际贸易有限公司申请自主品牌展示推广中心专项资金 250 万元；为天元建设、天喜实业、临沂中智国际经济技术合作有限公司 3 家公司申请贷款贴息、劳务培训费补贴及走出去风险保障平台保费补贴等，进一步增强企业“走出去”的积极性。

【对外经济合作】 结合全区实际，研究制定支持外经工作的优惠措施，帮助企业推进境外投资项目的审批工作，扩大对外投资区域。金锣水务有限公司、天元建设集团、中国（临沂）跨国采购中心有限公司、临沂市明侃商贸有限公司、临沂商城海外投资有限公司、临沂福晟国际贸易有限公司等几家企业通过新设或增资的方式累计向境外投资 9399.3 万美元。

撰稿：王兴华

审稿：张洪庆

旅　游

旅游局领导成员

局　长　刘效印

副局长　张志如　刘玉玲（女）　刘正兴

【机构设置】 2016 年，区旅游局下设办公室、监督管理科、规划发展科、外侨科、市场信息科 5 个职能科室，区旅游行政执法队与监督管理科合署办公。共有干部职工14人，其中具有大专学历的5人，大学学历的7人，硕士研究生学历的2人。

万亩荷园

【概述】 2016年，全区旅游发展态势良好，共有A级景区10家，旅行社（含分支机构）90家，省级旅游休闲购物街区（商店）6家，省级乡村旅游示范点、乡村旅游培训基地等10家。全年接待游客1000万人次，消费总额120亿元。

【旅游项目开发】 金锣万亩荷园配套建设生态停车场、旅游厕所、美食广场等旅游服务设施，金锣工业游、科技游项目正进行规划提升。中华合园初具规模，打造农业生态游、创意游。临沂书圣国际文化城、主题海洋馆已建成，与书圣阁、银杏林、园博园、书法广场等聚点成面，形成新的“文化旅游休闲商业综合体”。沂河生态文化旅游区、玫瑰湖片区、孝河片区的开发规划论证、招商引资等工作正在推进。

【商旅融合发展】 邀请中国旅游商品产学研联盟秘书长及省、市旅游局一行10余人调研临沂小商品城，紧密对接商城管委会，共召开3次商城旅游发展座谈会，专题研究部署旅游购物、标识导览系统、配套设施提升等工作，提出一系列建议和设想。

【旅游标准创建】 新申报1个省级旅游强乡镇、8个省级工（农）业旅游示范点、11个省级精品采摘园、78家星级农家乐和21个旅游厕所。半程镇被列入全市旅游发展特色镇。

【旅游行业监管】 抓好旅游安全，确保全区旅游安全形势持续稳定。集中整治旅游市场秩序，开展旅行社清点清查专项工作，新备案旅行社分社6家、服务网点13家。推进文明旅游工作，区旅游局被评为全市文明旅游先进单位。

撰稿：王婵婵

审稿：刘效印

财政·税务

财政工作

财政局领导成员

局　长　刘士礼 *　程明珣
副局长　杨晓光　杨思乐　刘　伟（女）
党组成员　沈照辉　赵庆奎　王　娟（女）
经济开发投资总公司总经理　杨思乐（兼）
国有资产管理局局长　赵庆奎
财政监督管理局局长　沈照辉

【机构设置】 2016 年，区财政局下设办公室、预算科、行财科、农财科、企财科、会计科、社保科、经建科、国库集中支付中心、政府采购监督管理办公室、法规税政科、财务科、信息中心、综合科 14 个科室，辖 3 个正科级单位：区经济开发投资总公司、区国有资产管理局、区财政监督管理局，5 个副科级单位：非税收入管理局、基层财政管理局、财政投资评审中心、农村综合改革办公室、国有资产经营公司。

【概述】 2016 年，全区财政综合实力不断增强，公共财政预算收入 72.6 亿元，增长 13.9%，在全市县区中，增幅列第 5 位；税收占比第 2 位。其中税收收入 67.3 亿元，占一般公共预算收入的 92.6%，增长 18.9%; 非税收入 5.3 亿元，占一般公共预算收入的 7.4%。全区有 7 个镇（街道）、工业园区公共财政预算收入过亿元，其中兰山街道收入突破 10 亿元、柳青街道收入突破 13 亿元。全区公共财政预算支出 47.6 亿元。2016 年，区财政局被市政府表彰为“财税征管工作先进单位”。

【收入征管】 及时将收入任务分解到国地税，落实到镇（街道）、征收单位、征收人员，充分调动各级力量。坚持财税分析会制度，加强财税部门及镇（街道）的沟通协调，坚持“周碰头、月协调、季督导”的收入协调机制，及时解决收入征管的困难和问题，形成总体部署、齐抓共管的社会综合治税格局。加强重点税源动态监控，对重点企业、重点行业进行纳税动态监控，准确把握收入变化，全面提高精细化管理水平。

【财政支农】 整合涉农资金 9723 万元，支持脱贫攻坚，实施产业扶贫项目 25 个、金融扶贫项目 9 个、雨露计划项目 1 个。全面落实各项强农惠农政策，发放“农业支持保护补贴”2837 万元。投入村级

“一事一议”财政奖补项目资金667万元，建设项目30个。落实村级组织运转经费保障政策，发放村干部工资1905万元，补充村级组织运转经费595万元。安排财政资金516万元，用于“生态文明乡村”、农村改厕及“户户通”建设工作。

【社会保障】 2016年，支付各类社会保险待遇187576万元，其中发放医疗保险待遇65533万元，发放工伤保险待遇1820万元，发放生育保险待遇1400万元，发放失业保险待遇5023万元，发放居民养老保险待遇12300万元。发放创业担保贷款4487万元，财政贴息267万元，累计帮扶468人。

【教育支出】 拨付免除城乡义务教育阶段学生学杂费17073万元，补助寄宿生生活费198万元，高中助学金234万元，中等职业学校助学金和免学费420万元，学前教育助学金673万元，中等职业中专公用经费703万元。投入16344万元，推进农村中小学校校安工程建设。筹措资金，推进解决义务教育城区大班额和农村学校改薄问题。

【会计事务管理】 完成2016年度会计专业技术资格考试报名确认工作，中级报名审核通过304人。完成2017年度会计专业技术初级资格考试报名审核工作，共审核通过3463人。为会计人员换发新证7606个，办理会计从业资格证书2747个，变更信息7069人，调入调出217人。

【重点项目建设】 投入城市建设资金4.29亿元，用于城市环境维护、园林绿化及道路维护等。申报项目128个，争取上级鼓励和支持服务业、制造业发展专项扶持资金8321万元，惠及中小微企业110家。争取上级资金8612万元，用于基层就业社保服务设施项目、农村现代流通服务体系资金扶持、保障性安居工程、人才引进和资源节约重大示范等项目。筹措征地补偿安置资金3.22亿元，推进全区重点项目征地工作。争取财政专项资金5500万元，推进义堂镇国家级建制镇示范试点工作。争取地方政府债券发行额度159369万元，用于置换和偿还到期债务本金。筹措资金，重点支持新西外环、鲁南高铁、铁路物流园、西部新城和李官白沙埠项目区等市区重点项目建设。

【国有资产管理】 严格落实国有资产政府集中采购、处置、报废等审批制度，完成全区163个行政事业单位资产清查。规范资产处置流程，全年共实现国有资产处置收入1656万元，其中拍卖公车改革车辆425辆，成交金额1064万元。

【非税收入管理】 优化非税收入代收网络，推进非税收入征管系统向乡镇延伸，提高乡镇非税收入系统覆盖面。加大对罚没收入、行政事业性收费及国有资产收益等非税收入的监管，规范非税收入缴库行为。实现非税收入53700万元，占公共财政预算收入的7.4%。

【政府采购监督管理】 以扩大政府采购规模为中心，以规范采购行为为重点，以促进社会经济健康发展为目标，围绕“依法采购、优质服务、规范操作、廉洁高效”的服务宗旨，拓宽采购渠道，规范采购行为，提高资金效益，完成各项采购任务。全年规范监管政府集中采购63475万元，节约资金8655万元，节约率12%。

【财政监督管理】 加大财经监督检查力度，开展清理规范津贴补贴问题“回头看”、公务接待和公务卡制度等财经纪律执行、区级政府非税收入、财政涉农资金使用、地方预决算公开等专项检查，检查单位304家，涉及资金19986万元，查出问题已全部整改落实。

【财政管理改革】 制定《兰山区财政局内部控制基

本制度》《财政运转风险防控管理办法》等 8 个专项风险控制办法和 20 个内控操作规程，提高财政管理的科学性和规范性。加强项目监管，对工程实施“事前预算、事中监管、事后复核”的全过程监管模式，提高财政评审管理水平，全年评审政府投资项目 92 项，评审金额 41130 万元，累计审减金额 3293 万元，审定金额 37837 万元。继续开展全口径预算编制工作，将债券利息、项目建设融资利息纳入财政预算。深入推进预决算公开，2016 年公共财政收支预算和政府性基金预算、73 个部门预算和“三公经费”预算通过政府网站或部门网站全部向社会公开。

撰稿：杨　震

审稿：杨晓光

国税征管

市区国税局领导成员

局　长　李学博

党组书记　李学博

副局长　李兴成　李长学

陈清伟　吴永新（挂职）

纪检组长　陈清伟

【机构设置】 2016 年，市区国税局负责兰山区及驻兰山区市直以上企业的国税征管工作，设 10 个机关行政和管理科室（中心），按照专业化加信息化管理的要求，下设 1 个办税服务厅、1 个稽查局和 9 个管理分局。年底，全系统共有在职干部 205 人，平均年龄 45 岁，其中具有研究生以上学历的 16 人，大专和本科学历的 182 人。

【概述】 2016 年，市区国税局围绕全年工作计划，按照市局“一二三四五”要求，依法征税，强化措施，夯实税收征管基础，加大创新力度，在税收征管、税收执法、纳税评估、个体税收管理、纳税服务等领域取得良好的成绩。

【税收收入】 2016 年，全局共完成税收收入 67.2 亿元，增长 38.5%，增收 18.6 亿元。剔除海关代征，完成国内税收 61.7 亿元，增长 43.5%，增收 18.7 亿元，总量及增幅全市第一。其中，中央级完成 37.95 亿元，增长 24.32%；县区级完成 20.08 亿元，增长 102.47%。2016 年收入增幅较大的主要原因是营改增纳税人增加，带来税收收入直接增长。2016 年四大行业营改增完成 10.58 亿元，剔除这一因素，全局共完成国内税收 51.07 亿元，增长 18.90%，增收 8.12 亿元，总量及增幅全市第一，其中完成县区级 14.5 亿元，增长 15.15%。

【税收征管】 落实精细化管理理念，对纳税排名靠前的 230 户重点税源企业全面分析，累计查找 402 项疑点指标，全部反馈完毕。开展板材行业进项占比管理、税收大检查、新办企业所得税专项整治、普通发票专项检查、税收优惠复审复查等工作，提高风险防控的针对性和有效性。规范依法治税督查，创新开展“两员合一”，制定法制监察员管理制度。加强欠税户、非正常户、征管档案、征管流程的管理与规范。开展专项督察整改落实工作，涉及督察任务 11 项，疑点 453 户次，确认过错 79 户次，全

营改增税收宣传

部完成整改。协助市局完成双创政策专项督察工作，督察案例被评为全市优秀并上报省局。

【营改增工作】 2016年，全局共确认营改增纳税人1.15万户，占全市总量的36%，纳税人直接增加32%以上。为保证营改增工作平稳推进，增加办税窗口29个，其中营改增专用窗口18个。对内开展18期722人次的营改增专题业务培训，对外组织纳税人进行集中培训、上门辅导、双向预约等服务，累计培训试点纳税人1.5万余户次。成立工作组，对全局的营改增工作进行全面监控、及时调度，设备发行率、资格确认率、首期申报率等指标均达100%。5月1日0时，全市第一张生活服务业增值税普通发票在市区局成功开具。结合全局税源结构特点对征管范围进行调整，对四大营改增行业进行集中管理，提高服务效率和管理水平。联合地税部门，结合第三方信息，加强房地产建筑项目一体化管理，开展“营改增”行业税源调查。

【税收执法】 落实总局和省局部署的解剖式评估和重点风险事项评估等任务，通过第三方数据应用对医药零售、房地产、建筑安装等行业开展专项纳税评估活动，全年共完成纳税评估1288户次，入库税款7459.24万元，增幅14.42%。加大稽查力度，组织4个检查组参与市局组织的对6户重点企业的检查；同临沂公安兰山分局成立联络办公室，查处虚开增值税专用发票案件7起，全部移交公安处理，全年查处发票违法企业户数134户，稽查查补收入合计1.1亿元，增幅134.03%，查补总额全市第一。

【创新驱动】 以“网络互通、资源互享、业务互融”为核心，构建“线上一体、线下一家”的合作办税体系，与地税部门共同打造联合办税平台、建设联合办税服务厅，提升纳税服务质效，让纳税人做到“进一家厅、办两家事”，相关经验做法得到了张术平市长的亲笔批示肯定。同时，加强在信息共享、合作征收、联合执法、纳税评估、税务稽查等方面合作，提高征管质量。全年为地税代征税款31072笔，入库税款2413.23万元，增幅155%。推进联合第三方委托代征以及市场税收管理工作，全年共委托市场主办方等单位直接代征增值税2.6万户次，代征增值税税款3572.98万元；委托第三方代

5月1日零时许，省国家税务局总经济师黄玉远（左三）在市委常委、常务副市长、市营改增工作领导小组组长左沛廷（左四）的陪同下见证兰山区蓝海酒店开出全市首张（住宿费）增值税发票。

开发票4896户次，代征增值税1548.76万元。强化品牌建设，率先创建“国地税+”品牌，相关经验做法被省局转发推广，兰山区被评为全国百佳国地税合作县级示范区。

【队伍建设】 开展廉政执纪自查点评活动，先后开展自查点评7轮77次，形成点评底稿1600余份，纠改问题28个，制定整改措施42项到。以市局巡视为契机，开展自查自纠工作，对巡视发现的问题，严格按有关规定追责问责，并全力整改。先后组织各类明察暗访7次，对象覆盖所有单位。根据税制和征管结构调整，结合岗位需求与个人工作实际情况，开展人员调整交流。12月，对21名人员进行轮岗交流。保障数字人事系统的升级换版，在日常考勤、工作纪实、任务推送等环节加强监督，确保完成各项任务指标。推进业务能力升级和领导胜任力测试工作，参考率达94%。分两批组织169人赴西安建筑科技大学参加综合能力提升专题培训班。

【纳税服务】 加强办税服务厅标准化建设，对部分基层单位服务厅进行升级改造。设置全市首家24小时自助功能厅，配备发票自助代开设备，方便纳税人业务的办理。强化软件保障，实现纳税服务综合管理平台全覆盖，实现服务厅实时排队预警、工作量统计、服务效率统计，提升服务质效。落实兑现政策，为小微企业、高新技术企业、资源综合利用企业等纳税人落实税收优惠6308万元。开展“税银互动”活动，协调建设银行、邮储银行为159户纳税人提供金融服务，发放贷款18.5亿元。参与开展的创新大企业服务管理机制、助推龙头骨干企业加快发展的经验被张务锋副省长批示表扬。对49户一类、二类出口退税企业进行无纸化审核，提高退税效率。创新出口退税账户托管贷款模式，有效缓解出口企业资金周转难题，全年共办理退税3215户次，退税5.4亿元。

【精准扶贫】 按照区委组织部要求，与区史志办各选派1名工作人员组成汪沟镇竹园村第一书记工作组，开展精准扶贫工作。年内，市区国税局依托部门优势，针对性地查询全区范围内涉农相关企业和机构的业务数据，为帮扶村提供各类生产经营信息，出资20万元用于安固庄、杨家峪2处便民服务中心建设，出资15万元用于冬暖大棚配套建设。同时，与区史志办共同协调金锣集团及各类扶贫资金共计300多万元用于建设冬暖式蔬菜大棚14个，其中10个已完工并投入使用，助力竹园村发展产业项目；协调交通部门新修、硬化村内道路4万多平方米，优化村居环境。年内帮扶村为省、市、区各级领导提供观摩10余次，并为全市党建工作会议提供现场。出资3万元用于汪沟镇宝店村治安监控系统建设。

撰稿：王利军

审稿：徐梦蕊

地税征管

地税分局领导成员

局　长　姜友成＊　时秀坤
副局长　王恒民　侯孝忠　刘廷启
纪检组长　孙　伟（女）

【机构设置】 2016 年，临沂市地税局兰山分局内设办公室、法规税政科、征管和科技发展科、税源管理科、收入核算和财务科、人事科、机关党委、监察室、信息中心、纳税服务中心、督察内审室 11 个科室，设稽查局、直属征收局 2 个直属机构，下设兰山、银雀山、金雀山、柳青、义堂、半程、枣园、方城 8 个中心税务所。年底，全局共有干部职工 205 人。

【概述】 2016 年，兰山地税分局按照“干在实处、走在前列”的目标定位，以“两学一做”为总抓手，以考核抓落实，以绩效促实效，有力地推动各项工作的开展，全年累计入库各项收入 40.9 亿元，剔除“营改增”减收因素同比增收 2.83 亿元、增长 33.3%，完成全年计划任务，为全区经济社会发展提供了财力保障。年内，兰山区被国家税务总局评为全国百佳国税地税合作县级示范区，兰山地税分局被市政府授予“全市税收征管工作先进单位”，被区委、区政府评为综合考核先进单位，还获得行政执法类行风评议第一名的好成绩。

【税政管理】 对全区地税部门管辖的缴纳企业所得税的全部纳税人开展企业所得税专项检查，共检查企业 280 户，入库企业所得税税款 693 万元，其他地方各税 877 万元。落实税收优惠政策，为辖区内 1377 户小微企业，减免税额 244 万元，政策受惠面达 100%。全年共受理年所得 12 万元自行申报个人所得税申报 823718 人次，较上年增长 105 人，同比增长 14.62%，补缴税款 31.04 万元，完成 12 万元以上个人所得税自行纳税申报工作。同时，开展对年所得 12 万元以上个人所得税申报税收专项检查。

【征收管理】 针对“金税三期”优化版上线带来的征管业务变化，明确岗位职责，健全税收征管各环

国地税“营改增”联席会议

节的管理制度，抓好对税务登记基础信息的审核，通过数据质量检测和人工检查等方式，提高基础数据采集的及时性、准确性、完整性。将个体和专业市场税收征管作为重点工作，规范税收征管，创新工作方法，大力推进简并征期，共实施简并征期管理纳税人达4653户，减轻基层个体和市场管理压力。深化推进国地税合作。完成上级规定的“基本动作”，实现个人租赁不动产业务的代征代办的基础上，实现“一人一机双系统双POS机双金税盘”的业务通办模式，成为全国国地税合作示范区百强单位。

省地税局局长、党组书记张洪军视察国地税联合服务大厅

【税收执法】 加大执法力度，依照国家税收法律、行政法规查处各类税收违法行为，保障税收收入，规范税收秩序，促进依法纳税，保证税法执行。与兰山公安分局经侦大队联合成立 “警税联络机制办公室”，形成打击涉税违法犯罪活动的工作合力，提高纳税人的税法遵从度。理清权力界限，确定行政处罚、行政许可、行政征收、行政强制等8类49项税收执法权限，建立《兰山分局行政职权公开目录》，在各办税服务厅公开，接受纳税人和社会的监督。

【纳税服务】 拓展税银互动，将税银互动融入日常管理服务，与22家商业银行沟通联系渠道，及时将纳税信用等级评定、非正常户认定等应该对社会公示的信息及时准确地传递到各银行，便于各银行及时全面地掌握企业的实际经营情况，促进社会诚信体系的建立。按照上级评定标准，联合国税开展纳税信用等级评定工作，共评定A级纳税人344户、B级纳税人5112户、C级纳税人1353户、D级纳税人268户。对5个乡镇服务网点进行撤并，全区16个办税服务网点收缩为10个。加强与国税互派人员管理，在兰山、金雀山、银雀山、柳青4个办税厅与国税互派工作人员11名，推进同城通办和国地税业务通办更快更好发展。

【干部队伍建设】 认真开展“两学一做”学习教育，切实提高思想认识，着力打牢思想根基。落实省局为期三年的“纪律行动”，把“纪律行动”作为落实全面从严治党主体责任的重要内容，紧扣“学纪律、找风险、树典型、建制度”四项重点工作，以党员学习教育和岗位风险排查为切入点，坚持问题整改和建章立制齐抓、工作指导和督导检查并重。抓好干部职工教育培训，围绕税收中心工作、税源专业化管理和现代税收征管体系构建等重点工作，在浙江大学举办2期每期6天的干部综合素质能力提升培训班。

【党风廉政建设】 研究下发《分局党组落实党风廉政建设主体责任工作任务分解一览表》和《分局党组纪检组落实党风廉政建设监督责任工作任务分解一览表》，印发《党风廉政建设主体责任清单》和《落实党风廉政建设监督责任清单》，将全年的党风廉政建设工作任务细化分解到科室、基层征收单位。加强廉政监督，构建“事前预警防范、事中过程监督”的税收执法风险监督防范体系，加快推出税收执法权力清单，做到公正用权、阳光用权。落实干部个人申报、班子述职述廉、作风监督检查和廉政谈话制度，增强监督实效。加强作风纪律建设，规范领导干部操办婚丧喜庆事宜，办公用房、公务用车、公务接待都严格按照规定标准执行。

撰稿：王　君

审稿：刘士庆

金融·保险

地方金融工作

金融工作办公室（地方金融监督管理局）领导成员

主　任　杨晓光

副主任　马堂亮

【机构设置】 区金融工作办公室为区政府直属事业单位，2013年12月加挂区地方金融监督管理局牌子。2016年，共有干部职工10人，均具有本科以上学历。

【概述】 2016年，区金融办贯彻落实区委、区政府总体工作部署，整顿金融秩序，优化金融生态环境，提升金融支持实体经济水平，维护全区金融业健康平稳发展。截至年底，全区银行业金融机构各项存款余额2016.32亿元，增长12.3%，各项贷款余额1650.0亿元，增长11.1%；保费收入5.67亿元，赔付支出1.69亿元；小额贷款公司和民间资本管理公司贷款余额26.72亿元；融资性担保公司在保余额22.26亿元。年内，兰山区被市政府授予“2016年度全市金融生态环境建设先进县区”称号。

【地方金融组织】 2016年，全区共有小额贷款公司6家，注册资本8.2亿元；融资性担保公司11家，注册资本11.94亿元；民间融资服务公司53家，注册资本33.47亿元；民间融资登记服务公司5家，注册资本3200万元，四类公司在数量和资金规模上均居全市首位。2016年，全区小额贷款公司和民间融资服务公司累计发放贷款38.64亿元，融资性担保公司累计新增担保额29.3亿元，民间融资登记服务公司累计对接资金1.2亿元，四类公司共实现营业利润7683.04万元，上缴税金2593.61万元，扶持中小企业、个体工商户8172户次。

【行业监管】 开展地方金融组织绩效考核、行业年审和分类评级。1月，配合市金融办对全区62家民间融资服务机构进行年度检查；配合省、市金融办开展全区融资性担保公司、民间融资服务公司的绩效考核工作，翔宇小额贷款公司、枣源民间融资服务公司2家公司在“2014-2015年度山东省金融业发展绩效考核”中，被评为山东省金融发展贡献先进单位，天元天诚融资担保有限公司被评为山东省金融创新先进单位。3月，完成全区6家小额贷款公司行业年审的初审工作；3—4月，组织全区11家融资性担保公司开展行业年审和分类评级工作；5月，完成全区57家民间资本管理公司分类评级的初评工作；7月，完成全区小额贷款公司分类评级的初评工作。

抓好小微金融培训。3月17—18日，组织全区小额贷款公司、民间融资服务机构高管人员70余人，参加全市民间融资服务机构监管工作暨高管人员培训会，区金融办作典型发言。4月28日，举办“地方金融机构的发展和未来”论坛，邀请山东财经大学马建春教授、临沂大学朱建成教授就新形势下地方金融机构发展与内部风险管控等论题进行解读。5月16—17日，组织6家民间融资服务机构高管人员赴淄博、潍坊等地考察、学习，为地方金融组织提供小微金融方面最新发展理念和思路。

召开地方金融行业交流座谈会。5月24日，市金融办、人民银行临沂市中心支行、临沂银监分局组成调研小组来兰山区调研金融发展情况，区金融办组织2家银行业机构，10余家各类地方金融组织参会。7月28日，组织召开全区融资性担保行业业务分析座谈会。8月4日，组织召开全区小额贷款公司业务分析座谈会。11月6日，组织召开全区民间融资登记服务公司业务分析座谈会，增强各公司及区金融办之间信息沟通。

落实鼓励扶持政策。按照区政府办制定下发的《关于进一步完善民间融资登记服务公司运营管理的通知》，将民间融资登记服务公司依法合规经营保证金由100万元降为20万元，余款80万元已返还给企业。年内，天元天诚融资担保公司等4家融资性担保企业获得“市级融资风险补偿资金”213万元。

参加资本交易大会。4月27—29日，中国·临沂第三届资本交易大会暨金融创新支持实体经济发展峰会开幕，组织区内10余家地方金融组织及部分骨干企业参展。

【新型农村合作金融试点】 兰山区于2016年正式开展新型农村合作金融试点工作，截至年底，兰山区旭农畜禽养殖农民专业合作社和清春蔬菜种植农民专业合作社2家合作社均已取得试点认定资格，正式开展信用互助业务试点。11月，按照市政府办公室《关于深化新型农村合作金融试点的意见的通知》要求，区财政局拨付100万元补助资金，用作2家试点合作社风险补偿。

【企业上市和挂牌】 3月，区委、区政府下发《2016年度科学发展综合考核办法》，首次将企业挂牌项目列入全区科学发展综合考核加分项。7月，区金融办联合区财政局、区经信局在全区范围内开展省级引导资金投资备选企业提报工作，并建立上市、挂牌企业后备资源库，提报上市挂牌后备资源企业3家。7月26日、12月29日，山东绿爱食品有限公司、山东儒房融科网络科技股份有限公司先后在“新三板”挂牌，其中山东绿爱糖果股份有限公司在“新三板”定向增发无限售股份融资3000万元。截至年底，全区共有“新三板”挂牌企业4家，齐鲁股权交易中心等区域性股权交易中心挂牌企业13家，山东沂龙仪表有限公司在齐鲁股权交易中心挂牌准备工作已接近尾声，下年初完成挂牌工作。

【重点企业金融监测】 落实《临沂市企业信贷风险预警和应急处置工作方案》，做好2016年度企业信贷风险防范化解工作。1月，对纳入市重点监测范围的37家企业信贷资金信息进行动态监测，其中房地产开发类企业15家、工业类企业8家、商品流通类企业14家。通过采集企业信贷资金信息，综合分析、汇总，掌握各企业生产经营及资金周转状况，并根据市金融运行监测中心的测评结果，召集有问题的企业召开座谈会，针对企业发展存在的问题、解决办法进行及时交流，及时预警和防范信贷风险。

【防范和处置非法集资】 3月，对全区开展资金互助业务的农民专业合作社进行排查。3月15日，召开全区贵金属类交易场所专项整治会议，部署全区

贵金属类交易场所摸排工作。4月，联合区工商局、兰山公安分局及有关镇（街道），对6处疑似存在贵金属类违规交易的场所进行现场检查，对2家存在问题的公司分别采取注销、工商处罚等措施。4月13日，组织召开兰山区防范非法集资专题培训会，邀请市经侦支队张元学支队长对辖区内四类地方金融组织、网络借贷公司、开展资金互助业务的农民专业合作社等128家公司负责人进行防范非法集资专题培训。

5月15日，在人民广场举行防范和打击非法集资现场宣传活动，借助区电视台、微博、微信等渠道，全方位展开宣传，曝光非法集资典型案例，向社会公众普及金融知识。宣传月期间共发放宣传材料3000余册，解答群众咨询1000余人次。5月24日，下发《关于严禁各类地方金融组织、农民专业合作社和网络借贷公司非法集资的通知》。

6月，区政府办公室下发《关于开展2016年涉嫌非法集资广告资讯信息排查清理活动的通知》，6—7月，在全区范围内开展排查清理活动，共出动执法人员103人次。检查广告公司312家，户外广告106处，固定形式印刷品广告公司2家，收缴涉嫌金融广告小宣传页1000余份。

2015年下半年，区内发生昊天合作社非法集资案件，区里成立昊天农民合作社处置工作领导小组，制定处置方案，组织枣园镇、公安、法院等部门推进资金追缴工作，2016年1月11日开展资金兑付工作，截至11月底，已按照60%兑付比例完成第一轮兑付，兑付金额5121.75万元，账户余额729.66万元。资金兑付期间，各项工作有序推进，未发生挤兑、上访等事件。

【互联网金融风险摸底排查】 7—8月，区金融办对辖区内小额贷款公司、融资性担保公司、家民间融资机构、农村合作金融试点合作社、交易场所、金控公司等83家地方金融组织涉及互联网金融风险情况进行调查摸底，对9家股权众筹公司和私募基金公司进行专项排查。8月，区政府办公室相继下发《兰山区互联网金融风险专项整治工作实施方案》《兰山区P2P网络借贷风险专项整治工作实施方案》等文件。8月17日，召开全区互联网金融风险专项整治工作会议。8月中下旬，全区组织4个大组8个小组计32名成员，由金融、发改、工商、经信领导干部带队，在城区4个街道全面排查注册地在兰山的55家网贷机构。同时，各镇（街道）、工业园也成立工作小组对24家辖区内网贷公司分支机构和线下门店进行摸排。9月6日，区金融办从银行、会计师事务所抽调或聘请专业人员，组成4个检查小组，对全区12家通过互联网开展资产管理及跨界从事金融业务的机构进行现场核查。此次专项整治排查工作，共排查包括地方金融组织、股权众筹公司和私募基金公司、P2P网贷机构、资产管理及跨界金融公司等183家企业。

【兰山合行商业化改革】 兰山农村合作银行（简称“兰山合行”）于2013年开始筹备商业化改革工作，2016年3月30日，经山东省银监局批复，兰山合行开始筹建兰山农村商业银行。4月20日，山东临沂兰山农村商业银行股份有限公司创立大会暨第一次股东大会召开，兰山合行商业化改革工作基本完成。兰山农商银行总部位于解放路215号，设17个职能部门、4个业务中心、31家支行、56家分理处。

【金融扶贫】 3月，制定《兰山区金融工作办公室、兰山农村商业银行脱贫攻坚战实施方案》，明确2016年工作目标及具体工作措施。5月，兰山农商银行针对农户和经营主体分别推出“富民农户贷”和“富民生产贷”两款扶贫信贷产品，同时对贫困户、新型农业经营主体开展调查摸底，建档立卡，对符合贷款条件的发放贷款。2016年，兰山农商银行共发放扶贫贷款3005万元，带动建档立卡贫困户296户600人实现稳定就业或增收，完成全年任务目标。

【对口帮扶】 2016年，区金融办对口帮扶义堂镇孙庄村，领导班子多次去帮扶村现场考察并与义堂镇综治办和村支两委讨论研究，决定从单位经费中拨付3万元为该村安装治安监控设备。6月下旬，安装完成16个治安监控探头和1个视频会议屏幕，实现村内主要道路出入口、重点单位的视频监控联网。

【提案办理】 2016年，共受理5个政协提案。区金融办对每一个提案都深入基层调研，制定出具体可行方案，并按期面对面进行答复，有关委员均对答复满意。

撰稿：诸葛瑞英

审稿：马堂亮

工行工作

工行兰山支行领导成员

行　长　孙　超*　姜文政

副行长　吴　伟*　周鲁红（女）*

　　　　杨　燕（女）　刘　建（女）

纪委书记　王冬梅（女）*　陈洪军

行长助理　刘　建（女）*

【机构设置】 2016年，工行兰山支行内设办公室、风险管理部、市场一部、市场二部、个人贷款营销中心4部1室，辖1个营业部、6个二级支行、1个分理处、2个储蓄所。年底，全行共有干部职工163人，平均年龄40.3岁，其中中共党员62人，具有本科以上学历的占89.8%。

【概述】 2016年，工行兰山支行持续深化“拓客户，增存款”客户提升战略，抓好增存稳存，加快资产结构调整，抓好中间业务收入和质量效益的规范化提升，开展“两学一做”专题教育活动和“基础强化年”合规教育活动，强化风险意识和内控管理，改善金融服务，提升全行干部员工综合素质，实现各项工作新突破。

【存款业务】 全年以客户提升战略为主线，以营销理财产品为突破口，做大做强个人金融业务。做好柜面服务工作，发挥智能设备优势，扩大自助服务功能，有序分流有效引导客户，缓解客户排队难题，确保满足客户办理柜面业务需求，提高客户满意度。智能网点增加到6个，管理自助存取款机36台，离行式自助银行5处。截至12月底，本外币各项存款

工行智能银行客户服务区

余额 85.15 亿元，较年初增加 8.1 亿元，其中储蓄存款余额 49.57 亿元，较年初增加 3.36 亿元，实现储蓄存款持续快速增长。面对激烈的同业竞争和复杂多变的市场形势，立足实际，认真分析市场，创新营销思路，针对客户的不同情况制定相应的营销措施，与实力强、信誉好、资质高的企业建立密切的合作关系，同时加强外拓营销力度，对目标客户持续耐心服务，赢得客户信任，争取合作机会。截至 12 月底，公司存款余额 12.99 亿元，较年初增加 1.94 亿元，机构存款余额 22.56 亿元，较年初增加 3.12 亿元，增量均居全市之首。发挥产品优势，创新营销方式，深入营销资产 5 万元以上的客户，提升产品渗透率，在分析客户资产配置和产品使用情况的基础上，通过短信、电话、理财课堂等各种形式进行交叉营销，提高网银、贷记卡、融 E 联、黄金积存等产品的渗透率。2016 年，精准营销信用卡发卡 1.6 万张，营销个人转账终端 151 台，直联、间联 POS760 余台，办理融 E 联客户 6300 户。

【贷款业务】 加大信贷投放，重点支持小企业发展，截至 12 月底，小企业贷款余额达 1.96 亿元。抓好重点客户的维护和信贷结构调整，重点支持临沂金锣绿园生态农业有限公司项目贷款 0.97 亿元，山东中阳生物科技有限公司项目贷款 1.08 亿元，重点收回镇山实业项目贷款 1.2 亿元。做好贴现业务，促优质客户提升，全共完成贴现业务量 4.13 亿元。加大国际业务营销力度，加强重点核心客户的营销维护，不断开拓国际业务市场。依托临沂批发市场，拓展客户资源，加大市场营销，维护优质客户，个人贷款和银行卡分期业务继续保持快速增长，全年个人贷款累放 6.6 亿元，贷款余额达 52.2 亿元，信用卡专项分期付款累计发放 8.4 亿元，两项业务的增量、余额均居全市同业第一位。加大违约和不良催收力度，对已诉讼的不良贷款及时跟进，推进快速处置，做到在最短的时间内进行诉讼处置，尽快结清不良贷款，截至年底，不良贷款较余额 1566 万元，下降 0.31%，不良率控制在 0.71% 以内，不良贷款实现双降。

【队伍建设】 深入开展“两学一做”专题教育活动，加强员工队伍思想建设。强化服务意识，把优质服务摆到重要议事日程，要求全行员工树立责任意识和危机意识。抓好纪律作风建设，着力解决队伍纪律作风方面存在的倾向性问题，提升队伍形象。发挥模范的带头作用，通过评选及奖励先进，使先进人物的一言一行成为员工行为的导向。

撰稿：曹维勋

审稿：姜文政

农行工作

农行兰山支行领导成员

行　长　李品深
副行长　于　飞*　沈庆福　房贤栋
行长助理　郭秋霞

【机构设置】 2016年11月15日，洗砚池分理处撤点。年底，农行兰山支行内设综合管理部、运营财会部、公司业务部、个人金融部、风险管理部等7个部门，其中个贷中心挂靠个人金融部，清收中心挂靠风险管理部，辖属1个营业部，4个二级支行：北城支行、工贸开发区支行、枣沟头支行、西苑支行，6个分理处：杏坛分理处、西城分理处、解放路分理处、聚才路分理处、商贸园分理处、白沙埠分理处共有在职干部员工178人，其中中共党员92人，具有本科以上学历的86人。

【概述】 2016年，面对复杂多变的内外部经营环境，支行围绕"横向提升，纵向进位"的目标，凝心聚力、开拓进取，业务发展稳中有升，基础管理不断夯实，多项指标创历史最好水平。省行穿透考核中全年均居先进支行行列，市行综合绩效考评中，全年保持一类行行列，并连续3个季度居全市第1位，被省行授予"2016年度先进集体"称号；被市行授予"创建'四好'领导班子先进集体""2016年度先进单位（集体）""综合绩效考评优胜单位""运营管理先进单位""'三化三无'创建先进支行"等称号；继续保持省级文明单位称号，并被区委授予"临沂市兰山区金融服务先进单位"称号。

【负债业务】 调整存款结构，提高活期存款占比，压缩高成本、低效益存款，提高存款业务的价值创造能力。截至年底，支行各项存款余额80.21亿元，较年初增加11.4亿元，存、增量系统贡献度分别为10.44%、8.05%，均居全市第1位，存、增量市场份额分别为34.01%、46.5%，居同业首位。其中，个人存款较年初增加8.34亿元，增量系统贡献度11%，居全市第1位，增量市场份额50.15%，居同业首位，所有网点均较年初实现正增长。对公存款较年初增加3.06亿元，增量系统贡献度23.82%，居全市第3位，增量市场份额38.84%，居同业第2位。

【资产业务】 全行立足提高盈利能力，树立资产强行理念，加大信贷投放力度，巩固个人贷款全市领先优势，构建个贷集中经营平台，建立人员到位、责任明确、贴近市场、竞争有力的营销体系。大力发展个人住房贷款等低风险类贷款业务，全年个人住房贷款较年初增加3.1亿元，居全市第1位。加快法人客户拓展，做到边投放边储备。积极对接信贷客户贷款、承兑业务需求，在确保风险可控的前提下加快信贷投放。充分做好项目储备，推进职业中专改扩建、河湾水库工程等项目流程，做好PPP项目的跟进营销，助力服务国计民生发展。截至年底，各项贷款总量34.67亿元，居全市第4位，较年初增加6.63亿元，居全市第1位。

【中间业务】 大力发展信用卡、分期、国际结算、投行等业务，通过转型调整稳定收入基础、扩大增收渠道，年内新增有效信用卡 6895 张，存量、增量分别居系统内第 1、2 位，完成年度计划的 76%；分期消费额达 2.3 亿元，系统内排名首位，完成年度计划的 118%；收单商户增加 1204 户，系统内排名首位，完成年度计划的 2076%；个人类电子银行增加 65661 户，完成年度计划的 76%；电子商务增加 92 户，完成年度计划的 184%。全年实现中间业务收入 5716 万元，居全市第 2 位，增收 947 万元；实现拨备后利润 1.76 亿元，居全市第 1 位，同比增盈 5198 万元。

【风险管理】 坚持将风险合规作为第一责任，立足全流程、全方位管理，以《兰山支行信贷质量管理考核办法》为制度依托，丰富高管挂包内容，配齐配强个贷、信用卡分期、清收处置等 3 个专业团队，完善信用风险管理机制。2016 年在投放总量较大的基础上，实现全年新发放贷款无逾期及不良情况发生，全年到期贷款现金收回率保持 100%，是全市唯一一家不良生成率为零的支行。创新清收处置路径，增强清收力量，加强与法院、公安的协调配合，清收效果明显提高，完成市行下达的委托资产清零任务，不良贷款和不良占比较年初实现“双下降”。开展“柜面业务操作风险防控年”活动，推进“三化三铁”创建，支行获省行“运营基础管理良好支行”、市行“运营管理先进单位”称号。开展内控评价检查、征信管理检查、网点综合检查等各类内外部检查活动，及时发现问题、整改问题、解决问题，提高合规操作水平。培育合规文化，组织全员参加规章制度考试，举办“合规在我心中”演讲比赛，开展合规文化大讨论与征文活动，全体员工的合规意识不断加强。以“平安农行”创建为依托，抓好安全风险、声誉风险和信访维稳工作，实现安全经营无事故，巩固和谐稳定的发展环境。

【内部管理】 坚持以管理促转型、以管理强经营，全年共制定各类考核办法 12 个，细化各类制度、管理办法 17 个，使各项工作做到有执行标准、有目标考核、有奖惩措施。“每月一策”活动取得成效，全年共收到各类建议 362 条，其中答复并落实 276 条，畅通了机关与基层、领导与员工之间的沟通渠道，使广大员工真正参与到支行的决策与管理当中。

热情服务

【员工队伍和企业文化建设】 为所有网点设置党员活动室、活动走廊，为有条件的网点高标购置健身器材，有休息室的网点配备空调、床铺、床上用品，在北城新建练功室、电教室，为员工技术练功提供良好的环境，在枣沟头修建小菜园、改造餐厅。根据员工兴趣爱好成立 5 个兴趣小组，开展春季趣味运动会、素质拓展训练、羽毛球比赛、员工才艺展示竞赛、迎新春联欢晚会等一系列文体活动，丰富职工的业余文化生活。加强精神文明建设，积极参与“创城”，开展学雷锋、征信宣传、防范电信网络诈骗等一系列公益宣传活动，提高员工的责任意识与支行的社会美誉度，2016 年继续保持“省级文明单位”称号。

撰稿：李雪涵

审稿：房贤栋

中行工作

中行兰山支行领导成员

行　长　陈广文＊　李春艳（女）
副行长　李春艳（女）＊　季连杰
樊小尊（女）

【机构设置】 2016年，中行兰山支行内设业务发展部、营业部、综合管理部3个部门，共有员工26人，其中具有大专以上学历的25人。

【概述】 2016年，中行兰山支行按照市行“增存款、控不良、上效益、全面提升市场竞争力”工作要求，坚持以市场为导向，以效益为中心，大力发展稳定的中高端客户群体，夯实存款基础，加大重点授信客户营销深度，提高客户综合贡献度，支行各项业务实现持续、健康发展。截至年底，实现净利润3707万元，人均利润137.3万元。

【存款业务】 调整负债业务结构，研究对策，根据市行部署的竞赛激励活动，开展全员营销，拓展优质中高端客户群，营销金融机构存款、行政事业单位存款。截至年底，本外币各项存款余额114680万元，较年初增加19597万元，增幅20.61%，其中公司存款余额73931万元，较年初增加12954万元，增幅21.24%。公司日均存款余额68252万元，较去年日均新增7482万元；储蓄存款余额40749万元，较年初增加6643万元，增幅19.48%，储蓄日均存款余额36772万元，较上年日均新增3891万元；各外币折美元存款余额450万美元,较年初增长247万美元，增幅121.67%。

【资产业务】 根据市行“城区发展战略”的实施，支行明确市场定位，深入市场积极开展营销活动；加强重点授信客户营销，制定一户一策的营销方案；围绕授信客户及其上下游关联企业进行延伸营销与挖掘，提高授信客户的综合贡献度。截至年底，本外币各项贷款余额190869万元，较年初增加12104万元，增幅8%，其中公司贷款余额112984万元，较年初增加12104万元，增幅12%；零售贷款余额77855元，较年初增加2103万元，增幅2.78%。支行不良授信资产余额为863.8万元，较年初减少

开展警示教育防范金融风险

268.76 万元，减幅 23.73%，资产不良率 0.45%，较年初下降 0.19 个百分点。

【中间业务】 支行利用自身经济、地理优势，挖掘中间业务潜力，提高中间业务的利润贡献度，实现市场占有率和效益的同步提升。通过提高与企业的竞价能力，实现国际结算量 7485 万美元。通过现金管理平台、海外直贷等新产品的推广工作，维护客户忠诚度，促进存款增长，增加中间业务收入。依托“中银理财”品牌，加大保险、基金、三方存管等代理、代售工作力度，挖掘、拓展中高端理财客户，优化个人中间业务收入结构。截至年底，支行实现非利息净收入 1022 万元。

【内部管理】 坚持“综合治理、标本兼治、长短结合、突出重点”的工作方针，完善内控管理体系。按照内控体系建设即职能管理、合规控制、内部稽核“三道防线”建设要求，结合市行学习计划，支行通过不同途径和措施，组织员工学习《员工守则》《员工违规处理办法》等有关法律法规，收看案例警示教育视频，开展“双十禁警示教育”学习活动。同时支行还根据省、市行部署，与所有员工签订“防范违法违纪案件责任书”“员工八小时之外承诺书”，并对“重点岗位、重点人员、重点环节”先后组织一系列定期、不定期检查，对查出的问题严格问责。通过以上措施，使全体员工牢固树立依法合规经营意识，真正使员工符合“忠诚、敬业、责任、学习、进取、建树”的要求，并逐步培养“诚信、绩效、责任、和谐、卓越”的核心企业文化。

【服务与形象建设】 银行作为服务行业，服务是立行之本。支行继续按照《中国银行业营业网点文明规范服务评价标准（CBSS1000）》的有关要求，牢固树立以客户为中心的思想，强化文明规范服务各项工作措施，美化环境，完善服务设施，规范服务流程，加强员工礼仪培训，使支行文明规范服务水平得到更大的提升。

撰稿：郭晓林

审稿：李春艳

建行工作

建行兰山支行领导成员

行　长　申全玲

副行长　徐大芳　陈晓红（女）*

杨汝振　郭　伟 *

纪检特派员　邹庆余

会计主管　高维娜（女）*　蒋　玢（女）

工会主席　陈晓红（女，兼）*　徐大芳（兼）

【机构设置】 2016 年 8 月，原客户服务部分解为公司业务部、个人金融部及机构业务中心。12 月 2 日，砚池支行撤销。年底，建行兰山支行设有综合部、公司业务部、个人金融部、机构业务中心、营业室，共有干部职工合计 36 人。

【概述】 2016 年，建行兰山支行坚持以“一个中心、两条主线、三种理念和十字方针”为指引，以“持续做大总量，切实提高质量”为目标，进一步增强责任感和紧迫感，高点定位、强化管理、提升能力，快速做大规模、突破总量，提高质量，各项业务取得跨越式的发展成果。1月，被区委、区政府评为金融服务先进单位；6月，被市分行党委评为先进基层党组织；10月，被市金融消费权益保护协会评为银行网点服务标准化示范单位。

【业务发展】 对公业务快速发展，以兰山区大班额项目贷款为突破口，夯实与地方政府关系，完成兰山区城投20亿元企业债发行，以点带面，促进社保卡、城市基础设施项目等业务开展，实现多点开花、全面业务合作。围绕重点核心企业，把握企业战略导向，加强同业沟通、密切同业合作关系，在稳健经营的基础上，紧密围绕企业核心业务持续做大规模，开展上下游客户营销，争取实现“支农贷”等业务的突破，以有限的资源不断提高企业综合贡献度。加大市场拓展营销力度，加强走访频率，以五贷一透业务为抓手，深入市场营销，壮大客户群体，实现客户结构多元化格局。截至2016年年底，支行一般性存款20亿元，较年初新增近3亿元，在兰山片区排名第2位，四行占比第一，其中对公存款余额12亿元，比年初新增2亿元，在兰山片区排名第三,四行占比第一；个人存款余额较年初新增近1亿元，在兰山片区排名第三;新增政府类机构客户3户，年末机构存款103056万元，比年初新增33563万元，计划完成率336%。各项货款余额16亿元，较年初新增3亿元，在兰山片区排名第3位，其中对公贷款余额12亿元，比年初新增2亿多元，在兰山片区排名第二；个人贷款余额4亿元，比年初新增4810万元。实现中间业务收入1415万元，其中实现对公中间业务收入671万元,个人中间业务收入744万元。

【企业文化建设】 以“幸福兰山、服务兰山”为宗旨，抓管理、严要求、拓实基础、强化管理，各项管理指标走在全市建行系统的前列。贯彻市行工会精神，推进关爱员工“十件实事”，开展为员工生日送蛋糕，夏天送清凉活动。落实《女职工劳动保护特别规定》，加强女职工“四期”保护，响应省总工会及市行工会的号召，投设财力物力在营业室建立“爱心妈妈小屋”，维护女职工的特殊权益。加强“职工之家”建设。4月，职工餐厅被省分行评为温馨餐厅。

开办员工团拜、三八妇女节女职工运动会、冬季趣味运动会、工间操等文娱活动，提升员工的精神生活，强化员工素质。

撰稿：刘国才

审稿：徐大芳

邮储行工作

邮储行新城支行领导成员

行　长　赵国虎

副行长　赵　晖　赵　娜（女）*　闵祥启

【机构设置】 2016年，邮储行临沂市新城支行，内设综合部、信贷部2个管理机构，下辖营业部、义堂支行、汤头支行、李官支行、北城支行5个网点，25处邮政代理网点。年底，支行从业人员62人。

【概述】 2016年，邮储行新城支行形成以本外币储

邮储行新城支行营业网点

蓄存款为主的负债业务，以单位存款、票据结算、企业网银、国际业务为主的公司业务，以国内、国际汇兑、转账业务、银行卡、代理保险、基金及证券、代收代付等多种形式的中间业务以及银行间债券市场业务、大额协议存款、公司贷款、银团贷款和小额信贷、质贷、个人商务、综合消费类贷款、个人二手房贷款、中小企业贷款为主渠道的资产业务，致力服务于兰山区大型客户并参与重大项目建设，为全区经济发展做出重要贡献。年内，先后获得“振兴沂蒙劳动奖状”“临沂市劳动关系和谐企业”“临沂市女职工建功立业标兵岗”“全市职工业务技术比赛活动优秀组织奖”“市级文明单位”“兰山区工会先进单位”“兰山区区直单位趣味运动会拔河比赛三等奖”“2016 年度金融服务先进单位”等称号。

【资产业务】 突出产品创新和营销创新，信贷业务、公司业务竞争力持续提升，同时加强与区政府部门和企业的合作，为各大政府项目和企业发展融资，推动区域民生建设和经济发展。截至年底，各项贷款结余 12.03 亿元。

【负债业务】 坚持“存款立行”的发展观念，加快客户分类管理，突出存款的核心地位，稳定存款增长规模，巩固储蓄市场地位，同时逐步探索新形势下储蓄业务发展新模式，通过多元化产品销售和组合式营销方案，提高客户粘性，推动储蓄存款的稳定增长。截至年底，各项存款余额达 7.03 亿元。

【中间业务】 及时转变经营思路，大力发展中间业务，相继开展代收话费、代发工资、代收水电、代收广电费等代收代付业务。理财业务产品丰富，包含创富系列、天富系列、财富系列三大类，适合高、中、低不同风险类型的客户。信用卡业务通过积极开展“悦享美食”“悦享旅游”等系列营销活动发展迅速。电子银行业务发展迅速，截至年底，个人网银客户达 2.16 万户，新增 2729 户；手机银行客户达 1.1 万户，新增 3846 户。

【内控防范】 2016 年，邮储行新城支行风险防控水平稳步提高，全年无安全事故。开展“春雷”行动、“双节”清收等活动，推进抵押不良贷款的处置。加强信贷风险把控，开展每周例会宣誓和家属恳谈会，提高信贷队伍的战斗力、凝聚力和拒腐防变能力。定期组织网点合规检查，全年共组织网点综合检查 4 次，信贷条线专项检查 6 次，后台机关办公环境检查量化。推进“两个加强、两个遏制”回头看、“内控达标年”等活动，开展消保工作，召开反洗钱会议，做好合规管理系统上线。召开信贷晨会，组织周六学习，进行合规教育。落实安全保卫责任制，层层签订《安全保卫责任书》。加强安全保卫知识培训，定期组织防抢、防灾应急演练及安全保卫检查。

【企业管理】 完善优化绩效考核办法，将薪酬分配向基层倾斜，体现优绩优酬、多劳多得，提高职工发展业务的积极性。加强后台支撑，强化企业管理，开展后台人员“包点帮扶”“分组对抗”等活动，拉动支行储蓄、理财、保险、信用卡等业务的发展。印发转变工作作风，严肃工作纪律的规章制度，加强企业管理。

【服务管理】 加快网点改造，改善网点营业、办公环境，配置多功能自助设备，改善客户体验。优化服务管理流程，加强服务培训，对照最新神秘人服务检查标准，加强服务质量监督检查，加大基础服务规范的整改落实力度。加强对网点服务质量管理，确保网点日常管理规范有序、各服务设备正常运行、网点内外部环境整洁、服务礼仪、用语等规范，为客户提供优质服务。

【队伍建设】 严格落实党风廉政建设责任，逐级签订党风廉政目标责任书。深入开展“两学一做”学习教育，累计开展集体学习 19 余次，撰写心得体会 40 余篇。推进基层党组织“强基固本”建设工程，开展支部换届选举，规范基层党组织管理和基础党务管理工作。贯彻落实“三重一大”决策制度，完善权力监督。开展反腐倡廉宣传教育工作，全年共组织观看警示教育短片 2 次，“反腐倡廉每月一课”5 次，廉洁法规知识考试 2 次。开展精神文明建设工作，通过 2016 年精神文明单位复查验收。组织开展职工文体活动和“创先争优”活动，编发支行简报，落实公休制度，发放员工生日蛋糕卡及节日福利，组织员工定期体检，改善员工福利待遇。

撰稿：黄勇齐

审稿：武传娟

农商行工作

兰山农商行领导成员

党委书记、董事长 毛晓辉

行　长 马瑞卿 * 孙宝华

监事长 诸葛凤沂 * 刘国强

副书记 鞠佃军 徐启阶 * 诸葛凤沂

副行长 张乃飞 * 丁万刚 邵景东 徐小强

【机构设置】 山东临沂兰山农村商业银行股份有限公司是经中国银行业监督管理委员会批准，在兰山农合行基础上成立的股份制农村商业银行，成立于 2016 年 7 月 1 日，并于 7 月 3 日顺利开业，实行一级法人、统一核算、分级管理、授权经营的管理体制。年底，全行辖属 21 个部室（中心）、1 个营业部、33 家支行、47 个分理处，共有干部职工 1100 余人。

【概述】 2016 年，兰山农商行在人民银行、银监部门的科学监管指导下，在全体股东及社会各界的大力支持下，凝心聚力、真抓实干，各项业务呈现持续健康发展态势，已发展成为集存款、贷款、结算、中间业务、国际业务、货币市场业务于一体的综合型现代化金融机构。截至年底，各项存款余额 238.49 亿元，各项贷款余额 163.92 亿元，实现各项税金 2.55 亿元。

【改革发展】 2016 年初，获得山东银监局关于兰山农商行的筹建批复，筹备期间，按照《公司法》要

临沂银监分局为兰山农商行颁发金融许可证

求，制定《山东临沂兰山农村商业银行股份有限公司章程（草案）》，清晰界定股东大会、董事会、监事会、高级管理层的职责边界，形成一个结构完整、行之有效的公司治理规章制度体系。完善董、监事会及各专门委员会议事规则、履职评价等制度，发挥监事会监督、制衡作用，优化农商行各项规章制度，提高公司治理的实际运作水平，促进各项业务健康有序发展。

【业务经营】 以“转型提升、科学发展”为指导，以“立足城乡、服务大众，做最优零售银行”为目标，拓展零售业务，推广家庭银行商业模式，推进电子银行产品创新和“智e购”商城拓展，提高市场竞争力。树立“大财务”理念，齐心协力提高综合盈利能力，以提升经营效益为主线，提高财务对决策和管理的支撑能力。加强资产负债管理，通过优化资产结构，合理配置闲置资金，压降非生息资产，提高资金营运效率。严格落实“严控新增，全力压降”的双线管控制度，推动不良资产管理重点工作开展，发挥资产经营中心优势，调动全员参与清收的积极性，清收成效显著，资产质量稳步提升。

【内部管理】 完善合规管理机制，加强合规风险识别与监测，搭建法律服务平台，强化合规文化建设，引导员工主动合规，使合规风险管理嵌入每个工作环节和岗位。发挥内审效能，将审计工作与重点工作相结合，发挥审计的监督服务职能，加大审计频率、创新审计方式，强化审计成果运用，实现审计职能整合增效。发挥业务条线管理部门在案防工作中的作用，有针对性地开展风险排查，消除案件风险隐患。落实安全保卫精细化管理，抓好责任体系、风险防控、考察考核、监督体系建设工作，促进安全生产、纪检监察、信访管理、普法工作、案件防控深入开展，实现全年无责任事故。

【企业文化】 推进“两学一做”教育实践活动，坚定党员理想信念，发挥党员干部的模范带头作用，提高全体党员干部执行力，优化部室设置。发挥文化建设的引领作用，通过职工运动会、知识竞赛、演讲比赛、创意大赛等活动，丰富广大员工的文化生活，提高全体员工的主人翁意识，激发员工的积

极性、能动性和活力。完善员工管理机制，通过与专业咨询公司洽谈合作，建立包含岗位设置、晋升机制、考核体系等内容的员工管理机制。

撰稿：陆建民

审稿：李舒婕

人保财险公司工作

人保财险公司领导成员

经　理　闫肃山

副经理　曹　萍（女）　李　贝*

陈利彬　秦军华

经理助理　秦军华*

【机构设置】 2016年，兰山人保财险公司设经理室、综合部、三农保险部、车商业务一部、车商业务二部、重要客户部、营销业务一部至九部、通达路车管所营销服务部、兰山街道营销服务部、金雀山街道营销服务部、柳青街道营销服务部、义堂营销服务部、白沙埠营销服务部、李官营销服务部、枣园营销服务部、半程营销服务部、方城营销服务部、汪沟营销服务部、银雀山营销服务部、御碑街社区门店等。年底，公司共有在职干部员工和营销员178人，其中中共党员12人。

【概述】 公司业务经营范围涵盖非寿险业务的各个领域，包括机动车辆保险类、企业财产保险类、工程保险类、家庭财产保险类、责任保险类、信用保险类、保证保险类、船舶保险类、货物运输保险类、农业保险类以及短期健康保险和意外伤害保险类等。2016年，公司共实现保费收入14399万元，其中常规业务保费收入10060万元，首次突破亿元大关，增长16.16%；居民大病医疗保险保费收入4339万元。接受各类保险客户赔案18084件，支付各类赔款金额11549万元，其中常规业务赔案5491件，支付赔款6661万元；居民大病医疗赔案12593人次，受惠居民10089人，支付赔款4888万元。上缴车船税和各项税金1219万元。年内，公司先后被人保财险总公司授予“满意在人保金牌服务示范窗口”，被人保财险山东省分公司授予“金牌服务窗口”，被人保财险临沂市分公司授予“亿元支公司”，被区委、区政府授予“金融服务先进单位”等称号。

【居民大病医疗保险业务】 根据山东省人力资源和社会保障厅/山东省财政厅《关于2016年居民大病保险筹资和待遇标准的通知》，2016年居民大病医疗保险保费每人52元，一个医疗年度内，每人最高补偿30万元，起付标准为1.2万元。个人负担的合规医疗费用1.2万元以上（含1.2万元）到10万元以下部分补偿比例50%；10万元以上（含10万元）至20万元以下部分补偿比例60%；20万元以上（含20万元）部分补偿65%。

【政策性养殖保险业务】 经区政府批准，在2015年全区全面铺开小麦、玉米保险的基础上，2016年新开办政策性养殖保险，涵盖能繁母猪、育肥猪、奶牛等险种，方城、汪沟、义堂3个镇参保，共承保生猪4769头，奶牛500头，参保农户393户，全年实现养殖险保费收入34.60万元。其中承保能繁母猪1763头，保费60元/头，参保农户345户，保费收入10.58万元；育肥猪3006头，保费30元/头，参保农户47户，保费收入9.02万元；奶牛500头，保费300元/头，参保农户1户，保费收入15万元。

【销售费用管理】 销售费用是公司最重要的财务资源，针对管理中存在的问题，为提高资源使用效率，总公司财务牵头，开发销售费用管理系统，于2016年11月系统全面上线应用，该系统为总省地县四级销售费用差异化配置提供统一平台，实现销售费用从配置到兑现的闭环管理，阳光透明化费用兑现过程，为费用精准投放效果评估提供系统工具，为费用核算真实准确提供数据基础，真正实现销售费用的精准投放，灵活应对市场。

2016年5月1日，金融保险业纳入营改范围，税率6%，营改增给公司营业收入、成本费用、资本开支、利润、税负等重要经营数据带来巨大影响。按照《中国人民财产保险股份有限公司“营改增”试点工作实施方案》相关要求，8月，总公司完成佣金及相关业务系统升级改造，实现按照不含税保费计提佣金功能；10月1日起，统一按照不含税保费计提与支付佣金。

撰稿：潘雪莲

审稿：闫肃山

人寿保险公司工作

人寿保险公司领导成员

经　理　赵广义

副经理　刘秀芝（女）　孙文涛

【机构设置】 人寿保险兰山区支公司是中国人寿在兰山区设立的唯一国有专业寿险机构，主要依法经营兰山区范围内的所有人身保险业务及财产保险业务。2016年，人寿兰山支公司设经理室、办公室、个险销售部、团体业务部、城区业务拓展部、法人业务拓展部、小额业务拓展部、渠道业务拓展部和遍及乡镇的9个农村营销服务部。年底，公司共有干部员工和个人代理人1500余人。

【概述】 2016年，人寿兰山支公司贯彻全市保险系统工作会议精神，以“321”发展规划为统领，树立“敢闯、敢干、敢担当”的工作作风，抢抓新常态、新机遇，落实销售队伍建设年的总要求，加快销售队伍建设，强化执行力度，明确发展目标和发展措施，紧盯全年各项预算目标，围绕“强提扩”创价值增效益，严抓制度建设，坚持依法合规经营，讲正气、求发展，树立创先争优意识，努力达成3A级公司，在全市系统17家营业单位中考核位列前三名。2016年，实现人身保险业务及财产保险业务共计1.19亿元；各项理赔给付1598万元；满期给付3665万元；保单借款6130万元。

【业务发展】 2016年，人寿兰山支公司实现人身保险业务及财产保险业务共计1.19亿元。实现首年保费5125万元，增长46.45%，其中长期险首年期交保费2587万元，5年期及以上首年期交保费2520万元，10年期及以上首年期交保费1776万元，短期险保费2537万元，增长18.59%，短期意外险保费1710万元，增长21.63%。各项理赔给付1598万元；满期给付3665万元；保单借款6130万元。

在大力做强主业的同时，拓宽业务领域和服务范围，开展全区及市直学生安全保险、与老龄办合作承保全区银龄安康工程保险、与妇联合作承保全区女性安康工程保险、与总工会合作承保全区困难职工意外伤害保险、大学生村官和第一书记保险、建筑工程人身意外保险等，形成涵盖较为齐全的立体化保障体系。

公司不断提高理赔服务质量，根据《理赔工作管理制度》，本着“主动、规范、迅速、合理”的原则，为出险客户送去中国人寿的关爱，使客户亲身体会到中国人寿的切实温暖，赢得客户的信任。2016年，各项理赔达到1598万元，其中赔付单笔50万元及以上的大额短险理赔案件7例。

撰稿：陈　静

审稿：孙文涛

科技·教育·广播电视

科学技术

科学技术局领导成员

局　长　陈　伟
主任科员　刘洪珍（女）
副局长　张家玮　王观利　刘中原
地震办主任　刘慧群

【机构设置】 2016年，区科技局下设办公室、规划与科技成果科、科技发展及产业化科及专利信息科4个职能科室，辖3个事业单位：区地震办公室（副科级）、区知识产权局和区生产力促进中心。年底，全局共有干部职工20人，其中具有本科学历的13人，硕士研究生学历的2人。

【概述】 2016年，区科技局聚焦“三引一促”工作重点，拓宽产学研合作覆盖面，加快科技成果引进转化；突出企业创新主体地位，完善创新体系架构建设，使科技成为区域经济转型升级的强大引擎。年内，被区委、区政府授予“2016年‘三引一促’先进单位”“招商引资先进集体”“引技术先进单位”“党外知识分子先进单位”“2011—2015年全区普法依法治理工作先进集体”等称号。

【产学研合作】 围绕“三引一促”引技术任务目标，拓宽产学研合作渠道和层面，加快国内外优秀科技成果引进，破解企业发展瓶颈。4月19日，区政府与省科学院在济南签订《战略合作框架协议》和《设立产学研合作引导基金协议》，截至年底，省科院相关院所就“冲压机器人及刹车片自动冲压生产线研发”等3个项目与兰山区企业开展联合研发。围绕木材加工产业转型升级，深化与中国林科院的合作，共同编制《兰山区木材工业科技创新发展规划》，推动木材加工产业高效和可持续发展。开展国际科技合作与交流，推进长兴机械、云朵农民种植合作社与缅甸、韩国、日本、荷兰等国家的合作对接。邀请生物医药、清洁技术、网络与通信领域的企业参加“第五届中加研究与创新合作论坛”“2016中美创新与投资对接大会”“第九届海内外高端人才交流会”“以色列信息通讯技术中国巡回展”；邀请中国林科院、省科学院、中国林产工业协会、市研究院的专家教授来兰山区举办节能环保产业、木材工

科普宣传活动

省科学院自动化所专家组来兰山区考察

业等技术对接会、大讲堂等4场次，面对面进行技术、人才供需对接和交流，共有90多家企业参加。2016年，共引进科技成果97项，新建产学研关系企业达77家。

【高新技术】 实施高新技术企业培育计划，筛选一批科技含量高、成长性好的骨干企业、科技型中小企业，培育成创新龙头企业。加强高新技术企业认定和复审业务培训，提高申报通过率，华临新能源等5家公司申报市级创新型企业，全区创新型企业达13家，现代诚信被授予“临沂市十佳科技创新企业奖”；23家中小微企业获批进入省科技型中小微企业信息系统，并登记备案；高翔水表、立晨数据、华夏高科等7家企业参加2016年度高新技术企业申报，全区高新技术企业达18家。

【科技计划】 以科研项目带动企业自主创新，组织有条件的骨干企业申报各级各类科技项目，争取政策和资金扶持，提高企业加快科技成果引进转化、产学研合作的积极性。2016年，区内有市级以上科技计划项目立项20项，获扶持资金504万元；同时，兰山区投入财政专项资金360万元，重点扶持新材料、电子信息、先进制造、农业高新技术等领域科技项目30项，产学研合作专项3项。

【创新平台】 通过集聚整合技术、人才、资本、市场、管理等创新创业资源要素，打造“空间＋渠道＋服务＋资本”的创业服务模式，形成一批以“e56众创空间·我的茶楼”“临沂商城跨境电商创业园”等为代表的新型创新创业服务机构。立足兰山板材产业优势，推进互联网＋木业，建立木业产业电子交易平台“木业之家”，加入平台企业达4100多家，涉及木业交易、技术、人才、研发、金融、物流等全部产业链，促进兰山区板材产业的转型升级和交易模式的创新。发展公共服务创新平台，推进企业创新平台的市场化、实体化、规范化运作，组织20余家水表生产骨干企业和科研单位筹备兰山区水表产业技术创新战略联盟建设，加快产业的协同创新和产业提升。龙盛农牧等14家企业开展省、市级工程技术研究中心、重点实验室申报，获批7家，全区各级各类创新平台数量达37家。

【农业科技】 推进医疗卫生领域以及农业领域科技创新，加强生物技术在医药和中医药领域的应用技术研究，开展中医药技术、流行病学研究，促进沂蒙鸡种质资源保护、优质高产超晚熟冬蜜桃新品种、鲜切花栽培技术等优秀农业科技项目研发。鲁南厚普的“基于药效关联的茵栀黄制剂多元结构质量控制体系研究与应用”，龙盛农牧的“无抗生物饲料及养殖业死淘动物生物转化无害化处理关键技术研究与开发”分别获得省重点研发计划项目扶持资金50万元、100万元。围绕农业科技园特色产业、重大科技需求，培育壮大区域特色支柱产业，建设以养殖、水果、花卉、蔬菜开发为重点的现代农业体系，推进“日光温室蔬菜土壤修复及优质安全生产技术集成研究”“琅琊鸡保种选育与产业化开发”等项目和技术的研发。8月，兰山区获批“省级农业科技园”。

组织农业科技园与扶贫村结对帮扶工作，鼓励和引导农业龙头企业与汪沟镇沙岭子村、柴胡山村、柳树庄村结成帮扶对子，帮助贫困村早日脱贫致富。

【地震工作】 坚持24小时地震值班制度，对发现的异常情况及群众反映的问题及时落实并上报。优化宏观观测点 处。强化群测群防网络管理，继续完善区、镇（街道）两级群测群防网络。地震网络信息节点运行良好，提高兰山区地震监测预报水平。

根据《山东省防震减灾条例》和《山东省地震安全性评价办法》的规定，对全区一般性建设工程实行工程抗震设防要求管理，对《办法》附件中所列出的建设项目进行地震安全性评价，并对学校、幼儿园、医院、大型商场等人员密集场所提高一档确定抗震设防要求。

利用“3 1”“5.12”“7.28”宣传日，通过设立宣传站、印发资料、悬挂条幅等形式，先后发放《防震必读》《青少年防震知识》及明白纸等近7000份，通过民政部门向学生免费发放《防震必读》《青少年防震避震知识》2000多份。

【知识产权】 加强知识产权知识的宣传和普及，先后开展宣传活动4次，发放宣传资料3000多份。利用“4.26”世界知识产权宣传日，配合市局集中开展知识产权宣传活动。通过向群众发放宣传材料、邀请专家面向企业举办知识产权讲座等形式，使广大企业和群众进一步认识到保护知识产权、加强自主知识产权创新的重要性。加强知识产权执法人员的业务培训，提高知识产权管理人员业务能力，有效提高全区行政执法队伍的执法水平。2016年，现代诚信承担的“高分子纳米复合抗菌材料的研究与开发”等21个项目获得市级以上科学技术进步奖，其中国家级1项，省级1项，龙盛农牧、华源锅炉等2家企业获市发明专利三等奖。年内，全区申请发明专利743件，授权162件，申请量和授权量均居全市第一。

撰稿：王传秀

审稿：马楠楠

教育工作

教体局领导成员

党委书记、局长 刘维军

党委副书记 边存金

党委委员、副局长 李公德 孟令香（女） 付红军＊ 刘焕成

主任科员 付红军

党委委员、区政府教育督导室主任 苏振北

党委委员 徐竹刚 庄汉进

付常明 律文忠

【机构设置】 2016年，区教育体育局设7个行政科室和18个事业科室，其中行政科室有：办公室、人事科（挂师范类毕业生就业指导办公室牌子）、规划财务科、基础教育科（挂体育卫生科牌子）、职业教育与成人教育科（挂社会力量办学管理办公室牌子）、学校安全管理科、体育工作办公室（体育综合科，正科级单位），事业科室有：政府教育督导室（正科级事业单位，设两个科）、教学研究室（副科级事业

单位，内设办公室和高中、初中、小学、艺体4个组）、工会、党委办公室、团委、妇工委、教科室、综治办、监察室、老干科、幼教部、电教仪器站、后勤管理服务中心、招生办公室、自学考试办公室、教育财务结算中心、学生资助中心、精神文明建设办公室。另有直属学校23个、直属幼儿园1个，其中三中、四中、职业中专为副县级单位，七中、教师进修学校、涑河实验学校为正科级单位，五中、六中、八中、九中、十中、十一中、十二中、一小、二小、三小、四小、电大分校、素质教育实践基地及西郊实验学校、沂河实验学校、滨河实验学校、红旗小学为副科级单位，区直幼儿园为正股级单位。

【概述】 兰山区是山东省教育示范区、全国义务教育发展基本均衡县区。2016年，全区共有公办中小学147所，其中小学118所、初中25所、高中4所。另有区办职业中专、教师进修学校、电大分校、中小学生综合实践基地各1处，区直实验幼儿园4处。各类学校在校生25万多人，各类公办学校（幼儿园）在职公办教职工10478人。

2016年，按照“依法治教、夯实基础、深化改革、立德树人”的总体思路，全面贯彻党的教育方针，围绕提高教育质量和促进教育公平战略目标，以立德树人为根本任务，以深化改革为根本动力，以加强法治为可靠依托，以党的领导为坚强保障，全面推进兰山教育的持续健康发展。年内，兰山区获得“临沂市普通高中教学工作先进县区”称号，区教体局先后获得“全国教育新闻宣传工作先进单位”“临沂市普法依法治理工作先进集体”等称号。

【办学条件】 破解城镇“大班额”问题，年内实施13个校建项目，新增学位21720个，新增班数458个，校舍建筑面积37.6万平方米，新增占地面积27.4公顷，土建概算投资6.8亿元。截至年底，临沂十一中、临沂四小等7个项目已完工并交付使用，在建和即将开工建设的项目6个，其中临沂十中武汉路校区等5个项目均已开工建设，齐鲁园小学招标公告完成，即将开标。

投资600万元开工建设“全面改薄”项目1个，完成建筑面积5000平方米，占原计划投资和建筑面积的167%。

年内投资1800万元新建录播教室64间、视频会议点70个，提高教育信息化水平。年底全区市级数字化校园33所，市数字化校园示范校4所，省信息化试点学校2所，实现信息化与教学融合应用的常态化。义堂中学的机器人项目获得国际大赛一等奖，十三中等学校的3D创新教育、沂河实验学校的航模教育、十六中的无线电科技教育等成效显著。

【规范管理】 出台《兰山区中小学文明校园创建活动实施方案》，开展文明校园创建活动。坚持“一生一号”和“籍随人走”的原则，学籍管理更加规范。各学校均按规定配备专兼职实验、图书管理人员，建立健全各类设施设备、器材、图书资料管理制度。借助“临沂市城区义务教育入学服务平台”，严格义务教育划片招生制度，完成中小学招生56939人。建成区级考务指挥中心，保密室达到“三铁”“三器”“四防”的标

加各级师德建设和业务培训活动。

【协调发展】 加快学前教育发展，实施标准化幼儿园建设项目，截至年底，在建和完工建设项目6个，即将开工1个。认定普惠性幼儿园132所，同时对幼儿园的去“小学化”进行专项检查和落实整改。

提升素质教育水平，推进“足球进校园”“快乐大课间”等阳光体育活动，开展学校体育特色项目展评活动，组织学生体质健康测试。全区共有9所学校被评为全国校园足球特色学校，北城小学取得全市中小学生足球联赛男女组双冠军，在省、市中小学生运动会多项比赛中获得优异成绩。小学段在市评估中全市第一，初中学业水平测试的优秀率、及格率等指标全市领先。

大力发展职业教育，全区职业学校年度建籍新生2871人，区属普通高中建籍新生3574人，中职学校招生数占高中阶段招生总数的44.55%。成立专业建设指导委员会，落实订单培养，办好各类企业冠名班，为学生实习就业打下坚实基础。在全国职业院校技能大赛中，区职业中专学生夺得1金1银。加强职教基础设施、实训设备及专业建设投入区级配套资金2803.88万元，融资后期建设配套资金3亿元。

普通高中教育教学质量逐步提高，高考文理重本进线794人，普本进线3098人，艺体本科录取797人，全区高考成绩再上新台阶。

准要求；建成标准化考点8个，标准化考场410个。在考试安全、试卷保密、考风考纪、考务管理、后勤服务、联防联控等方面成效突出，兰山考区所有高考考点均被评为优秀考点。

树立“安全责任重于泰山”的意识，坚持“以人为本、积极预防”的方针，实行“一岗双责”，贯彻“谁主管、谁负责”的原则，履行安全监管职责，定期开展学校安全大检查。与各学校签订安全工作责任书，建立安全工作领导责任制和责任追究制。开展“平安和谐校园”创建，全区共有16所学校被评为省、市级平安和谐校园。出台推进全区中小学章程建设的文件，各学校相应制定符合各自实际的学校章程。实行教代会制度，推进学校的民主管理。健全师德建设工作机制，组织开展师德演讲、征文比赛和师德建设月等活动，提高教师师德水平。

【师资建设】 开展乡村学校支教工作，完成人才支持教师专项计划33人的目标任务。挖掘教育内部潜力，年内实现学校间援教430人。优化教师结构，严格招考程序，新招聘教师239名。职称评聘工作公平、公正，在岗位设置、职称评聘和评先树优中向乡村和薄弱学校倾斜，向一线教师和班主任倾斜。全面提升教师队伍业务能力和综合素质，开展校长、教干专项培训和教师定期培训工作，组织广大教师参

【教育保障】 加强党风廉政建设，履行党风廉政建设主体责任，制定《2016年兰山区教育系统党风廉政建设工作要点》，召开全区教育系统廉政建设工作会议。贯彻中央“八项规定”和《党政机关厉行节约反对浪费条例》等各项管理规定，抓住春节、中秋等重要时间节点对作风建设做出安排部署。完善

和落实各项议事决策制度，严堵监管漏洞，制定下发关于学校基建和食堂财务管理的相关文件。认真遵守《党员干部廉洁从政若干准则》以及中央、省、市、区的有关规定，全年无违纪违法行为发生。

成立教育扶贫工作领导小组，完善教育扶贫督查和责任追究机制。为每一名贫困村留守儿童建档立卡，为贫困村学校设置留守儿童关爱室，为农村留守儿童开展阅读等提供场所和条件。出台《兰山区城乡义务教育学校结对帮扶工作实施方案》，明确城乡学校结对帮扶工作的目标任务、帮扶范围及形式、主要措施等。规范爱心一日捐资金使用，共资助困难学生1876人105.45万元，资助困难教师285人43.4万元。

加强教育宣传和舆情处理，在《中国教育报》《山东教育报》《临沂日报》等市级以上主流报刊发表新闻报道445篇，在新华网、大众网、琅琊网等市级以上网络媒体发表新闻报道1432篇，向市局网站报送教育信息237篇。同时，加快新媒体建设，建立政务微博、微信，发布微博1042条，发布微信225条，关注用户10500多人。完善舆情监测、汇报和反馈制度，建立与市教育局、区委宣传部舆情办公室的舆情通报处理机制，舆情引导、处理工作及时得当。

撰稿：雷明贵

审稿：刘维军

广播电视工作

广播电视台领导成员

台　长　袁春蕾（女，区委宣传部副部长）

总编辑　高　忠（正科级）

副台长　张钦雪　范永胜

副总编辑　孙恩才　葛继晓　王　鹏

【机构设置】 2016年，区广播电视台下设办公室、财务科、总编室、播出部、新闻中心、专题部、栏目部、家住临沂、民生零距离、设备科、工会、培训科、业务部等13个科室。年底，全台共有员工118人，其中具有副高职称的1人，中级职称的9人。

【概述】 2016年，区广播电视台牢固树立新闻立台、节目兴台的理念，坚持与时俱进、改革创新，坚持新闻宣传“三贴近”原则，坚持正确的舆论导向，转变工作作风，改善新闻宣传服务质量，推进新闻宣传改革、节目创新管理、人才队伍建设等重点工作，确保各项工作目标和任务的实现。连续11次荣获“全省电视新闻宣传先进集体一等奖”，连续13年蝉联全市电视新闻宣传第一名。被评为全省广播先进集体、全省舆情信息工作先进单位、全市三八红旗集体、临沂市五四红旗团支部（总支）、兰山区工作先进单位、先进基层党组织、优秀基层团组织。台新闻中心荣获“全国青年文明号”称号，“家住临沂”栏目再次荣获“全省十佳栏目”称号，公益广告《大声说爱》获山东省2015—2016年优秀公益广告评选电视类一等奖，“2016兰山电视台春晚”荣获“山东省第九届县市级电视艺术奖综艺类二等奖”和“第五届沂蒙文艺奖电视类三等奖”，歌曲《在这美丽的地方》荣获“山东省第九届县市级电视艺术奖音乐电视二等奖”。有4名工作人员被评为全省电视宣传先进个人一等奖。

【新闻宣传】 加大主题宣传报道力度，以“三个年”活动为重点 对全区两学一做、兰山精神、三引一促、重点项目建设、文明城市创建、“四德工程”建设等各项工作进行重点报道。《兰山新闻》先后开设“建设文明城市、构建和谐家园”“打赢大气污染攻坚战”“移风易俗、倡树新风”“城市违法建设治理”等多个栏目。围绕全区重点工作，先后制作《喜看兰山成绩单》及重点时政报道500余条。围绕民生热点，先后制作《爱心黄手环 照亮老人回家路》《用镜头记录母亲生命中的每一个阶段》《宋西花：指尖上的手艺人》《一位癌症母亲的16万选择》《的哥凌晨蹲守寻失主 百万支票物归原主》等大量新闻报道。2016年，共制作《兰山新闻》271期，播发稿件1397条，完成70余次重大活动直播导播任务；在《临沂新闻》发稿1450条，在山东电视台发稿200条，其中《山东新闻联播》发稿位居全省147个县（市）区第4名，继续稳居全市第一、全省前列。利用市台播出《兰山新闻》的平台优势，把每一期节目再提炼、再编排，提高传播质量，提升兰山区的知名度、美誉度和影响力。加快融媒体，推出“临沂兰山电视台”和“兰山民生零距离”微信公众号，通过微信平台的建设和运营，加强与影响力较大的新媒体合作，在第一时间推出最新社会新闻，保持新闻时效性。

【节目建设】 对“兰山先锋”“人口健康”“家住临沂”“民声零距离”等栏目进行全面改版，根据频道定位需求，创新节目内容和形式，突出亮点，打造特色，增强兰山电视频道的亲和力、感染力、影响力。制作重点专题片20余部，其中《双翼齐飞——2016年全区基层党组织工作纪实》在全市基层组织建设巡回观摩现场会中，取得第二名的好成绩。通过“平安兰山”栏目，宣传政法系统新动态、新举措，聚焦群众关注度高、影响力大的事件，介绍生活在你我身边的平民英雄。在“校园直通车”栏目中开办“优秀动画片欣赏”、新书推介版块，增加节目看点和新鲜点，增强与学生们的沟通，全年共制播“校园直通车”52期。

【主题活动】 举办“三阳之春”2016年兰山电视春晚、“魅力新主播”主持人大赛、“农民（市民）歌会”“体彩晚会”、兰山区“最美护士”活动、兰山区“最美家庭”评选和颁奖晚会、临沂市“第四届新梦想”主持人电视大赛及“临沂市第十一届校园歌手”电视大赛等主题活动，深受广大观众好评。

【安全播出】 执行安全播出责任制，特别是在重要活动、重大节庆期间，组织安全检查、加强人员值班，确保安全播出。实行广告专职审查员制度，对本台自办节目、影视节目、广告节目以及公益广告等在播前进行严格监审，对不符合有关政策、质量不符合播出标准的节目坚决不播，对各类节目中存在的问题提出具体修改意见，复审后方可安排播出。全年共审播电视剧5600余集，电影370部，栏目370余期，各类公益垫片150余个。在坚持严格审查的同时科学合理安排播出时段，对部分栏目时段进行调整，使影视剧、新闻、广告、栏目等节目组合得到进一步优化、编排更加科学合理，同时实行“一

赴厉家寨党性教育基地参观学习

编排一审查”“重播重审”制度，做好每日节目单的编排工作，确保节目安全、优质播出。

【人才队伍】 加强党性教育，先后到临港区厉家寨党性教育基地、莒南大店红色教育基地、沂蒙革命纪念馆等地进行实地参观学习；观看中央电视台“感动中国”人物颁奖晚会、“好记者讲好故事”、纪念中国共产党成立95周年“永远的红色信仰”和“伟大的旗帜”文艺晚会等多部教育作品。“七一”对台里优秀党员进行表彰，组织“执行力演讲”活动，同时开展读书笔记评选活动，通过阅读优秀书本，撰写读书笔记，在全台进行评选和展览。

【“三引一促”工作】 围绕全区“三引一促”的工作重点，坚持正确的舆论导向，发挥宣传主阵地的优势，扎实开展“三引一促”宣传工作。高度重视招商引资工作，梳理招商优势，发现意向线索，及时跟进洽谈。山东亚姆巴乳业有限公司续建项目正在有序建设中，截至11月，项目总到位资金约3000万元，完成年初制定的招商引资任务。

【采编设备】 截至年底，全台共有采编设备：6台索尼600P大摄像机、5台松下P2HD摄像机、3台索尼198P小摄像机、2台索尼190P小摄像机、2部松下500数字摄像机、2部SONY330数字摄像机、3台松下摄像机173、5台索尼HDV采集机、20套EDIUS非线性编、1台DOD调音台、1台西门子字幕机、14台监视器、5台DVCAM数字录机、1台播音提词器、1台索尼MCS-8M视音频切换台、1个A08U-G2421磁盘阵列，1套双通道数字硬盘播出系统，另新购置1辆调频直播车。

撰稿：赵芸聪

审稿：张钦雪

文化·卫生·体育

文化工作

文化广电新闻出版局领导成员

局　长　管桂启

副局长　孟庆香（女）*

王　煜（正科级）

刘光霞（女）

主任科员　孟庆香（女）

副主任科员　孙宝传

【机构设置】 2016年，区文广新局下设办公室、人事财务科、文化科、广播电影电视科、新闻出版科5个职能科室，辖6个直属一类事业单位：文化馆、图书馆、艺术团、沂蒙影剧院、文化艺术研究室、文物管理所。年底，全局共有干部职工130人，其中具有高级技术职称的36人，中级技术职称的59人，具有大专以上学历的126人，高中（中专）学历的4人。

【概述】 2016年，区文广新局以文化事业繁荣、广播电视事业发展、文广新工作再创佳绩为主基调，加大投入推动惠民工程建设，统筹安排促进文化演出、文艺创作、文物普查、非物质遗产保护等工作全面开花，为"文化强区"建设创造和谐文化环境。

【社会文化】 突出书圣、孝悌等优秀传统文化特色，做足、做活"书圣文化、孝悌文化、商贸文化"等文章，着力打造"书圣故里""孝悌文化"等具有兰山特色、代表兰山风采的文化品牌。组织开展第十七届"兰山之春"秧歌汇演、舞动金秋广场舞大赛、"区、镇、村"三级文艺汇演、"乐在基层"庄户剧团展演、"凝固的耕耘"油画展等大型系列文化活动，丰富全区群众的业余文化生活。组织开展送文化下乡和送文化进社区活动，全年开展送文化下乡、进社区活动500余场次，受益群众近60万人次。组织开展各类公益性演出达30余场，用先进文化占领和巩固农村文化阵地。做好群众文化培训及挂职锻炼等工作，先后举办广场舞、音乐、美术等培训班10期，培训学员3000余人次；组织非遗传承人、文化站长共计140余人次参与省市各类培训；1人成功申报临沂市第二届乡土艺术人才，1人在省文化馆挂职研修，2人到基层一线开展文化服务，提升全区文化队伍的专业素养。

首届"乐在基层"庄户剧团展演暨送戏下乡活动

“移风易俗”专题巡回演出

【图书管理】 区图书馆坚持对社会免费开放，做好读者服务工作。2016年，接待读者112151人次，其中阅览室接待读者39812人次，少儿及成人外借部接待读者72339人次；新办借书证2074本，有效证件累计13162本；全年图书流通123106册次；采购文献804种4355册。利用读书日、节假日举办少儿国学朗诵、书画大赛等活动营造读书氛围。以提升读者文化品位、打造“书香社会”为目的，利用寒暑假及周末面向社会大众举办经济、生活、艺术等各领域公益性专题讲座12场。推进农家书屋建设工作，组织开展4期农家书屋管理员培训班，派遣专业人员深入兰山街道、银雀山街道、汪沟镇等进行图书分编整理上架、软件安装等实地辅导工作；协助省、市有关部门为配套相对薄弱的农家书屋配送图书2万余册，极大提升农家书屋的质量，为广大农民朋友读书学习创造良好的条件。

【文艺创作】 文化馆、艺术团、文化艺术研究室等按照“实施一批、准备一批、酝酿一批”的总体思路，完善文艺创作规划，制定2016年兰山区文艺精品创作规划，组织发动创作人员深入生活，汲取创作素材，激发创作灵感，推出一批具有兰山特色、群众喜闻乐见的文艺精品。全年，编辑出版4期《洗砚池》杂志，发表各类文艺作品600余件，其中60余篇作品被全国各类报刊杂志选载。编辑长篇小说《沂蒙新姐妹》，创作完成散文集《晓峰故事》、小型戏剧《多棱镜》。编辑完成20期《兰山文化》微信信息，累计编发各类信息、图片200余篇（张），向全区群众展示兰山区文化新成果、新成绩。

【农村公益电影】 区沂蒙影剧院按照省《农村电影标准化放映实施办法》，稳步提升农村电影放映质量，全年完成公益电影放映5600余场次，其中公益电影进福利机构200余场次，组织开展移风易俗等其他主题电影放映300余场次。推进公益电影固定荧幕架建设，已在全部贫困村建设完成。

【非物质文化遗产】 做好全区22个省市级以上非遗名录、49个区级名录的保护工作。加大非遗保护挖掘力度，组织闵子骞的传说等6个项目成功申报第五批市级非遗名录。组织非遗项目参与第四届中国非遗博览会、“山东省非物质文化遗产月”展演等省市活动近10场。推进历史文化展示工程，建成枣园镇、方城镇等8个镇级历史文化展示室，镇（街道）历史文化展示室覆盖率达72.7%，同时涌现出白沙埠镇毛村、半程镇沙汀、方城镇东朱汪社区等大批有特色、较为典型的村情民俗展馆。

【文物管理】 全区共登记不可移动文物310处，其中国家级文物保护单位2处、省级文物保护单位16处、市级文物保护单位12处、县级文物保护单位92处。围绕“保护为主、抢救第一、合理利用、加强管理”的文物保护方针，做好文物保护“五纳入”“四有”相关工作，做好兰山区“一普”后续资料汇编、普查成果展等工作。做好日常巡查工作，区文管所组织人员深入一线外出巡查60余次，重点对全区市级以上文物保护单位的保存状况进行检查，及时发现问题并予以整改，将文物安全隐患扼杀在萌芽状态。做好大遗址保护工作，完成国保单位小谷城故城遗址考古勘探、省保单位防城故城遗址省级重点文物保护专项资金申报等工作。利用“5.18”世界博物馆日、“6.11”文化遗产日等节日，通过悬挂宣传标语、展出展板等形式，宣传文物保护法律法规及文物知识，提高群众的文物保护意识。

【文化扶贫】 本着“一村一模式”的思路，因地制宜的指导各村建设高标准文体活动室、文化小广场。抓好贫困村“送戏下乡、送电影下乡、送器材下乡、送培训下乡、送图书下乡”五送工程，并实现从行政村到自然村的延伸。全部贫困村均已建有广场舞队伍，已轮训完毕，并为全部贫困村配齐便携式拉杆音响、锣鼓等器材。完成送电影下乡150余场次，送戏下乡20余场；为10个贫困村综合文化活动室配送20组书架、18000余册图书。

撰稿：于一飞

审稿：刘光霞　孙学美

文化市场管理工作

文化市场管理执法局领导成员

局　长　许洪波

副局长　魏孝明　倪明雪　李　龙

主任科员　赵国鲁

副主任科员　杜荣荣（女）

【概述】 2015年，区文化市场管理执法局支持鼓励文化市场“调结构、促发展”，带动全区文化产业整体走强，取得巨大成功，受到省、市、区各级领导的高度肯定和认可，被市文明委评为市级文明单位。6月23—24日，省文化厅、甘肃省文化厅领导在市、区分管领导的陪同下，到兰山区开展专题参观调研，文化执法系统勇于创新、奋勇争先的精神风貌受到各级领导的赞扬和好评。

【文化市场规模】 2016年，全区共有网吧268家（终端机器23274台），印刷复印企业460家，图书报刊、电子音像制品经营单位362家，游艺娱乐场所60家，影院10家，文化从业人员13700余人，实现营业收入5.5亿元，上缴利税1500余万元。年内新增文化经营单位71家，其中投资500万元以上的2家。网吧转型升级不断深化，有135家网吧实现转型，占全区总量的52%。

【自身建设】 加强党性修养，贯彻落实《廉洁自律准则》和《纪律处分条例》，树立“权力就是责任”的观念。严格执行民主集中制，坚决落实“四个服从”。执行《兰山区党政机关国内公务接待管理办法》和《兰山区深入贯彻落实中央八项规定精神严肃财经纪律专项治理活动实施方案》，推动各项公务活动依法依纪顺利进行。扎实推进“结亲连心”活动，多次组织党员干部到柳青街道朱夏社区走访，向群众发放“结亲连心办事流程明白纸”，接受群众的意见和建议。开展公务用车改革，上交公务用车1辆、执法执勤用车5辆，报废执法执勤用车1辆。提高综合执法能力，学习《国务院关于修改部分行政法规的决定》，严格案件办理程序，落实责任追究制度，坚持每周组织各中队交流工作，促进执法队伍整体水平的全面提升。11月24日，全省文化市场执法办案现场会在平度市召开，兰山区作典型发言，经验材料印发全省。

【文化市场管理和“扫黄打非”工作】 3月30日，文化市场行政审批事项全面进驻区行政服务中心，在全局抽调能力强、业务精的人员轮流到服务中心开展工作。明确行政审批事项清单和事中事后监督等工作制度，做好业务对接，强化业务培训，提高服务效率。12月27日，文化市场执法稽查大队中队长王向明被选拔为全市业务骨干，代表临沂市参加了“山东省文化市场综合执法技能大比武”，获得团体第一名，省文化厅厅长王磊亲临现场颁奖。

规范网吧行业秩序，持续深化未成年人思想道德建设，以文明城市创建为依托，全面开展网吧专项整治，依据《国务院关于修改部分行政法规的决定》，正式将“擅自从事互联网上网服务经营活动”纳入监管范围，查办相关案件35起，维护网吧行业的稳定。树立对法律法规的敬畏之心，将网吧接纳未成年人等社会危害严重的经营行为划入“红线”范围，任何单位和个人绝不允许触碰。2016年，全局立案查处涉及未成年人的案件130余起，受理并查实相关举报46起，全部依法依规顶格处理。

加大知识产权保护力度，开展“秋风行动”，全年共查缴侵权盗版出版物7万余册，取缔非法医疗杂志编辑部5处、游商摊点52处，受理出版社直接举报案件5起。

维护网络广播电视传播秩序，开展“绿网2016”行动，整改和取缔违规网站15家、公共视听载体34家，删除有害视听节目和信息23条，纠正违规播放广播节目8条，没收非法电视网络接收设备5套。

开展2016年度中小学教辅材料专项检查，对违规经营的38家企业和单位下达《整改通知书》。

加强艺术品行业监管，依据新颁布的《艺术品经营管理办法》规定，受理艺术品经营单位备案登记事项，全年共收到相关申请材料55份，对18家审验达标的单位核发《艺术品经营单位备案证》。

印刷企业安全生产培训会

【安全生产工作】 深化“管行业必须管安全”的指导思想，研究制定2016年度安全生产工作计划，传达学习安全生产法律法规，提高执法队伍的业务水平。同文化经营单位签订《安全生产责任书》，3月中旬聘请专家举办讲座，分期分批组织文化经营单位进行安全生产培训。开展“大快严”执法行动，严格安全生产岗位实名制管理，对全区800余家安全生产重点监管行业进行多轮巡查，发现并整改问题160余处。

撰稿：倪明雪　梁　彬

审稿：许洪波

卫生和计划生育工作

卫生和计划生育局领导成员

党委书记、局长　毛士西

党委副书记、红十字会常务副会长　孙兆德

党委副书记、主任科员　赵玉坤*

党委委员、副局长、　安卫国

王　辉（女）

党委委员、主任科员　彭和元

党委委员、副局长　孙焕峰　孔　辉

孙学强

党委委员　朱凤亭　张玉启

何荏雷　李传霞（女）

党委委员、副主任科员　吴　青（女）

区人民医院

院　长　张玉启

副院长　王明帅　赵　彬

杨百胜　王湘萍（女）

计划生育执法检查大队

大队长　李传霞（女）

流动人口计划生育管理站

站　长　刘　朋

计划生育妇幼保健服务中心

主　任　杨淑兰（女）

党支部书记　李公芝（女）

区卫生监督所

党支部书记　朱凤亭

所　长　陆清省

区疾病预防控制中心

主　任　张庆吉

党支部书记　夏东升

区卫生学校

校　长　顾三平

区爱国卫生运动委员会办公室

主　任　杜庆民

计划生育协会领导成员

常务副会长　安卫国

副会长　何荏雷　刘怀祥

秘书长　姜淑娟（女）

【机构设置】 2016年，区卫生和计划生育局设办公室、人事科、规划财务科、政策法规与疾控监督科（挂卫生应急办公室牌子）、医政中医药管理与药物科、基层指导与妇幼保健计划生育服务科、科技教育与宣传科7个科室；辖2个正科级单位：区人民医院、

计划生育协会；7个副科级单位：计划生育执法检查大队、流动人口计划生育管理站、计划生育妇幼保健服务中心、区卫生监督所、区疾病预防控制中心、区卫生学校、区爱国卫生运动委员会办公室；15个股级单位：区红十字会办公室、兰山街道社区卫生服务中心、银雀山街道社区卫生服务中心、金雀山街道社区卫生服务中心、柳青街道社区卫生服务中心、兰山街道大岭社区卫生服务中心、义堂中心卫生院、枣园中心卫生院、朱保卫生院、半程镇卫生院、白沙埠镇卫生院、李官镇卫生院、方城中心卫生院、汪沟镇卫生院、新桥卫生院。年底，局机关共有干部职工105人（含计划生育协会、流动人口计划生育管理站、计划生育执法检查大队、爱卫会办公室、红十字会办公室）。

"扶贫日"健康义诊

【概述】 2016年，全区卫生计生系统围绕深化医药卫生体制改革、计划生育工作转型发展为目标，持续提升医疗卫生服务能力，改革完善计划生育服务管理模式，促进全区卫生计生工作健康发展。

【城市公立医院改革】 7月1日，全面启动城市公立医院改革，区人民医院、区妇幼保健院实施药品零差价销售，取消药品加成。实施国家基本药物制度，药品价格下降14.96%，人均门急诊药费下降24.7%，人均住院药费减少23.5%。投入70余万元搭建远程会诊与分级诊疗信息平台，实现区级医院和基层医院检查结果互认，合理引导居民常见病和多发病首诊在基层。巩固实施"先看病，后付费"诊疗模式，简化就诊流程，为更多的病人开通生命"绿色通道"。

【健康扶贫】 投入27.5万元，依托18个健康扶贫定点医疗机构，为贫困人群免费体检3974人。开展健康会诊14次，在会诊现场累计发放价值6万余元药物。为辖区贫困人群建立健康档案4241份，完成率达100%。发放"兰山区惠民医疗卡"4181张，为557名困难群众减免各类治疗费用64.1万余元。兰山区健康扶贫工作成绩在全市健康扶贫工作中位居第一名。

【医疗护理质量】 开展"优质服务年"活动，强化"三基三严"培训，提高依法执业、病历处方、精麻药品、常规护理、院感控制、检查检验、安全防范等方面服务水平，提升辖区基层医疗机构及全体医护人员的综合服务能力和服务质量。2016年，累计受理医师执业注册、变更、延续等2240人次，受理护士执业注册、变更、延续2206人次。成立群众看病就医满意度调查办公室，通过对就诊患者进行电话随访，每季度对全区各基层医疗机构满意度工作进行考核，主要针对服务环境、服务态度、服务流程、服务质量和服务收费等方面进行核查，全年累计开展电话随访5400人次，群众就医满意度达97.5%。

【妇幼卫生保健】 做好农村孕产妇住院分娩补助、增补叶酸和农村适龄妇女"两癌"检查等重大公共卫生妇幼项目工作。累计筛查乳腺癌、宫颈癌各19500人，确诊乳腺癌2人、宫颈癌18人。共计为7867名农村孕产妇发放住院分娩补助共计275.345万元；为7710名农村育龄妇女发放免费叶酸片37584瓶。累计审核《出生医学证明》办理材料14221份　打印《出生医学证明》13704份，审核和补发《出生医学证明》为295份。累计对15439名新生儿进行遗传代谢性疾病免费筛查，共计减免费用200.7万余元，对16258名新生儿进行听力筛查，并对53名听力筛查复筛未通过的新生儿进行上级转诊。

【公共卫生服务】　加大基本公共卫生服务力度，扩大基本公共卫生服务覆盖面，促进公共卫生逐步均等享有。截至年底，为全区常住居民提供预防接种、儿童保健、孕产妇保健等12大类43项基本公共卫生服务，建立城乡居民健康档案104.3万份，建档率达91.2%。全区老年人规范健康查体完成77347人，规范健康查体率达85.2%，超出全市考核指标10.5个百分点。

【国家基本药物制度】　成立兰山区合理用药专家委员会，具体负责全区医疗机构合理用药的管理、培训指导、监测评估等工作。2016年，全区通过省药品集中采购平台采购药品8368.6万元，其中国家基本药物和省增补药品7141.96万元，占采购额的85.34%。为保障药品的供应，全区遴选5家配送企业负责全区医疗机构及村卫生室的药品配送工作。

【中医药服务能力建设】　先后在14家社区卫生服务中心及镇卫生院成立“国医堂”特色科室，推动国医堂“治未病”科等重点专科建设，形成中医药区域独立、氛围浓郁、设备齐全的服务新格局。截至年底，各医疗卫生单位中医类医师人员配置达20%，门诊中医处方数占处方总数30%以上，4家医疗卫生单位被国家中医药管理局评定为山东省首批中医类别全科医生规范化培养基地。

【疾病预防控制】　免疫规划工作扎实推进，麻疹、手足口病、艾滋病等重要传染病防控得到有效控制。开展争创“全省健康促进（县）区”活动，自2015年5月被省卫计委授牌首批创建县区以来，加快推进机关、社区、学校、企业和医院健康促进示范创建工作，2016年12月，省专家组对创建工作进行考核评估。成立疫苗管理委员会，每月定期监督审议生物制品购进计划数量，确保购置使用安全，疫苗来源合法安全。2016年，建立儿童预防接种证28845人，建卡、建证率达100%，完成基础免疫41.3万余剂次，接种率达99%以上。

【卫生计生综合监督】　简化审批流程，对审批服务事项实行“一个窗口对外、一条龙服务、一站式办结”模式。开展争创“全省卫计综合监督示范区”活动，兰山区作为全省首批创建（县）区，于12月接受省专家组考核评估。2016年共对各级各类医疗机构开展综合执法检查6252次，下达卫生监督意见书6252份，监督覆盖率达100%。

【红十字会工作】　开展“博爱沂蒙”送温暖活动，

健康中国行启动仪式

世界无烟日宣传

走访慰问枣园镇、李官镇、汪沟镇、方城镇等困难家庭498户，发放温暖箱、羽绒服、棉被、西服、帆布鞋等物资价值14.74万元，发放慰问金2500元。开展“博爱沂蒙”大病救助工作，共计为16户有尿毒症、白血病、恶性肿瘤等重大疾病的困难家庭办理大病救助，发放救助资金5.2万元。做好造血干细胞捐献工作，开展干细胞捐献再动员10人，体检3人，实现捐献2人，全区累计造血干细胞捐献者达4人。做好遗体（角膜）捐献登记工作，接受遗体（角膜）捐献咨询20人次，登记12例，完成捐献1例。

【计生服务工作】 完善出生动态监测制度，在全区设立36个动态监测点，加强人口变动情况调查，科学预测出生人口变动趋势。加强妇幼保健服务能力建设，扩大产科、儿科床位供给和专业医师培养储备，开设助产及高龄、高危孕妇咨询门诊，确保孕产妇、新生儿母女安全健康。对全区办证人员进行专题培训，逐一制定统一的上报表样和格式，4月起，一孩、二孩生育服务登记和再生育审批全部实行网上办理。2016年，网上办结一、二孩《生服务手册》26730例、审批《生育证》441例。

【性别比治理】 开发建设“区域超声检查孕情监测与追踪平台”，在全区14家公立医院安装完成，将医疗卫生机构居民彩超、流引产检查等信息，按统一标准采集、汇总、上传，共收发信息47545条。打击“两非”保持高压态势，以严厉打击黑诊所、无资质行医人员为重点，对全区各级各类医疗保健机构、个体诊所、药品零售网点进行拉网式执法检查。

【计划生育利益导向建设】 落实各项计划生育奖励扶持优惠政策，深入推进生育关怀，对独生子女死亡家庭、独生子女患重大疾病家庭、独生子女病残家庭等进行重点救助。2016年，全区发放农村计划生育奖扶家庭818户（共计1247人）、特扶家庭81户（共计97人）。全年共发放计划生育家庭奖励扶助金118.56万元、特别扶助金56.22万元；走访慰问计划生育困难家庭174户，发放慰问金80.5万元。4月，开展独生子女、农村合法生育双女家庭中考加分审核工作，共审核通过计生家庭考生3534人。

撰稿：李　妮

审稿：唐　鹏

体育工作

体育办领导成员

主　任　付常明
副主任　张　德　岳宗卫　于洪涛
副主任科员　杜家海
体育中学校长　宋伟珠

【机构设置】 2016年，区体育工作办公室下设办公室、财务科、竞技训练科、群众体育科、体育产业科、体育彩票管理中心、体育市场管理办公室、国民体质测定与运动健身指导站、综合科、全民健身中心管理办公室10个科室；辖1个副科级事业单位：区体育中学；1个股级事业单位：区业余体育运动学校。年底，区体育办共有职工50人，其中具有副高级职称的教师9人，中级职称的教师和教练12人，初级职称的教师、教练员21人。

社区全民健身工程

【群众体育】 2016年，区体育办继续将开展全民健身运动作为一项重要民心工程，在全市率先实现全民健身工程全覆盖，并做好全民健身工程维修、维护及提档升级工作。同时，开展百村千人秧歌大赛、万亩荷塘健身行、全民健身月、全民健身日、健身展演、三人制篮球赛等体育活动。发挥体育总会的职能作用，先后举办临超、临甲足球联赛，"体彩杯"山东省第八届百县篮球赛临沂兰山赛区比赛等。组队参加临沂市第六届全民健身运动会万人健步走、迷你马拉松、太极拳展演、临沂市全民健身月启动仪式暨精品健身活动展演、山东省龙舟大奖赛、山东省千乡乒乓球（临沂赛区）比赛等赛事活动。同时，开展国民体质监测及三级社会体育指导员培训活动。

落实国务院和省、市有关加快发展体育产业促进体育消费的精神，探索政府购买服务的新路子，中国沂河龙舟争霸赛和临沂2016"体彩杯"国庆节龙舟赛均采用政府购买服务的方式，向社会公开招标，由符合条件的社会力量组织筹备比赛，区体育办全程参与指导，从宏观方面进行总体把控。为提高赛事水平，改善办赛条件，在沂河南湖心岛建成1处面积达350平方米的龙舟比赛专用水上浮动码头。

【竞技体育】 3月25日—4月19日，举

兰山区中小学生体育联赛排球比赛现场

办"中国体育彩票杯"2016年兰山区中小学生体育联赛，共有来自全区54所学校、2300余名学生参与。联赛共设乒乓球、排球、羽毛球、田径、篮球、足球等6个项目，比赛全部安排在周六、周日进行，达到检验训练效果，普选体育人才，增加锻炼热情的目的。

5月8日—10月18日，临沂市第六届运动会举行，兰山区共派出568名运动员，参加普通组田径、健身秧歌、象棋、龙舟及球类，青少年组跆拳道、武术、散打、拳击及球类等共计30多个项目的比赛。兰山代表团取得少年儿童组金牌总数、优秀运动员组金牌成绩、优秀运动员组总分成绩、普通组县区团体总分成绩四项第一的成绩，并获得市六运会体育道德风尚奖和最佳赛区的荣誉称号，创造兰山区参加市运会以来的最好成绩。

在组织参加市六运会各项赛事工作的同时，承办市中小学生田径、篮球、羽毛球、排球联赛和少年儿童组篮球、羽毛球、游泳、排球、田径比赛和普通组田径比赛等，并承接市六运会闭幕式。在赛事承办期间，兰山区以规范标准的比赛场地、安全卫生的食宿保障、优质高效的赛事服务受到上级领导及参赛代表队的一致好评。

【体育彩票】 2016年，全区体彩销量达3.51亿元，连续5年过亿元。位居全省县区销量第6名。12月5日，区内首次中出体彩超级大乐透一等奖2注，中奖金额每注1000万元。

【体育产业】 2016年，全区在工商部门注册的中小体育产业企业、商户有200多家，乒羽俱乐部、跆拳道馆、瑜伽馆、体育舞蹈俱乐部等各类健身俱乐部遍布城区，在区体育办登记备案的大型健身俱乐部10多家，拥有会员5万余人。兰山区在全市率先出台《临沂市兰山区人民政府关于加快发展体育产业促进体育消费的实施意见》，全区体育产业蓬勃发展，经过几年的发展，形成一条生命线（体彩销售）一个产业集群（中国体育用品城）五条特色产业链（庆华健身、连胜体育、英迪凯文体用品、化绍新钓鱼用品及天翼航模）和众多体育用品商户繁荣发展的产业格局。

【体育总会】 在各级领导和全区体育爱好者的共同努力下，区体育总会开展各类群众喜闻乐见的全民健身活动，有效发挥总会的职能作用。8月，兰山区按照省市关于加强总会建设的意见要求，在各镇（街道）及工业园区管委会挂牌成立镇级体育总会，形成以区体育总会为枢纽，以镇（街道）体育总会为抓手，以各单项体育协会及俱乐部为骨干，以村、社区健身队伍为基础的覆盖城乡、功能完备的总会网络架构体系。11月11日，全市体育总会座谈会在兰山区召开，兰山区作典型发言。

撰稿：姜修理

审稿：付常明

街道·镇概况

兰山街道

领导成员

党工委

书　记　胡忠良＊　宋奎宇

副书记　张　磊＊　施文山

张福阳（女，挂职）

刘　刚（回族）＊　顾宝忠（挂职）

委　员　顾宝忠　刘　剑＊　王钦道　缪兴顺

张玉新　郭　伟＊　王兆栋＊　杜广义

聂依顺

纪　委

委　员　杨新宇＊　冷如冰

人大工作委员会

主　任　石增辉＊　梁振勇

办事处

主　任　张　磊＊　施文山

副主任　顾宝忠＊　张玉新＊　聂依顺（兼）

张　涛　凌云志（挂职）

李慕华（女）＊　张　波

杜海霞（女）

政协工作室

主　任　顾宝忠（兼）

经济发展办副主任　王明生

社会事务办副主任　刘安忠

社会稳定办副主任　张爱萍（女）

党政办副主任　张　虹（女）

建设管理办副主任　丁国梁

安监办副主任　王玉磊

【机构设置】　2016年，街道机关设党政综合办公室、党建办公室、经济发展办公室、安监环保办公室、重点项目推进办公室、卫生计划生育办公室、宣传统战办公室、城市建设办公室、城市管理办公室、征收及还建结算办公室、信访稳定办公室、社会治安综合治理办公室、农村事务办公室、社会保障办公室、党风廉政建设办公室，共有工作人员229人。

【概述】　街道位于兰山区西南部，东至沂蒙路、东北隔祊河与柳青街道相望，西邻义堂镇、临沂工业园区管委会，南接银雀山街道，北靠义堂镇。总面积57.9平方公里，辖15个城市社区、12个农村社区、20个行政村，常住人口17万人，流动人口50万人，街道机关驻育才路与蒙山大道交会处。辖区市场党建“党旗红、市场旺”市场党建项目和“大市场、大群团”市场群团组织建设，促进市场发展步伐，新荣获“中国物流示范基地”“中国教育用品采购基地”“中国体育用品采购基地”“中国厨具用品采购基地”“中国劳保用品采购基地”等多项称号。2016年，完成地方财政收入10.27亿元，工业总产值20.2亿元，利税1.3亿元，进出口总额41.7亿美元，完成固定资产投资90亿元，服务业固定资产投资80亿元；完成拆迁面积45万平方米，建设面积98.8万平方米，其中竣工建筑面积60万平方米，获得全市科学发展综合考核一等奖。

【党的建设】　围绕“抓党建、促发展、保稳定”的工作思路，把党建工作贯穿于各项工作中，坚持党建工作和中心工作同谋划、同部署、同推进、同考核。

集中整治软弱涣散班子3个，进一步整合区域党建资源，建立区域党群服务中心，成立街道"大工委""两新"组织综合党委、城市社区"大党委"，拓宽服务内容，激发党建活力。全街道成立15个城市社区"大党委"，建立19处区域党群服务中心、9处市场党群服务中心、4个新建城市社区。立足"三商"党建，重点打造兰田、华强等市场党建示范点，把握"党旗红、市场旺"主线，以党建工作推动商城国际化发展。其中，兰田集团获得中共中央颁发的"全国先进基层党组织"称号。

【商城国际化】 落实全市商城国际化发展战略，电商产业实现蓬勃发展。2016年，投资1700万元的临E商城电商平台于11月11日正式运营；兰华集团与阿里巴巴1688平台合作，成立兰华永安汽车用品城网络商务平台；全年新增有进出口实绩的企业51家、有外贸资质的商户126个，对商户开展商城国际化业务和相关政策培训5000人次。全年街道利用境外资金500万美元，进出口总额41.7亿美元；外贸参展21个，完成300%；新增实绩外贸出口企业36家，完成180%；境外投资额完成3545万美元，完成120%。兰华集团、顺和集团等社区村、集团企业，不断开拓新领域，临沂淘宝生态城、兰华齐鲁e谷等电商项目，先后被省、市、区各级领导多次检阅。

【商贸重点项目】 7月，投资2.3亿元，集批发零售、电子商务、产品研发于一体的中国体育用品城开业运营，并成功申请为中国体育用品采购基地。投资4.68亿元、建筑面积9.3万平方米的顺和国际建材家具生态城于10月开业试运营，与富尔玛集团强强联合，引进先进的经营理念和"互联网＋实体店"的运营模式，提升经营水平；投资4.9亿元的华强建材物流仓储园完成19.87公顷土地摘牌，15.67公顷土地正在办理手续；万泰商贸城二期正在办理规划等手续；兰华集团投资3000万元改造提升兰华国际家具城，新增可利用面积4万平方米，市场经营结构更加合理，商品运输储藏更加便捷；投资500万元规划建设总长755米的临西十三路，并进行亮化、绿化，铺设人行道板和下水管道。

【城市建设管理】 加大城建投入力度，完善市政基础建设。2016年，投入100余万元，完成道路硬化整修6.9万平方米；绿化10.1万平方米，12个花园式小区顺利通过验收；实际新开工住宅楼78栋，续建住宅楼10栋，续建、新开工面积98.8万平方米；新建公厕10座，新增垃圾桶2385个。城管队伍建设不断加强，有队员153人，村（社区）配备协管员386人，"大城管"工作模式初步形成。"两违双控"工作成绩显著，全年共开展拆除违法建设专项巡查327次，摸排违法建设案件1581起，面积13.5万平方米，拆除违法建设32起，拆除面积4.7万平方米。

【民生事业】 社会治安方面，投入134.6万元完成辖区内雪亮工程视频监控全覆盖。文化教育方面，建成文化广场52处，文化大院47处，有各类群众文化队伍49支，开展各类文化活动1150余场，受益群众26.5万人；累计投入2000余万元对十四中、兰山小学、育才小学、南道小学、第二中心幼儿园等教育基础设施进行建设。扶贫优抚方面，全年办理低保户203户，优抚对象503人，发放各类民政优抚资金2300万元。2649名被征地农民参加养老保险，12.1万人参加医疗保险。社会和谐方面，全年共排查矛盾纠纷895起，调处纠纷753起，受理信访案件338起，结案率100%，一次性结服率80%，回访率100%。安全生产方面，发挥街道安全生产管理三级网络作用，实行街道两委成员带班夜查安全生产制度，实现安全生产形势总体平稳，事故起数、经济损失逐年大幅下降。

【整风肃纪】 严格落实中央“八项规定”，把纪律和规矩挺在前面，严格执行《条例》《准则》相关要求，倡树“干事创业、诚信务实、责任在我、事争一流”的思想，实行“一岗双责”提高机关效能，机关人员下沉到一线，联系村（社区）。改革农经管理，建立财务监管信息化，实现村居企业财务网格化、动态化、公职化、专业化的“四化”管理。实行经管、审计分离，推行服务社会化，建立重点村居、集团企业财务月报制度和跟踪审计制度，杜绝违纪违规问题。

撰稿：闵　鹤

审稿：张玉新

银雀山街道

领导成员

党工委

书　记　刘英娣（女）

副书记　孙钦仕　郭爱民*　王　莹（女）

刘相跃（挂职）

纪　检

书　记　李　波*　陈国江

委　员　郑远献*　李　波*　张际坤

杜广义*　李慕华　陈国江

曲宝立*　王　琛　刘立勇

刘传伟

人大工作委员会

主　任　王忠臣*　杨新宇

副主任　郑远献*

政协工作室

主　任　郭爱民*　王莹（女）

办事处

主　任　孙钦仕

副主任　郑远献*　张剑非*　张际坤

赵树军　邵泽鑫　赵同亮

【机构设置】 2016年，街道机关设党政办、组织办、宣统办、人大工作办、武装部、纪委、老龄老干办、工会、团工委、妇工委、督查办、文化站、文教办、卫生食品安全办、财政所、审计办、民政办、人保所、建设办、征收办、园林所、环卫所、环保所、数管办、城管防汛办、经贸办、统计站、安监办、城建税收办、经管站、农业办、综治办、信访办、司法所、610办、计生办等，共有工作人员126人。

【概述】 街道位于临沂中心城区，辖区东起沂蒙路，西至兖石铁路，南接罗庄高新技术开发区，北以解放路为界。辖13个社区，其中城市社区8个，农村社区5个，辖区面积16.6平方公里，总人口17.5万人，街道机关驻金雀山路与王庄路交会处。

2016年，街道围绕“走在前列，保持全市第一方阵”战略目标，突出旧城改造、工业经济、服务业发展、民生事业和党的建设五大重点，内强外拓，发力赶超，各项工作取得新进展、新成效。全年实现地方财政收入7.4亿元，工业总产值100亿元，实现规模工业主营业务收入95亿元。承担鲁南贝特扩建、鲁商金悦城、华润中心、油棉厂四季城、翔龙钢铁厂片区改造、五里堡陶然路片区改造等10个全区“205070”项目。先后获得“乡镇科学发展综合考核一等奖”“全市信访工作‘三无’街道”“全市安全生产工作先进街道”等12个市级以上称号。为全市经济工作观摩会、全市区域化党建现场会等提供观摩点。

【重点项目】 将重点项目推进作为街道工作重心，将征收改造作为工作的主战场，分片推进，挂图作战，加速旧城改造，推进产业升级，积蓄发展后劲，取得一定成果。

重点片区加快推进。截至年底，七里沟片区1217位民房签订协议1100位，完成总任务量的90%；鲁商金悦城一期山重建机厂区8.13公顷土地7栋高层全部封顶，销售态势良好；前进机械厂、纬光建陶地块8.53公顷土地办理了有关手续，准备挂牌；对学校、幼儿园地块进行规划设计；对整个片区拆迁成本进行评估测算，准备分地块挂牌。钢铁厂片区出让地块全部拆迁完毕，由荣盛地产和宝德地产摘牌。临西九路片区剩余前岗头6户、后岗头6户，集中扫尾。街道全年完成征收面积25万平方米。

城建项目进展顺利。油棉厂四季城项目一期7栋楼完成土方开挖，进行基础施工。溪苑兰亭一期5栋楼全部封顶，进行内部装饰。银河湾年初就实现回迁入住。银雀华府12栋楼全面交付使用。五里堡陶然路片区土地实现摘牌，动工建设。街道全年完成棚户区改造1476户，建设楼房面积45万平方米。

服务业项目持续繁荣。落实市区“三引一促”工作部署，以“内涵发展、转型升级”为目标，促进现代服务业向高端发展。大润发超市进驻久隆奥斯卡地下负一层，于9月28日成功开业，客流量最高峰达5万人次/日，广场周边商圈更加活跃。万力广场装饰工程即将完成，招商工作同步进行。华润中心西地块凯旋门项目8栋公寓楼交付使用，东地块“万象汇”进行开挖土方，C、D商业楼完成基础施工。

工业项目态势良好。服务鲁南制药“二次创业”，鲁南现代中药产业园完成设备安装，进行洁净地面、保温和自动控制。鲁南贝特扩建项目主体框架全部封顶，进行砌墙抹灰。

【城市管理】 按照“生产空间集约高效、生活空间宜居适度、生态空间山清水秀”的要求，注重城市管理的科学化和精细化，工作取得显著成效。

加大老旧小区治理管理力度。配套资金800余万元，对1995年以前建成的55个老旧小区进行整治改造，惠及辖区群众7000余户。同时，创新无人管理小区物业管理模式，在东苗庄等4个社区成立社区物业管理中心，对无人管理小区进行试点管理。

抓好重点领域整治。以全国文明城市创建为契机，对辖区内22条道路进行绿化补植，新增绿化面积6.2万平方米。实行24小时城管错时执法，查处占道经营、流动摊点5100余起、铁皮屋64处、违规灯箱广告1400多个。

持续做好城乡环卫一体化。排查维修27座垃圾站、52个公厕，更换1600个垃圾桶，实现管理的精细化、常态化和网格化。

严查严控违法建设。落实包片责任制，对辖区内违法建设进行全面精准排查，从拆迁片区、街边棚厦、公共区域等群众较为关心、反映较为强烈的地方入手，依法治违，铁腕拆违，全面加大对违法建设的查处、管控力度，拆除违法建设5228平方米。

扎实推进大气污染防治。督促鲁南制药、恒源热电两家重点企业，按时完成废气、废水的整治提升任务。持续巩固燃煤小锅炉整治效果，查处环保违法案件20余起，拆除燃煤锅炉5台，取缔土小企业5家，关停煤炭经营网点5处，推广清洁煤炭253.3吨。对辖区5处拆迁工地、9处建设工地进行拉网式排查，全面治理扬尘污染。对525家餐饮企业进行督导检查，开展油烟治理。

【民生事业】 把改善民生作为一切工作的出发点和着力点，把民生工作作为政府的头号工程来抓。继续加大民生投入，打通服务群众最后一公里，让群众最大限度享受发展成果，提升群众的获得感和满意度。

弱势群体得到更多救助。全面做好扶危济困、敬老助残工作，通过政策救助、企业帮扶、民政兜底多种帮扶形式，辖区3户贫困户实现全面脱贫。落实社会救助“一门受理、协同办理”，为262户低保、363名残疾人、310名老人、36名儿童、160名军烈属等各类困难群体，发放救济救助资金610万元。

文化事业不断繁荣。开展“我们的节日”主题活动，在传统节假日、重要节庆等组织秧歌比赛、文艺汇演等大型演出15场次，组织送电影、送戏曲进社区150余次。打造社区特色文化队伍，发展知名特色文化队伍5支。东苗庄、新华、宏伟等社区文化队伍在市、区组织的秧歌汇演中取得优异成绩。

移风易俗观念渐入人心。大力推进移风易俗，通过党员干部带头承诺、制定奖惩补助政策、培训红白理事会成员等措施，全面落实婚丧事简办标准。

便民设施更加齐全。改扩建街道敬老院，建立街道医养结合中心。新建启阳小学、西郊实验小学后岗头校区2处小学，陆王庄临西七路农贸和红星农贸2处农贸市场，五里堡、后岗头、三合屯3处社区服务中心，方便群众，满足群众生活需求。其中，

庆“七一”文艺晚会

东苗庄在全区率先成立慈善服务中心，并对便民服务中心等4个中心进行改造，为提升社区综合服务模式提供样板示范。

社保水平不断提高。扩大社会保障覆盖面，提高保障的层次水平。全年实现6.7万名城乡居民医疗保险参保续费、8600名城乡居民养老保险参保续费，征缴保费3300余万元。1400人参加女性安康保险、6000名老人参加银龄安康保险。完成企业新增就业1800人，完成灵活就业人员资格认证1800人，发放小微企业创业补贴127万元。

【保障工作】 突出稳定和组织两大保障，为项目建设、经济发展和社会事业营造和谐的环境。

抓实平安建设，保持社会形势稳定。坚持末端处理和前端治理相结合，针对“遗留问题”“敏感区域”和“重大工程”等重点领域，提前研判抓源头、责任到人抓包案、快速应对抓处置，及时化解矛盾纠纷和信访案件。全年共办理省、市、区交办案件13件，结案率为100%。实施“雪亮”工程，加大治安巡逻防控和治安监控的安装，群众安全感显著提升。开展安全生产“大、快、严”整治活动，委托第三方对重点企业进行安全生产评估，企业安全生产水平大幅提升，全年安全生产形势平稳。

突出党建核心，夯实基层组织基础。牢固树立抓好党建是最大政绩的理念，以高度的政治自觉全面抓好基层党建，铸强党建核心。深刻把握“两学一做”要求，做好规定动作，创新自选动作，开展5期轮训和“双述双评”。按照区域化党建的要求，街道成立“大工委”，选派5名辖区单位党组织负责人担任街道“大工委”兼职委员，8个城市社区成立“大党委”，选派28名属地单位党组织负责人担任“大党委”兼职委员，初步形成以街道党工委为核心、以社区党组织为基础、以社区全体党员为主体、社区单位党组织共同参与的“四位一体”区域化党建新格局。街道按照要求，新成立4个新社区，分别是银河湾社区、银东社区、桃源社区、银城社区。8月，精心打造区域党群服务中心，作为现场观摩点迎接全市区域化党建现场会，并取得圆满成功。

撰稿：臧成勇

审稿：刘英娣

金雀山街道

领导成员

党工委

书　记　孙兰珂＊　田宗春

副书记　田宗春＊　韩殿永

孙星梅（女）＊　曹景强

委　员　肖继光＊　曹景强＊　相春国

陈凡存　王经略　史庆德＊

杜　强　丁明庆　李连清

纪　委

书　记　曹景强＊　王经略

人大工作委员会

主　任　朱兴顺＊　孙星梅（女）

办事处

主　任　田宗春＊　韩殿永

副主任　肖继光＊　张　琳（女）＊

范永利＊　闫勋全（挂职）＊

陈凡存　肖颖颖（女）张宝玉
刘伟然

政协工作室

主　任　肖继光*　曹景强

副科级干部　彭善启　金　迪　张洪生
毛怀赟　唐晓东

【机构设置】 2016年，街道机关设党务办、社会事务办、综治工作中心、经贸办、城建办、卫生计生中心、城管中队7个大办公室。党务办公室分为党政办、纪检监察室、组织办、宣教办、武装部、团工委、妇工委、工会办；社会事务办公室分为服务大厅、财政所、社保所、民政办、审计办、经管中心、文教办、信息办；综治工作中心分为综治办、司法所、信访办；经贸办公室分为统计站、科技科协办、商务办、安监站、农业办；城建办公室分为建设办、物业办、环保办、环卫所、园林所、水利站。截至年底，街道共有在编工作人员123人。

【概述】 街道位于临沂市中心城区，是兰山区委、区政府所在地，东至沂河，西接兰山街道和银雀山街道，南到陷泥河，北依祊河。街道辖13个城市社区，总面积18.46平方公里，常住人口18万人。辖区内的金雀山、银雀山，因曾出土《孙子兵法》《孙膑兵法》汉墓竹简而闻名于世，华东革命烈士陵园为全国文物重点保护单位，沂河、小涑河、青龙河、陷泥河分别流经辖区，沂河小埠东橡胶坝为亚洲第一橡胶坝。

2016年，明确“12345”的总体发展思路，即以争创“全国和谐社区建设示范街道”“全国文明单位”为定位，明确“各项工作稳步走在全区前列不走样、科学发展综合成绩位列第一方阵不掉队”两个目标，抓牢“旧城旧村改造、城市服务业发展、和谐社会建设”三项重点工作，打好“片区改造压茬推进攻坚战、经济发展转型升级提速战、社会治理和谐规范持久战、基层党建持续加强保卫战”四场战役，培育“基层党建工作是龙头、城市管理和创建文明城市工作是模范、综合治理工作是标杆、移风易俗工作是表率、医疗扶贫工作是样板”5个方面的典型，建设美丽、富裕、幸福、活力金雀山，组织建设不断加强，城市面貌焕然一新，社会事业蓬勃发展，民生事业持续改善，各项工作齐头并进，亮点纷呈。全年完成社会生产总值115亿元、固定资产投资74亿元、一般公共预算收入4.26亿元，分别增长10.5%、20.1%、15.3%。

2月17日　居民在火车站广场载歌载舞，欢度新春佳节

【城市建设】 坚持以城建工作为中心，聚焦主业不偏向，为发展提供坚实基础，为考核提供物质支持。火车站片区53栋还建居民楼全面开工建设，工程总进度已超过50%；东风东关片区居民回迁安置工作于3月28日启动，社区居民回迁率已超过92%；南坛片区工程建设和手续办理同步推进；埠东家园二期、三里庄平安华府、交通技校等多处还建工程稳步推进。组织开展两期征收扫尾攻坚月活动，由街道书记层领导牵头，实行科级干部包户制度，完成东风东关、埠东家园二期等片区11户尾子户的协

议签订、火车站片区还建地块上23家非住宅项目征收，解决涑河一期4户回迁户的遗留问题。全年共征收房屋24万平方米，超额完成既定任务。

【"三引一促"工作】 街道连续开展"大块头"片区改造机遇，深挖潜力、放大优势，全面打响"三引一促"攻坚战，房地产和商贸服务业两大主导产业持续壮大。全年完成房地产开发建设面积104万平方米，新增商贸服务业设施面积35万平方米，超额两倍完成全年任务。全年引进并利用市外资金8.5亿元，引进投资过亿元项目3个，签约备案项目6个。利用四大商圈有效载体，引进高端服务业项目48个，全年完成服务业固定资产投资73亿元，限额以上贸易业企业达到85家，实现零售额67亿元。

【工作机制】 7月以来，新的街道领导班子到位以后，围绕机构设置、机关作风、工作考核和各项重点工作的推进，抓管理、转作风，调机制、提效能，定制度、抓落实，实现机制运转更加顺畅，发展动力更加强劲。

工作区的成立和运行，确立发展"突击队"的地位。成立三里庄、南坛、东关3个工作区，抽调人员到工作区任职，明确工作区统揽、管理、服务、协调四项职责。各工作区紧盯社区班子建设、重点项目推进、信访老户化解、尾子户的解决等各项重难点问题。

各项制度的出台和落实，夯实跨越发展的基础。一年来，围绕党建、城建、城管、经贸、安全生产、信访稳定、移风易俗、两违双控、工作作风、社区干部工资调整等各个方面，出台一系列管理制度，通过落实制度抓管理、促提升、助发展，逐步形成内部管理不断规范、机关作风持续转变、社区班子战斗力极大增强、各项工作快速推进的良好工作局面。

层级工作机制的建立和推进，形成强有力的工作抓手。每周召开重点工作调度会，形成每周工作安排表；每双周现场调度督导创城、城管工作，一线督导、现场调度，限期整改促长效；每月督导一次社会治安综合治理民兵站岗巡逻工作，对社区创城、城管、信访等工作进行月考核，及时兑现奖惩；每季度督导一次安全生产工作，研究一次党建工作，听取一次纪检工作汇报；每半年召开一次工作总结会议，总结经验、查摆不足，推动发展，形成人人抓业务、层层抓发展的工作机制。

【党的建设】 牢固树立党建工作核心意识，抓好班子强队伍，为发展提供坚实保障，为稳定提供人力支撑，履行从严治党管党的责任。

制定出台《关于加强党的建设　提高班子战斗力的意见》，通过强化教育培训，提高社区干部个人素质和工作能力，培养后备干部，建立梯次人才储备库；通过强化内部管理，建设一支风清气正、能征善战，敢打硬仗、勇于担当的社区干部队伍；通过强化经费保障，提高社区干部工资待遇，形成完善的退养机制，解决社区干部退休、退职、离职的后顾之忧；通过强化组织领导，成立工作小组，定期研究党建工作，建立体系完整的党建工作制度，确保党建工作常抓长抓，抓出实效。在2016年的

全区科学发展综合考核中，街道党建工作获全区第一名。

按照区域化党建要求，成立街道“大工委”和“两新”组织综合党委，选派5名辖区单位党组织负责人担任街道“大工委”兼职委员，13个社区全部成立“大党委”，吸收41名社区“大党委”兼职委员，高标准打造东北园社区党建、首联旺角商圈党建、金玉山楼宇党建3个区域化党建样本点，代表全区为全市党建工作现场会提供现场观摩点。

党风、作风建设持续加强。始终坚持把预防腐败工作作为首要任务来抓，把预防腐败、维护稳定和工作开展、推动发展相结合；先后两次对街道机关中层干部进行调整，严格按照组织部门人员调整的工作程序进行；贯彻落实中央“八项规定”，以反对“四风”为突破口，修订街道机关考勤制度，形成赏罚分明、令行禁止的工作局面。

【民生保障】 保障更惠民。在全市首创医疗精准扶贫救助活动，先期拨付50万元专款，用于对辖区贫困居民实施医疗报销后余额的全额报销；对60个老旧小区进行全面提升改造，惠及居民3万余人；通过党员干部带头、红白理事会引导、奖励扶助等措施，深入推进移风易俗工作。

服务更便民。投资2400万元新建的街道卫计服务中心投入使用，在全省率先实现卫生计生联合办公；全年完成城镇居民基本医疗保险参保7.5万人，发放基本养老金590余万元，发放各类救助慰问金700余万元；畅通“12345”市民服务热线办理机制，按时办结率100%，群众满意率达99.8%。

管理更利民。依托街道城管中队，建立健全创城、城管双周现场督导、网格化管理、月绩效考核、微信即时督导等各项制度，形成富有特色的金雀山街道城市管理模式。全年彻底清理流动摊贩1000多个，规范店外经营3000余家，依法拆除私搭乱建、违法建设400余处，拆除面积达1万余平方米，创城、城管和两违双控工作始终走在全区前列；做好安全生产工作，累计开展4次拉网式安全隐患大排查活动，检查单位、企业、经营户8613家（户），排查整改重大安全隐患11处；深入推进“雪亮工程”，投入120万元建设高标准街道综治服务中心，实现重点部位全方位全天候监控，开展创建无命案街道、无刑事案件社区、零发案小区的“双无一零”创建活动；强化措施、稳步推进，化解信访积案25起，不稳定因素大幅减少；高度重视大气污染防治工作，把辖区31处建设、拆迁工地，79家烧烤店，429家餐油烟企业和38条主次干道全部纳入网格内细化管理，全面取缔37个10吨以下燃煤锅炉，并形成常态监管机制。

撰稿：孙宝华

审稿：张宝玉

柳青街道

领导成员

党工委

书　记　潘　瑜＊　张　磊

副书记　张灿彪＊　孙鹏飞

　　　　周凤彬　杨新宇（挂职）*

委　员　王志鹏＊　刘相跃

　　　　杨　磊　韩庆乐＊

　　　　陈维国＊　付克锋＊

　　　　刘　剑　王　静（女）

　　　　岳孝雷　张建华

　　　　闫勋全

人大工作委员会

主　任　刘存才＊　杜　清

政协工作室

主　任　张灿彪＊　周凤彬

纪　委

书　记　刘相跃＊　杨　磊

办事处

主　任　张灿彪＊　孙鹏飞

副主任　韩庆乐＊　刘　剑

　　　　温秀婷（女）

　　　　赵国江　史立庆

【机构设置】 2016年，街道设行政农经还建办公室、人大经贸安保农业计生办公室、党群政协信访综治办公室、党风廉政效能督察办公室、城市建设管理办公室5大办公室；设南坊社区、明坡社区、古城社区、沂河社区、朱夏社区、柳青苑社区、曲沂社区、杏花社区、桥坊社区、大官苑社区10个社区党委。截至年底，共有工作人员182人。

【概述】 街道位于临沂市区正北部，沂河、祊河与柳青河三河交汇口的北侧，是临沂市城市总体规划“一河五片”的重要组成部分。下辖30个行政村（社区），控制规划面积57.03平方公里，其中8个行政村（社区）纳入一期旧村改造范围，面积23.7平方公里，建设合并成为5个还建社区；16个行政村纳入二期旧村改造范围，面积为26.7平方公里。2016年，全街道实现地方财政收入13.5亿元。

【农业农村】 2016年，投入防汛资金150万元，疏通沟渠5万米，动用土沙10万立方米，确保夏季

3月21日，区领导巡查柳青街道工作

安全度过汛期。清理养殖场15处，停养转产3处，完成动物防疫任务。全年街道居民参加城乡居民养老保险人数累计达30615人，征收养老保险金共1193.57万元，其中领取养老保险待遇的共12502人，基本上实现应保尽保、老有所养，使党的惠民政策在基层得以充分落实。

11月8日，郑城子清村拆迁现场会

【招商引资】 抢抓机遇，深挖潜力，放大优势，始终咬定发展不放松，房地产和商贸服务两大主导产业持续壮大。2016年，40个续建和新开工房地产、商业项目已累计完成总投资96亿元。随着周围环境的优化，城市管理服务水平的提升，二期新一中东侧城开新欧鹏、金属城片区恒大、保利、青岛银盛泰、日照安泰、万城置业等一批临沂新“地王”的出现，掀起新一轮房产开发热潮。随着一期城市功能不断完善和二期开发的深入推进，街道在保持房地产业稳定增长的同时，抓好“三引一促”工作，加大对商贸服务业的招引力度和服务力度。一期沿柳青河两岸、沂蒙路中轴线、市政府中轴线三大商圈建设基本完成，鲁商中心、齐鲁园广场、颐高上海街等城市商贸综合体项目吸引近百家国际国内知名商贸企业集聚辖区；商会大厦、IEC、IFC、环球汇金湾、招商大厦等100余栋写字楼吸纳1269家企业进驻经营。同时，引进食乐淘、麦德龙、新欧鹏教育集团、上海交大教育集团、北汽集团等大型商贸项目，在第三产业培育上又跨上一个新台阶。

全年引进并利用市外资金38亿元。引进世界500强企业项目2个。新开展产学研企业3家，引进科技成果3个，引进B类创新人才4名，超额完成全年任务。完成规模以上工业总产值49.6亿元，主营业务收入45.5亿元，工业利税3.21亿元。限额以上服务业实现销售额21910万元，完成固定资产投资102亿元，实现引进完成过10亿元服务业重点项目8个。

【城市建设】 2016年，紧跟北城新区开发建设和扩容提质有利时机，加快推进北城二期征收和城市化建设进度。

还建方面，二期累计完成建设面积140万平方米，重点项目古城社区南区建设任务除施工障碍外基本完成。全街道在建还建居民楼156栋，其中新开工7栋高层居民楼，续建149栋居民楼；分配居民楼28栋，回迁还建居民1005户，分配面积14.2万平方米。

征收方面，根据市区安排，对二期安排的重点项目进行突击征收，澜泊湾、麦德龙、宝德地产等重点项目用地障碍全部拆除完毕，BRT总站、公交换乘站、供热管网工程、西安路柳青河桥、祊河桥、南京路桥等道路建设障碍拆除完毕，顺利实现“清零收官”。下半年启动金属城片区拆迁工作，9月底，金属城66.67公顷土地全部征收完毕，共拆除金属城建筑面积35万平方米，利用三周的时间将周边27家企业7万余平方米清理完毕。全年总计拆除面积50.47万平方米。其中，企业57家，面积45.4万平方米；民房101位，面积1.5万平方米；清理花卉、蔬菜大棚64处，面积3.1万平方米；清理树木8.8公顷；

迁移坟墓 2462 座。

【财税工作】 在面临片区建设进一步提速、企业外迁、税源减少的形势下，始终坚持以组织收入为中心，挖潜增收，实现应收尽收，税收收入实现历史性突破。地方财政收入实现跨越式增长，以年均 40% 的增幅递增，由 2012 年 4.37 亿元到 2015 年 12.1 亿元，2016 年实现 13.5 亿元，超额完成“三年倍增、五年跨越”任务；金河、曲沂、大官苑、朱夏等还建社区沿街商业及写字楼、购物中心全部建成并投入使用，社区集体资产增值突破 5 亿元，年均收入超过 1500 万元。

【安全生产】 面对严峻的安全生产形势，办事处把各项安全生产措施落到实处。深化宣传教育活动，加大重点部位的监督检查力度，及时责令整改，防患于未然。全年共开展行业安全检查 100 余人次，排查整治大小安全隐患 400 余起，其中排查规模调度企业 11 家、烟花爆竹经营部 15 家，排查出重大隐患 17 起，已全部整改到位。

【环境卫生】 借助文明城创建契机，累计投入社区建设资金 2500 万元，开展社区绿化美化、环境卫生整治等工作，完成社区硬化及修补路面 2 万平方米，修补绿地 4000 平方米，修补安装楼道灯 200 余盏，栽植绿化树 2 万棵，在社区新安置垃圾箱 2000 余个，清除小广告 3 万余处；加强秩序整顿工作，清理占道经营 16 余处，拆除私搭乱建违章建筑 1.3 万平方米，彻底解决还建社区脏乱差现象。

多措并举，治理大气污染，及时解决 12345 信访单 76 件，大气办督办单 7 件。按照“火炉进店、烧烤进院”的要求，取缔露天烧烤店 18 家。全面排查土小企业和小锅炉，拆除燃煤锅炉 16 台，关停土小企业 23 家。

推进城乡环卫一体化，投入环卫资金 140 万元，对街道进行环卫综合整治，保洁道路面积 42 万平方米，保洁河沟汪塘面积 26 万平方米。

【民生保障】 改善办学条件，合理配置教育资源，已建成小学 12 处、初高中 4 所，市财政拨款在建幼儿园 5 处，另新建市直小学 1 所、区直中学 1 所；协调杏花老年养护院及老年公寓的项目审批，杏花老年养护院规划已办理。畅通“12345”市民服务热线办理机制，共受理诉求 12334 件次，办理率 100%，办结率 100%。组织专门力量，清理大青山路夜市、汤河路马路市场，同时与城管等部门对接，合力打造戴城子农贸市场点、柳青苑农贸市场点，既规范化管理，又方便群众生活；加强食品安全宣传、监督和检查，对学校及周边食品安全检查 510 家，下达责令改正通知书 237 份；开展学校周边小饭桌专项整治工作，检查学校周边小饭桌 30 余家。

【综合治理】 投资 200 万余元建成一类标准综治中心，已有 28 个社区（村）实现综治信息与街道共享。配合“雪亮工程”加强社区电子监控、自动报警灯设施建设，推进区域联网报警系统进社区；坚持以防为主、打防并举，精确打击、有效防控邪教组织违法犯罪活动。

【信访稳定】 坚持末端处理和前端治理相结合，针对“遗留问题”“敏感区域”和“重大工程”等重点领域，提前研判抓源头、责任到人抓包案、快速应对抓处置，及时化解矛盾纠纷和信访案件。全年有效化解来信来访 195 起，化解市、区交办信访积案 5 起，信访量下降 20%。

【党的建设】 整顿队伍作风常态化。积极履行从严治党管党的责任，围绕“两学一做”学习教育要求，深入开展“转作风、提效能、促发展”活动，成效显著；认真落实党风廉政建设，加强对中央“八项规定”、市纪委“十条禁令”和区委“二十二条规定”等制度规定落实情况的监督检查，着力整治“四风”

方面的突出问题。全年，街道共立案查办违纪违法案件24件，给予党内警告处分4人，党内严重警告处分2人，撤销党内职务处分2人，开除党籍处分17人。探索党建工作区域化。探索成立城市社区——金润社区，建立社区党群服务中心，服务区域内党员群众，采取社区党委、社区居委、社会组织、共建单位、物业公司、业主委员会六方力量共建共管，提高党员服务水平和服务效率。

撰稿：王孝法

审稿：张　磊

白沙埠镇

领导成员

党　委

书　记　王金生＊　郑国田

副书记　郑国田＊　刘存才　王桂华

委　员　邱凤香（女）＊　相春国＊　李云华＊　刘世文＊　张际坤＊　夏春礼（挂职）＊　柴秀军　周升金　陈庆涛　张　美（女）　范永利　刘学智

纪　委

书　记　邱凤香（女）＊　陈庆涛

人大主席团

主　席　房庆良＊　王金光

副主席　李云华　马淑霞（女）

政　府

镇　长　郑国田＊　刘存才

副镇长　张际坤＊　武传仕＊　夏春礼（挂职）＊　柴秀军　冯汝彬　杨爱涛　汤晓磊

主任科员　邱凤香（女）

副主任科员　陈志华

【机构设置】　2016年，镇机关设党政办、经贸办、综治信访办、计生办、建设办、农业办、审计办、组织办、宣传统战办、民政办、扶贫办、武装部、纪委、督查落实办、农经中心、财政所、司法所、统计站、科协、妇联、工会、团委、老龄办、农技站、林业站、农机站、兽医站、文化站、卫计办、便民服务大厅等，共有工作人员91人。

【概述】　白沙埠镇位于兰山区北部，总面积70.26平方公里，东临沂河，西接沂蒙路，南已纳入北城新区二期建设，北靠临沂镇山，距市行政中心8千

孝友祠

米，滨河大道、朱七路纵贯南北，北外环、文化路、玉平高速连接线（连接京沪高速）横跨东西，紧邻206国道，距离火车站、临沂飞机场不足20千米。全镇辖33个行政村（社区），共有2.2万户，总人口7.2万人。辖区地势北高南低，孝河、柳青河分别流经南部和西部。农作物以小麦、水稻、玉米、地瓜、花生、莲藕为主。工业以水表、机械铸造、纺织、铅业制造、保温容器、建材、化工行业为主，尤以水表最为出名，成表及配件产销量居全国前列位置，具有“中国水表之乡”称号。

白沙埠镇是“孝圣”王祥、“友圣”王览、“书圣”王羲之的故里，曾被唐太宗御书“天下第一孝”、被宋太祖列封为“二十四孝”之首、被明世宗手书“孝友格天”匾额，具有独特的历史人文资源优势，是中华孝文化、“中国第一豪族”临沂琅琊王氏“孝悌文化”的重要发源地。著名的琅琊王氏（王吉、王骏、王祥、王览、王导、王敦、王羲之）与琅琊诸葛氏（诸葛亮、诸葛恢）都曾在此居住。有王祥卧冰处、王祥太保林、孝友祠、中丘城遗址、鸿福寺遗址、白云寺遗址等省、市、区级古文化遗址37处。王祥“卧冰求鲤”名列“二十四孝”，其弟王览以友爱兄长而名列“二十四悌”。

2016年，全镇有规模企业38家，规模工业总产值77亿元、社会固定资产投资38亿元、实现公共财政预算收入6047万元。

【工业】 投资3.5亿元铸宝水表建成3层车间1个，投资3亿元中联包装建成车间3个；投资2.2亿元的三杰包装项目一期投入生产；鲁蒙水表投资1.5亿元，对水平脱箱、V法真空铸造、消失模自动化流水线进行升级改造。投资1亿元的美国AMC公司中国橱柜采购生产基地的2栋展示区主体已经投入使用。金耐动力、济泰饲料、焕然装饰、天迈装饰等一批过亿元项目纷纷投产达效。济泰饲料、沂龙水表分别和山东大学动力工程学院、临沂大学生命科学院建立产学研合作；铸宝水表、亚翔水表分别争创市中小企业局颁发的技术创新企业、一企一技术中心2个研发平台。高翔、冠翔等6家企业共引进10项技术成果；高翔水表等7家企业申报专利技术16项，其中发明专利5项、实用新型专利11项；鲁蒙水表等8家企业分别签订产学研合作；17家企业与“好品山东”平台达成合作协议。铸宝水表等3家企业争创6个市级以上研发平台；13家水表企业申报市级智能仪表产业技术联盟。

【环境治理】 严格落实新上项目规定，实行新建项目节能评估和审查制度、环境影响评价制度，对不符合环保要求的项目，一律不准建设，从源头上杜绝新污染源的产生。健全环保工作考核督查机制，严格实行环保一票否决制，确保各项环保工作令行禁止，落到实处。先后对鸭蛋沟、吴屯北沟、孝河、干渠等4条河道开展专项整治，实施控源截污、河道清淤、环境整治、生态修复“四大工程”，全面推进企业、养殖户排污口封堵，确保河流断面水质达标。淘汰落后产能，关闭和整治不合格企业230家、土小企业107家。

【村镇建设】 续建住宅楼7栋，新建4栋，建筑面积6.3万平方米。征收企业2家，住房18位，面积4万平方米。完成改厕700户，硬化道路14.1万平方米，绿化3万平方米。依法取缔朱七路、文化路等马路市场，并顺利完成搬迁。全年共组织集中强制拆除21次，立案查处152宗，拆除违法占地、违法建设81宗，涉及占地13.33公顷。朱皁社区、孝友社区全部建成入住，片区内一期腾空土地顺利完成招拍挂，二期土地已经办完土地手续准备近期挂牌出让。金达华府小区按时完工并投入使用，白沙埠村旧村改造一期8栋住宅楼即将交付使用，凯旋养护中心项目的17层综合楼完工投入使用，朱潘富景文德花园三期和孟庄旧村改造项目进展顺利，前石梁头村4栋高层4.4万平方米进入后期装修阶段。总投资近2亿元的片区“四纵五横”9条道路中5条

朱阜社区一角

道路完成硬化、绿化、亮化、美化。投资800余万元修复老董四路、白陶路。镇驻地朱七路、文化路、孝圣街、圣城二路以及干渠路等道路实现“五化”达标，外快内畅的交通网初步构建。

【教科文卫】 全镇有初级中学1所，教职工180人，在校学生1800人，初中入学率99%；有小学9所，教职工202人，教师学历达标率100%，适龄儿童入学率100%。

投资780万元完成中学综合实验楼建设；投资1500万元，完成中学、小学运动场改造提升，新建教学楼2栋 投资2400万元，启动镇中心小学东校区建设，并于9月投入使用。

【综合治理】 整合规范综治、信访、司法、综治信息中心等办公场所，在全区率先完成综治中心场所规范化建设。公安辅助力量和社会应急队伍建设得到加强，各村阵地建设进一步完善，日常工作常态化进行；社会治安群众安全感满意度社情民意调查在全区成绩名列前茅，在8月的调查中，成绩名列全市157个乡镇第16名，全区第1名；移风易俗工作扎实开展，各村普遍成立红白理事会，制定丧事简办“七提倡七取消”标准，取得明显成效，其中卧茨村、柏庄村、贾村、白沙埠社区、朱潘社区等在全镇起到带头表率作用；文明单位创建工作实现历史性突破，2016年被市委、市政府授予“市级文明村镇”称号，朱潘社区获得“省级文明村镇”称号，玉平社区继续保持“市级文明村镇”称号。

【党建工作】 围绕深入贯彻落实中央八项规定精神，全面落实党风廉政建设主体责任。镇党委扩大会成员实行“一岗双责”，带头签订责任书和承诺书；建立镇村干部廉政档案，动态评价干部作风和业绩；开展镇村主职干部述职述廉活动，督促干部履职尽责，帮助理清工作思路，营造风清气正的发展环境。扎实开展“三严三实”“两学一做”专题教育，深化“结亲连心”活动，党的群众路线教育实践活动成果持续巩固，班子自身建设不断加强，为民务实清廉形象进一步树立。全年组织修订镇村管理制度36项，规范镇村干部行为。开展50个村级组织阵地建设规范整治活动，举办镇村干部集中培训班6期共896人次。第一时间组织全镇党员干部开展《学习遵守〈准则〉〈条例〉、全面贯彻五中全会精神》学习活动，认真贯彻落实十八届六中全会精神，组织党员干部学习《关于新形势下党内政治生活的若干准则》和《中国共产党党内监督条例》，紧抓基层党员队伍管理，夯实党建基础。

撰稿：邢加虎

审稿：郑国田

枣园镇

领导成员

党 委

书 记 周兴金＊ 宁金忠

副书记 宁金忠＊ 李继芳（女）

杜 清＊ 石统明

委 员 孙召虎＊ 王远东

张 博 张 美（女）＊

程 亮 汲 光

丁国栋 于清疆

纪 委

书 记 孙召虎＊ 王远东

人大主席团

主 席 房师良＊ 刘存才＊ 王文涛

政 府

镇 长 宁金忠＊ 李继芳（女）

副镇长 张 博 张恒志

沈 艳（女） 王孝雷

【机构设置】 2016年，镇机关设党政办、车管办、组织办、财政所、民政办、老龄办、人社所、经贸办、安监办、环保办、统计站、建设办、城管中队、环卫办、园林所、宣传办、文化站、信访办、综治办、农业办、农技站、林业站、水利站、农机站、农经站、审计办、扶贫办、计生办、武装部、纪委、科协、团委、妇联、工会等，共有工作人员90人。

【概述】 枣园镇位于兰山区北部，镇政府驻地大枣沟头村距市区12千米。总面积64.46平方公里。耕地面积2533.33公顷。地势西高东低。西部属丘陵，中部为平原，东部为洼地。祊河、柳青河分别流经西南部和北部。205国道、西外环纵贯南北，京沪高速公路穿境而过，地处临沂工业园北区核心区，区位优势明显。土壤有粘土、壤土、砂土。主产水稻、小麦、玉米、花生、棉花、甘薯。全镇辖36个行政村（社区），总人口7.8万人。2016年财政收入7438万元，农村人均纯收入15978元，年产粮食2.5万吨，规模以上企业47家。先后获得“全市环境综合整治先进单位”“全市淮河流域水污染防治工作先进单位”“全市大气污染防治先进单位”等称号。

【工业】 抓住临沂工业园北区扩园建设的难得机遇，用足用好政策，推进实施蒙山科技园与金锣科技园对接融合，围绕“有色型材、现代建材、食品链条、现代物流、高新包装、农牧科技”六大产业重点，推进要素集聚。2016年，实现规模工业产值198.1亿元，主营业务收入198.3亿元，利税11.3亿元，固定资产投资46.3亿元，实现地方财政收入7438万元，经济社会发展稳步推进。

【招商引资】 响应区委、区政府“三引一促”和“二次创业”要求，主动作为，促进镇域产业结构优化升级。2016年，签约备案项目4个，签约额26.6亿元，实际利用市外资金10.15亿元，争取上级资金3600万元。开展企业科研平台和高层次人才调研。新开展产学研企业11家，引进科技成果10个，成立市级以上创新平台1个。引进A类人才3名、B类人才18名。

【镇村建设】 明确功能定位，突出镇域特色。对接北城新区建设规划，重点进行镇域道路提升和农村环境改造。西外环、永安路生命防护工程已完成施工，建设完成金德路1.5千米、金源路2.5千米、徐竹路1.3千米。进行农村改厕400户，硬化村内道路9.6万平方米。

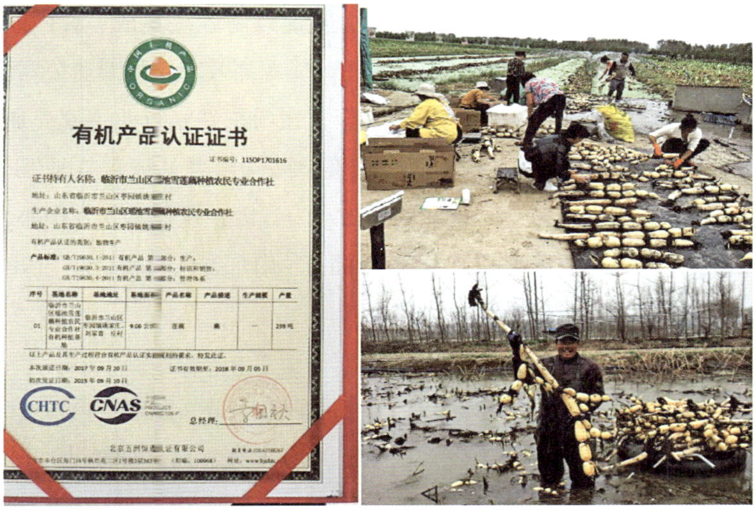

姚庄瑶池雪莲藕

【农业】 积极转型，发展现代城郊农业。依据资源优势和产业特征，科学制定农业发展规划，大力实施新型城郊休闲观光高效农业发展战略，继续推进“一线八园”生态农业建设，精心打造集休闲、观光、旅游为一体的都市近郊休闲的开心农场、柳青河湿地公园、草莓采摘园、古树名木园、垂钓园、红木馆等8个农业特色示范园。打造新型农业经营模式，发展体验式观光农业，填补观光旅游的空白，并带动镇村经济发展和就业创业。打造农副产品特色，乐享农家新品牌。大力发展品牌经济，形成独特的镇域品牌和特色，提高农业市场竞争力和抵御市场风险能力。

【环境整治】 枣园镇重点辖区环境综合整治，开展环保突出问题治理攻坚行动，多措并举改善全镇环境。实行网格化管理，对重点整治企业、重点环保违规项目、重点环境信访案件按要求落实整改到位。清理取缔散煤经营网点8家，提升改造2家，推广配送清洁型煤1300吨。取缔土小企业6家，断电停产违规企业8家，治理涉水企业6家。建成投产佳润热力、兴源热力项目，有效解决板材产业集中供热、大气污染治理的问题。补填绿化树木，绿化蒙山一路、金源路等主干道3万平方米。

【教科文卫】 加强基层文化阵地建设，推进广播电视村村通、文化信息资源共享、乡镇综合文化站、农村电影放映、农家书屋建设、农民体育健身工程，以丰富多彩的活动，推动乡村文化事业繁荣。2016年，投资1000万元，建设中学综合教学楼一座；投资1800余万元，建设中心小学、庙后小学、姚庄小学综合楼。投资40万元，建设枣园镇历史文化陈列馆。

枣园镇历史文化展馆

【商贸金融】 2016年，全镇集贸市场有7处。商业从业人员5670人。消费品零售额38580万元。外经外贸工作也实现新突破，全镇实现自营进出口创汇3150万美元。

【交通邮电】 全镇交通道路10条。通车里程62.5千米，其中国道5.8千米，县乡公路56.7千米，实现村村通公交。邮电事业发展稳步。54个村（社区）全部完成线网改造，全镇有宽带上网户1.3万余户，有程控电话7200部，手机5.2万部。

【人民生活】 全镇人均纯收入15978元，人均住房面积达到40.5平方米，农村拥有电视机2.2万台，电话7200部。

【综合治理】 按照“规范化、网格化、信息化”要求，实施源头治理，集中开展矛盾纠纷排查整治活动，严厉打击各类违法犯罪行为，落实视频监控全覆盖工程任务，不断织密辖区治安防控体系。全镇36个行政村（社区）按照“任务相当、方便管理”的原则全部进行基础网格划分，共划分基础网格172个，明确各网格的管理员、治安员、信息员队伍，在全镇形成纵到底、横到边的网格化管理体系，真正将社会管理综治工作延伸到基层，夯实综治工作基础；推进视频监控全覆盖工程，打造全方位治安防控体系。加强治安安全重点管控，完善重点人员服务管理。

【精神文明建设】 加强文化建设组织领导，切实提高镇、村级公共文体设施的建设、管理和使用水平。建设综合性文化服务中心4处，改造提升农家书屋6家、文化大院5家、公共电子阅览室3家，新建乡村大舞台3处，改造建设文化广场25处。开展各种实用技术培训、科技信息服务等科技培训活动，组织新型农民科技培训20余次，开展群众性文化活动共30场，其中送文化下乡活动20场，群众文化辅导4场，受益群众2万余人。

【山东华源锅炉有限公司】 山东华源锅炉有限公司位于山东省临沂市北枣园镇驻地，距京沪高速公路汪沟出站口约5千米，交通便利，地理位置优越。公司是从事锅炉、压力容器及相关产品研发、制造、销售、咨询服务为主，热能设备系统集成、合同能源管理、投资融资为辅，能源高效利用的专业公司。公司各项管理体系健全，在山东省同行业中率先通过ISO质量、环境、职业健康安全体系认证和美国“S”钢印ASME认证。被认定为省级企业技术开发中心，属省级高新技术企业，拥有“山东省创新型企业”“山东名牌企业”等称号。

【山东龙盛集团】 山东龙盛集团是一家集生物种业、生物饲料、生物药业、生态禽类食品产业链为一体的高科技现代化农牧企业。已拥有10余家分（子）公司，其中生物饲料产业园区占地33.33余公顷，生态禽类食品产业园区占地26.67余公顷，总资产由2002年的30万元增长到7.28亿元。销售收入由2002年的150万元增长到30亿元。企业先后荣获“农业产业化国家重点龙头企业”“中国驰名商标”“中国饲料工业协会常务理事单位”等称号，并承担省级星火计划、国家级星火计划、国家863计划、国家支撑计划、国家循环经济等重大项目。获得30余项国家专利和国际先进的科技成果等。

撰稿：孙明强　闵　杰

审稿：宁金忠　李继芳

半程镇

领导成员

党　委

书　记　王翠宝

副书记　孙　玮　陈纪晓*

李继芳（女）*　刘　刚

纪　委

书　记　李继芳（女）*　王志鹏

委　员　陈凡存*　陈庆涛*　陈文强

史纪臣　王亚伟　吴传星　张少亮

人大主席团

主　席　宋瑞广

副主席　晁德强　李　然（女）

政　府

镇　长　孙　玮

副镇长　陈庆涛*　王亚伟　吴传星

钱　英（女）*　刘焕香（女）

吕景强　王富涛

政协工作室

主　任　孙　玮*　李继芳（女）*　刘　刚

社会事务办公室副主任　高　倩（女）

【机构设置】2016年，镇政府设党政办、经贸办、建设办、计生办、农业办、稳控办、社会事务办、财税办、财政所、信访办、民政办、宣传统战办、综治办、重点项目办、效能督导办、武装部、纪委、科协、团委、妇联、工会、老龄办、统计站、农技站、林业站、水利水产站、果树站、农机站、司法所、农经站、文化站、计生服务站、劳动保障办公室等，共有工作人员113人。

【概述】半程镇位于兰山区北部，东邻白沙埠镇、李官镇，西接汪沟镇，南连枣园镇，北邻沂南县。地势北高南低，北部为丘陵，南部为平原。柳青河流经西南部。总面积95平方公里，耕地面积4023公顷，主产小麦、水稻、玉米、花生。镇驻地距市区15千米，距京沪高速公路临沂北出口3千米，205国道、沂蒙路纵穿南北，文泗路、玉平连接线横贯东西。全镇村村通公路、通电话、通自来水，61个村全部完成线网改造。

全镇辖32个行政村（社区），共有28585户，总人口76707人，其中男性39626人，女性37081人。

2016年实现国地税税收收入7.0327亿元，地方财政收入3.7亿元，实现生产总值620亿元，规模工业总产值达到600亿元；固定资产投资达60亿元；先后获得“全国文明村镇”“省级生态文明镇”“省级旅游特色镇”“省无邪教示范乡镇”“山东省新型工业化产业示范基地”“临沂市园林小城镇”等称号，兰山区综合工作考核全区第一，实现两连冠，记集体三等功，荣获综合工作考核特别奖。

【农业】借力现代生态高效农业、体验式农场，培育一批新型产业农民，促进农业转型升级。建设提升金锣农庄、沂蒙生态农牧园项目，新建临沂千水生态农业项目，推进生态观光农业的发展。半程镇被授予“省级旅游强乡镇”称号。金锣农庄、沂蒙农牧业生态观光园、发财游乐园被授予“省级农业

10 月 17 日，市委副书记张宏伟观摩亚姆巴项目

旅游示范点”称号，可追溯肉制品生产线被授予“省级工业旅游示范点”称号。茶山园艺场有机蔬菜基地、千水及亚姆巴奶山羊蔬菜基地被授予“省级精品采摘园”称号。千水菜园被授予“开心农场”称号。15 家饭店被授予“星级农家乐”称号。

【工业】 完成规模以上工业企业个数 54 家，实现工业总产值 580 亿元，增长 7%；完成固定资产投资 60 亿元，增长 13%；完成产值过亿的企业 17 家；完成利税过千万元的企业 7 家。实现国地税税收收入 7 亿元，地方财政收入 3.7 亿元，增长 31.2%。全年完成利用市外资金 14.05 亿元，完成任务的 104.1%；引进落地市外资金投资固定资产过亿元的项目 5 个，其中过 10 亿元项目 2 个，过亿元项目 3 个，完成任务的 125%；签约备案项目 6 个，完成任务的 200%。新开展产学研合作企业 11 家，完成任务的 137.5%；引进科技成果 17 个，完成任务的 212.5%；建设市级以上创新平台 4 个，完成任务的 200%。共引进 A 类创新创业领军人才 3 名、B 类创新人才 13 名，“万人回乡”行动人才 630 余名，均超额完成年初目标。

【商贸金融】 全镇设固定集贸市场 5 处，市场面积 15.6 万平方米。市场交易种类有日用百货、服装布匹、五金土杂、农副产品、建材等。商业户达 1396 户，商业服务网点 476 个。集贸市场交易额 5.46 亿元，社会商品零售额 2.03 亿元。金融机构 5 家，居民存款 25.84 亿元。

【交通邮电】 全镇机动运营车辆 9000 辆，年营运收入 3.3 亿元，分别比上年增长 67% 和 62%。全镇共有固定电话 3300 部，手机 8.1 万部，宽带 1.25 万户，实现村村通电话。

【镇村建设】 完成沙汀社区回迁入住扫尾工作 40 户；建设郝埠社区 32 栋楼，基本具备入住条件；完成公租房嘉景制罐项目 104 套 0.45 万平方米、金象公司两栋小高层 140 户 1.8 万平方米，新兴华包装 210 户 1.05 万平方米已经封顶，2016 年度公租房任务全部完成。完成东程路改造拆迁、金锣四路和新程四路建设拆迁、沙汀社区扫尾拆迁征收 6 万平方米。金锣四路建设工程过半，北段水稳工程已经完工。投资 600 余万元完成金锣工业园内和新程一路、山松二路、三维路等路段绿化及补植 6 万余平方米。完成金锣集团新程四路线蒸汽管网 1500 米，柳青河污水管网 2100 米。农村改厕和户户通工作顺利开展，刘峪、大峪、魏峪、下艾崮、龙王庄、枣林庄被列入市级示范片区，全镇共有 21 个村基本完成改厕任务，共安装改厕设备 4800 余户，完成道路硬化 38.4 万平方米。高标准设计建设便民服务中心、企业服务中心和资源交易中心。

【教科文卫】 全镇共有中学 1 处，镇办小学 8 处，临沂市中小学生综合实践基地 1 处，教职工 485 名，在校中小学生 1.04 万人，教育普及率达 100%。建有计划生育人口学校 1 处，注册幼儿园 14 处，入园幼儿 3200 人。2016 年，全镇共输送高中生 316 名，中专、职专生 323 名；投资 6000 万元建设半程中学、

沙汀小学及幼儿园等 9 栋教学楼；投资 3000 余万元，实现全镇 61 个自然村自来水管网全覆盖；61 个村开通有线电视、数字电视，用户达 1.13 万户。

半程镇卫生院占地 0.87 公顷，有医务技术人员 170 名，病房 84 间，床位 260 张。门诊量达 11.2 万人次，住院治疗 7393 人次。全镇新农合定点村级医务室 41 处，乡村医生 97 名，新农合住院及门诊报销 1477 万元、村级卫生室报销 135 万元，合计 1612 万元。全镇疫苗接种率达到 100%。

【人民生活】 先后投资 1500 万元改造提升卫生院病房楼，1100 余万元实施敬老院改造工程；实现城乡低保、五保动态有序管理；完成企业养老保险扩面 2656 人、城乡居民养老保险 2 万人；城乡居民医疗保险覆盖 6.4 万人，为全镇 10452 名老年人办理人身意外伤害保险；新增农村劳动转移就业 864 人，农村劳动力转移培训 8700 人；共计发放精准识别救济金、农业补贴、安全优抚、五保、低保等各类补助性资金近 800 万元，全镇 67 户 102 名贫困人口实现脱贫。

【计划生育】 计划生育工作全面转型发展，坚持用新理念启动新思路，新思路探索新方法，新方法打造新亮点。深入宣传实施全面两孩政策，提高计划生育服务管理水平，大力实施家庭发展支持政策，切实推动卫生与计生工作部门联动，持续强化计划生育工作保障，较好地完成人口和计划生育工作各项目标任务，为全镇经济、社会稳定协调发展提供良好的人口环境。全镇计划生育率 99.9%，人口自然增长率 9.3‰。

【综合治理】 全面实施“雪亮工程”建设，投资 35 万元，设立半程镇“雪亮工程”分平台及综治中心，投资 500 余万元安装 1000 余个摄像头，及 61 套村级综治信息平台，实现全镇 61 个村居与镇综治中心的监控联网。镇重点区域入重要部门（学校、医院等）等单位全部接入镇综治中心，实现全镇所有重点区域视频监控系统联网及社会全面监控全覆盖。开展治安落后村（社区）、校园周边、企业周边、烟草市场秩序集中综合整治活动，全年共整治治安落后村（社区）8 个，开展校车安全、消防安全、烟草整治等专项整治活动 28 次。开展社区矫正，累计接收矫正对象 33 人，制定工作制度、方案、措施，矫正帮教率达 100%。成立半程镇法律服务工作站，制定相关制度，加大基层人民调解工作的推进，加大对矛盾纠纷排查调处力度。成功化解重大矛盾 5 起，一般性矛盾 30 起。

【精神文明建设】 开展“文明单位”“十星级文明户”“美在农家”“科技致富”等评选活动，评选出“十星级文明户”1230 户，“美在农家”1460 户，“科技致富户”320 户，群众争创率 91%；深入推进移风易俗和开展“善行义举四德榜”评选活动，评选出“好婆婆”368 余人，“好媳妇”379 人；全镇共建成 5 个村（社区）文化中心，1 处乡村大舞台，4 处高规格高标准文化大院，32 个行政村居实现农家书屋全覆盖。

【金锣科技工业园区】 金锣科技园是国家农业部于 2001 年 12 月批准设立，依托金锣集团而形成的以食品加工业为主导的工业园区，2012 年 6 月纳入临沂工业园体制框架，为临沂工业园北区，享受临沂工业园同等优惠政策。金锣科技园半程片区位于半程镇西侧，东靠 205 国道，北靠省道文泗公路，距京沪高速公路出入口 2 千米，距日东高速公路 20 千米，东距临沂主干道沂蒙路 3 千米。园区规划由同济大学的规划专家制定，功能分区布局合理，总规划面积 22 平方公里，已开发面积为 12 平方公里。经济总量居全区乡镇第一。

基础建设投资总计 12 亿元，铺设污水管网 60 多公里，供热、燃气管网 85 多千米，基本实现污水管网镇域全覆盖，供热、燃气管网园区全覆盖。为

金锣集团一角

实现规范管理，园区内设立园区管理办公室，设有一站式服务大厅，配有专职工作人员，对园区实行扎口管理。对入园企业从项目选择到落地、建设等实行全程跟踪服务，做到让投资者满意、让经营者放心。入园企业已达400余家，其中规模调度企业55家，食品类企业40余家。形成食品、纺织、建材、有色金属、化工及塑料制品、纸制品包装等行业并存的产业区，总投资达120亿余元。园区内拥有国家驰名商标1个，中国名牌产品2个，省级著名商标2个，34家企业获得ISO9000国际质量体系认证，12家企业获得自营进出口权。

【临沂新程金锣肉制品有限公司】 金锣集团是国家级农业产业化龙头企业，以肉制品加工、大豆深加工、环保治污三大产业为主导，集研发、生产、销售于一体的大型境外上市企业，共有员工3万余人，总资产160亿元，大豆肽、大豆低聚糖年产量世界第一，大豆分离蛋白能力全国第一，年生猪屠宰能力3200万头、肉及肉制品320万吨，位居中国企业500强第275位。金锣集团一直致力于服务“三农”，把自身的规模、品牌、市场优势与农业资源有机结合，辐射带动全国10多个省市、300多个县区的20万种植养殖户；在市内多个县区先后建设十几处种猪场和饲料加工配套工程，在确保生猪资源稳定供应的同时，带动当地农民增收致富。

2016年，金锣集团全面落实市委市政府的“二次创业”和“三引一促”的决策部署。全年实现销售收入514亿元。总投资22亿元的“全程产品质量安全可追溯项目”全线建成投产，连续化、自动化和智能化水平世界一流，年新增产能300亿元，临沂驻地日屠宰能力超过5万头；投资5亿元建设万亩生态荷花湿地公园、万亩海棠基地，既实现环保治污、综合利用，又带动当地农民增收致富，实现社会效益、经济效益、生态效益的有机统一；全年吸纳引进专业技术人才、职业经理人、大中专院校毕业生1000多人。

【金锣全程产品质量安全可追溯肉制品生产项目】 为进一步增强市场控制力和行业主导权，金锣集团投资13亿元新上全程产品质量安全可追溯肉制品生产项目。项目于2014年10月投产，日屠宰生猪3万头，年产冷鲜肉50万吨，实现销售收入150亿元，利润4亿元，税收1.6亿元。

项目引进丹麦、荷兰等发达国家先进的生产设备和国际领先的生产加工工艺技术。主要建设生产车间、仓库、生活楼、冷库、污水处理厂及其他附属设施，建设肉制品全程质量可追溯系统、生猪屠宰和肉类加工生产线等，是全球最大的生猪屠宰及冷分割肉加工单体工厂，在国内农产品加工企业中起到龙头作用，可调动周边大量生猪养殖户的积极性，加快农村剩余劳动力转移，带动半程镇镇域经济发展，拉动服务业提升，提高土地最大化利用，促进兰山区高效农业、食品加工业向更高层次发展。

【金锣文瑞食品有限公司肉制品生产建设项目】 为进一步扩大企业规模，推动产业技术升级，增强市场控制力和行业主导权，2014年11月，金锣集团投资10亿元新上金锣文瑞食品有限公司肉制品生产建设项目。项目整体建筑面积4.5万平方米，8月正式投产运行，可年产高低温肉制品17万吨，其中高温肉制品10.2万吨，低温肉制品6.8万吨，实现销售收入32.1亿元，利税1.3亿元，提供就业岗位2800个。可满足市场高档肠产品、低温产品的计划需求，提升市场占有率，促进公司快速稳定发展。

项目于2015年8月建成投产，与一期全程产品质量安全可追溯肉制品生产项目遥相呼应，是全球最大的生猪屠宰及冷分割肉加工单体工厂，在国内农产品加工企业中起到龙头作用，可调动周边大量生猪养殖户的积极性，加快农村剩余劳动力转移，带动半程镇镇域经济发展，拉动服务业提升，提高土地最大化利用，从而促进兰山区高效农业、食品加工业向更高层次发展，为兰山区又好又快发展贡献绵薄之力。

【山东三维油脂股份有限公司】 山东三维油脂集团股份有限公司始建于1989年8月，1996年组建集团公司，2000年10月，经省政府批准改制为股份有限公司，是一家集农产品生产加工销售、农业综合开发、建筑业、酒店餐饮住宿及商贸服务于一体的综合性大型企业集团，集团总占地面积近400公顷，员工3000余人，总资产60多亿元，年大豆加工能力350万吨，大豆综合加工能力居全国同行业之首。2016年集团实现销售收入92亿元，利税8亿元。

集团下设10个分（子）公司和1个产品研发中心。主导产品有豆油、豆粕、大豆蛋白系列产品、休闲保健食品等。公司先后被授予“AAA级信用企业”“省级守合同重信用企业”“山东省农业产业化龙头企业”“中国油脂十强企业”“中国民营企业500强”等称号，三维商标在2015年被省工商局认定为“山东省著名商标”。研发中心被市发改局、科技局分别认定为市级工程研究中心和实验室。

公司拥有自营进出口权，与世界著名的粮谷贸易商、供应商及国内著名商企，建立并保持着良好的业务合作关系，产品畅销全国各地及美国、欧洲、东南亚等国家和地区。

为做大做强企业，公司于2013年注册成立山东中阳生物科技有限公司，项目总投资25亿元，分两期建设，并分别于2013和2015年两次被列为省重点建设项目。项目采用自主研发的“一步醇法提取”工艺生产，具有能耗低、成本低等优点，生产过程无工业三废，属典型的资源节约和环境保护型项目。自动化程度高，设备进口率达70%以上，综合效能居国际领先水平。项目的建成投产有效带动集团发展规模的快速膨胀，拉动当地经济的快速发展。

撰稿：谢宗利　赵延龙

审稿：王翠宝　孙　玮

李官镇

领导成员

党　委

书　记　韩　东＊　赵复志

副书记　许步忠＊　房庆良　张　勇

委　员　杜广义＊　马松年（女）＊

聂依顺＊　杨　宁

赵光明　鲁同华

姜加富　高　阳

纪　委

书　记　田增达＊　付克锋

人大主席团

主　席　孙鹏飞＊　李桂林

副主席　张如华　杨志永

政　府

镇　长　许步忠＊　房庆良

主任科员　翟纪铭

副镇长　鲁同华＊　姜加富（挂职）＊

赵光明　王冠桥

王　伟　杨传伟

政协工作室

主　任　张　勇

社会事务办副主任　付金龙＊

党政办副主任　娄延鹏＊

【机构设置】 2016年，镇机关共设6个办公室、8个社区。办公室是：党政办公室、村镇建设办公室、经贸办公室、农业办公室、社会事务办公室、社会稳定办公室；社区是：李官社区、向阳河社区、沂河苑社区、蒙河苑社区、云泊湖（含沂蒙湾）社区、莲花山（含仙子峪）社区、玫瑰湖社区、桃花源社区。

【概述】 李官镇位于临沂市兰山区北部20千米处，处于镇山风景区的中心位置，南连白沙埠镇、北隔蒙河与沂南县相邻、西邻半程镇、东隔沂河与河东区相望，面积82.86平方公里，耕地4000公顷。地势西北高东南低，属山地丘陵。主产小麦、玉米、花生、大蒜等，盛产蜜桃、蔬菜、花卉。辖10个社区（49个自然村），共有1.7万户，4.9万人。镇内民风淳朴、风光秀美，被市委、市政府誉为“临沂城的后花园”。先后获得全国“科普惠农示范工程先进单位”“国家级生态乡镇”“全省信访工作先进单位”、山东省改革开放30年“十佳新农村建设示范乡镇”“绿化示范镇”“环境优美镇”，临沂市“农村住房建设先进单位”“社会治安综合治理先进单位”“城乡环境综合治理示范镇”、果品产业发展“一乡一业”十强乡镇等称号。

【区位优势】 交通便利发达。距京沪、日东、长深高速，鲁南高铁出口均在10千米以内，文泗公路、玉平连接线横贯东西，朱七路、沂蒙路纵贯南北，滨河大道环绕镇域，处于“临沂居民半小时生活圈”。地理位置优越。李官镇紧邻兰山区半程镇、白沙埠镇，河东区汤头镇，建设颐养小镇，东可依托汤泉度假区，推进旅游融合发展；西可借力千佛山医院兰山分院（半程金锣医院），提供休养康复基地；南可对接高铁片区，发展镇域经济，改善镇域基础设施。

【经济发展】 2016年，累计完成地方财政收入3595万元，增长31%；完成社会固定资产投资25亿元，增长11%；完成工业生产总值59.1亿元，同比增长24.9%；规模以上工业企业达到18家，实现主营业务收入58.55亿元，增长28.9%；实现利税3亿元，增长35%。农民人均纯收入达到14050元。

【重点项目】 2016年，大力实施“三引一促”，优化存量、引导增量、做大总量。沂河文化生态旅游项目一期华鹏苗木基地占地69.33公顷，已建设完成，二期滨河文化旅游区已完成土地流转56.67公顷，并于5月通过注委专家评审。金升金属城5月启动搬迁，已入驻业户820余户，正在积极推进市场管理提升和沿街楼及高端商务区启用；齐汇肉制品项目一期车间建设与设备订购均已完成，正在进行内部装修。汇融生态养殖项目和镇为农服务中心经过进一步打造提升，10月，作为市农业现场观摩会观摩点接受市、区领导的检查指导。全年新流转土地200公顷，引进世外桃源现代农业观光示范园、大北方苗木基地、金民花卉苗木市场、康之源休闲农场、季军花卉种植基地等优质农业项目，正在稳步开发建设，为镇域经济健康发展、持续改善群众生活提供发展后劲。

【城镇建设】 结合区委、区政府部署安排及全镇实际，从土地复垦、楼房验收、决算审计、躲迁安置和剩余楼房处置5个方面推动项目收官。土地复垦方面，于3月、9月开展两次集中活动，累计拆除复垦区域内民房1553户，企业32户，完成房屋征收面积14.8万平方米，剩余6村复垦土地已上报市国土局验收，预计可复垦土地77.4公顷，节余指标35.33公顷。楼房验收方面，经全面摸底，项目区共建设楼房571栋，已完成212栋楼房验收，正在督导剩余企业完善资料。决算审计方面，区审计局8月驻点开展项目区决算审计工作，12月9日基本完成整体审计。躲迁安置方面，东朱里村于10月启动搬迁上楼工作，正在进行土地复垦，预计可复垦土地19.6公顷，节余指标18.67公顷，西朱里村试点“PPP”模式以村级为主体推进增减挂钩工作。楼房处置方面，已完成剩余楼房摸底，决算审计完成后，采取施工企业兜底等方式，最大力度处置楼房，最大限度回收资金。

【社会事业】 2016年，将保障和改善民生作为工作的出发点和落脚点，加大民生投入，补齐民生短板。投资300余万元的镇域公交环线和投资200余万元的镇便民服务大厅已建成启用，方便群众生活，实现“一站式”服务群众目标；聚焦全镇243户、378名贫困群众，扎实推进党建扶贫、企业扶贫、金融扶贫，合理利用上级扶贫资金108万元，企业帮扶资金40万元，各类捐款62万元，实现贫困村增收、贫困户受益全覆盖，贫困群众全部脱贫；深化开展环境综合整治工作，结合市、区环保突出问题治理攻坚行动，整治污染企业4家，根据社区人口数量合理配备垃圾桶、垃圾转运车，形成“集中收集、统一清运、无害化处理”的生活垃圾处理体系；深入开展“结亲连心”、党组织书记“户户到”集中走访活动，全镇130名联户干部累计收集解决群众诉求263条，全年累计办结“12345”市民热线问题3412件；开展安全生产“大排查、快整治、严执法”行动，累计排查整改一般安全隐患707处，重大隐患20处，安全生产形势总体平稳，社会大局稳定和谐，群众满意度不断提高。深入推进“平安李官”建设，坚持镇、村、派出所三位一体的站岗巡逻体系，完善了预防和处置突发事件的应急预案和治安防控体系预警机制，借助“雪亮工程”，在各主要卡口设立监控网点，实现全镇“点、线、面、网”四级监控网络的全覆盖。

【基层党建】 始终将党建工作抓在手上，扛在肩上，抓基层党组织建设，发挥党员先锋模范作用，有效地增强党组织的战斗力、凝聚力和创造力。采用“重点管理、示范创建”管理机制，加大难点村、后进村整改力度，推动先进社区示范创建，完成瓦屋、大元沂、许庄3个村的后进班子整治，创建沂河苑社区、玫瑰湖社区等4个区级党建示范点。深入开展“两学一做”学习教育和社区“民情日”活动，累计集中培训党员3000余人次，进一步提高党员素质和党性修养，同时深入开展社区“民情日”活动，确保村级各项工作集体讨论、及时公开，保障群众的知情权和参与权。创新党员管理模式，试行党员积分年审制度，全年累计约谈督导落后党员15名；同时严格落实党风廉政建设责任制，认真落实党委主体责任和纪委监督责任，在预防上做细制度设计，在查处上强化刚性执行，完善预防和惩治腐败体系，从源头上保证廉洁高效运作。

撰稿：郭振邦　徐程阳

审稿：赵复志　房庆良

义堂镇

领导成员

党　委

书　记　雷贵松＊　许步忠

副书记　王思华＊　许步忠＊　刘振超

王金光＊　徐　伟

主任科员　许家田　孙伯成　李　波＊

委　员　翟纪铭＊　孙伯成＊　郭　伟

姜开涛＊　刘为学　柴秀军＊

郭庆才　张金锦（女，挂职）＊

高　彬　成敦华　马晓杰（女）

纪　委

书　记　孙伯成＊　郭　伟

人大主席团

主　席　刘振超＊　李　波

副主席　杜广成　刘　谦

政协办公室

主　任　王金光＊　徐　伟

政　府

镇　长　王思华＊　许步忠＊　刘振超

副镇长　翟纪铭＊　张金锦（女，挂职）＊

刘为学　肖颖颖（女）＊

高　彬＊　祝京常

季宝渠　张馨月（女）

党政组织办公室副主任　张爱萍（女）＊

经济发展办公室副主任　张少亮＊

安监办副主任　何俊伟

财经服务中心副主任　苏正启

计划生育服务中心副主任　马仕敏（女）＊

村镇建设服务中心副主任　朱建国＊　卢永生

农业综合服务中心副主任　朱朝华＊

社会事务服务中心副主任　魏　斌

【机构设置】 2016年，根据工作开展实际，将镇机关办公室分为4条工作线、11个大办公室、37个业务办公室。建设线设建管办、征收办、创新办三大办公室；保障线设党政办、组织办、维稳办、计生办四大办公室；发展线设宣教办、经贸办、农业办三大办公室；作风线设纪审办公室。共有工作人员205人。

【概述】 义堂镇位于临沂城西城乡接合部，辖13个社区（68个村）、总面积101.5平方公里，总人口27.35万人，其中常住人口14.5万人，人口城镇化率53%，是全国文明镇、重点镇，国家级发展改革试点镇、建制镇示范点，山东省综合改革试点镇、百镇建设示范镇，临沂市优先发展重点镇。2016年完成总产值880亿元，增长19.8%，地方财政收入3.97亿元，农民人均纯收入达到16806元。

【农业】 着眼中心城区百万人口农产品需求，发展城郊农业、品牌农业、特色农业，促进农业增效、农民增收。2016年，全镇农林牧渔总收入4.9亿元，实现增加值9080万元。培育壮大鲁蒙食品、金桥食用菌、华颐养殖等一批优秀农产品企业。

【工业】 立足实际，凸显特色，开展“三引一促”，激励企业“二次创业”，注重稳定企业家信心，推动产业融合发展。全镇规模工业企业达到215家，占全区规模以上工业企业的43.8%。全年累计完成工业总产值565.27亿元，由上年全区第6名提升到全区第2名。主营业务收入535.65亿元、实现利税41.63亿元。高新技术产业产值39.25亿元，增长19.34%。

【招商引资】 2016年，实际利用市外资金11.21亿元，进出口贸易总额10.4亿元，引进过亿元项目5个，完成签约项目备案5个，达成产学研项目8个，转化技术成果17个，引进A类人才1人、B类人才13人、C类人才2人，有效促进地方经济增长。

【商贸物流】 抢抓新西外环建设、商城国际化扩张和物流市场西部拓展机遇，以商贸物流发展为重点，创新土地流转方式，全镇商贸物流业发展迈上新台阶。远通汽贸、荣庆物流均已建成投产，铁路物流园项目建设如火如荼，林丰物流、高速物流项目正在积极对接，物流业态呈崛起之势。

【城镇建设】 按照东商、西工、中镇区的发展思路，围绕新型城镇化建设布局，推动新西外环沿线王朱里、太和庄等10个村，滨河慢行道姜家岭、营子，义刘路小朱保村及前城子等片区征收，实施沙沟崖、埠北头等多个村旧村改造搬迁上楼。全年累计征收民房563位，企业186家，征收面积达29.9万平方米。翰林庄园、金硕华府、润地中央上城已开工建设。

【基础配套】 衔接城区发展“南优西连、组团发展”战略，围绕综合交通体系构建，统筹谋划中央大街、戈九路、创业路等六纵六横道路体系，推动道路绿化、平交道口硬化，基础设施建设日渐完善。2016年实施327国道拓宽改造，中央大街、涑堰路建设，中纬路、戈九路整体提升，北外环等5条“样板路”已经成型。镇村公交建设稳步推进，20余处公交港湾初具规模，镇村公交开跑在即。

【管理工作】 先后投资1200多万元，对全镇主次干道、背街小巷等进行集中整治，配备垃圾方箱215个、垃圾桶3300个，年运输各类垃圾4.3万吨，环境质

义堂镇综治中心

量明显好转。严格按照全市违法建设工作开展要求，通过宣传、人员、制度、技术、督查等“五个到位”抓好违法建设治理工作。力推“无人机”航拍巡查和义堂镇数字城管平台，打造“天地一体”立体巡查网络。全年累计查处“两违”建筑181宗，拆除面积7.68万平方米，做到新增违法建设“露头就打，出土就拆”。

义堂镇举行“舞动党情·展巾帼风采”庆“七一”广场舞比赛

【智慧城镇】 按照“小政府、大社会”管理模式，推广普及“智慧义堂”综合应用平台，以信息技术手段打通服务群众、服务企业的最后一公里。综合利用社区管理、雪亮工程、农村财务等六大平台，以更低的成本，更快的速度，更易的操作大大提升工作效率及群众满意度。初步形成可在全市、全省乃至全国复制、推广的互联网+智慧城镇经验。综治“雪亮工程”累计安装监控探头1927个，综治平台已成全国亮点，海南、吉林、甘肃、广西等30多地前来参观学习。

【安全环保】 全年累计下发整改通知书636份，查处非法漂洗杨木企业32家，取缔土小企业23家。全年清理散煤网点36家，推广清洁煤2265吨，成功举办散煤清洁化治理现场会。严格落实河长制，域内13条河流沟渠全部纳入环卫一体化管理，累计清理河面140万平方米。严格落实安全生产岗位管理实名制，将安全生产责任落实到人。启动创建工作的176家企业中，已有152家顺利通过验收。开展粉尘企业专项整治，采取政府购买服务方式，委托第三方机构排查企业59家，查出隐患4000余条，并已跟进整改落实。

【教育民生】 从改善办学条件、解决“大班额”等问题入手，加快推进义堂中学、义堂小学、朱保中学等校舍改扩建工程，教学环境明显改善。加大幼儿园报审力度，全镇注册幼儿园增至41家。加强文化阵地建设，建成文化大院20处、农家书屋37处、文化体育广场26处。深入开展乡村文明行动，实现“四德工程”全覆盖，上榜人数达59695人。全年发放各类优抚救助资金742.54万元，优抚救助群众3000余人次；完成城乡居民养老保险征缴4.1万人、1347万元，城乡医疗保险征缴10.8万人、1469万元；新增农村劳动力转移就业800多人，职业技能、实用技术培训2000余人次；建立劳动争议调解委员会60家，累计接收投诉案件255起，挽回经济损失796万元。在大义堂等5个村推广移风易俗试点工作，现代文明新风已经形成。

【基层党建】 推进“两学一做”，落实固定学习日制度。全年开展镇级集中轮训1次，村级集中学习12次，机关支部集中学习28次；抓好“受教育、亮承诺、见行动”实践活动，党员干部全部参与学习、亮明承诺、付诸行动；严格党内政治生活，认真落实“三会一课”，探索党员民主评议及结果运用；严把发展党员程序，新发展党员45名。

撰稿：姜　雪

审稿：张馨月

汪沟镇

领导成员

党　委

书　记　聂世涛

副书记　聂世涛 *　房师良　刘　磊

委　员　齐加元 *　赵希红 *　高　宝 *

成敦华 *　王　静（女）*

刘江岭　姬光法　武传仕

李晓艳（女）　袁国华　狄炳辰

纪　委

书　记　齐加元 *　刘江岭

人大主席团

主席　韩殿永 *　王　伟

政　府

镇　长　聂世涛 *　房师良

副镇长　赵希红 *　邵泽鑫 *

唐加峰　戴景军　邵长桧

政协工作室

主　任　聂世涛 *　刘　磊

【机构设置】 2016年，镇机关设党政办、纪委办、组织办、宣教农业办、综治农经审计办、经贸办、安监环保办、城建计生办、征收执法办、扶贫办、民政办、信访办、热线办、财政所、考核办、人社所、团委、妇联、老龄老干、工会、教体办、文化旅游开发办、文化站、农技站、林业站、水务站、宣教办、综治办、经管站、审计办、招商科技办、统计站、安监环保办、环卫所、计生服务中心、计生服务站、流管站、征收执法办、扶贫办、民政办、移风易俗办等，共有工作人员143人。

【概述】 汪沟镇位于蒙山之阳，沂水之滨，与沂南、费县两县接壤，属沂蒙革命老区，山东省生态农业示范镇，总面积118平方公里，耕地面积5733.33公顷，辖30个行政村（社区），总人口6.1万人，中共党员2070名，系春秋时期“七十二贤弟子”之“笃圣”闵子骞故里。辖区交通区位优势明显：京沪高速公路连接线文泗路段直通市区沂蒙路，西外环、205国道、229省道纵横贯通，日东高速、京沪高速在镇内交会，京沪高速公路在镇驻地东侧设有出口1处。

2016年，全镇实现工业总产值32.6亿元，完成规模以上工业主营业务收入31.2亿元，分别比2012年增长49.6%、180%，固定资产投资21亿元，比2012年增长301%，利用区外资金5.4亿元完成征收面积5万平方米；完成征收面积7.8万平方米，完成地方财政收入3457万元。先后承办全市城乡环卫一体化现场会、全市优质农产品基地建设现场会、全市公交系统观摩会、全市选派第一书记工作现场会、全市农业建设现场会、全市畜禽环保养殖现场会、全市改厕现场会、全市党建现场观摩会等市级现场观摩会17次，承办全区土地增减挂钩工作现场会、全区转作风提效能促发展现场会等区级现场会26次，获得“省级信访工作先进单位”“平安临沂建设先进乡镇”“全市安全生产先进乡镇”等区级以上称号79项。

沂河新能源

【农业】 土地整理项目为农业发展奠定坚实基础。以改善农业设施为基础，以土地整理项目为载体，以生态农业发展为重点，以旅游观光农业为方向，投资3000万元完成1000公顷土地治理项目，投资500万元实施王家沟、上富彩等10座塘坝除险加固工程，投资260万元完成闵家寨、戚家庄等7处汪塘整治。

特色园区建设为休闲生态农业发展开了好头。投资1600万元，重点打造一期占地26.67公顷的鹿林苑、玉龙园等3个园区，发展农业采摘、垂钓等10多个特色项目。同时，对原有的海棠园、百合园等园区进行提升，推广海棠茶、海棠煎饼、实用百合、“田秀才”黄瓜等特色产品，着力打造旅游观光农业，培育新的经济增长点。借助市场基础，实施党建引领，重点打造电商平台，借助扶贫大棚，重点推广“田秀才”黄瓜，以市场促黄瓜发展，以黄瓜发展扩大市场规模，实现规模化发展。

产业扶贫助推精准扶贫和生态旅游健康发展。汪沟镇立足实际，确立“以人为本、以实为据，依援脱贫、依法办事”扶贫工作方针。借助任职第一书记帮扶、百强企业帮扶等契机，争取上级专项财政资金341万元，帮扶企业援建资金595万元，在竹园、兴旺等9个村，建设冬暖式大棚59个，在上三埝村建设23.33公顷的荷香园，在同富社区建设40公顷的精准扶贫生态旅游产业园。

【工业】 重点项目落地投产顺利进行。以服务招商引资项目为重点，帮助企业沟通协调、完善手续，争取每一个项目都以最短的时间实现投产。加快沂河新能源二期项目、瑞星塑业扩建、立亚塑料、金露维饮品重点企业建设，实现化工、塑料、机械和饮品四大产业规模膨胀，保障已建企业全面运营。

传统项目转型升级不断加强。加大“三引一促”力度，深化企业“二次创业”，坚持“争取、挖潜”两手抓，对上积极争取用地指标，对内实施“腾笼换鸟”“二次开发”，沂河新能源、金露维饮品、立亚塑料等不断加大技改投入，增强市场占有力。

园区管理规范提升健康运行。规范园区内落地企业发展，做好园区配套服务，提升企业发展后劲；积极规划新西外环两侧经济发展带，流转土地，规范程序，积极引进科技含量高、资源节约型、环保型企业入驻。

【村镇建设】 新西外环建设有序进行。以新西外环建设为抓手，积极推进“一路双建”，带动小城镇建设和工业园区建设。新西外环汪沟段全长9.6千米，其中文泗路段7.5千米、闵家寨村西到方城镇平顶庄村段2.1千米。整个汪沟段涉及征收164户、3.3万余平方米、苗木6000余棵，征收补偿预算6100余万元。164户（包括民房42位）已全部签完协议并拆除完成，清障111户全部完成，涉及11家企业中已签订协议8家，需流转土地72.47公顷，已签订协议54公顷。

棚户区改造快速推进。长夫社区采用“先安置后拆迁”的方式，申报市级棚户区改造项目，总投资1.4亿元，分三期建设：一期小长夫片区改造，建设居民楼4栋240套。二期建设，在长夫社区服务中心北侧建设居民楼12栋420套，安置东长夫片区，已完成工程招标，三期计划在一期南侧建设居民楼8栋360套，安置西长夫片区。整个项目完成后，可优化配置土地资源80公顷。

驻地建设日新月异。实施东汪沟旧村改造，将位于镇驻地文泗路以南、229省道以东的核心地带打造成商业中心，该项目占地2.87公顷，总投资1.1亿元，规划设计6栋住宅楼和2层、3层的沿街商业楼房，总建筑面积约5.03万平方米。在驻地小区南侧，西集前实施旧村改造，一期拆迁17户22位住宅，建设6栋200户居民楼，建设三层沿街商业房40户；二期拆迁30户35位住宅，再建6栋200户居民楼，35户商业房。西集前、东汪沟旧村改造项目的实施，将驻地小区南扩北展，连点成片，实现汪沟小城镇建设遍地开花的可喜局面。

【教科文卫】 学校建设按省规全部达标。投资3800万元，完成中学1处科技楼、2处综合楼及配套设施建设，全面实现中小学楼房化，达到省级规范化学校建设标准。

【人民生活】 群众文化生活不断丰富。全年新建文化广场11处，配套体育健身器材91件套；完成镇综合文化站规范化建设并进行达标验收；镇党委出资为40个村统一更新播放器材；组建广场舞队伍20多支，开展汪沟镇第二届广场舞比赛。

自建水厂确保安全饮水工程按时完成。投资4500万元，以境内刘庄水库为水源，新建供水厂1处，铺设主管道67千米，完成30个村供水工程，使2.6万群众吃上了自来水。

环卫一体化机制效果斐然。环卫一体化全年完成60个村305.9万平方米的道路清扫，清除垃圾死角2200余处，清运垃圾1.3万吨，清理小广告1万余处，环卫费征收率达到100%。同时，对建筑工地进行全面监管，全年清理建筑垃圾280多车次、1600多吨。

美丽乡村建设连线成片。实施美丽乡村建设计划，全年完成18个村35万平方米户户通道路硬化、4860户无公害化厕所改造，超额完成年初制定的任务目标。

【计划生育】 计划生育服务水平全面提升。组织计生专职人员熟练掌握业务流程和各项新规定，提高服务水平。全年出生1141人，死亡322人，人口自然增长率13.34‰，落实婚检326对、免费孕优738对，完成生育登记1409例，整体服务水平全面提升。

文化下乡

【综合治理】 按照上级统一部署和要求，投资300万元，在全镇60个自然村新安装摄像头400个，使全镇摄像头总数达到1000个，实现重点区域和重点路段视频监控全覆盖。在30个行政村统一设立视频会议室，接入区综治平台，便于进行应急工作安排和网上查岗。东汪沟、公家埝等7个社会治安基础薄弱帮扶村和长夫、王家沟等2个示范点的视频会议室已完成安装，并顺利通过市区两级验收，其他24个村的视频会议室均已安装完成。群众安全感进一步增强。

【党建工作】 全年培养入党积极分子 128 人，新发展党员 38 人。

“民情日”筑牢干群关系“绿色通道”。民情日以定期召开、提前公示、形式多样、人员固定、领导参与、督查通报、全程考核为特点，以集诉求、找不足、促管理、谋发展为最终目的，搭建村级事务民主管理、民主决策、民主监督的平台，为化解矛盾、促进和谐开辟一条“绿色通道”。自 2013 年 7 月实行民情日制度以来，全镇共召开民情日会议 1800 多场次，征集群众意见建议 2100 多条，现场解决答复 1900 多条，通过社区反映、协调解决 200 多条。

“谈心会”催生了工作“柔性管理”。适时召开村负责人点评会，理清发展思路，传递工作经验；经常召开业务人员交流会，提升技能，激发工作热情；定期召开党员干部座谈会，增进感情，倾听群众呼声；夜间值班开展交流谈心会，把握思想动态，交流工作经验。谈心活动开展以来，镇、社区、村三级共开展谈心 3200 多人次，坚持以人为本，以情感人、以理服人、以诚待人的“柔性管理”，提高工作效能，促进社会发展。

“联系人”发挥桥梁纽带“最大效能”。创新推行中层干部联系村工作，发挥中层干部包点桥梁纽带、示范带动和服务中心工作的作用，拓宽沟通渠道，畅通上下衔接，发挥包村干部的最大效能。

撰稿：戴景军　吕学智

审稿：聂世涛　房师良

方城镇

领导成员

党　委

书　记　宋奎宇＊　张灿彪

副书记　丁祥华　王文涛（挂职）＊

王海芹（女）　刘林征（挂职）

纪　委

书　记　李公正＊　刘世文

委　员　刘玉利＊　李公正＊　陈文强＊

姬光法＊　冷如冰＊　丁明庆＊

李　刚　高庆凤（女）　付金龙

朱朝华　徐　军

人大主席团

主　席　施文山＊　王文涛＊　蔡如波

副主席　刘甲顺　杨　瑞

政协工作室

主　任　刘玉利＊　王海芹（女）

政　府

镇　长　丁祥华

副镇长　陈文强＊　李金峰＊　朱朝华

王连银　张立千　闫九才

主任科员　李公正

副科级干部　李　刚＊

【机构设置】 2016 年，镇机关设党政办、经贸办、建设办、计生办、农业办、财政所、信访办、民政办、宣传统战办、综治办、武装部、纪委、组织、劳动人事、科协、团委、妇联、工会、老龄办、统计站、农技站、林业站、水利水产站、果树站、农机站、兽医站、农经站、文化站、计生服务站等，共有工作人员 283 人。

【概述】 方城镇是唐代著名书法家、军事家颜真卿的故里，位于兰山区西北方向，北倚蒙山，南临祊河，东靠京沪高速公路，西邻费县外环。面积132平方公里，耕地面积7133.33公顷，辖53个行政村（87个自然村），总人口10.3万人。

方城镇是粮食、畜牧业、板材业生产大镇，素有“稻米之乡”“板材重镇”“瓜菜之乡”之称。借助资源优势，方城镇明确“南工　北农　中城镇”的产业布局。已形成板材加工、劳保用品、生猪屠宰、有色金属等优势产业，板材加工企业达1800余家，蔬菜种植面积达800公顷。“方城西瓜”地理标志性商标已经通过国家工商总局审批，“忘梅”牌西瓜已经国家无公害农产品认证，被授予首届“沂蒙优质农产品”称号。

2016年，方城镇实现规模以上工业总产值55.8亿元，完成规模以上工业企业主营业务收入53.5亿元，完成固定资产投资25.5亿元，实现地方财政收入1.09亿元，增长59.4%，农民人均纯收入达到14607元。在全市科学发展综合考核评比中，获得三等奖，在全市所有乡镇大排名中位列31位，实现历史性新突破。方城镇还获得市级颁发的“‘三无’乡镇”“平安临沂建设先进单位”“文明单位”等称号。取得全市科学发展综合考核争先进位奖（全市第31，上升42个位次）、全区综合考核争先进位一等奖，并记集体三等功（全区上升5个位次）。被评为全区招商引资工作先进镇、农业工作先进单位、环境保护工作先进单位、脱贫攻坚工作先进单位。

【工业】 立足现有的木业加工、装饰材料产业优势，引导企业与行业内的优势企业、高新技术企业开展合作，强强联合，达成资金、技术合作。发挥资源优势引入上、下游项目，形成产业链条。2016年完成冠隆涂料等6家企业与东莞龙兴合成材料有限公司等8家企业进行资金、技术全方位合作。引导企业以科技创新为动力，以转调项目为支撑，提质增效，梳理启动鑫星鞋业冷粘等42个企业的“二次创业”项目，其中规模扩张项目24个，技术研发、科技创新、商标创建项目18个。通过内引外联，吸引资金、技术、人才的注入，助推全镇的产业提档升级。持续提升镇金桥板材产业园区、方城工业加工园区档次，吸引大好项目落地。一方面引导园区内企业做好自身的提升，带动园区整体形象及美誉度提升。另一方面启动资源整合，盘活整合园区内投入少、占地多、产出低、形象差的项目，或按统一规划自行改造，或吸引强企、外来资金联合开发，实现土地资源的高效利用。2016年全年落实招商引资项目9个，合同利用资金10.6亿元，实际到位资金6.25亿元，完成年目标任务的125%。奥斯丁装饰材料二期项目、宏利装饰材料公司高档包装材料项目、凯宏家具公司一期项目等顺利推进，全面按期完成年初预定目标，工业经济发展质量进一步提高。

【农业】 农业发展继续转型升级，重点打造示范园区基地建设。继续推进标准化、产业化、品牌化运作，完善技术质量标准，壮大基地规模，培植龙头企业。建有国家级青少年农业科普示范基地1处、省级农

家庭农场

业科技示范中心1处、省级农业旅游示范基地1处、省级标准化生产基地2处、发展优质农产品基地4处。2016年，新发展各类农民合作组织9家、规范示范社3家、家庭农场3家。是年，被认定为山东省一村一品示范村镇，绿农瓜菜专业合作社被认定为省级首批生态循环农业示范点。进一步加快“三品一标”认证，突出品牌建设。打造地标“方城西瓜”“沙窝地”牌甜瓜、“好食材”牌蔬菜等知名品牌。累计注册“沂鲜苑”“真拉馋”“新富庄园”等农产品商标18个。加快现代农业科技推广，建设为农服务中心1处，全年引进专业技术人才6名，瓜菜新品种5种，引进推广农业新技术2项。

【城镇建设】 临沂新西外环道路、鲁南高铁方城段途经镇里程长、涉及面广、情况复杂。方城镇发扬沂蒙精神、创城精神，新时期兰山精神，勇挑重担、吃苦耐劳、敢打善拼，确保拆迁工作快速顺利完成。2016年完成危房改建328户，占全区总任务量的80%；大陆花园开发商住楼5栋，粮管所片区完成开发6栋；全镇完成改厕3550户，户户通硬化道路35万平方米。

【民生工程】 依托生态优势，在北部丘陵地区栽植各类绿化苗木，投入200余万元开展桥涵建设、道路硬化和片区高标准环境综合整治。在全镇扎实开展移风易俗工作，引导规范各村红白理事会87个，丧葬事宜办理事前报备、事中监督、事后公示的工作做法在全区推广。深刻汲取安全事故教训，全年开展专项活动21次，排查、整改隐患1500余处，实施台账归类，销号管理，坚决整改，确保不出问题。环保工作重点做好水污染防治和燃煤锅炉整改及燃气锅炉安装服务工作，土小企业已全面取缔，清理汪塘沟渠216个（条），面积70万平方米。

【综合治理】 深入实施“雪亮工程”，投入320万元在全镇主次干道、各村及人群密集区设立监控探头296个，全镇初步实现视频监控全覆盖。同时组建406人的红袖标队伍，健全87支巡防队伍，昼夜巡查，维护治安，赢得群众理解支持，有力提升群众满意度。在信访工作中，落实班子成员包案制、接访制和属地负责相结合，实施周一例会调度制度，全年化解积案21起、重点案件12起，化解一般案件182起。信访案件发案率下降23%，信访办公室获得团市委颁发的“青年文明号”称号，信访接待大厅获得“山东省青年文明号”称号。

【党建工作】 开展软弱涣散后进班子集中整治，对8个软弱涣散党组织，实行分级负责，顺利完成整治。集中组织党性教育5次，持续规范“三会一课”，严肃组织生活，提高党员的思想觉悟和政治素质。继续以奖代补，开展村级规范化建设，新建村级办公场所，完善计生、综治、党建档案，更换远教设施，落实便民服务前移、简化行政审批，新建便民服务中心1处，全镇便民服务中心达到4处，形成二级服务网络。区畜牧局、区农业局、区委党校等帮扶单位对12个村派驻第一书记工作组进行实物、财力帮扶，新建修缮办公场所，整修道路，升级改造村级电网，解决一批群众关心的热点、难点问题。

撰稿：张立千　鲁士朋

审稿：张灿彪　丁祥华

先进集体·先进人物

先进集体

【全国性系统表彰的先进集体】

单位名称	荣誉称号	授予机关（部门）
兰山区	全国法治县区创建先进单位	全国普及法律常识办公室
兰山公证处	全国优秀公证处	中国公证协会
柳青街道司法所	全国优秀司法所	司法部
区体育工作办公室	2016 年度全国县区体彩工作先进单位	国家体育总局体育彩票管理中心
区人民检察院	全国检察宣传先进单位	中国检察日报社
兰山区拘留所	全国拘留所社会矛盾化解工作成绩突出单位	公安部
兰山公安分局长途汽车站安全检查站	集体二等功	公安部
区工商业联合会	全国“五好”县级工商联	中华全国工商业联合会

注：资料由各单位提供

【省级和省系统表彰的先进集体】

车位名称	荣誉称号	授予机关（部门）
区司法局	人民满意政法单位	省政法委、省人社厅、省公务员局
	全省司法行政系统先进集体	省人社厅、省司法厅、省公务员局
兰山区法律援助中心、兰山公证处、三禾律师事务所	山东省首批老年人公益维权服务示范站	省老龄委
区民政局	爱国拥军模范单位	省委、省政府、省军区
区烟草专卖局（营销部）	省级文明单位	省文明委
区疾控中心	全省病毒性传染病防治工作先进集体	省疾控中心
	全省健康教育宣传工作先进集体	省卫生新闻宣传中心
区卫生学校	青春健康教育示范基地	省计划生育协会
区广播电视台	2016 年度全省电视新闻宣传先进集体一等奖	省广播电视台
	2016 年度全省广播宣传先进集体奖	
	公益广告《大声说爱》获山东省优秀公益广告评选电视类一等奖	省新闻出版广电局
区工商局	全省“幸福进家”活动先进集体	省妇联

续表

单位名称	荣誉称号	授予机关（部门）
市区国税局稽查局	打击黄金票专项行动成绩突出单位	省国税局、省公安厅
市区国税局方城分局	省文明单位	省文明委
市区国税局义堂分局	全省“幸福进家”活动先进单位	省妇联
区体育工作办公室	山东省第六届全民健身运动会先进单位	省体育局
	全省体育彩票工作特殊贡献奖	
区住房和城乡建设局	全省精神文明单位	省文明委
市环境保护局兰山分局	公安环保联勤联动执法先进集体	省环境保护厅、省公安厅
区台办	全省台办系统先进集体	省人社厅、省台办、省公务员局
区人民检察院	省级文明单位	省文明委
区统计局	山东省 2015 年 1% 人口抽样调查先进集体	省 1% 人口抽样调查工作协调小组办公室
兰山公安分局	2016 年度省级文明单位	省文明委
	全省公安系统先进集体	省人社厅、省公安厅、省公务员局
兰山公安分局商城出入境接待大厅	山东省“工人先锋号”	省总工会
兰山公安分局指挥中心信息通信科	全省公安机关大数据警务云计算建设应用工作先进集体	省公安厅
兰山公安分局北园路派出所	集体二等功	省公安厅
兰山公安分局 7.9 故意杀人案专案组	集体二等功	省公安厅

注：资料由各单位提供

【市级先进集体】

单位名称	荣誉称号	授予机关（部门）
区林业局	2016 年度复查合格市级文明单位	市委、市政府
区卫计局	临沂市国家卫生城市复审迎查工作先进集体	市政府
区广播电视台	电视文艺节目“三阳之春”2016 兰山春晚联欢会荣获第五届临沂市沂蒙文艺奖电视类一等奖	市委、市政府
	临沂市国家卫生城市复审迎查工作先进集体	市政府
区财政局	2016 年度全市财税征管工作先进单位	市政府
市区国税局	2015 年度全市税收征管工作先进单位	市政府
区住房和城乡建设局	全市国家卫生城市复审迎查工作先进集体	市委、市政府
	全市安全生产工作先进单位	市政府
区人民检察院	平安临沂建设先进单位	市委、市政府
兰山公安分局	2016 年度平安临沂建设先进单位	市委、市政府

续表

单位名称	荣誉称号	授予机关（部门）
兰山消防大队	2016 年度全市安全生产工作先进单位	市委、市政府
兰山公安分局北京路派出所	全市信访工作先进集体	市委、市政府
区政法委	人民满意政法单位	市委、市政府
义堂镇人民政府	2015 年度全市大气污染防治工作先进单位	市委、市政府
区司法局	平安临沂建设先进单位	市委、市政府

注：资料由各单位提供

先进人物

【省“富民兴鲁”劳动奖章获得者】

李 辉 男，汉族，临沂市兰山区人，本科学历。1976 年 4 月生。临沂新明辉安全科技有限公司总经理、临沂市政协常委、临沂市工商联副主席、临沂市电子商务产业促进会会长、临沂市工商联劳保用品商会会长。

李辉不拘泥于传统的劳保店经营模式，大胆“走出去”，与国外劳保行业巨头展开合作。2006 年，李辉预见到互联网会给未来的商业带来革命性的影响，随即开展电子商务业务，并最终发展成集信息查询、订货、付款、物流跟踪等于一体的“新明辉商城”。同时，建立电子商务体验中心，成立劳保行业首家防护用品体验店，开创了整个安全防护行业正式布局 O2O 的先例，为成功创建临沂第一个国家级电子商务示范企业做出了贡献。

李辉率先垂范，以勤奋、务实的工作作风，带领公司由最初的 3 名员工增加到 400 多人，销售额从最初的每年不足 6 万元增长到每年近 10 亿元。十几年来，“新明辉”业绩暴涨 1600 多倍，合作品牌 211 个，涵盖国内外全部知名品牌，21000 余种产品，销售覆盖全国 200 余个城市，为新明辉成为中国劳保用品行业第一个 5 钻级企业立下了汗马功劳，荣获“2016 年度劳保用品行业年度风云人物奖”。在与国外企业合作过程中，李辉意识到国内安全防护意识不到位、产品标准不完善等问题，与山东省安监局积极合作，起草制定《山东省劳动防护用品配备标准》，成为国内唯一一部劳动防护用品配备强制性标准，李辉获得由国家安监局颁发的“第六届安全生产科技成果奖”。

2016 年 5 月，李辉被山东省总工会授予“富民兴鲁”劳动奖章。

注：资料由区总工会提供

【全国“五一劳动奖章”获得者】

王士岭 男，汉族，临沂市河东区人，中共党员，大专文化。1952 年 11 月出生，1975 年 1 月参加工作。山东兰田投资控股有限公司党委书记、董事长，第十二届全国人大代表、临沂市第十九届人大代表、临沂市第十九届人大常委会委员。

王士岭认真贯彻党的路线方针政策，积极做经济发展的带头人。带领一班人艰苦创业，相继开发各类专业批发市场18处、物流市场2处，总占地200公顷，经营户达2.4万多家，拉动社会就业7万多人，市场年成交额460多亿元，物流年运量1000万吨、货值500亿元，打造了在全国具有影响力和竞争力的现代市场集群。2013年11月25日，习近平总书记视察兰田物流基地，听取了王士岭关于商贸物流情况的汇报后，称赞兰田“事业大有可为”。

王士岭立足商贸物流，积极做现代业态的领路人。认真贯彻落实上级党委政府部署，积极发展现代业态，引领广大经营业户推进商城国际化、电子商务、现代物流发展。根据市政府商城国际化总体部署，与中国贸促会合作设立了中国（临沂）跨国采购中心，率先发展国际贸易，已吸引110多个国家在兰田设立贸易代表处，年出口额6亿美元。与中国市场学会合作，面向经营业户无偿开展电子商务培训4万余人次。

王士岭始终坚持以人为本，和谐发展，积极做奉献社会的有心人。先后投资6000余万元整治市场辖区环境，组建400多人建制的民兵连、巡逻队，营造了安全有序的经营环境。五年来向居民兑现失地居民补贴近亿元，全部居民实现入学、医疗、社保等各项福利全覆盖。积极开展山区扶贫、社会捐助等活动，先后向见义勇为基金会、创业促进会、地震灾区、学校、敬老院等捐款捐物5000余万元。

王士岭先后荣获“中国市场领军人物”、省“富民兴鲁”劳动奖章、“首届临沂创业功臣”、市“优秀共产党员”等称号。2016年5月，王士岭被全国总工会授予“五一劳动奖章”。

【“振兴沂蒙”劳动奖章获得者名录】

姓　名	性别	政治面貌	工作单位及职务
张克庆	男	群众	临沂新程金锣肉制品集团有限公司职工
亓玉久	男	群众	兰山区职工中专实习教师
周广霞	女	群众	山东省华强企业集团总公司市场部主任
穆　林	男	群众	临沂市金立机械有限公司车间主任
杜家春	男	中共党员	山东鲁大建设工程有限公司项目经理
季玉英	女	群众	临沂第二实验小学教师
曹　丽	女	中共党员	临沂市地方税务局兰山分局机关党委专职副书记
王永现	男	中共党员	临沂市朝阳商贸有限公司总经理

注：资料由区总工会提供

【省级和省系统表彰的先进人物名录】

姓　名	性别	政治面貌	工作单位及职务（含专业技术职称）	所获荣誉称号	授奖单位
吴海南	男	中共党员	区检察院党组成员、检查委员会专职委员	全省检察机关“两学一做”学习书画摄影展书画作品二等奖	省检察院
田玉江	男	中共党员	区检察院控申科科长	全省检察机关“两学一做”学习书画摄影展书画作品优秀奖	省检察院
曲雯雯	女	中共党员	区检察院民行科副科长	全省检察机关民事行政检察业务竞赛能手	省检察院
张卫国	男	中共党员	城乡居民社会养老保险事业处副主任、局办公室主任	全省人社工作记三等功	省人社厅、省公务员局
钟良山	男	中共党员	区人社局档案馆员	全省人社工作宣传先进个人	省人社厅
许天宇	男	中共党员	区人力资源开发服务办公室副主任	全省人才统计调查先进个人	省人社厅
高文龙	男	中共党员	方城派出所所长	全省公安系统先进个人（记二等功）	省人社厅、省公安厅、省公务员局
张秀芹	女	中共党员	治安管理大队副大队长	山东省女职工建功立业标兵	省总工会
扈秀君	女	中共党员	警务保障室副主任	全省公安机关“210 工程”建设成绩突出个人	省公安厅
李梦婕	女	中共党员	禁毒大队科员	全省禁吸戒毒工作先进个人	省公安厅
赵树海	男	中共党员	区残联副理事长	全省残疾人工作先进个人	省残疾人工作委员会
宋金贵	男	民建	区政府教育督导室	2016 年度教育督导先进个人	省政府教育督导室
孙雪莲	女	中共党员	区工商局人事政工科科员	全省“幸福进家”活动先进个人	省妇联办公室
戚瑞浩	男	中共党员	区统计局社会课副科长兼宣传办主任	山东省 2015 年 1% 人口抽样调查先进个人	省 1% 人口抽查调查工作协调小组办公室
庄　城	男	中共党员	区统计局计算站副站长	山东省 2015 年 1% 人口抽样调查先进个人	省 1% 人口抽查调查工作协调小组办公室
刘传强	男	中共党员	区安监局副主任科员	2016 年度全省安全生产工作先进个人	省政府安全生产委员会
王中华	男	中共党员	新桥卫生院	省卫计系统第一届职工运动会男子铅球第六名	省卫计委
张　磊	男	中共党员	区广播电视台采访部主任	2016 年电视宣传优秀通讯员一等奖	省广播电视台
吕京民	男	群众	区广播电视台科员	2016 年电视宣传优秀通讯员一等奖	省广播电视台
吴鹏飞	男	群众	区广播电视台科员	2016 年电视宣传优秀通讯员一等奖	省广播电视台
孟祥雪	女	中共党员	区广播电视台科员	2016 年电视宣传优秀通讯员一等奖	省广播电视台

续表

姓　名	性别	政治面貌	工作单位及职务（含专业技术职称）	所获荣誉称号	授奖单位
王超群	男	中共党员	区广播电视台科员	2016年电视宣传优秀通讯员二等奖	省广播电视台
张婷婷	女	群众	区广播电视台科员	2016年电视宣传优秀通讯员二等奖	省广播电视台
董　胜	男	中共党员	区经信局党委书记、局长	全省经济和信息化工作先进个人	省经信委
刘广学	男	群众	区体育工作办公室体彩专职副主任	2016年度山东省体育彩票考核先进个人	省体育局
寇景军	男	中共党员	区住建局工会主席、信访科科长	全省文明家庭	省文明委
褚祥伟	男	群众	市区国税局科长	2016年全省税收调查工作先进个人	省国家税务局、省地方税务局、省财政厅
刘存山	男	中共党员	区司法局纪检组长	二等功	省司法厅
李兆叶	女	中共党员	区司法局副局长	二等功	省司法厅
王宗岭	男	致公党党员	临沂现代诚信集团董事长	山东省优秀致公党党员	中国致公党山东省委员会
刘艳梅	女	致公党党员	区机关事业单位社会保险事业处科长	山东省优秀致公党党员	中国致公党山东省委员会
耿令美	女	中共党员	兰山公安分局刑事侦查大队刑事科学技术室科员	个人一等功	省公安厅
付东野	男	中共党员	兰山公安分局金雀山派出所所长	个人二等功	省公安厅

注：资料由各单位提供

【市级先进人物目录】

姓　名	性别	政治面貌	工作单位及职务（含专业技术职称）	所获荣誉称号	授奖单位
于艳峰	女	中共党员	区检察院宣传科科长	2011-2015年全市普法依法治理工作先进个人、先进工作者	市委、市政府
郝西伟	男	中共党员	区质监局特检科科长	全市安全生产工作先进个人	市政府
安佰忠	男	中共党员	市公安局交通警察支队直属三大队大队长	临沂市国家卫生城市复审迎查工作先进个人	市政府
董科均	男	中共党员	临沂市公安局交通警察支队机动车驾驶适性检测站副站长	2016平安临沂建设先进个人	市委、市政府
于升亮	男	中共党员	兰山公安分局五里堡派出所所长	2016年度平安临沂建设先进个人	市委、市政府
高中军	男	中共党员	兰山公安分局义堂派出所所长	2016年度平安临沂建设先进个人	市委、市政府
赵晓宇	女	中共党员	兰山公安分局北京路派出所科员	2016年度平安临沂建设先进个人	市委、市政府
石登超	男	中共党员	半程镇派出所副所长	2016年度全市人民满意的政法干事	市委、市政府
刘　婕	女	中共党员	兰山公安分局法制大队综合科科员	2011-2015年全市普法依法治理工作先进个人	市委、市政府

续表

姓　名	性别	政治面貌	工作单位及职务（含专业技术职称）	所获荣誉称号	授奖单位
韦　建	男	中共党员	兰山公安分局治安管理二中队主任科员	2016年全市“扫黄打非”工作先进个人	市委、市政府
谢成凤	女	中共党员	兰山公安分局治安管理大队二中队中队长	全市信访工作先进个人	市委、市政府
许伟伟	女	中共党员	区安监局综合科科长	2016年度全市安全生产工作先进个人	市政府
陈永健	男	中共党员	区安监局监察大队办公室主任、四中队中队长	2016年度全市安全生产工作先进个人	市政府
陈　涛	男	中共党员	区安监局监察大队三中队中队长	2016年度全市安全生产工作先进个人	市政府
雷贵松	男	中共党员	义堂镇党委书记	2016年度全市大气污染防治工作先进个人	市委、市政府
王玉国	男	中共党员	区烟草专卖局（营销部）支部书记、局长、经理	2015年平安临沂建设先进个人	市委、市政府
程明珣	男	中共党员	区财政局局长	2016年度财税征管工作先进个人二等功	市政府
张　猛	男	中共党员	区财政局国库科科员	2016年度财税征管工作先进个人三等功	市政府
洪　剑	男	中共党员	区住建局党委书记、局长	全市国家卫生城市复审迎查工作先进个人	市政府
张玉钰	男	中共党员	区林业局主任科员、党组成员	全市淮河流域水污染防治工作先进个人	市委、市政府
杨　洁	女	中共党员	市区国税局科长	优秀共产党员	市委
王小可	男	中共党员	市区国税局办公室主任	全市税收征管工作先进个人，记三等功	市政府
陈大鹏	男	中共党员	区委政法委办公室科员	2015平安临沂建设先进个人	市委、市政府
曹　莉	女	中共党员	区综治办主任	2015平安临沂建设先进个人	市委、市政府
朱　祥	男	中共党员	区委政法委办公室科员	2015平安临沂建设先进个人	市委、市政府
武传涛	男	中共党员	市公安局交通警察支队直属一大队综合科科长	平安临沂建设先进个人	市委、市政府
姜　伟	女	中共党员	市公安局交通警察支队直属二大队大队长	全市普法依法治理工作先进个人	市委、市政府
李增新	男	中共党员	市公安局交通警察支队直属二大队指导员	2016年度平安临沂建设先进个人	市委、市政府

注：资料由各单位提供

辑　录

表彰决定

中共兰山区委 兰山区人民政府关于表彰二〇一六年度工作先进集体和先进个人的决定

（2017年2月13日）

2016年，全区各级各部门在区委、区政府的坚强领导下，深入贯彻党的十八大和十八届三中、四中、五中、六中全会以及习近平总书记系列重要讲话精神，适应新常态、抢抓新机遇、展现新作为，立足“走在前列”目标定位，统筹谋划“中心城区城镇化推进、商城国际化实施、新型工业化发展”等重点任务，积极抓好“三引一促”“二次创业”、深化改革等基础工作，抓牢抓实扶贫民生、生态环保、安全稳定等底线工作，依市兴区、借势借力，内强外拓、发力赶超，取得了“十三五”胜利开局，涌现出一大批先进集体和先进个人。

为发扬成绩，弘扬先进，振奋精神，乘势而上，开创兰山发展新局面，区委、区政府决定，分别授予半程镇、义堂镇、临沂工业园区、柳青街道、兰山街道、金雀山街道“综合工作一、二、三等奖”，给半程镇、义堂镇记集体三等功，给王翠宝、孙玮、许步忠、刘振超4人记个人三等功；授予汪沟镇、白沙埠镇、李官镇、义堂镇、方城镇、枣园镇、银雀山街道、柳青街道、兰山街道“全市科学发展综合考核争先进位奖”；授予临沂工业园区、方城镇、兰山街道、汪沟镇“全区综合考核争先进位一等奖”，并记集体三等功，授予义堂镇、柳青街道“全区综合考核争先进位二等奖”；对在2015、2016年度全区考核中，连续排名第一位次的半程镇授予“综合工作考核特别奖”；对年度工作中做出突出贡献的兰山商城管委会、区委组织部、义堂镇授予“特别贡献奖”，并记集体三等功；对在专项工作中成绩突出的市区国税局、兰山地税分局、兰山国土分局、区食药监局记集体三等功；授予区住建局等39个区直部门“先进单位”称号；授予王玉杰等384人“先进工作者”称号；授予王士岭等209人“先进生产者”称号；授予宋王庄社区等94个村（社区）“先进村社区”称号；分别授予鲁南制药集团股份有限公司等144家企业“十佳工业企业”“十佳服务业企业”“十佳房地产开发企业”“优秀企业”“商城国际化十佳企业”“优秀科技创新企业”称号；分别授予半程镇等531个单位、邵明续等831人工业经济、城镇建设、城镇管理、美丽乡村建设、“三引一促”、商务、重点项目建设、服务业、金融服务、农业、环境保护、基层党建、安全生产、脱贫攻坚、计划生育等工作“先进单位”“先进个人”称号。

这些先进集体和先进个人，紧紧围绕全区经济社会发展大局，自我加压、拼搏进取，真抓实干、争创一流，取得了不平凡的业绩，为全区广大干部群众作出了表率、树立了榜样。全区各级各部门要认真学习他们扎实苦干、团结拼搏的工作作风；学习他们争先进位、跨越赶超的进取精神；学习他们任劳任怨、无私奉献的高尚情怀;学习他们勇于担当、全力履职的责任意识。同时，希望受表彰的先进集体和先进个人，以荣誉为鞭策，以成绩为动力，进一步发挥模范带头作用，开拓奋进，再创佳绩。

2016年是实施“十三五”规划的重要一年，也是供给侧结构性改革的深化之年，更是区、镇两级换届后新班子履职的第一年。区委、区政府号召，全区各级各部门要以先进为榜样，立足“建设大美新临沂政治经济文化中心功能区、鲁南苏北经济发展龙头区、全国革命老区率先发展标志区，打造商贸物流名城、历史文化名城”的目标定位，落实新理念、引领新常态，履职尽责敢担当、撸起袖子加油干，为全域发展、率先小康，奋力开创大美新临沂建设的兰山新篇章而努力奋斗，以优异成绩迎接党的十九大胜利召开！

兰山区在全市科学发展综合考核中获奖情况

一、2016年度科学发展综合考核先进县区（第2名，二等奖）

二、2016年度科学发展综合考核先进乡镇：

1. 兰山区柳青街道（第1名，一等奖）
2. 兰山区兰山街道（第2名，一等奖）
3. 兰山区银雀山街道（第4名，一等奖）
4. 兰山区义堂镇（第16名，二等奖）
5. 兰山区金雀山街道（第19名，二等奖）
6. 兰山区半程镇（第24名，二等奖）
7. 兰山区方城镇（第31名，三等奖）
8. 兰山区汪沟镇（第33名，三等奖）
9. 兰山区李官镇（第48名，三等奖）
10. 兰山区白沙埠镇（第50名，三等奖）

三、2016年度“三引一促”工作先进县区（第3名，二等奖）

四、2016年度“二次创业”工作先进县区（第1名，一等奖）

五、2016年度大气污染防治工作先进县区（第7名，三等奖）

六、2016年度安全生产工作先进县区（第5名，三等奖）

七、2016年度党建工作先进县区（第1名，一等奖）

综合工作考核奖

一等奖：

半程镇

二等奖：

义堂镇　临沂工业园区

三等奖：

柳青街道　兰山街道　金雀山街道

根据兰发〔2016〕2号文件规定，给考核第一、二名的单位记集体三等功，党政主要负责人记个人三等功；其他受奖的党政主要负责人为先进工作者。

综合考核争先进位奖

全市科学发展综合考核争先进位奖：

汪沟镇（全市第 33，上升 115 个位次）

白沙埠镇（全市第 50，上升 90 个位次）

李官镇（全市第 49，上升 85 个位次）

义堂镇（全市第 16，上升 46 个位次）

方城镇（全市第 31，上升 42 个位次）

枣园镇（全市第 62，上升 18 个位次）

银雀山街道（全市第 4，上升 5 个位次）

柳青街道（全市第 1，上升 2 个位次）

兰山街道（全市第 2，上升 2 个位次）

全区综合考核争先进位一等奖，并记集体三等功：

临沂工业园区（全区上升 6 个位次）

方城镇（全区上升 5 个位次）

兰山街道（全区上升 3 个位次）

汪沟镇（全区上升 2 个位次）

全区综合考核争先进位二等奖：

义堂镇（全区上升 1 个位次）

柳青街道（全区上升 1 个位次）

综合工作考核特别奖

半程镇

特别贡献奖

兰山商城管委会　区委组织部　义堂镇

根据兰发〔2016〕2 号文件规定，给特别贡献奖的单位记集体三等功，义堂镇不重复记发。

专项工作集体三等功

市区国税局　兰山地税分局　兰山国土分局

区食药监局

先进单位

区住建局　区财政局　区妇联　区卫计局

区人社局　区商务局　团区委　兰山国土分局

区电视台　兰山公安分局　区工商局

区教体局　区民政局　区食药监局

区畜牧局　市区国税局　区审计局

区经信局　区农业局　区统计局

区公路局　区委台办　区工商联

区委老干部局　区旅游局　区林业局

区司法局　区总工会　兰山交通分局

交警直属一大队　交警直属二大队

交警直属三大队　兰山规划分局

商城工商分局　兰山地税分局

兰山烟草专卖局　兰山环保分局

区盐务局　临沂供电公司兰山客户服务分中心

根据兰发〔2016〕2 号文件规定，年度工作先进单位的主要负责人为先进工作者。

先进工作者

王玉杰　潘　瑜　张　磊　孙鹏飞　宋奎宇

施文山　田宗春　韩殿永　程万里　程明珣

张晓静　毛士西　赵德胜　王　力　赵　童

冯连伟　袁春蕾　王行军　贾瑞德　刘维军

焦秀荣　上官兰香　廉士明　李学博　刘广济

董　胜　王金生　王思华　刘艳君　冯才彬

齐宝进　季　楠　刘效印　顾中渠　王成杰

李洪利　姜良府　张　国　张成虎　安佰忠

刘志文　王爱军　时秀坤　王玉国　张洪群

何召华　管道义　王钦道　张玉新　聂依顺

张　涛　凌云志　张　波　王明生　刘安忠

孔令兵　张春魁　王云华　李　刚　郑　敏

张家才　王　涛　张际坤　王　琛　李　刚

臧成永 张克国 姜　涛 相春国 杜　强
丁明庆 沈如珍 于　力 赵　飞 赵修凯
刘春雨 杨　华 路　伟 姜　利 李发富
张荣禄 井　阳 刘正东 林清涛 张　博
程　亮 汲　光 石国传 张恒志 姜富修
刘淑真 王恩忠 韩庆勋 魏广涛 王善良
张敬涛 田宗利 刘军良 朱孔如 李长征
孙中东 孟凡信 徐晓蕾 毛洪海 闫勋刚
张继勋 徐玉起 殷文超 王学娟 鲁士朋
石凤友 魏　平 鲁　鸿 唐信强 杨海彬
宋凤伟 韦其琛 李晓娟 张庆玲 郭伟峰
刘胜存 张春运 闵祥举 田淇鑫 周云鹏
庄须峰 公昭呈 刘德祥 刘　波 朱文华
王　健 孙向前 巩孝辉 孙亚龙 王倩倩
王友芝 盛日京 郑方利 李建国 赵民庆
韩贵峰 陈广庆 安　康 韩庆明 刘锦红
任俊杰 于松峰 王依峰 张剑非 李士荣
任建梅 闫俊清 王云忠 张　超 孙金凤
张　倩 彭英龙 肖夫宇 冉祥钦 颜丙才
林祥栋 王　静 刘　跃 马庆庆 李春笋
屈　宁 刘树茂 李祥杰 胡晓蕾 陈正义
王雪雷 褚洪美 李　华 刘海波 曹　军
薛　冰 赵思思 刘凤涛 魏倩倩 丰茂智
尤文凯 姜春雷 王银环 马楠楠 傅明山
郁　方 刘　率 张　莉 张志如 寇利明
苏海森 杜加玉 王　峰 高利助 韩晓东
王陆伟 贺凯达 李　君 周　博 吴宗芳
郑姗姗 安　杰 尤洪根 金　彪 徐晓洁
刘　杰 臧德三 孙　昊 宋全荃 李先耀
王中华 张同梅 王　鲲 刘学仁 咸　慧
刘海燕 郭玉金 高玉建 王　艳 高昭坤
刘宗业 刘胜堂 顾晶晶 宋金贵 陈效美
张凤英 方　粉 刘存超 吴　伟 刘广学
王启喻 于一飞 李学岭 胡秀花 张　浩
王向明 张玉启 张庆吉 顾三平 唐　鹏
张艳芳 王宏图 张云峰 张　伟 王海涛
张　帅 王　东 闫宗敬 李　艳 孙　迎
杨丽娟 王印芹 张守维 蒋保建 石荣荣
曹　志 孙新新 韩　敏 李勇德 郭艳玲
黄玉金 丁　焱 刘　昕 汤朝兴 路国平
陈甜甜 王希皓 杨　蕾 钟良山 杨宏云
王　勇 麻洪飞 相光雨 寻亚栋 李少华
王兴华 王建业 裴志祥 孙怀杰 杨　军
徐　泓 田　薇 邓洪星 代伟成 张茂刚
赵欣华 蒋　军 杨晓博 张　猛 田海明
刘晓玲 冯现会 董　卓 王树强 黄　珂
侯孝忠 孙　伟 刘士庆 侯　强 孙　涛
刘学颂 焦伟克 李　宏 宋全玺 董　涛
刘　芳 刘飞超 王继军 柳丽娜 张光明
孙艳华 马　兢 田　立 朱　磊 朱　祥
王　飞 程　兴 云卫军 刘本和 陈少玉
王　红 曹雪峰 王晓波 刘子瑜 陈士祥
孙宗坤 张学强 李向欣 陈　同 骆　媛
朱纪会 王有成 孟　伟 刘　丽 马学勤
邹新华 黄世栋 张保安 张元三 贾　佳
周　琳 朱佳丽 刘　芳 李蓓蓓 孙志虎
王雅楠 赵胜利 王晓刚 宋国龙 陈庆福
曲雯雯 刘永回 杨文明 马永国 赵　浩
扈鹏元 邱兆猛 王绍华 安　泉 马学民
高　民 孙富宝 张家兵 臧万会 张贵庆
曹　敏 王丽丽 刘文彬 靳洪奎 张卫华
颜海霞 邵明丽 姜兆梅 高冠沈 周茂杰
刘恩征 刘化英 王　军 刘自宝 胡　媛
付春江 裴振江 林　达 李双鹏

先进生产者

王士岭 郁新闻 周宝柱 王顺银 赵玉玺
曹继廉 孙宝殿 杨朝春 周平昌 曹祥思
邰吉祥 蒋相忠 孙胜沂 付振洋 蒋乐信
魏秀虎 化书爱 张　涛 赵怀义 田　雷
蒋文波 郑　龙 颜会东 刘桂玲 侯　民

韩可来 王兴志 肖德玉 侯增启 段传光
程国良 石 波 焦连禄 李廷山 许 勇
庄 伟 王洪亮 王永现 姜宝同 蒋效银
涂宝旭 张元恒 臧运海 蔡淑建 赵建彬
杨利军 滕广志 涂建岭 单开雨 尤洪涛
郑宪峰 王金生 刘继海 李春梅 张凤刚
王兴锋 刘文华 王亚楠 杨立涛 陈瑞生
苏咨铭 邵长文 毛会涛 王孝昌 张立勤
王世学 赵九想 丁国山 凌 升 张 鑫
郭庆亮 刘志军 刘忠祥 张克华 田种法
李 振 朱连胜 李艳辉 宋争艳 金贵玲
郭 婷 邢 涛 王传金 田建军 王友伟
周茂军 王自余 张兴运 田万明 王一忠
李安军 徐思建 刘福利 曲宝义 史生振
高一仑 王松叶 张洪亮 李清奎 王永华
宋连亮 高一凤 申应世 戴清国 王家满
林建国 曹 震 杜元富 韦洪庆 王乃江
孟庆明 王召峰 高建义 李运广 张 伟
王元举 刘步伟 孙成启 王宗阳 徐怀连
林达标 张金泉 凌思法 魏同玉 魏连伟
刘怀军 沈友合 谭相花 续宗武 刘传学
李宗军 王永存 王德才 林青方 史孝民
刘佩迎 崔 华 帅 岭 张继军 董西鼎
杜光明 贾中宝 王孝文 仝传清 王瑞忠
李 强 王俊生 刘 阳 李东明 赵淑银
孙新峰 王 琛 徐有福 顾文鹏 陈新海
刘存营 密士刚 王守江 王兴元 杨西峰
崔淑淳 张玉强 李宾宾 陈 猛 李培强
庞遵东 张洪建 严庆华 崔学敏 石艳增
王友坤 马德鹏 李志晓 王 鹏 解永军
王 勇 孙士法 张广杰 孟凡让 王玉军
申永波 刘文建 韩瑞东 周 振 马丽娜
刘秀蜜 冯 涛 薛 伟 厉建金 刘国才
樊小尊 郭晓林 沈庆福 房贤栋 秦军华
孙崇胜 赵广义 孙文涛 武玉杰 顾文峰
刘书潘 刘沂娟 朱冠平 杨海平 李晓静
韩 伟 许 倩 王云龙 庄 宁

先进村（社区）

宋王庄社区 西关社区 前园社区 水田社区
曹王庄社区 李庄社区 后园社区 前十社区
砚台岭社区 林庄社区 八里屯村 后十社区
小官路社区 张朱许村 东苗庄社区
七里沟社区 梨杭社区 南关社区
五里堡社区 傅家屯社区 焦庄社区
南坛社区 东关社区 东北园社区
柳青苑社区 曲沂社区 福源社区 朱夏社区
大官苑社区 东南坊村 小朱坞村 夏村
白沙埠社区 东朱阜村 船流街村 朱潘社区
贾家村社区 小安子社区 尤新村社区
柏庄村 医院社区 谭庄社区 徐庄社区
东河南村 俄庄社区 李宅社区 闫家屯村
陆庄华鑫社区柳河村 下艾崮社区
后南庄村 大峪村 东哨村 中大郝埠村
任家庄村 老公地村 沙汀社区
云泊湖社区 蒙河苑社区 桃花源社区
莲花山社区 李官社区 东朱里村 寨里村
埠北头社区 王朱里社区 前耿埠社区
苑朱里社区 戴庄社区 姜家岭村
前城子村 孙朱里社区 大葛庄社区
小义堂社区 堰东村 长夫社区
大柳汪村 闵家寨村 同富社区 临沂庄村
中西蒋村 西街村 朱岭庄村 莲汪崖村
郭兴庄村 东石桥村 长久庄村 古城里村
前店子村 宋家唐庄村 安庆庄村 东朱汪村
洪沟崖村 后洞门河东村

十佳工业企业

鲁南制药集团股份有限公司
临沂金锣文瑞食品有限公司

山东华星工程机械有限公司
山东三维油脂集团股份有限公司
山东金象铝业有限公司
山东焦化集团铸造焦有限公司
国能临沂生物发电有限公司
山东华源锅炉有限公司
山东新港企业集团有限公司
临沂长青纺织印染有限公司
临沂兴华包装有限公司

十佳服务业企业

山东临沂兰山农村商业银行股份有限公司
山东九州商业集团有限公司
山东兰田投资控股有限公司
山东省华强企业集团总公司
山东华苑企业集团总公司
山东华丰企业集团总公司
山东远通汽车贸易集团有限公司
润东汽车集团有限公司
山东林丰市场开发集团有限公司
仁宏医药有限公司

十佳房地产开发企业

天元建设集团有限公司
山东泰盛恒房地产有限公司
山东鲁班建设集团总公司
临沂师苑房地产开发有限公司
临沂鲁商地产有限公司
临沂众盛置业发展有限公司
临沂美地置业有限公司
山东恒弘置业有限公司
临沂金铭置业有限公司
山东冠蒙集团有限公司

优秀企业

临商银行股份有限公司
山东临沂烟草有限公司兰山营销部
临沂电力实业公司
山东房源实业集团有限公司
山东阜丰置业有限公司
临沂市城市资产经营开发有限公司
山东金升有色集团有限公司
临沂城区开发建设有限公司
临沂泰鑫置业有限公司
山东开元置业集团有限公司
山东冠蒙集团有限公司
临沂诚德房地产开发有限公司
临沂尚城置业有限公司
冠鲁房地产开发有限公司
临沂旭徽置业有限公司
临沂天翔置业有限公司
临沂华府置业有限公司
临沂金信房地产开发有限公司
临沂久隆置业发展有限公司
临沂市利群房地产开发有限公司
临沂鲁商金置业有限公司
临沂市中星置业有限公司
华润置地（临沂）有限公司
临沂金佰利置业有限公司
山东百联房地产开发有限公司
山东兰华集团总公司
临沂宝德房地产开发有限公司
临沂商城有限责任公司
临沂永基置业有限公司
临沂新天地置业有限公司
临沂市金猴房地产开发有限公司
临沂建鲁置业有限公司
临沂杰夫置业有限公司

临沂银座商城有限公司
临沂豪尔森置业发展有限公司
临沂居易置业有限公司
临沂汇通置业有限公司
临沂鲁德城市建设有限公司
山东上古置业有限公司
临沂三阳置业集团有限公司
临沂市汇源企业总公司
山东华前置业有限公司
临沂天泰置业有限公司
山东临沂建设集团股份有限公司
山东中新静安地产有限公司
临沂旭洋置业有限公司
临沂太谷房地产开发有限公司
临沂市城投开元置业有限公司
临沂嘉金房地产开发有限公司
临沂长泰瑞庭置业有限公司
临沂长裕置业有限公司
临沂新筑置业有限公司
山东省天河消防车辆装备有限公司
临沂世纪信投置业有限公司
临沂达峰房地产开发有限公司
临沂市万城置业有限公司
临沂环境卫生集团有限公司
临沂中裕燃气有限公司
山东御珑湾置业有限公司
临沂中汇地产有限公司
临沂市政集团有限公司
临沂市水务集团有限公司
临沂鑫磊置业有限公司
山东百事德置业有限公司
临沂振欣房地产开发有限公司
临沂市龙昇房产置业有限公司
临沂市城市建设综合开发有限公司
临沂长河国际置业有限公司
临沂交通运输投资集团有限公司
临沂凯恩置业有限公司
山东威特置业有限公司
山东雷华房地产开发有限公司临沂分公司
临沂朗润置业有限公司
临沂市国土资源局测绘院
临沂地中海置业有限公司
临沂市顺和工贸有限公司
临沂市鲁越房地产有限公司
临沂和润置业有限公司
临沂华仁鹰谷置业有限公司
中国石油天然气股份有限公司山东临沂销售分公司
临沂市房地产测绘院
福建省来宝建设工程有限公司临沂分公司
临沂市天天置业有限公司
山东德居房地产开发有限公司
山东中元置业有限公司
山东元和建设有限公司

商城国际化十佳企业

山东兰田投资控股有限公司
临沂商城有限责任公司
临沂龙鸣国际贸易有限公司
山东上港进出口有限公司
怡景丽家市场开发有限公司
临沂华孚商贸有限公司
山东省华强企业集团总公司
山东华苑企业集团总公司
中国（临沂）跨国采购中心有限公司
山东省临沂站前商场

优秀科技创新企业

鲁南制药集团股份有限公司
天元建设集团有限公司

山东鼎益现代农业发展有限公司
山东凯源木业有限公司
山东龙盛农牧集团有限公司
山东沂龙仪表有限公司
山东新港模板工程技术股份有限公司
山东华临新能源设备有限公司
e56众创空间我的茶楼（临沂一五六创业服务有限公司）
临沂市兰山区太公现代农业有限公司
山东长兴木业机械有限公司
鲁南贝特制药有限公司
山东新港企业集团有限公司
中节能（临沂）环保能源有限公司
临沂进民水务有限公司
山东化氏鱼饵有限公司
山东化氏鱼具有限公司

工业经济工作先进单位和先进个人

先进单位：

半程镇　义堂镇　临沂工业园区
枣园镇　白沙埠镇　银雀山街道

先进个人：

邵明续　晁宏伟　曹景慧　武　霞　董勤珂
张连玉　董玉国　杨娟娟　陈　红　李慧娟
李爱菊　王步强　曹立爽　张　阳　邵泽鑫
宁　超　张雪霞　魏效新　姜良伟　姜开营
刘广礼　靳百顺　马伟亮　王　丽　闵　杰
葛瑞廷　沈付光　田　艳　刘连波　李先举
王　永　李洪良　丁国山　贾瑞臣　顾怀月
阚贵志　杨　宁　赵常荣　徐桂青　许向荣
王恩忠　咸玉良　李安军　李正银　车　斌
王君启　朱军丽　孙开喜　邵真建　李连彬
姚现强　任守芹　张玉林　化春永　孙道学
周　峰　高元飞　胡发德　戴清营　姜昌生
赵修任　孙启国　张敬美　张风刚　李发富
张荣禄　李春梅　彭洪坡　张文洁　徐景秀
杨建伟　易联兵　郑文虎　苑中才　孙玉龙
刘为学　胡京玺　孙宝军　黄廷秀　麻胜云
周红艳　李玉华　孙宗太　季文江　刘步伟
邢百玺　陈艳年　张跃彬　紫金朝　高建民
王贯东　马彦庆　凌思法　王永刚　陈德强
孟祥晓　李传信　付　强　李　杰　孟凡让
王光通　王传玲　徐善来　苗淑聪　曲宝彬
李文刚　臧聚龙　曲宗欣　杨宗玺　巩国强
任怀学　甄景仁　林德一　房桂亮　王君峰
王　静　颜廷婷　王庆田　王洪志　张晓东
尚继华　王光英　李红刚　刘连贵　王京朴
石　涛　刘　聪　唐德华　马　群　刘圣迎
盖广柱　贾丙余　宋家隆　李　辉　付焕东
林　建　郁善涛　韩来祥　郭建波　杨素磊
刘金刚　全国英　庄铭辉　王杰宗　张金奇
刘建萍　丁学菊　高　伟　韩春霞　杜守梅
丁　晓　卢凤飞　吴建海　刘　珏　庄举春
李长营　梅海凤　杜元杰　朱孔利　李学彩
顾三强　张明芝　徐冠华　张玉香　杨贵富
彭　凯　刘晓伟　张海军　王旭国　张　锟
孙百荣　邵真建　张建新　许兰飞　张　燕
孙怀欣　张　琮　代伟成　王成国　刘　波
陈晓丽　李淑慧　赵玉红　马楠楠　刘桂敏
姜兆友　徐　涛　高春生

城镇建设工作先进单位和先进个人

先进单位：

柳青街道　金雀山街道　兰山街道
银雀山街道　义堂镇　李官镇

先进企业：

山东鲁班建设集团总公司
冠豪建设集团有限公司
山东华泰建设集团有限公司
山东厚德建筑安装工程有限公司

临沂市东亚建筑安装工程有限公司
临沂市兰田建设集团有限公司
临沂三维建设工程有限公司
临沂三元建筑工程有限公司
临沂宏泰建筑安装有限公司
临沂程达建筑工程有限公司
临沂祥源建设工程有限公司
山东鲁大建设工程有限公司
临沂三德建筑工程有限公司
临沂市顺鑫建筑工程有限公司
临沂市顺骏能新型建材有限公司
临沂华信装饰工程有限公司
临沂雅格装饰设计有限公司
山东南亚物业管理有限公司
临沂市颐正物业管理有限公司
临沂市恒瑞物业管理有限公司

先进村社区：

后园社区　前园社区　西关社区　曹王庄社区
砚台岭　东苗庄社区　七里沟社区　梨杭社区
南关社区　五里堡社区　傅屯社区　焦庄社区
南坛社区　普村社区　小埠东社区　鄅古城
小朱郚村　郑城子村　东南坊村　后明坡村
东朱阜村　白沙埠社区　尤村社区　朱潘社区
小北屯村　柳河村　闫屯村　谭庄村
东石�村　大闵庄村　沂田庄村　北褚庄区
桃花源社区　东朱里村　寨里村　大完沂村
沙沟崖村　埠北头村　代庄　前耿埠
大义堂　前店子村　莲汪崖村　诸满社区
西街社区　东汪沟村　徐寨村　闵寨村
长夫社区　庙上村　洪沟崖村

先进个人：

郭庆军　张士杰　王景金　程建波　李洪亮
张如岭　尹纪成　姜自宝　王　涛　孙　冰
石增友　孙成军　沈如珍　高一化　杨学如
李发家　褚卫英　冯　静　白传峰　王秀举
杨瑞岭　顾文凤　王俊磊　高丽霞　陈瑞生
王世学　刘文平　杨建伟　李永德　刘建福
姜良福　李全会　徐怀猛　咸利国　卢克存
杜家玺　金洪图　姜自武　李志武　王立来
张士云　陈　健　孙启来　毛洪海　张文慧
杨廷利　张　浩　石凤友　朱丽丽　李文刚
邵长全　闵祥连　王瑞忠　孙新峰　韩　冰
袁　媛　肖　芳　葛续民　孟东升　吴夫芳
李新建　陈华卫　陈恒仕　马鹏飞　杨晓东
董振刚　王传玲　钱　军　张海滨　王丽君
赵增华　张　超　肖建君　袁欠欠　赵红飞
胡敬美

城镇管理工作先进单位和先进个人

先进单位：

李官镇　白沙埠镇　金雀山街道
枣园镇　柳青街道　临沂工业园区

先进村社区：

宋王庄社区　曹王庄社区　水田社区
西关社区　前园社区　林庄社区
后园社区　张家朱许村　前韦屯村
八里屯村　砚台岭社区　葛王平社区
曹王平社区　娄庄村　南关社区　五里堡社区
陆王庄社区　东苗庄社区　东关社区
煤山社区　东北园社区　傅家屯社区
朱夏社区　大官苑社区　柳青苑社区
曲沂社区　王岔河村　赵岔河村
洪家店村　岳家坞村　小里庄村
杏花玉苑社区　福源社区　戴城子村
夏家村　前小寺村　后小寺村
大杏花河北村　圣园社区　白沙埠社区
尤新村社区　玉平社区　朱潘社区
和兴园社区　柏庄村　大枣沟头村
小枣沟头村　谭庄　侯窝村　柳河村　刘官庄
徐庄　东河南村　北曲坊村　俄庄村
大朱坞村　花园村　解洼村　陆庄村　闫屯村

下艾崮社区　沂田庄村　大峪村　中郝埠村
兴隆社区　半程村　清沂庄村　东哨村
北褚家庄村　后南庄村　云泊湖社区
向阳河社区　玫瑰湖社区　沂河苑社区
蒙河苑社区　刘村　高村　本沂村　武庄
仙子峪社区　姜家岭村　麻庄　曹庄　桥西村
东头村　丈埠屯村　吴屯村　大义堂村
埠北头村　孙庄村　邱庄　三义庄
赵庄　小义堂村　韦巷村　西水磨头村
东楼村　胡巷村　尤村　营子村
西汪沟村　张家沟村　姜家埝村　安固庄村
颜家围子村　后楼村　上草沟村　土山头村
小杏花村　长久庄　新星庄　西东蒋村
宋唐庄村　永固庄村　东石桥村　西石桥村
龙泉庄　莲汪崖村　新富庄　西方城村
东方城村　李泉庄　东街村　石灰埠村
同利村　华城村　神泉岭村　闫庄
西街村　庙岭村　密庄村　后洞门河东村
小城后村

先进个人：

陈拥军　王　涛　亓文晖　王艳山　魏　州
乔新建　崔永国　李高祥　盖广全　郭　斌
张茂存　曲宝战　葛志刚　李庆成　卢克举
史立庆　朱建国　李文谊　张　蓝　魏益波
姜开成　赵晓波　宋元波　李永德　朱连胜
李　振　齐加元　王富涛　申宝山　曲立玉
姜自武　王立来　刘志远　许家田　卢永生
陈拥军　李　峰　杜光明　沈友峰　刘　建
裴向波　韩国强　王立国　张文杰　孙新峰
王　琛　徐有福　王文静　盛万莹　陆洪强
公　勋　杨　罡　王金旭　刘金全　吴　爽
姜自龙　刘志文　朱　林　马　凯　赵焕波
郑　岩　李艳生　冉令从　周长国　解艳艳
宋　慧　冯玉婷　刘　辰　薄建强　王瑞涛
纪凡磊　张春贵　郭秀亮　李景顺　杜广伟
刘存瑞　王恩军　张胜平　朱启勇　朱观景
解屹峰　马成强　丁　健　郑　亮

美丽乡村建设工作先进单位和先进个人

先进单位：

金雀山街道　兰山街道　半程镇
汪沟镇　枣园镇　李官镇

先进村社区：

砚台岭社区　南沙埠庄村　董家朱许社区
北沙埠庄村　东苗庄社区　南关社区
三合屯社区　陆王庄社区　东关社区
清泉庄社区　小埠东社区　东北园社区
杏花玉苑　福源社区　朱夏社区　大官苑社区
船流村　玉平村　贾村　尤村
徐庄村　陆庄村　谭庄村　闫屯村
沙汀社区　艾崮社区　沂田庄　团埠社区
云泊湖社区　沂河苑社区　玫瑰湖社区
华夏村　前耿埠村　前城子村　代庄村
堰东村　韦巷村　长夫社区　刘家庄村
韩家沟村　土山头村　前店子村　中蒋村
朱岭庄村　连汪崖村　小城后村
后洞门河东村　庙岭村　洪沟崖村

先进个人：

王景金　李洪亮　郁万亮　张福庆　王永现
王明亮　张　洁　王秀举　张　美　范永利
姜良本　闫勋全　徐怀猛　曲立玉　姜自武
王立来　张振荣　陈　睿　曾兆艳　李京常
石凤友　韦其琛　孙新峰　韩　冰　丰　超
刘鹏鹏　王维永　刘　飞　梁丰彩　张国栋
段瑞红　杨秀玲　姜开振　王云华　房　燕
黄伯阳　刘志超　李永峰　刘武林　刘志增
张　琦　杜庆民　涂文星　李沛达　孟　爽
祖　楠　孙　强　刘　啸　姜凤龙　崔鹏飞
程凡伟

“三引一促”工作先进单位和先进个人

全区“三引一促”工作先进镇（街道）：

一等奖：半程镇

二等奖：枣园镇　白沙埠镇

三等奖：汪沟镇　义堂镇　临沂工业园区

全区“三引一促”工作先进单位：

一等奖：区委办公室　区妇联

二等奖：区老龄委　区安监局　区工商局　区委老干部局　区侨联

三等奖：兰山商城管委会　区委台办　区经信局　区科技局　区委统战部　兰山国土分局　兰山交通分局　区公路局　市区国税局

全区招商引资工作先进镇（街道）：

一等奖：半程镇

二等奖：枣园镇　白沙埠镇

三等奖：临沂工业园区　汪沟镇　方城镇　义堂镇

全区招商引资工作先进单位：

一等奖：区妇联　区委办公室　区安监局

二等奖：区老龄委　区司法局　区侨联　区委老干部局　区经信局　区农业局　区商务局

三等奖：区工商局　区委台办　区档案局　区文广新局　区人大办公室　区委统战部　区供销社　区科技局　区发改局　区水务局　区卫计局　区住建局　区总工会　区质监局

全区招商引资工作先进个人：

杜正琛　蒋相忠　赵玉玺　解永军　蔡贤峰　沈百健　朱　虹　丁国强　付侵迪　王英霞　刘　信　陈　蕾　李军梅　刘光欣　于　洁　王俊杰　王　丽　赵　伟　徐桂青　李正银　党德建　张红玉　文　刚　范自艳　赵兰伏　张本广　孟凡学　徐　艳　闵庆云　张传胜　石凤友　李庆友　杨廷利　公昭呈　孙晓磊　张占群　刘　虎　巩孝辉　曹雪莲　徐　强　孙立庆　范作升　王利道　李士荣　杜庆明　赵　静　王　琦　朱　祥　李文乾　刘　跃　林祥栋　张录婷　王善勇　张开银　刘　萍　林　虎　李炳娟　孟凡珍　张　琳　李开国　刘晨阳　姜兆恒　刘秀娟　韩庆乐　曲宝立　王立云　李　华　魏倩倩　赵浩然　王晓丹　强诗楠　王　剑　桑玉蓉　刘正兴　李蕴峰　李付强　李安琪　刘　杰　杨玉明　闫凡文　刘建民　孙学美　白振华　张钦雪　张艳芳　许文文　赵分队　蒋保建　郑芳芬　史立华　周振庆　赵慧英　王　瑜　齐冬冬　徐　宏　王玉国　朱　倩　石俊香　杨宏云　张　娟　王鲁宁　陈晓丽　张瀚文　李凤英　顾三强　刘传强　吴连国　彭树杰　刘承瑜　张洪建　苏国文　祁洪刚　范　佳　井　明　车　斌　魏朝聚　刁海燕　孟庆炎　徐　郡　王艳华　姜　涛　刘波江　公卿民

全区招引技术工作先进镇（街道）：

一等奖：半程镇

二等奖：白沙埠镇　义堂镇

三等奖：枣园镇　临沂工业园区　李官镇

全区招引技术工作先进单位：

一等奖：区科技局

二等奖：区林业局　区商务局　区农业局

全区招引技术工作先进个人：

刘　彩　张　磊　刘阿利　刘武占　杨娟娟　张玉晓　刘广礼　刘　信　张全永　张太文　王　丽　王　帅　刘秀猛　王恩宝　韩青松　胡京玺　孟祥阳　李　艳　徐　艳　刘甲顺　董　飞　孙晓磊　公昭呈　马鸿宇　王　盖　李　岩　王立杰　顾天龙　王希皓　王赠琳

王　力　杨　震　石少良　蔡佳希　高　伟
郑宗宇　丰茂智　孙宝传　李　岩　朱广铮
张立峰　王　瑜　胡明玉

全区招才引智工作先进镇（街道）：

一等奖：汪沟镇
二等奖：李官镇　金雀山街道
三等奖：白沙埠镇　银雀山街道　枣园镇

全区招才引智工作先进单位：

一等奖：区委组织部　区委办公室　区工商局
二等奖：区经信局　区人社局　区财政局
区食药监局　区农业局　区发改局
三等奖：区委统战部　区金融办　区教体局
区老龄委　区畜牧局　区住建局
区卫计局　区委宣传部　区商务局
区电视台

全区招才引智工作先进个人：

闵　鹤　王　伟　英海燕　郁晓宁　杨智勇
程建强　董会聪　唐　洁　周升金　王亚楠
杨学玲　张志远　霍聪聪　肖文凤　伍国梁
赵　阳　郭庆才　刘　玉　王双玉　周　宁
相廷峰　安慧慧　冯晓晨　刘德祥　张录婷
丰　超　孙　颖　王依峰　陈　臣　胡建欣
阳　娜　郁　晓　刘　跃　朱　祥　刘　丽
杨化芬　陆洪强　刘晓凤　马庆庆　刘树茂
庞洪振　马松年　郑宗宇　刘桂敏　曲宝力
褚洪美　李恩军　尤文凯　张成兰　马仕敏
王婵婵　訾金刚　李先庆　侯庆瑜　赵晨旭
杨玉明　全宗贵　卢念国　韦彦华　姜　华
王　鹏　刘　梅　王金玺　主晓华　冯宗海
张守维　董　源　赵　鑫　于　军　王莲香
张美玲　诸葛伟伟　晏士梅　周茂菊　杨宏云
程　皎　刘彦明　王鲁宁　张光明　徐　林
孟庆学　郝西伟　张怡秋　魏娜娜　李　云
黄　荷　左　辉　武　超　张建庭

商务工作先进单位

先进单位：

半程镇　兰山街道　金雀山街道
银雀山街道　柳青街道　临沂工业园区

出口创汇先进企业：

中国（临沂）跨国采购中心有限公司
山东兰田国际贸易有限公司
临沂山松生物制品有限公司

外贸进口先进企业：

山东三维油脂集团股份有限公司
山东隆盛进出口有限公司
临沂飞扬塑料有限公司

境外投资先进企业：

临沂商城海外投资有限公司
临沂福晟国际贸易有限公司
金锣水务有限公司

重点项目建设工作先进单位

兰山街道　金雀山街道　半程镇
义堂镇　白沙埠镇　临沂工业园区

服务业工作先进单位

金雀山街道　兰山街道　银雀山街道
汪沟镇　义堂镇　枣园镇

金融服务先进单位

山东临沂兰山农村商业银行股份有限公司
中国工商银行股份有限公司临沂兰山支行
中国农业银行股份有限公司临沂兰山支行
中国银行股份有限公司临沂兰山支行
中国建设银行股份有限公司临沂兰山支行

中国邮政储蓄银行股份有限公司临沂新城支行
临商银行兰山中心支行
临商银行北城中心支行
中国人民财产保险股份有限公司临沂市兰山支公司
中国人寿保险股份有限公司临沂市兰山区支公司

农业工作先进单位

方城镇　半程镇　枣园镇
李官镇　汪沟镇　白沙埠镇

环境保护工作先进单位和先进个人

先进单位：
李官镇　方城镇　汪沟镇
临沂工业园区　银雀山街道　金雀山街道
先进个人：
臧德三　董小倩　吕京民　陈维华　徐勤国
曹　锐　汤晓光　朱　倩　邬中宝　吴冀新
郝德进　张焕龙　崔亚飞　张继林　张如峰
刘冬青　郭　昆　李传刚　岳效才　申宝山
李志武　杨传腾　徐士礼　葛运宝　鲍顺礼

基层党建工作先进单位

金雀山街道　汪沟镇　兰山街道
银雀山街道　半程镇　柳青街道

安全生产工作先进单位和先进个人

先进单位：
金雀山街道　银雀山街道　白沙埠镇
汪沟镇　临沂工业园区　半程镇
兰山商城管委会　区住建局　兰山消防大队
区教体局　兰山交通分局　区公路局
兰山公安分局　区质监局　区食药监局
区文化执法局　交警直属二大队　区经信局
区林业局　临沂供电公司兰山客户服务分中心
区卫计局　区畜牧局　区农业局
区水务局　西关社区　东苗庄社区
梨杭社区　五里堡社区　傅家屯社区
东北园社区　杏苑陶然社区　大义堂社区
堰西村　团埠屯村　兰山商城管委会消防安全部
金雀山工商所　金雀山中心小学　柳青派出所
白沙埠镇中心小学　枣园中心小学　枣园派出所
半程镇中心幼儿园　义堂镇安监办　义堂派出所
朱保派出所　兰山消防大队义堂中队
汪沟供电所　方城派出所　新桥派出所
方城中学　新桥中学　方城中心小学
新桥中心小学　大岭派出所　方城派出所
临沂第九中学　临沂第二实验小学
临沂市兰山区食品药品投诉受理中心
临沂市交通运输局兰山分局商城货物运输管理办公室
临沂市兰山区施工安全监督站
临沂市兰山区人民政府房屋征收办公室
义堂中心卫生院　朱保卫生院
山东兰田投资控股有限公司
山东省华强企业集团总公司
山东兰华集团股份有限公司
山东顺和商贸集团有限公司
临沂小商品城　鲁南制药集团股份有限公司
临沂开营铝业有限公司
山东房源实业集团有限公司
临沂市泽润肉制品加工有限公司
临沂市焕然装饰材料有限公司
山东佳润新材料有限公司
临沂新程金锣肉制品集团有限公司
临沂兴华包装有限公司

临沂金象铝业有限公司
临沂佳源木业有限公司
临沂盛德塑胶有限公司
临沂市六和虹晨农牧有限公司
临沂天天香食品厂
山东中亿木业有限公司
临沂市兰山区金源甲醛厂
临沂沂河石化有限公司
临沂金露维饮品有限公司
山东宝华耐磨钢有限公司
临沂市客运有限责任公司

先进个人：

张　伟　刘士明　刘宪典　陈宝宏　宋生扩
李庆刚　赵中兵　孙树山　刘建涛　许庆义
刘　凯　彭　飞　王　刚　傅振川　王瑞彬
朱西利　蒋文全　姜兆凯　赵修凯　刘云福
孙海阔　刘少杰　刘云涛　刘晓明　张凤刚
姜良柱　钟国华　王　鑫　陈　庆　王　勇
周胜杰　王一永　张全永　曲宗京　张庆飞
申宝山　刘洪乾　张明华　戴清莹　高一霞
申应世　田恩九　杜甲用　李　露　邱凤成
张继勋　王前进　杜　飞　吴春妮　刘洪青
宋清明　徐怀明　杨宗玺　孙广义　刘　鹏
王传军　刘惠明　郭朝峰　冯　春　柴　伟
虞　超　潘庆华　公昭呈　颜　建　张　彬
宋义来　张海洋　吕　艺　于奎现　马国杰
虞志浩　王建业　朱孔利　马　鑫　巩士龙
郝海峰　范建龙　张纪伟　李　涛　于红艳
赵方文　郭宝华　黄凤军　于桂东　王海荣
李　丽　黄园园　尤　伟　金　彪　刘海江
孟凡让　王继红　董立波　张恩杰　邵明军
张瑞来　秦海涛　王明正　李常玉　张　雷
王连华　韦洪伟　高春生　崔学敏　吴连国
唐　涛　刘玉峰　顾艳杰　郭忠孚　高　琳

脱贫攻坚工作先进单位和先进个人

先进单位：

汪沟镇　方城镇　半程镇
区委组织部　兰山交通分局　团区委
区民政局　区卫计局　区教体局
区农业局

先进企业：

临沂新程金锣肉制品集团有限公司
山东兰田投资控股有限公司
山东省华强企业集团总公司
临沂市君发礼品有限公司
山东兰华集团股份有限公司
山东华苑企业集团总公司
山东亿辰投资集团有限公司
山东临沂兰山农村商业银行股份有限公司

先进个人：

徐大江　张　鹏　徐　强　王利道　刁玉臻
李　明　张作深　邵泽涛　周　通　李学武
王海军　赵　帅　王赠琳　刘洪祥　段友美
洪连刚　杨秀玲　石立德　吉　祥　王绪德
杜加玉　李晓蕊　杨文正　李　巨　杨　勇
王友芝　刘　涛　李修增　李善庆　王凤艳
李洪刚　高仕庆　尹亮亮　王维善　杨谨华
刘　靖　张庆杰　杜庆洁　韩仲涛　赵艳红
杨敬贺　孙新峰

计划生育工作先进单位

半程镇　金雀山街道　汪沟镇
柳青街道　白沙埠镇　银雀山街道

调研报告

关于全区食品安全工作情况的调研报告

区人大常委会调研组

为全面了解全区食品安全工作情况，根据区人大常委会年度工作安排，9月20日，由区人大常委会副主任徐宝平带领有关委室，先后到沂蒙百货大楼、第六中学等地进行了实地查看，听取了区食药监局的工作汇报并进行座谈讨论。现将调研情况报告如下：

一、基本情况

民以食为天，食以安为先，食品安全一直是社会广泛关注的重点。近年来，区政府及有关部门把食品安全作为重大民生问题，以守护广大人民群众舌尖上的安全为目标，以“食安兰山”品牌引领和创建省级食品安全先进区为抓手，认真履行监管职责，全面贯彻落实食品安全法律法规和上级系列政策措施，积极探索创新监督管理机制，开展了一系列食品安全整治活动，全区食品生产经营行为得到进一步规范，保持了食品安全形势总体稳定向好，提升了广大人民群众的幸福指数。

兰山区共有食品生产、流通、餐饮服务等经营主体25000余个。其中，获证食品生产企业122家，产品类别涉及粮油、肉制品、速冻食品、饮料等共计21大类；餐饮服务单位近万家，其中学校幼儿园食堂700家左右，工地、单位食堂100家左右，9000家以上大中小型餐饮店；流通经营业户15000多个，其中大中型商场及连锁超市共45家、食品批发市场及农贸市场23家，经营业户达7000余户，小食品店14000余家。

（一）加强组织领导，完善工作机制。按照“谁主管、谁负责”原则，明确责任分工，落实监管责任，细化任务目标，完善考核机制，层层签订目标责任书；各职能部门建立完善了监管、应急、信息通报、联合执法、风险监测评估及预警等工作机制；在各镇（街道）分别设立食品药品监督管理所，明确了镇（街道）监督员和农村食品安全信息员，基层队伍建设得到加强，形成了上下齐抓共管、全社会共同参与的工作格局。

（二）强化日常监管，确保质量安全。一是突出源头环节监管。推行标准化生产，严把农产品准入准出关，加强基地建设，全年改造提升优质农产品基地800公顷，发展现代农业园区10个；培植市级农业产业化龙头企业6家，审核备案农民合作社288家。加强兽药饲料批发市场监管，深入开展了“瘦肉精”、生鲜乳、地沟油等6个方面的专项整治活动。认真抓好春、秋两季重大动物疫病防控工作，防疫密度达100%。二是突出加工环节监管。对全区122家获证食品生产企业的产品进行不定期检查，对肉制品、豆制品、淀粉制品、面制品等重点监督抽检342批次。积极推进食品生产加工企业体系认证工作，有8家企业新通过HACCP体系认证。三是突出流通环节监管。在全区23个专业食品批发市场（包括农贸市场）建立了快检室，快检数据实时公开；要求经营业户严格落实索证索票、登记验收制度，保证了食品源头可溯、去向可查的业态。四是突出消费环节监管。与全区承担各类重大活动的100余家大型餐饮单位签订了食品安全责任书，在特殊时段实行驻点监管。全年出动驻点监管人员142人次，圆满完成了18项大型活动食品安全保障，学校食堂未发生一起集中食物中毒事故。五是突出流动商贩、集市监管。引导早晚市、流动摊贩、流动菜（果）贩进入集中交易市场、农贸市场、店铺等固定场所经营，让全区环境整体面貌焕然一新。

（三）严格监督执法，提升抽检效能。一是强化监督执法。推行网格化、统一化、痕迹化监管，实现监督检查“全程留痕、随时查控”。通过电子显示、视频厨房的方式，推进“明厨亮灶”电子监管建设，已在部分学校食堂、大中型餐饮单位进行试点。围绕重点环节、重点品种和重点区域，开展食品安全专项整治，将行政执法和刑事司法结合，公安机关成立了食药环大队，以重点侦办食品大要案、系列案件为突破口，以点带面，严厉打击食品安全违法犯罪执法行动，全年共办理食品安全行政案件464起，涉嫌食品安全犯罪案件16起，刑事拘留25人，行政拘留19人，有力地震慑了食品安全违法犯罪态势。同时畅通申诉举报渠道，支持媒体监督，全年共受理12345、12331等群众举报投诉1861件，并全部在规定时限内办结，群众满意率99%以上。二是提升抽检效能。开展“食品快检进市场”活动，建立高效的抽检信息通报、食品安全问题隐患报告和处置机制。2016年共完成检测2806个样品批次，质量合格率为95.6%。不合格产品主要集中在腌制品、“五毛食品”、现场制作的食品如油条等。通过对抽检结果科学分析，及时研判监管重点和方向，增强监管效率和靶向性。

（四）强化示范引领，完善诚信体系。一是强化示范引领作用。积极培育食品生产加工园区、放心食品生产加工基地和龙头骨干企业，努力通过打造“食安山东”餐饮服务品牌。已有3家食品生产企业，115家食品经营单位和138家餐饮经营单位通过“食安山东”品牌验收公示。二是完善食品安全诚信体系。建立食品及食用农产品安全信用数据库，加大对失信企业的惩戒力度。设立食品安全“红黑榜”，实施动态管理，定期向社会发布和推介。实施食品安全行政处罚和监督检查结果信息公示，倒逼食品生产经营单位提高产品质量，打造信誉品牌。

二、存在的问题

一是食品安全基础条件较差。全区食品产业规模化、集约化程度不高，生产经营管理不规范，发生食品安全问题的概率高、风险大。农药残留、重金属超标等食用农产品源头污染问题仍然存在，违法违规使用禁限药物、添加剂、保鲜剂等现象还时有发生。

二是监管能力有待提高。各监管部门人员编制配备不足，办公场所、物质、设备仍有待进一步提升，技术支撑能力不强，信息化工作和追溯体系建设仍需进一步加强，食品检验检测能力较弱，仪器装备普遍匮乏，专业队伍力量不足。

三是主体责任落实不到位。食品生产经营者和从业人员良莠不齐，有的食品安全知识匮乏，有的生产经营条件简陋，生产经营管理不科学、不规范，存有安全隐患；少数不法分子道德水准低下，法制观念淡薄，诚信自律意识不强，违法违规行为时有发生。

四是社会共治局面尚未真正形成。食品安全法律法规和食品安全知识普及不够深入，群众的自我维权意识薄弱，新闻媒体和网络的监督力度需要进一步加大，行业协会自律作用发挥不到位，群防群控体系没有建立起来。

三、几点建议

（一）要大力宣传贯彻食品安全法律法规。以新《食品安全法》实施为契机，组织开展形式多样的食品安全法律法规培训活动，重点加强对领导干部、食品监管人员的培训，领悟精神，把握实质，切实做到知法、懂法、用法。要充分运用电视、广播、报刊和网络，以及在学校设立食品安全课程，面向社会，面向企业，面向群众，加强食品安全法律法规的宣传，提高全社会的知法、守法和依法保护自己权益的水平。要认真贯彻实施食品安全法律法规，坚持重典治乱、重拳出击，始终保持高压态势，严厉打击食品安全违法犯罪行为，使严管重罚成为食品安全治理常态。

（二）要进一步完善食品安全监管网络。落实各级政府“食品安全负总责”的责任，把食品安全工作摆上重要议事日程，按照有职责、有岗位、有人员、有手段的“四有”要求，加大财政投入，想方设法配齐人员、装备，确保基层有人干事、有钱办事、有条件做事。不断强化部门各负其责的责任意识和担当意识，推行网格化监管措施。督促各食品企业落实“食品安全第一责任人”的主体责任，严格执行标准规范，依法生产，合法经营，严把质量关，坚决杜绝不合格原料进厂进店、不合格产品出厂出店。同时，强化目标管理考核，落实“一票否决”和“红黑名单”制度，对监管不到位、发生较大以上责任事故的，严肃追究责任，形成领导有力、组织有序、责任明确、运转协调的食品安全责任链条。建立完善食品安全“智慧监管”系统，推动食品安全监管信息的跨部门协同应用，实现各食品安全监管部门之间信息互联互通和共享，形成覆盖食品、食用农产品生产加工、流通和消费环节的新型联动监管合作机制。

（三）要进一步加大专项治理力度。加强源头治理，着力加强农产品种植养殖环节源头控制，下大力气解决农兽药残留超标、非法添加、假劣农资、产地重金属污染、农业用水污染等问题，做到关口前移，预防为主。要严把市场准入关，对重点环节、重点区域、重点单位、重点品种的食品进行重点监控和重点监督抽查，加强对小摊贩、小餐饮、小作坊、小食杂店以及农村市场的规范治理，严防问题食品流入市场、进入餐桌。要进一步强化行政执法和刑事司法的衔接，强化案件查办、信息通报、技术支持、法律保障等方面的衔接配合，提高刑事责任追究效率。

（四）要进一步提高食品安全监管能力。坚持问题导向，把查找问题作为日常监管工作的常态，努力排查化解各种风险隐患。在严格行政许可、严把准入门槛的基础上，综合运用监督检查、日常巡查、监督抽检、执法打假等手段，创新风险管理、网格化管理、动态监管等措施，打造适应“新常态”的监管工作新模式。要建立完善“监督抽检、评价抽验和企业自检”三位一体的检验检测体系，全面提高检验检测能力，要配备一定数量的快检车和快检箱，为基层监管工作提供更加有力的技术支撑。要建立健全全区食品重点品种、重点企业基础数据库和诚信数据库，实现信息共享、业务协同、信息公开。推进食品电子监管追溯体系建设，强化数据更新及时、真实、准确，不断提高食品安全追溯能力。要根据食品品种、企业生产管理、经营状况及监督检查、行政处罚记录等信息，开展风险排查活动，划分风险等级，实施分级分类管理，提高应急处置能力，一旦发生突发事件，能快反应、快处置。

（五）要进一步营造群防群控良好氛围。扩大消费者等参与主体，增强公众的安全意识，提高防范能力。进一步完善食品安全信息发布制度，及时曝光违法违规问题，将失信者置于社会监督之下；改进有奖举报制度，进一步畅通投诉举报渠道；强化舆情监测分析，牢牢掌握舆论的主动权；充分调动社会组织、行业协会的积极性、能动性，支持行业协会、社会组织制定行规行约，鼓励其参与食品安全监管，使其在行业自律、诚信建设等方面发挥更大作用；建立专家咨询制度，调动多元主体维护食品安全的积极性，形成群防群控的良好氛围。

认真贯彻中央 18 号文件精神 着力推动镇（街道）人大工作有力有为

区人大常委会专题调研组

镇（街道）人大作为基层地方国家权力机关，是我国根本政治制度的基础环节，是实现基层民主的有效形式，是基层党组织执政的有效载体。加强对镇、街道人大工作指导，是县级人大常委会的一项重要工作任务。为了解和掌握全区镇（街道）人大工作和建设的情况，进一步发挥基层国家权力机关和人大代表的使用，组织对全区镇（街道）人大进行了专题调研，形成了一些思考和认识。

一、兰山区镇（街道）人大基本情况及主要特点

兰山区有 11 个镇（街道），全区现有全国人大代表 2 名，省人大代表 5 名，区人大代表 74 名，区人大代表 339 名，镇人大代表 654 名。建立全国省人大代表小组 1 个，区人大代表小组 3 个，区人大代表小组 16 个，镇人大代表小组 63 个。镇（街道）人大专职主席（主任）12 名，人大秘书 12 名。全区累计投资 460 多万元，建设和完善镇（街道）人大办公室 12 个，代表活动室 32 个，代表接待站 37 个，接待点 57 个。接待站配备站长副站长、工作人员 127 名。省区区三级人大代表小组活动室达到“十有”标准，镇级代表小组活动室达到“八有”标准，接待站达到五化、六有标准。

临沂市兰山区人大常委会始终把镇（街道）人大工作摆在重要位置，2016 年，认真贯彻《中共全国人大常委会党组关于加强县人大工作和建设的若干意见》和新修改的地方组织法、代表法精神，进一步明确“重基础、讲规范、求实效、创特色”的总体工作思路，切实加强工作联系和业务指导，使全区镇（街道）人大工作呈现出较强的活力。

党委重视有保障。省、市分别召开县乡人大工作会议后，兰山区人大常委会及时召开党组会议，传达会议精神，研究本区贯彻意见。区委常委会专题听取了人大党组的工作汇报，提出重要意见和工作要求。2015 年 12 月 20 日，兰山区委在届内再次召开全区人大工作会议。进一步夯实了中央和省市委要求，有力指导和推进了全区人大工作。兰山区委在出台的《关于进一步加强和改进人大工作的意见》中，将人大工作纳入全区科学发展综合考核范围。各镇（街道）人大或人大工委，均配备了专职人大主席或人大工委主任，全部为区人大代表，并配备专职人大秘书，夯实了镇（街道）人大工作的组织基础。换届以来，有 12 名镇人大主席、街道人大工委主任转任镇长或办事处主任。各镇（街道）党（工）委认真落实区委要求，把人大工作纳入重要议事日程，加强领导，帮助解决工作中的一些实际困难和问题，保证和推进了人大工作的开展。柳青街道、半程镇、李官镇在合村并点新社区建设中，党委重视，高标准建立了代表活动小组和接待站，规范扎实地开展了代表活动。

工作规范有制度。区人大常委会制订了镇（街道）人大工作规范化建设意见，依据新修订的地方组织法，对镇（街道）人大工作运行程序、制度体系、

保障措施作了明确规定，使镇（街道）人大履职有章可循，形成依法有序的日常监督机制。如区人大常委会围绕如何强化镇人大主席团工作，通过反复调研讨论，出台《兰山区镇人大工作实施办法》，围绕镇人代会的组织和闭会期间的工作，依法赋予镇人大主席团二十八项职权，并对主席团工作运行程序、制度体系、保障措施作了明确规定，使镇人大主席团履职有章可循，把镇人大主席团设为“常设机构”，并对主席团工作运行程序、制度体系、保障措施进行规范和完善，形成依法有序的日常监督机制。同时，每个镇人大主席团作为镇人大的“常设机构”，按照有专用办公用房、有桌椅电脑等“八有”标准，全部健全和完善了办公场所和办公设施，全部配备专兼职工作人员，并统一建立驻镇各级人大代表花名册、议案和建议办理登记簿、主席团议事规则、主席团联系代表小组制度等一册六簿十六项制度，使镇人大主席团履职日趋规范。强化考核激励导向作用。区委将镇（街道）人大纳入全区科学发展考核范围，释放了关心重视人大工作的强烈信号，为全区人大工作整体推进提供了有力抓手。据此，区人大常委会制订了镇（街道）人大工作考核办法，考核分为代表工作、宣传工作、工作考勤、信访工作、投票联评及其他工作等六部分，每一部分都量化计分，合理考评。以代表工作为例：包含人大主席团规范化建设(15分)、代表小组代表接待站点建设(20分)、主题实践活动(50分)、代表小组网站(5分)、活动专题纪录片(10分)五大项，每一大项下又分为若干小项对应相应的分值。区人大常委会按照评分标准进行核查打分，考核结果汇总后，提交主任会议讨论通过后公布。同时，上报区委绩效考核工作领导小组，纳入全区科学发展考核范围，以此更加有效地促进人大工作的开展。

上下联动配合紧。区人大常委会成立了镇人大规范化建设领导小组，将全区12个镇（街道）划分为5个片区，明确了每个片区的联系领导和责任工委。6名常委会领导分别带领分管委办工作人员定期检查指导，协调解决工作中遇到的问题，抓好各项硬件和软件建设，保证每个阶段工作都落到实处。坚持“三会一调度”制度，通过年初全区人大工作会议、年中现场观摩推进会、年末镇（街道）人大工作考核会，以及每月镇（街道）人大工作调度会，加强交流指导，推动工作落实；各镇（街道）人大除配合区人大常委会做好专题询问会、行政执法评议、执法检查等全区性规定工作外，更加积极配合做好省区联动开展的代表监督迎准核查、大气污染防治、查找基层群众办事审批难事项、“转型升级十大组合拳”落实情况监督等主题监督活动。2015年以来，各镇（街道）人大共组织监督活动197次，代表个人督查2065次。

代表工作有亮点。各镇（街道）人大以代表接待站建设为重点，创新载体、强化服务、积极探索服务代表的新途径、新方式、充分发挥代表主体作用。按照“全覆盖、制度化、常活动、有成效”的要求，积极推进网上、网下人大代表接待站建设，通过“代表进社区”“代表接待日”等活动，组织代表进社区、进企业、进学校、进楼宇、进网格，密切代表与群众联系，促进代表与群众面对面、心连心。在建好实体代表接待站的同时，加强网上代表接待站建设。对区人大网站进行提升改造，各镇（街道）人大均建立了各自网站，组织代表参加网上接待，探索建立站点、面对面接待和网上接待相结合的全覆盖新模式，保证代表联络工作上下互通、发挥最大效应。上年以来，新建设和完善了李官镇云泊湖社区、半程镇沙汀社区、银雀山街道金阳社区、义堂镇中亿木业等代表接待站点9处，实现了站点布局更加合理。全区累计投资近460万元，建设和完善镇（街道）人大办公室11个，代表活动室32个，代表接待站37个，接待点57个，实现了活动范围、活动主体、服务功能“三覆盖”。在全区大力推广汪沟镇对代表履职情况进行量化考核的做法，引导代表依法规范积极履职，有效激发了代表履职热情。下步，还要在接待工作方式上深化创新，积极开展主题接待、预约接待，邀请区政府及有关部门负责人参加代表接待选民活动，扩大接待活动影响力，增强工作实效。

监督实效日益凸显。各镇（街道）人大都能紧紧抓住影响属地发展的重点工程，特色产业，开展有重点的监督，成效显著。如组织代表对片区征收还建、村庄环境综合整治、大气污染防治等重点工作和项目进行定向视察，推进相关工作开展，在促进经济发展、民生改善、社会和谐中突显了代表作用，彰显了人大科学务实的工作实效。柳青街道、义堂镇人大组织代表对辖区内站所进行工作评议，助推经济社会发展，相关片区征收还建推进有力，为食乐淘、万达、铁路物流园等项目落地提供了保障。兰山区汪沟镇人大在开展代表接待选民活动中，群众纷纷反映出行困难，呼吁政府想办法解决。区人大代表、柳汪村党支部书记李文刚领衔 15 位代表形成建议，镇人大及时将建议转交镇政府，镇政府协调有关部门投资 2300 万元，开通了全区第一条镇村公交环线，实现了该镇村村通公交，方便了周边 48 个村、5.6 万人的出行。

二、存在的问题

从调研看，镇（街道）人大在促进基层民主法治建设、经济建设等方面做出了积极贡献，但与法律赋予的镇（街道）人大的职责要求相比还有一定差距。主要存在以下问题。

一是思想认识程度不高。长期以来，由于诸多因素，一些人不了解镇人大的性质、地位和职权，一些人大代表和人大工作者也存在对镇人大的职能缺乏全面清晰的认识了解和把握，存在模糊认识。

二是工作制度还待优化。县区级及以上人大常务委员会，工作比较规范，但镇人大在“闭会”期间虽然有法定的职责，但日常工作主要由人大主席一人组织、协调，其规定不具体，操作性不强，加之一些规定受各种主客观因素影响无法正常执行，给新形势下镇人大工作带来了不便。个别已划归开发区的镇人大工作在管理体制上存有不顺畅的现象。

三是部分代表素质不高，参政议政能力不强，对代表角色的认识不到位，缺乏代表责任意识；部分代表文化程度偏低，参加活动“一言不发”，评议报告“没有意见”或不置可否，表决随大流，所提意见、建议不能切中要害，质量不高。

四是代表执行职务保障条件不足。从时间保障来看，基层人大代表特别是镇人大代表主要是农村代表，加之分布在不同岗位，从事不同的职业，代表如要在闭会期间开展活动，必须以人大主席团组织为前提，否则代表所在单位不会安排专门时间给代表从事活动，加之农村代表外出务工比较多，也造成活动召集起来困难的事实。从经费保障看，镇办人大办公经费虽已纳入本级财政预算，实报实销，但仍在全镇财政大盘子之中，镇人大使用经费不够理直气壮。同时，镇人大开展代表活动所需的代表经费未能列入本级财政预算，在一定程度上影响了镇人大工作的开展。

五是镇（街道）人大工作力量相对薄弱。由于镇（街道）工作性质及多种原因，镇（街道）人大主要负责人往往分管很多党务工作或政府工作，无法拿出更多精力专注于人大工作；人大秘书也均为兼职，虽要求有所侧重，但实为“专而不专”，难于集中更多的精力抓好镇（街道）人大工作。

三、对策与建议

结合全区工作实际，认真贯彻落实中央 18 号文件和省市县人大工作会议精神，大力开展镇（街道）人大规范化建设年活动，努力规范镇（街道）人大代表接待站、履职制度建设、重大事项监督、目标考核等四个方面的工作，支持基层人大依法行权履职，不断推进基层民主政治建设。

（一）强基础，在加强基层人大自身建设上重指导。基础不牢，地动山摇。区人大常委会要把镇（街道）人大规范化建设作为指导镇（街道）人大工作的基础性工作，扎实推进基层人大工作全面开展。一要切实加强队伍建设。区人大常委会党组要针对调研中找到的问题，及时提出加强人大工作的建议，进一步明确加强基层人大工作的具体措施，并在工

作实践中认真贯彻执行。根据工作需要可在现有编制中配备1—2名专（兼）职工作人员，符合条件的享受科级中层待遇，使基层人大的工作的力量不断壮大。二要不断完善工作机构。高度重视基层人大规范化建设，积极协调解决基层人大的实际困难和问题。结合《代表法》贯彻实施情况的调研活动，与区委联合组成督查组，对各镇（街道）贯彻执行《关于进一步加强和改进人大工作的意见》情况进行督查，督促镇（街道）建立人大工作室和代表小组活动室，配备办公设施，改善办公条件，加强资料收集，明确专人负责、专柜管理。三要建立健全工作制度。为了使全区镇（街道）人大工作能够适应新形势、新任务的要求，推进基层人民代表大会制度建设。要注重把实践中积累的经验转变成相关工作制度，进一步规范镇人民代表大会闭会期间应着力抓好的各项工作及开展工作应遵循的原则、方法。通过制度的健全和完善，把法律法规的有关规定具体化，用“小规矩”来体现“大规范”，使全区镇（街道）人大工作基本走向程序化和规范化的轨道。

（二）提素质，在增强基层人大履职能力上重指导。代表素质的高低不仅决定着代表执行职务的水平，而且影响着基层人大整体工作水平和作用的发挥。一要加强法律法规的宣传培训工作。为了促进学习，增强学习效果，提高履职能力，在开展集中培训，外出轮训的基础上，每次召开常委会会议，均通知镇（街道）人大主席、主任列席，使他们了解和掌握区人大及其常委会会议的法定性和程序性，学习和借鉴开展监督工作的方式方法，使他们在参与中学习，学习中参与，实践中提高。二要加强辅导培训，提高代表素质。各镇（街道）人大在区人大常委会指导下，通过集中培训、以会代训、分片培训等多种形式加大对代表的培训力度。以代表小组为单位，通过自学与辅导相结合、讨论交流与分片培训相结合等方式对所在镇（街道）的人大代表进行人大业务知识和有关法律法规辅导培训，不断提高人大代表的理论水平、法律知识水平和议政能力及依法监督能力。培训结束后，要通过法律知识竞赛、有奖问答等形式，对优秀的人大代表给予奖励。每年年初，对在区的各级人大代表就有关法律法规，人大业务知识，代表的权力义务和履职能力与技巧等方面进行集中培训。使代表进一步加深对人大的法律地位、工作性质代表的权力义务和职务保障等方面的认识，为充分发挥代表作用奠定良好的理论基础。

（三）搞活动，在不断激发代表工作热情上重指导。代表小组是闭会期间代表开展活动的基本组织形式。要积极引导镇（街道）人大组织代表开展丰富多彩的代表小组活动，为人大代表更好的履行职责提供“舞台”。一要组建好代表小组。各镇（街道）人大要遵循就近就地、便于组织和开展活动的原则，组建好代表小组。及时推选代表小组组长，制定活动规划，落实活动地点。建立健全代表小组学习、活动等各项规章制度，明确规定每个代表小组每季度至少活动一次，每年不少于四次。使代表小组活动不流于形式、不走过场。二要加大代表活动的阵地建设。针对农村人大代表闭会期间开展活动，履行职责存在一定困难的具体情况，以“搭建平台，搞好活动，发挥作用，促进工作”为目的，加大代表活动阵地建设，各镇（街道）均建立人大工作室和代表小组活动室，切实加强镇（街道）人大代表小组活动室规范化建设，使代表定期议事议政，真正为代表参政议政，发挥作用搭建好平台。三要开展多种形式的代表小组活动。以代表小组活动室为依托，指导镇（街道）人大组织代表开展工作评议，代表联系选民，向选民述职，开展代表视察检查等活动，发挥好代表在维护社会稳定，加快经济发展，推进强区名城建设中的重要作用。各镇（街道）人大要围绕党（工）委的中心工作，采取集中或分散的方式开展活动，以听、看、议、审、评、提的方式，在调查研究的基础上，讨论本区域内重大事项和群众切实利益问题，有针对性地提出建议、批评和意见，使热难点问题及时得到解决，把人大代表推到经济和社会各项事业发展的主战场，发挥好模范带头作用。同时，要宣传履职典型，激发代表工作热情。在《兰山人大》杂志每期宣传2—3名典型。

（四）重联动，在提升基层人大工作水平上重指导。区镇人大在法律实施上是监督关系，在开展工作上是指导关系。要强化与镇（街道）人大上下联动，使全区基层人大工作不断走向规范化、制度化、科学化。一要坚持定期召开镇（街道）人大工作例会，各镇（街道）人大总结各自的工作经验，交流工作开展情况，促进工作。二要坚持区人大常委会在开展视察、检查和调查活动，以及审议涉及全区工作大局和人民群众普遍关心的热难点问题时坚持与镇（街道）人大联动，进行工作评议时征询镇（街道）人大意见和建议，召开会议时通知镇（街道）人大负责人列席，给基层人大负责人提供“说话”的机会，这样，既有利于提高区人大常委会会议的审议质量，更便于加强对镇（街道）人大工作的指导，掌握镇（街道）人大工作动态，有效提高镇（街道）人大工水平和质量。

（五）强考核，在增强基层人大履职能力上重指导。为了防止出现镇（街道）人大工作质量、水平和实效不够理想，工作缺乏激情和动力的问题，区人大常委会将不断总结，积极探索，在建立健全镇（街道）人大工作激励机制，激发镇（街道）人大工作活动上重指导、求创新。每年年底，区人大常委会对各镇（街道）人大工作按照自身建设、监督工作、代表工作、宣传工作、其他工作等方面进行综合考核后，由区主任会议联评审定，对工作突出的镇（街道）人大进行表彰奖励。同时，进一步加大对镇（街道）人大干部的培养、推荐使用力度，建立健全对镇人大主席，街道人大工委主任的培养、推荐提拔使用机制，为党委用人提供参考。不断增强镇（街道）人大的工作动力，调动镇（街道）人大干部的积极性，激发镇（街道）人大工作活力，推动镇（街道）人大工作不断向前发展。

索 引

说明：

本索引为综合性主题索引，索引标目按汉语拼音字母顺序，同音字按声调顺序，同音同声调者按笔画顺序排列。标目后数字为页码。同一主题的内容在文中多处出现的，在其款目后用不同的页码标明。对特载、大事记、附录等栏目不作索引。

A

B

C

D

F

G

H

J

K

L

M

N

P

Q

R

S

T

W

X

Y

Z